Franz J. Hinkelammert
Der Schrei des Subjekts

Franz J. Hinkelammert

DER SCHREI DES SUBJEKTS

Vom Welttheater des Johannesevangeliums zu den Hundejahren der Globalisierung

EDITION EXODUS
LUZERN 2001

Ich widme dieses Buch meiner Frau Vilma

Originalausgabe:
Franz J. Hinkelammert, El Grito del Sujeto. Del teatro-mundo del evangelio de Juan al perro-mundo de la globalización

Übersetzung aus dem Spanischen und Erweiterung:
Franz J. Hinkelammert
Deutsche Bearbeitung und Redaktion: Odilo Noti

Umschlag: Bernard Schlup (Gestaltung) /
Ateliers Jaune Kurt Bläuer (Satz und Lithos)
Satz: atelier hupa, CH-4312 Magden
Druck: Fuldaer Verlagsagentur, Fulda
ISBN 3-905577-46-1

INHALT

VORWORT ZUR DEUTSCHEN AUSGABE

Das vorliegende Buch ist die deutsche Ausgabe einer Publikation, die 1998 in Costa Rica in spanischer Sprache erschienen ist. Es ist jedoch nicht einfach eine Übersetzung. Ich habe den Text weitgehend umgearbeitet. Vor allem habe ich die Interpretation der Kapitel 8 und 10 des Johannesevangeliums und die Analysen des Antisemitismus vertieft.

Die Umarbeitung ist das Ergebnis zahlreicher Diskussionen, die ich in dieser Zeit mit Leserinnen und Lesern geführt habe. Sie entspricht aber vor allem den Debatten in den verschiedenen Seminarien des Departamento Ecuménico de Investigaciones (DEI). Ich möchte allen Teilnehmerinnen und Teilnehmern meinen Dank dafür aussprechen.

Zusätzlich möchte ich einigen Kolleginnen und Kollegen speziell danken. Ich danke Germán Gutiérrez, Mitarbeiter am DEI, der in der gesamten Periode der Entstehung viel Zeit und Geduld für mich gehabt und zahlreiche Informationen und Hinweise beigesteuert hat. Ebenso möchte ich Elsa Tamez und Pablo Richard (DEI) dafür danken, dass sie mir häufig bei Zweifeln hinsichtlich der Textübersetzungen beigestanden sind. Ohne diese ständige Mitarbeit in der Textauslegung wäre es für mich sehr viel schwieriger geworden, dieses Buch zu schreiben, da ich nur geringe Kenntnisse der giechischen Sprache besitze.

Franz J. Hinkelammert

PROLOG

Dieses Buch folgt Kierkegard. Nicht so sehr seiner Philosophie, sondern seinem Ratschlag, wie man Bücher schreiben soll. Kierkegaard sagt: Wenn du ein Buch schreiben willst, lies zehn Bücher, und dann schreibe ein elftes. Sollte dein Buch schlecht sein, glaube nicht, es liege daran, dass du nur zehn Bücher gelesen hast, um es zu schreiben.

Ich bin überzeugt, dass man heute ein Buch über das Johannesevangelium nur schreiben kann, wenn man dieser Methode folgt. Daher hat dieses Buch etwas von einem Spiel. Aber es hat auch etwas von der Ernsthaftigkeit eines Spiels.

Dieses Buch will nicht ein spezifisch theologisches Buch sein, obwohl das Evangelium des Johannes in seinem Zentrum steht. Allerdings enthält es eine Auffassung darüber, was Theologie ist. Es versteht auch die Theologie als eine Reflexion, welche die menschliche Wirklichkeit zum Gegenstand hat. Wenn jemand über den Himmel spricht, spricht er nicht über den Himmel. In der Form des Himmels spricht er über die Erde. Aus dem Himmel, den er beschreibt, können wir seinen Stand auf der Erde ablesen und seine Vorstellungen darüber, wie sie sein sollte. So verhält es sich auch, wenn jemand über die Hölle spricht: Auch in diesem Falle spricht er über die Erde. Er sagt uns, wie er seine Feinde einschätzt und was er mit ihnen tun wird, wenn er tun kann, was er möchte ... Der Himmel, von dem man spricht, existiert in der Form, in der man über ihn spricht, ganz sicher nicht, ebensowenig die Hölle. Sollte es einen Himmel geben, so ist er mit Sicherheit etwas ganz anderes als das, was man von ihm sagt. Aber deshalb ist das, was man vom Himmel sagt, nicht unsinnig. In himmlischen Vorstellungen wird immer etwas über die Erde ausgesagt.

Ich bin überzeugt, dass dies in der Tradition des menschlichen Denkens sehr oft bewusst war. Die Moderne hat dieses Bewusstsein allerdings zum großen Teil verloren. Aber es wurde auch wieder zurückgewonnen. Marx sieht dies sehr genau, und er weiß: Wer über den Himmel spricht, redet auf himmlische Weise immer auch über die Erde. Max Weber tut dies in seinen Analysen der verschiedenen Religionen genau so. Wenn er die protestantische Ethik in ihrer Beziehung zum Geist des Kapitalismus untersucht, handelt er davon, wie die englischen Puritaner des 18. Jahrhunderts sich auf die Erde bezogen, als sie über den Himmel sprachen, und wie ihre Vorstellung vom Himmel die englische Gesellschaft in ihren Grundfesten erschütterte und veränderte.

«Machen wir also die Erde zum Himmel», fordert bereits der Kirchenvater Johannes Chrysostomus.[1] In Wirklichkeit sagt das jeder, der einen Himmel denkt. Man muss aber fragen, was er sich unter dem Himmel vorstellt, um zu wissen, was dieser auf der Erde soll.

Revolutionen auf der Erde setzen Revolutionen im Himmel voraus. Die Revolution im Himmel sagt etwas aus über mögliche Revolutionen auf der Erde. Dasselbe gilt für Konterrevolutionen. Ihnen geht eine Konterrevolution im Himmel voraus. Utopien und Idealtypen säkularisieren dieses Verhältnis zum Himmel, aber sie schaffen es nicht ab. Sie enthalten Reflexionen über unmögliche, aber vollkommene Welten, die wiederum das aussagen, was man als Möglichkeit für diese Welt denkt.

Daher können wir eine Geschichte des Himmels und eine Geschichte der Hölle schreiben, und eine Geschichte Gottes und des Teufels – genau so, wie wir Geschichten von Gesellschaften schreiben können. Insgesamt aber werden diese verschiedenen Geschichten eine einzige Geschichte der Menschheit ausmachen. In dieser Geschichte aber kann die Religion niemals ein bloßer Überbau sein. Sie steckt kategoriale Räume ab, innerhalb derer die wirkliche Geschichte vor sich geht. Himmel können Höllen implizieren, aber es gibt Höllen, die Himmel implizieren. Wenn heute für die Mehrheit der Bevölkerung die Hölle auf Erden produziert wird, gibt es Minderheiten, die diese Hölle als ihren Himmel ansehen. Auch sie besitzen theologische Reflexionen über den Himmel, und dieser Himmel hat etwas mit den Höllen zu tun, die hervorgebracht werden.

Ich verstehe das Johannesevangelium unter diesem Gesichtspunkt. Es schafft zentrale Kategorien, die bis heute in all unserem Denken über den Menschen und die Gesellschaft gegenwärtig sind. Es mag sich um einen theologischen Text handeln, aber man wird ihn niemals verstehen, wenn man nicht davon ausgeht, daß

1 Matthäus-Kommentar, 19. Homilie, Nr. 5. In: Bibliothek der Kirchenväter. Kempten München 1910, Johannes Chrysostomus, III. Band, S. 627. Zitiert nach: Arntz, Norbert: Verwischte Spuren der Kirchenväter. In: Spurensuche. Misereor, Aachen 1997, S. 44.

theologische Texte die Wirklichkeit interpretieren. Sie sprechen auf theologische Weise über die Wirklichkeit. Nur deshalb kann daraus hervorgehen, was hier tatsächlich hervorging: ein Welttheater.

Der größere Teil des Buches untersucht das Evangelium des Johannes, das Welttheater, das er entwickelt, und seine Verwandlungen bis heute. Ich habe zwei Arbeiten über den Globalisierungsprozess eingeschlossen, die den Thesen des Hauptteils entsprechen und sie für unsere Gegenwart vertiefen können (vgl. Kapitel VII und VIII).

Man sagt, im europäischen Mittelalter und besonders im 16. Jahrhundert nach dem Ausbruch der großen Pest seien Feste gefeiert worden und man habe getanzt, bis auch der letzte von der Pest hinweg gerafft wurde. Unsere Gesellschaft heute tanzt diesen Tanz. Es wäre notwendig, ihn zumindest einen Moment zu unterbrechen. Denn man sollte darüber nachdenken, ob es nicht besser wäre, der Pest entgegenzutreten und sie aufzuhalten, statt diesen Todestanz bis zum Ende zu tanzen.

EINFÜHRUNG

Methodologische Grundlegung

Im Folgenden will ich das Johannesevangelium als einen Gründungstext unserer Kultur behandeln. Schlüsselprobleme der Moderne tauchen in diesem frühen Text auf, der auf radikale Weise mit der griechisch-römischen Tradition bricht. Johannes ist ein christlicher Jude, der seinen Text außerhalb Palästinas schreibt. Seine Adressaten sind sowohl jüdische als auch römische, nichtjüdische Christen. Er schreibt über den Juden Jesus, der in Palästina vor der Zerstörung des Tempels und daher in einem jüdischen Kontext lebte. Der Tempel prägte das gesamte soziale Zusammenleben. Das Judentum dieser Zeit war also nicht einfach eine Religionsgemeinschaft, sondern eine als Religionsgemeinschaft organisierte jüdische Nation. Aus diesem Grund bezieht sich das Evangelium direkt auf die jüdische Gesellschaft: das Gesetz, den Tempel, den Sanhedrin, die Pharisäer und die Sadduzäer. Dennoch erscheint in einem zentralen Teil des Evangeliums die herrschende Macht des römischen Imperiums in der Gestalt des Statthalters Pontius Pilatus. Jerusalem und der Tempel besitzen zwar eine jüdische Autorität, aber diese hat lediglich eine relative Autonomie im Rahmen des Imperiums, dem sie unterworfen sind.

Das Johannesevangelium, das über diese Vorgänge berichtet, wird allerdings in einer völlig anderen Umgebung geschrieben, ein halbes Jahrhundert später. Man nimmt an, dass es in den Achtziger- oder Neunzigerjahren des ersten Jahrhunderts verfasst wurde. Jerusalem und der Tempel sind zerstört, es gibt keine als Nation organisierte jüdische Gesellschaft mehr, und die Juden leben im Imperium genauso zerstreut wie die Christen. Sie haben weder eine jüdische politische Autorität noch ein Territorium, was ihnen eine gewisse Autonomie geben würde. Es existieren keine Hohenpriester mehr, und die Juden organisieren sich nun als Religionsgemeinschaft von ihren Synagogen aus; ihre politisch-religiöse Autorität wird durch die rabbinische Autorität abgelöst.

Die Christen sind jetzt von der jüdischen Religion abgeschnitten, und die Synagoge verweigert ihnen den Zugang. In den vorangegangenen Jahrzehnten, vor allem vor der Zerstörung des Tempels, war dieser auch ihr Gotteshaus, weil er das Gotteshaus einer gesetzlich begründeten Nation war. Der Tempel war das Gotteshaus der Christen, auch wenn sie bereits eine eigene Identität entwickelten und ihre Gegenwart bloß toleriert wurde. Jetzt bricht ein ernsthafter Konflikt aus zwischen Christen und Juden, und die Bezeichnung «Juden» bezieht sich immer mehr auf die Anhänger der jüdischen Religionsgemeinschaft. Die Christen verlieren ihre jüdische Identität, auch wenn sie aus der jüdischen Tradition kommen. Das Evangelium des Johannes macht diese Situation gegenwärtig. Es richtet sich an Christen, die von den Juden getrennt sind, seien sie nun Christen jüdischer Herkunft oder nicht. Das zentrale Problem des Johannes besteht nicht etwa darin, die Beziehung zu den Juden der Synagoge zu interpretieren, sondern über die Stellung dieser Christen (und ihr Verhältnis zu den Juden) innerhalb des römischen Imperiums nachzudenken. Das Evangelium des Johannes erzählt die Geschichte Jesu. Diese vollzieht sich in einem jüdischen Palästina, das ein autonomer Staat ist. Vor diesem Hintergrund spricht es zu Christen, die im römischen Imperium leben, ohne dass sie mit einem jüdischen, autonomen Staat zu tun hätten. Indem das Johannesevangelium über das Leben Jesu in Palästina spricht, muss es gleichzeitig, wenn auch verschlüsselt, über das Leben dieser Christen in den verschiedenen Teilen des Imperiums sprechen, die nur noch wenig mit dieser Geschichte zu tun oder sie vollends verloren haben. Deshalb ist in diesem Evangelium die Figur des Pontius Pilatus besonders wichtig, denn in ihm spitzt sich die Beziehung Jesu und des Sanhedrins zum Imperium zu.

Nun ist das Johannesevangelium ein geschriebener Text. Die Darstellung, die es vermittelt, kann also nicht mehr verändert werden. Dennoch ändern auch solche Texte im Laufe der Geschichte ihre Bedeutung. Dies kann sehr einfache Gründe haben. Der Text stand nicht immer wörtlich fest, sondern erst von seiner Kanonisierung an. Es gab deshalb eine Zeit, in der er umgeschrieben wurden. Es existieren keine ursprünglichen Manuskripte. Weil das Material, auf das der Text geschrieben wurde, eine sehr begrenzte Lebensdauer hat – wie das beim Papyrus der Fall ist –, wird der Text in Abschriften des Originals übermittelt. Der Kopierer kann den Text ändern oder sich beim Kopieren irren. Er kann auch Einschübe vornehmen, die als solche nicht erkennbar sind, wenn das Original, das kopiert wurde, nicht erhalten ist. Man braucht dabei keinerlei Fälschungsabsicht zu unterstellen. Der Kopierer kann das Manuskript ändern, weil er es verbessern oder verständlicher machen will. Aber immer wird es seine eigene Interpretation des Textes sein, die darüber entscheidet, welcher Einschub den Text verbessert und welcher nicht. Es gibt nur geringe Möglichkeiten, solche Veränderungen zu entdecken, solange man die vorangegangenen Originalmanuskripte nicht kennt. Man kann manchmal natürlich Spuren solcher Änderungen feststellen. Eine Änderung des Schreibstils kann darauf hinweisen. Aber auch der Gesamtzusammenhang des Textes kann zeigen, dass bestimmte Stellen des Textes im Widerspruch zu diesem stehen und daher spätere Einschübe sein müssen. Aber alles das bleibt unsicher; denn auch das, was wir den Gesamtzusammenhang des Textes nennen, ist selbst wieder eine Interpretation des Textes. Einschübe können auf die Bedeutung des Textes Einfluss gewinnen, auch wenn sie den Text nicht als Sinnzusammenhang zerstören.

Es gibt aber eine andere Veränderung des Textes, die viel wichtiger ist als solche Einschübe. Es sind Änderungen des Sinnzusammenhanges des gesamten Textes. Jeder Text ist ein Sinnzusammenhang auf der Basis von Worten, die eine Bedeutung haben. Auch wenn es unmöglich ist, die wörtliche Gestalt des Textes zu verändern – zumindest wenn es sich um einen geschriebenen Text handelt –, so kann der Sinnzusammenhang des Textes sich in dem Grad ändern, als die Worte ihre Bedeutung ändern. Im Laufe der Geschichte ändern Worte ihre Bedeutung. Ihre Bedeutung kann auch bewusst verändert werden, um den Sinnzusammenhang eines Textes zu beeinflussen, der als geschriebener Text nicht veränderbar ist. Daher verändert sich im Laufe der Geschichte der Sinnzusammenhang, der durch den Text wiedergegeben wird. Der Text kann, ohne sich als Text zu verändern, heute etwas ganz anderes bedeuten als gestern. Wenn die alte Bedeutung der Worte verloren geht, ändert sich die Bedeutung des Textes als Sinnzusammenhang, auch wenn er wörtlich der gleiche bleibt. In einem solchen Prozess kann die Bedeutung des Textes sogar in ihr Gegenteil umschlagen, ohne dass dies das Ergebnis irgendeiner Absicht ist, sei sie nun eine schlechte oder eine gute. Will man den ursprünglichen Sinn des

Textes kennen, muss man die ursprüngliche Bedeutung der Worte wiedergewinnen, aus denen sich der Text zusammensetzt.

Heilige Texte haben natürlich genau dasselbe Problem. Auch sie sind in jedem Moment bedeutungsambivalent, und auch sie verändern im Laufe der Geschichte ihre Bedeutung als Sinnzusammenhang. Es gibt keine eindeutigen Texte. Folglich gibt es auch keine so genannte wörtliche Interpretation des Textes, die eindeutig und über jeden Zweifel erhaben wäre. Dies verwirrt gerade dann, wenn es sich um heilige Texte handelt, die als unumstößlich betrachtet werden. Von solchen Texten nimmt man an, dass sie schlechterdings die Wahrheit sagen. Aber wenn jeder Text ambivalent ist: welche Version des Textes ist dann die wahre? Diese Frage kann nicht der Text entscheiden, aber auch nicht ein neuer Text, der die angeblich richtige Version bezeichnet. In Bezug auf heilige Texte werden dann Autoritäten eingesetzt, die zu entscheiden haben, welche Version des Textes die wahre ist. Aber für diese Entscheidung gilt wieder dasselbe: Auch sie ist ambivalent, denn auch sie mündet in einen Text ein. Dies ist das Problem eines jeden Anspruchs auf Unfehlbarkeit. Wenn jeder Text ambivalent ist, so ist es der für unfehlbar gehaltene Text auch. Daher kann ein Text nie unfehlbar sein, denn die Voraussetzung eines unfehlbaren Textes ist eine unfehlbar eindeutige Sprache. Auch wenn die Autorität die unfehlbare Wahrheit weiß, kann sie diese nicht sagen. Folglich kann sie diese auch nicht haben. Eine solche Eindeutigkeit gibt es nicht; nicht einmal formalisierte Sprachen haben diesen Grad der Eindeutigkeit.

Die Veränderung des Textes als Sinnzusammenhang ist in der Geschichte sicher unvermeidbar. Es kommt dann zum Versuch, den ursprünglichen Sinn des Textes zurückzugewinnen. Aber auch dieser Versuch bleibt zweifelhaft. Es gibt keinen Grund dafür, zu behaupten, dass der historisch ursprüngliche Sinn eines Textes der wahre Sinn ist. Der wahre Sinn könnte auch erst später entdeckt worden sein. Möglicherweise hat der Text überhaupt keinen ursprünglichen Sinn in dieser begründenden Bedeutung. Im Text selbst aber können wir solch eine ursprüngliche Bedeutung ganz sicher nicht finden. Wenn der Text ambivalent ist, dann sind alle möglichen Interpretationen eben von Anfang an in ihm enthalten, auch wenn man sie noch nicht kennt. Es ist dies wie die Frage nach der wahren Absicht des Autors bei der Abfassung eines Textes. Es ist unsicher, ob der Autor eine wahre Absicht überhaupt haben kann; und wenn er sie hat, ist sie für die Bedeutung des Textes letztlich irrelevant und vorwiegend von Interesse für die Biografen.

Nimmt man dies alles zur Kenntnis, dann scheint die Interpretation des Textes ein trostloses Unterfangen zu sein. Tatsächlich verhält es sich wie im Fall der Ambivalenz bestimmter Zeichnungen. Man hat eine Ente gezeichnet; wenn man sie etwas anders betracht, kann sie ein Kaninchen sein. Je nach dem Wechsel unserer Position sehen wir eine Ente oder ein Kaninchen. Wir können aber nicht sagen, ob die Zeichnung nun eine Ente oder ein Kaninchen darstellt. Auch wenn wir wissen, dass der Maler ursprünglich eine Ente gezeichnet hat und vom Kaninchen nichts gewusst hat, so hilft uns das für die Entscheidung überhaupt nicht weiter. Die Ente ist dann wohl der ursprüngliche Sinn, aber es bleibt die Tatsache, dass die Zeichnung auch ein Kaninchen zeigt, wenn wir sie nur aus einer entsprechenden Perspektive betrachten.

Dennoch ist die Interpretation des Textes keineswegs ein verlorenes Unternehmen. Der Text ist ambivalent; häufig kann er sogar gegensätzlich und als Umkehrung gelesen werden. Er besagt dann das eine und auch das Gegenteil. In diesem Sinne widerspricht er sich selbst. Aber er ist deshalb nicht beliebig. Es ist wie bei der Ente und dem Kaninchen: Wir sehen zuerst eine Ente und dann ein Kaninchen. Aber wir können die Zeichnung noch so intensiv betrachten, wir werden keinen Elefanten entdecken. Auch wenn der Text einen doppelten Sinn hat oder sogar mehrsinnig ist, so ist er dennoch nicht beliebig. Er enthält Optionen; aber nicht alles Mögliche ist eine Option. Der Text öffnet einen Raum von Optionen, aus dem andere Optionen ausgeschlossen sind. Diese Optionen aber sind nicht notwendig graduell. Sehr viel wichtiger sind die sich gegenseitig ausschließenden und widersprechenden Optionen. Der Text sagt dann aus der einen Perspektive das eine aus, aber aus einer anderen das Gegenteil davon.

Gerade in der jüdisch-christlichen Tradition gibt es eine Fülle von Beispielen für diese Umkehrungen oder Inversionen von Sinnzusammenhängen, die diese Texte durchmachen. Sie finden innerhalb von Texten statt, die ihrem Buchstaben nach völlig unverändert bleiben. Die Tatsache, dass zwei sich widersprechende Sinnversionen im gleichen Text enthalten sind, bedeutet allerdings keineswegs, dass beide Versionen gleichberechtigt sind und die gleiche Legitimität haben. Es gibt ein Wahrheitskriterium. Dieses aber liegt nicht im Text, sondern geht ihm voraus. Nur weil es dieses Wahrheitskriterium gibt, entstehen zwei sich widersprechende Versionen. Dieses Wahrheitskriterium ist das Opfer. Deshalb ist die Version des Isaakopfers, wonach Abraham sich dem Gott widersetzt, der das Opfer seines Sohnes fordert, die wahre Version. Sie ist höchstwahrscheinlich auch die ursprüngliche Version. Aber sie ist nicht wahr, weil sie die ursprüngliche Version der Entstehung nach ist, sondern sie ist die ursprüngliche, weil sie wahr ist. Die entgegengesetzte Version, wonach Abraham seinen Glauben dadurch beweist, dass er bereit ist, seinen Sohn zu opfern, ist falsch. Auch wenn sie den Text nicht ändert, ist sie eine Umkehrung. Als Text enthält diese Version immer noch die Wahrheit. Aber sie wird verneint. Es ist die Wahrheit der Orthodoxie, die zwar die Wahrheit hat, sie aber in der verneinten Form gefangen hält. Die Orthodoxie benutzt den Text so, dass die Wahrheit, die er enthält, verneint wird. Im Namen des Textes wird die Wahrheit des Textes unterdrückt. Die Orthodoxie ist das Gefängnis der Wahrheit. Schon Thomas von Aquin sagte: Was nützt es dem Menschen, wenn er die Wahrheit besitzt, aber in einem leeren Kopf? In Wirklichkeit ist es schlimmer: Was nützt es dem Menschen, wenn er die Wahrheit hat, sie aber nur als verneinte Wahrheit mitschleppt? Die Wahrheit aller Erkenntnis liegt nicht in der Erkenntnis. Sie ist ein Weg der Befreiung des Opfers vom Opfer.

Diese Umkehrungen eines Sinnzusammenhanges können natürlich erleichtert werden durch Übersetzungen von einer Sprache in die andere; sie hängen aber keineswegs davon ab. Dennoch erhöht jede Übersetzung die Ambivalenz eines Textes. Der Text, der als solcher schon ambivalent ist, erhält durch die Übersetzung neue Ambivalenzen: «traductor – traditor». Der Übersetzer ist ein Verräter, aber er ist es nicht notwendigerweise seiner Absichten wegen, sondern einfach deswegen, weil es in den verschiedenen Sprachen nie Worte derselben Bedeutungsbreite gibt. Daher sind Umkehrungen der Sinnzusammenhänge leichter zu bewerkstelligen. Es gibt sehr offensichtliche Beispiele. So wurde in den letzten Jahrzehnten der Sinnzusammenhang des «Vaterunser» durch den Rückgriff auf Übersetzungen verändert. Der alte Text lautet: Vergib uns unsere Schulden, wie auch wir unseren Schuldnern vergeben haben. Er wurde ersetzt durch: Vergib uns unsere Beleidigungen, wie auch wir denen vergeben, die uns beleidigt haben. So erscheint dann der ursprüngliche, griechisch geschriebene Text in zwei sich widersprechenden Übersetzungen, die beide behaupten, den Sinn des Originals wiederzugeben. Das Original wird als Text nicht verändert. Aber in diesem Fall ist der Mechanismus außerordentlich transparent, und es ist leicht, die zweite Übersetzung als Fälschung zu entlarven. Dennoch bleibt die Analogie mit den vorhergehenden Beispielen erhalten.

Diese Umkehrungen des Sinnzusammenhangs von christlichen Mysterien und Lehren geschehen vom ersten Jahrhundert an, aber sie brauchen viele Jahrhunderte, um sich durchzusetzen. Sie verwandeln ein Christentum, das aus der Perspektive des Armen, des Ausgeschlossenen und des Opfers entstanden ist, in ein orthodoxes Christentum, das vom Gesichtspunkt der Macht her denkt. Der Weg des Christentums an die Macht und zum christlichen Imperium bezieht sich also nicht nur auf den Zugang zur politischen Macht, sondern verwandelt das ganze Christentum von seinem Innern her, indem es die christlichen Mysterien und Lehren umkehrt.

Innerhalb dieser Umkehrung der christlichen Vorstellungen ist die Bedeutung der griechisch-römischen Philosophie zu suchen, insbesondere des Platonismus und der Stoa. Diese Philosophie denkt ausschließlich von der Macht her. Sobald das Christentum sich auf die Bekehrung des Kaisers und darin auf die Macht konzentriert, verändert es sich. Der Konflikt von Christentum und Imperium ist zu Ende, und die griechisch-römische Philosophie vermittelt die begrifflichen Instrumente, um diese Umkehrung durchzuführen. Das Christentum wird nicht etwa platonisch, sondern integriert den Platonismus in seine Umkehrung, welche im Sinnzusammenhang der christlichen Botschaft das Gegenteil produziert. Die Botschaft gibt weiterhin den kategorialen Rahmen des Denkens an, aber ihre Umkehrung ins Gegenteil findet durch die Rezeption der griechisch-römischen Philosophie statt. Deshalb wird in dieser Umkehrung das griechisch-römische Denken ebenfalls radikal verändert.

Das Christentum, das seine Umkehrung bewerkstelligt, führt zugleich eine antijüdische Lektüre seiner heiligen Schriften durch. Die christlichen Schriften sind so strukturiert, dass ihre Umkehrung als Sinnzusammenhang die Entwicklung einer antijüdischen

Interpretation zumindest fördert. Diese Tatsache ist besonders im Evangelium des Johannes sichtbar.

Die Fähigkeit christlicher Mythen und Lehren, in ihr Gegenteil verkehrt werden zu können, finden wir ebenso in den jüdischen Mythen und Lehren. Dies erklärt sich aus der gemeinsamen Geschichte von Christentum und Judentum. Um so mehr fällt auf, dass die Mythen der griechischen Tradition nicht dieselbe Dimension einer möglichen Umkehrung haben. Man wird nur schwer Beispiele solcher Umkehrungen im griechischen Denken finden. Die griechischen Mythen und das entsprechende Denken gehen direkt von der Macht aus und denken diese Macht, so dass die Möglichkeit ihrer Umkehrung von vornherein ausgeschlossen wird. Auch diese Texte sind natürlich ambivalent wie jeder Text. Aber ihre Ambivalenz ist linear und graduell.

Aus diesem Grund war das Christentum für das griechisch-römische Denken wohl unüberwindbar. Diesem Denken fehlte eine Dimension, um überhaupt antworten zu können. Es wurde schlechthin überrollt. Aber es fand eine Rückgewinnung statt, die innerhalb der christlichen Kategorien vor sich ging, durch die Umkehrung des Christentums in sein Gegenteil. So entstand wiederum ein Sinnzusammenhang, der aufs Neue von der Macht als letzter Instanz ausging. Es ist aber gerade dieses von der Macht her denkende Christentum, das mit seinem kategorialen Rahmen jede bisherige Macht in allen ihren Dimensionen neu strukturiert und damit eine Machtposition entwickelt, welche mehr Macht zu entfalten vermag als alle vorangegangene Macht. Aus dieser veränderten Machtkonstellation entsteht die Moderne, die weiter vom Christentum geprägt ist – trotz Säkularisierung – und die schließlich die ganze Welt erobert. Keine Macht hat widerstehen können. Sowohl der Liberalismus als auch der Sozialismus haben diese Wurzel. Als eine von der Macht her denkende Orthodoxie konnte das Christentum so zuerst als imperiales Christentum, danach in seinen Säkularisierungen, die gesamte Welt erobern. Diese Säkularisierungen sind natürlich nicht als solche christlich, und sie entstehen häufig gerade in Konflikten mit dem Christentum. Sie behalten aber den vom Christentum geschaffenen universalen kategorialen Rahmen bei, wonach der Arme, der Ausgeschlossene und der Geopferte das Wahrheitskriterium ist. Dieser Sachverhalt ist ganz unabhängig davon, ob die Integration nun in ihrer ursprünglichen Form geschieht oder durch die Umkehrung ins Gegenteil. Ausschließlich in diesem Sinne handelt es sich um Säkularisierungen des Christentums. In säkularisierter Form wird der kategoriale Rahmen weitergeführt, so wie die Säkularisierung grundlegende Mythen, die aus dem Christentum stammen, in säkularisierter Form weiterführt. Sie löst die Mythen nicht auf, sondern verwandelt ihre Form, indem sie diese säkularisiert.

Vor einigen Jahren hat Camdessus, damals Exekutivdirektor des Internationalen Währungsfonds, eine solche Umkehrung durchgespielt. Camdessus beschäftigt sich nicht nur mit Geld, sondern auch mit Theologie. In einem Vortrag über «Markt und Reich Gottes» entwickelt er eine Umkehrung der lateinamerikanischen Befreiungstheologie. Als Text übernimmt er sie fast vollständig, kehrt sie aber in ihr Gegenteil um durch die Veränderung der Bedeutung einiger zentraler Worte. Camdessus geht dabei von der Option für die Armen aus, von der die Befreiungstheologie spricht, und verwandelt sie in eine Option für die Reichen, denn den Armen kann es nur besser gehen, wenn es den Reichen besonders gut geht. Will man also realistisch etwas für die Armen tun, muss man den Reichtum der Reichen fördern. Aus der Option für die Armen wird dann die Option für die strukturellen Anpassungen des IWF.[1]

Diese Umkehrungen sind natürlich nicht auf religiöse Texte beschränkt; sie beziehen sich generell auf Sinnzusammenhänge unserer Welt. Sie entstehen aus der jüdisch-christlichen Tradition, sind aber leicht säkularisierbar und treten heute ganz allgemein in unserem sozialen Leben auf. Auch der Stalinismus beruht auf der Umkehrung des Sinnzusammenhangs der Marxschen Theorie in ihr Gegenteil. Etwas Ähnliches ist mit dem aufklärerischen Denken geschehen. Alle gegenwärtigen ideologischen Auseinandersetzungen beruhen auf solchen Umkehrungen. Dies ist heute auch weitgehend bewusst, so dass die ideologische Auseinandersetzung sich stark auf die Besetzung von Worten konzentriert, welche die Sinnzusammenhänge unseres Lebens ausdrücken und durch deren Bedeutungsveränderungen allgemeine Sinnveränderungen unter Beibehaltung gleicher Texte erzeugt werden.

Das orthodoxe imperiale Christentum wird durch die Umkehrung in sein Gegenteil ein Anti-Christentum. Aber es hält die

1 Vgl. Hinkelammert, Franz: Über den Markt zum Reich Gottes? Von der Verurteilung zur Vereinnahmung der Befreiungstheologie: Orientierung 60 (1996) 98–102; 115–120.

Wahrheit des Christentums als gefangene und unterdrückte Wahrheit am Leben. In diesem Sinne ist, wie Bloch sagt, das Gute an diesem Christentum, dass es Häresien schafft. In den Häresien und in den als häretisch angesehenen innerkirchlichen Bewegungen drängt die Wahrheit immer wieder ans Licht, auch wenn sie in späteren Entwicklungen wieder verloren geht.

Während das Anti-Christentum der Orthodoxie den Armen und Geopferten im Christentum als letzten Bezugspunkt beibehält, wenn auch in der reduzierten Form als einfache moralische Pflicht des Mächtigen oder schließlich als automatisches Produkt des Marktmechanismus, entsteht auf dem Höhepunkt der Moderne ein völlig neues Anti-Christentum, das dieses Wahrheitskriterium und schließlich jedes Wahrheitskriterium vernichten will, um es durch den Willen zur Macht zu ersetzen. Die Wahrheit wird nicht mehr gefangen gesetzt, sie soll vernichtet werden. Dieses Anti-Christentum will den vom Christentum universalisierten kategorialen Rahmen selbst sprengen und schließt darin alle seine Säkularisierungen ein. Es handelt sich um einen radikalen Anti-Humanismus, der konsequenterweise Christentum, Liberalismus und Sozialismus als die Summe aller Humanismen versteht und als ihre letzte Quelle und wahre Wurzel das Judentum ansieht.

Die erste Welle dieses Anti-Humanismus – der Faschismus – war daher zutiefst antisemitisch, aber gleichzeitig auch antichristlich, antiliberal und antisozialistisch. Heute ist eine neue Welle dieser Art entstanden, die mit der gegenwärtigen Globalisierungsstrategie einhergeht. Wiederum ist der Gegner der Humanismus selbst in allen seinen Formen, insbesondere der klassische – utopische – Liberalismus, zusammen mit dem durch ihn hervorgebrachten Reformkapitalismus, sowie der Sozialismus. Er ersetzt den Humanismus und seine angebliche Humanisierung des Menschen durch die Brutalisierung und Verwilderung im Namen eines universalen Anti-Humanismus. Es ist jener Anti-Humanismus, von dem bereits Primo de Riveira sprach: Wenn ich das Wort «Humanismus» höre, habe ich Lust, den Revolver zu ziehen.

Wahrscheinlich ist Nietzsche der erste Denker, der diese historische Situation erfasst hat und in beiden erwähnten historischen Bewegungen als Klassiker auftaucht. Er sieht bereits das Christentum als den gemeinsamen Nenner der gesamten Moderne und schließt darin den Liberalismus und den Sozialismus ein. Nietzsche ist ein extremer Antisemit, der den bisherigen Antisemitismus als Antisemitismus des Ressentiments versteht. Dessen Quelle ist das Judentum selbst. An seine Stelle setzt Nietzsche einen Antisemitismus, der ein an die Wurzel gehender universaler Anti-Humanismus ist. Dieser universale Anti-Humanismus ist nicht, wie Nietzsche zumindest manchmal glaubt, eine romantische Rückkehr zu den alten Barbaren oder zu den Vorsokratikern. Er setzt den Universalismus voraus, um ihn universal zu negieren. Er sagt: Ich verachte alle Menschen gleich, unabhängig von ihrem Geschlecht und ihrem sozialen Rang und ihrer Rasse. Der universale Anti-Humanismus ist die veheerendste Form der Zerstörung des Menschen, die bisher in der Geschichte aufgetaucht ist. Kein liberaler Kapitalismus, kein Sozialismus hat jene Verbrechen begangen, zu denen dieser universale Anti-Humanismus fähig ist.

Im Zuge dieses Anti-Humanismus bricht die Moderne aus dem universalen kategorialen Rahmen aus, den das Christentum gesetzt hat. Die Moderne wendet sich jetzt gegen das Christentum, aus dem heraus sie entstanden ist. Sie unternimmt den Aufstand gegen ihren Ursprung. Sie ist nicht postmodern; sie ist vielmehr die völlig entfesselte Moderne, welche die Grenzen, die in ihrem Ursprung liegen, beiseite drängt. Diese Moderne kündigt das Ende von vielem an: das Ende der Utopie, das Ende der Geschichte, das Ende der Ideologie, das Ende des Humanismus, das Ende der Träume. Hier geht es um das Ende des Christentums in all den Formen, die aus seinem universalen kategorialen Rahmen hervorgewachsen sind – einschließlich des imperialen, orthodoxen Christentums, das allen Imperien so große Dienste erwiesen hat. Der Mohr hat seine Schuldigkeit getan; der Mohr kann gehen. Die heutigen christlichen Fundamentalismen und Evangelien der Prosperität sind nur der billige Jakob, der in diesem Prozess den Ausverkauf betreibt.

Vor diesem Hintergrund will ich das Evangelium des Johannes interpretieren. Ich halte es für einen der Gründungstexte unserer Kultur, in dem tatsächlich Fundamente gelegt sind. Ich will dabei zeigen, dass unsere übliche Lektüre dieses Textes seinen Sinnzusammenhang ins Gegenteil verkehrt und so seine Aussage verschüttet hat.

Das Interesse, das ich hieran habe, entsteht aus der Überzeugung, dass das orthodoxe Christentum zu Ende ist und keinerlei Fähigkeit zeigt, der Herausforderung eines universalen Anti-Humanismus zu widerstehen. Aber ich glaube dasselbe auch von seinen Säkularisierungen. Weder die christliche Orthodoxie noch die Aufklärung scheint mir ein unvollendetes Projekt zu sein; es sind vielmehr Projekte, die zu Ende sind. Der universale Anti-Humanismus ist etwas Neues, dem gegenüber diese klassischen Projekte hilflos dastehen. Sie haben offensichtlich keine Antwort, und sie ziehen sich dann auf irgendeinen Fundamentalismus zurück.

Andererseits glaube ich ebenso, dass es außerhalb des universalen Kategorienrahmens, den das Christentum begründet hat, keine neue Antwort gibt und geben kann. Ich suche sie daher in einem Christentum, das sich der Umkehrung seines Sinnzusammenhanges ins Gegenteil verweigert. Anhand der Lektüre des Johannesevangeliums hoffe ich zeigen zu können, was dies bedeutet. Es handelt sich natürlich um ein Problem, das weit über das Christentum als Religionsgemeinschaft hinausgeht. Es bezieht sich, wie gesagt, auf den universalen Kategorienrahmen, den das Christentum begründet hat und der durchaus ohne das Christentum als Religionsgemeinschaft weiter existieren kann. Aber in jedem Falle muss es sich darum handeln, die Umkehrungen des Sinnzusammenhanges in sein Gegenteil zu verweigern. Es gilt, den Armen, den Ausgeschlossenen und den Geopferten als Wahrheitskriterium gegen alle Umkehrungen herauszustellen und darauf die Subjektivität des Menschen zu begründen.

Es gibt eine Kurzgeschichte von Jorge Luis Borges, die das Problem zumindest erläutern kann. Ihr Titel lautet: Pierre Menard, der Autor des Quijote.[2] Pierre Menard, eine von Borges erfundene Figur, schreibt den Quijote des Cervantes völlig neu. Er braucht dazu Jahrzehnte, kann sich dann aber so sehr in das Leben des Cervantes und sein Denken hineinversetzen, dass er in der Lage ist, den Roman völlig neu zu schreiben.

Borges zeigt, wie ihm dies gelingt. Er zitiert eine Stelle von Cervantes und macht klar, wie altertümlich und letztlich verstaubt sie geschrieben ist. Sie spricht uns nicht mehr an. Darauf zeigt er uns, wie Pierre Menard diesen Text von Cervantes verarbeitet. Er zitiert Pierre Menard. Der Text ist völlig gleich, kein Wort und kein Komma ist verändert. Borges zeigt dann, dass in der Version von Menard alles wie neu klingt. Jetzt spricht der Text uns an, er enthält

2 Pierre Menard, autor del Quijote. In: Borges, Jorge Luis: Ficciones. Alianza, Madrid 1997.

das, was in der Geschichte des Denkens nach Cervantes gedacht wurde. Ein neuer Text ist entstanden. Aber kein Wort und kein Komma ist verändert.

Borges geht auf das Problem der Umkehrung des Sinnzusammenhangs ins Gegenteil nicht ein. Sieht man einmal davon ab, so beschreibt er das, was meines Erachtens mit dem Evangelium des Johannes zu tun ist.

I. DIE SÜNDE, DIE IN ERFÜLLUNG DES GESETZES BEGANGEN WIRD

Während die synoptischen Evangelien eher den Charakter von Geschichtschroniken zum Leben Jesu besitzen, ist das Evangelium des Johannes anders. Es ist durch ein zentrales Argument strukturiert, um das herum die ganze Geschichte Jesu entwickelt wird. Das Evangelium des Johannes kann von einem zentralen Szenario aus verstanden werden; in Bezug darauf ist alles Vorangegangene Einführung und alles Folgende Schlussfolgerung.

Dieses zentrale Szenario scheint mir durch zwei Kapitel des Evangeliums gegeben zu sein. Das erste ist das Kapitel 8. Darin diskutiert Jesus mit Menschen, die zum Glauben an ihn gekommen sind, über die Befreiung, die er gegen die Freiheit durch das Gesetz stellt. Jesus tut dies, indem er die Abstammung von Abraham diskutiert und die Frage stellt, ob man von Abraham abstamme durch das Gesetz der biologischen Abstammung oder dadurch, dass man die Werke Abrahams tut. In diesem Kapitel findet der wohl schärfste Zusammenstoß mit seinen Zuhörern statt von allen Szenen, die Johannes berichtet. Jesus kann sich nur durch Flucht entziehen. Das zweite zentrale Kapitel ist das Kapitel 10, worin Jesus die Göttlichkeit des Menschen diskutiert, ausgehend von dem Ausruf: Ihr alle seid Götter! Auch diese Szene mündet in einen Zusammenstoß mit seinen Zuhörern. Innerhalb des Evangeliums erklärt dieses zentrale Szenario den tragischen Ausgang des Lebens Jesu. Dieser Ausgang wird in den Kapiteln 18,12–19,22 dargestellt. Es handelt sich um den Prozess gegen Jesus, den der römische Statthalter Pontius Pilatus durchführt. Er beginnt mit der Verhaftung Jesu, gefolgt vom Versuch des Hohenpriesters, Jesus selber den Prozess zu machen, worauf Pilatus das Verfahren an sich zieht, bis zur Verurteilung Jesu und seiner Hinrichtung am Kreuz. Dieser Teil ist charakterisiert durch eine Vielzahl von Verhören und Anklagen, durch die hindurch Johannes die Gründe für den Prozess und die Verurteilung aufzeigt. Diese Gründe werden behandelt in der Beziehung zwischen Pilatus, den Hohenpriestern und Jesus.

Den Verhören folgen Zusammenstöße zwischen den Hohenpriestern und Pilatus, bis schließlich Pilatus das Urteil spricht und Jesus kreuzigen lässt.

Das zentrale Szenario – die Kapitel 8–10 – stellen den Konflikt Jesu innerhalb seines Volkes dar und bringen die Gründe vor, die zu seinem Tod führen. Diese Konflikte und Gründe erscheinen aufs Neue in den Szenen, in die das Evangelium ausmündet und die die Passion erzählen. Die übrigen Szenen des Evangeliums beziehen sich auf diesen zentralen Teil. Häufig scheinen sie so etwas wie Fußnoten zu sein, die uns zu diesem zentralen Szenario und durch dieses hindurch zur Passionsgeschichte hinführen. So tauchen in der Passionsgeschichte einige Schlüsselworte nur kurz auf, aber in ihrer Kürze sind sie bloß verstehbar, weil sie auf vorangegangene Szenen anspielen. Dies betrifft beispielsweise Schlüsselworte wie «Welt» oder «Sohn Gottes». Ebenso ergeben sich in der Passionsgeschichte Schlüsselsituationen, die durch vorangegangene Situationen vorbereitet worden sind. Dies gilt etwa für den letzten Einzug in Jerusalem, wo die Menge Jesus als König feiert (Joh 12,12–19) – als Vorbereitung für das erste Verhör des Pilatus –, und schließlich die blutige Königsparodie der Soldaten und des Pilatus (Joh 19,1–5); oder für die Heilung des Blinden (Joh 9), die ganz eng verknüpft ist mit dem Verhör durch den Hohenpriester (Joh 10,25–39); für die Szene in Joh 11,45–53, nämlich die Entscheidung der Hohenpriester, den Tod Jesu herbeizuführen, die zusammen gesehen werden muss mit der Diskussion über die Söhne Abrahams. So ist auch der Hintergrund der Anklage der Blasphemie (Joh 19,7) nur verständlich, wenn man die Diskussion in Joh 10,25–39 in Betracht zieht, in der Jesus sich als Sohn Gottes bezeichnet, dies aber so versteht, dass alle Menschen, einschließlich seiner Ankläger, Söhne Gottes sind.

Aber auch die Passionsgeschichte dreht sich um ein Zentrum, ohne das ihre Bedeutung nicht zu verstehen ist. Es handelt sich um die Anklagen gegen Jesus. Die erste Anklage ist diejenige des Pilatus, wobei diese Anklage nur indirekt ausgedrückt wird und mit einer offensichtlichen Lüge des Pilatus zusammengeht:

> Pilatus sagte zu ihm: «Was ist Wahrheit?» Und nach diesen Worten ging er wieder zu den Juden hinaus und sagte zu ihnen: «Ich finde keine Schuld an ihm. Es besteht aber bei euch der Brauch, dass ich euch am Osterfest einen

> freigebe. Wollt ihr nun, dass ich euch den König der Juden freigebe?» (Joh 18,38–39)

Die andere Anklage sprechen die Hohenpriester aus. Es ist eine offene und direkte Anklage im Namen des Gesetzes:

> Die Juden antworteten ihm: «Wir haben ein Gesetz. Und nach diesem Gesetz muss er sterben, weil er sich zum Sohn Gottes gemacht hat. Als nun Pilatus dieses Wort hörte, fürchtete er sich noch mehr.» (Joh 19,7–8)

Pilatus klagt Jesus an, sich zum König der Juden zu machen. Aber er sagt dies nur auf indirekte Art, nie spricht er die Anklage offen aus. Die Hohenpriester hingegen klagen Jesus offen und direkt an, sich zum Sohn Gottes zu machen. Pilatus klagt im Namen des Imperiums und seiner Macht an, die Hohenpriester hingegen klagen im Namen des Gesetzes an. Die Anklage des Pilatus ist heuchlerisch. Nachdem er seinen berühmten Ausspruch getan hat, «Was ist Wahrheit?», geht er zu einer offensichtlichen Lüge über: «Ich finde keine Schuld an ihm.» Dass dies eine Lüge ist, zeigt der folgende Satz, worin er Jesus zur Befreiung anbietet, aber ihn nicht mit seinem Namen anspricht, sondern als «König der Juden». Dies bedeutet im Munde des höchsten Richters eine Anklage gegen Jesus. Es ist eine Anklage wegen Hochverrats, die das Todesurteil beinhaltet. Gerade hierin entlarvt sich die Versicherung, keine Schuld an ihm zu finden, als Lüge. Sie wird jetzt zur Drohung gegenüber den Hohenpriestern; verlangten sie die Freigabe Jesu, würden sie selbst Hochverrat begehen. Deshalb akzeptiert Pilatus später auch die Interpretation nicht, wonach Jesus nur vorgab, König der Juden zu sein (Joh 19,21–22). Pilatus besteht darauf, dass Jesus sich zum König der Juden gemacht hat und als solcher zum Tode verurteilt wird. Damit klagt er alle an, die Jesus unterstützen oder seine Freigabe fordern, obwohl er schließlich nur Jesus exekutiert. Er bedroht folglich durch diese Form seiner Anklage die Hohenpriester selbst. Die Hohenpriester wissen es.

Die Hohenpriester hingegen klagen Jesus im Namen des Gesetzes an, weil er sich zum Sohn Gottes gemacht hat, was die Anklage der Blasphemie impliziert. Aber sie klagen offen an, ohne ihre Anklage zu verstecken. Aber auch ihre Anklage versteckt etwas, das nicht ausgesprochen, jedoch von Pilatus verstanden wird. Auch die Hohenpriester drohen, selbst wenn sie es aus einer abhängigen und schwachen Situation tun, in der sie ihre Drohung niemals in die Tat umsetzen können. Sie klagen Jesus im Namen des Gesetzes an, dem gemäß er zu sterben hat, weil er sich zum Sohn Gottes gemacht hat. Was Pilatus weiß und versteht, ist das, was auch die Hohenpriester wissen, ohne es zu sagen: Auch der Cäsar-Kaiser, in dessen Namen Pilatus Statthalter ist und von dem er alle seine Macht ableitet, trägt den Titel «Sohn Gottes». Selbst wenn sie es nicht wollten, klagen die Hohenpriester im Namen des Gesetzes nicht nur Jesus an, sondern auch den Kaiser. Im Namen des Gesetzes ist nicht nur Jesus des Todes, sondern auch der Kaiser. Pilatus ist sich darüber offensichtlich im Klaren, was der folgende Text auch ausspricht: «Als nun Pilatus dieses Wort hörte, fürchtete er sich noch mehr.»

Der Inhalt dieser beiden Anklagen entscheidet über die Bedeutung der Passionsgeschichte und damit auch des Johannesevangeliums. Ihr Sinn ist daher nur im Kontext des gesamten Evangeliums zu erschließen.

Die Anklagen weisen auf den zentralen Charakter der Szenen der Kapitel 8 und 10 hin. Dort erscheinen mit aller Deutlichkeit die Konflikte um das, was es bedeutet, «in der Welt» zu sein und «Sohn Gottes» zu heißen. Die Konflikte münden in die Passion ein, wie eben die Passionsgeschichte zeigt. Weder die Passionsgeschichte noch der Prolog des Evangeliums, noch die Abschiedsreden sind verständlich, wenn man sie nicht von diesen zentralen Kapiteln her interpretiert. Daher werden wir einen großen Teil der folgenden Analysen den beiden Kapiteln widmen.

Der Aufbau des Johannesevangeliums ist dem klassischen Drama ähnlich, wo der dritte Akt den zentralen Konflikt des Dramas entwickelt und der fünfte Akt den tragischen Ausgang zeigt, wenn es sich um eine Tragödie handelt. Das gesamte Johannesevangelium ist wie ein großes Drama geschrieben. Es entwickelt tatsächlich das Drama unserer Welt. In diesem Sinne können die Kapitel 8–10 als der dritte Akt und die Passionsgeschichte als der fünfte Akt verstanden werden.

Um in diese Analyse eintreten zu können, möchte ich zuerst einige zentrale Ausdrücke in der Argumentation des Johannes untersuchen. Ich werde mit der Analyse des Ausdrucks «Welt» beginnen.

1. Die Welt – in der Welt sein, ohne von der Welt zu sein

In der Sprache des Johannesevangeliums hat Jesus die Welt in einem doppelten Sinne zum Bezugspunkt. Jesus ist dort das Licht der Welt. Welt bedeutet sodann den Kosmos, von dem der Mensch ein Teil ist und der außerdem den lebendigen, körperlichen Menschen umgibt sowie die übrigen Menschen und sogar die Institutionen einschließt. Innerhalb dieses Kontextes bezieht sich Jesus dennoch in einem ganz anderen Sinne auf die Welt. Jesus besteht dann darauf, dass er nicht von der Welt oder nicht von dieser Welt ist. Er sagt, dass sein Reich nicht von dieser Welt ist, und er ruft seine Jünger, die in der Welt sind, dazu auf, nicht von dieser Welt zu sein. Dies führt zur Aussage, dass die Welt diejenigen liebt, die von dieser Welt sind, und diejenigen hasst, die nicht von dieser Welt sind.

Wenn die Welt vom Menschen verlangt, von dieser Welt zu sein, dann kommen aus der Welt Imperative, die Gehorsam verlangen. Diese Welt verlangt etwas, und sie zwingt auf, was sie verlangt. Aus der Sicht Jesu führen diese Imperative in die Sünde. Obwohl der Mensch in der Welt ist, soll er nicht von der Welt sein. Dies heißt, dass er den Imperativen, die aus der Welt kommen, widerstehen soll.

In dieser Perspektive sind Pilatus und die Hohenpriester Welt, die von dieser Welt ist. Sie folgen den Imperativen dieser Welt. Im Fall der Hohenpriester ist klar, dass sie von der Welt sind, weil sie sich auf das Gesetz berufen. Pilatus hingegen folgt dem Gesetz der Macht des Imperiums, was einen analogen Sinn ergibt. In beiden Fällen gilt, dass dieses «Von-der-Welt-Sein» nicht etwa darin besteht, das Gesetz zu verletzen. Man ist von der Welt innerhalb der Gesetze und in der Erfüllung von Gesetzen. Die Anklagen gegen Jesus sind in beiden Fällen Anklagen im Namen des Gesetzes und seiner Erfüllung. Jesus wird vorgeworfen, das Gesetz zu brechen. Jesus wird angeklagt im Namen der Erfüllung von Gesetzen, die seine Ankläger einfordern. Sie verteidigen Gesetze: Pilatus das Gesetz der Macht des Imperiums und die Hohenpriester die Legalität des jüdischen Gesetzes. Und Jesus hat tatsächlich diese Gesetze verletzt.

Johannes besteht genau auf diesem Gesichtspunkt. Der Jesus, den er zeichnet, wendet sich nur ganz am Rande gegen Gesetzesverletzungen vonseiten der Menschen, zu denen er spricht. Johannes zeigt dies sehr offen anhand der Auseinandersetzung um eine Ehebrecherin. Die Erzählung ist enthüllend:

> Die Schriftgelehrten aber und die Pharisäer brachten eine Frau herbei, die beim Ehebruch ertappt worden war, stellten sie in die Mitte und sagten zu ihm: «Meister, diese Frau ist auf frischer Tat beim Ehebruch ertappt worden. Im Gesetz aber hat uns Mose geboten, eine solche zu steinigen. Was sagst du nun?» Das sagten sie, um ihn zu versuchen, damit sie eine Anklage gegen ihn hätten. Jesus aber bückte sich nieder und schrieb mit dem Finger auf die Erde. Als sie jedoch hartnäckig weiterfragten, richtete er sich auf und sprach zu ihnen: «Wer von euch ohne Sünde ist, werfe als erster einen Stein auf sie.» Dann bückte er sich wieder nieder und schrieb auf die Erde. Als sie aber das gehört hatten, gingen sie weg, einer nach dem andern, angefangen von den Ältesten. Und er blieb allein zurück und die Frau, die in der Mitte stand. Da richtete sich Jesus auf und sprach zu ihr: «Frau, wo sind sie? Hat keiner dich verurteilt?» Sie aber sprach: «Keiner, Herr!» Da sprach Jesus zu ihr: «Auch ich verurteile dich nicht. Geh und sündige von jetzt an nicht mehr.» (Joh 8,3–11)

Die Frau hatte das Gesetz verletzt, obwohl über den Mann, der da beteiligt gewesen sein muss, nichts gesagt wird. Jesus streitet die Gesetzesverletzung nicht ab. Daher kann er am Ende der Erzählung die Frau auffordern, nicht wieder zu sündigen. Das ist es eben, was zu tun ist im Falle einer Gesetzesverletzung. Aber Jesus verurteilt die Frau nicht, obwohl er die Gültigkeit des Gesetzes nicht bestreitet.

Die Ehebrecherin, die in den Augen Jesu gesündigt hat, hat aber nicht jene Sünde begangen, gegen die Jesus sich gerade auflehnt. Sie sündigt nicht, weil sie «von der Welt» ist. Von der Welt zu sein, das ist nicht der Grund für den Ehebruch, so wie der Grund auch nicht darin besteht, *nicht* von der Welt zu sein. «Von der Welt» zu sein bedeutet den Hass gegen jeden Gesetzesbrecher, gerade gegen denjenigen, der das Gesetz verletzt, weil er nicht «von dieser Welt» ist. Indem sie «von der Welt» ist, hasst die Welt Jesus, der das Gesetz verletzt, weil er nicht von dieser Welt ist. Die Ehebrecherin hingegen hat überhaupt keinen Grund, Jesus zu hassen, und sie hasst ihn daher auch nicht. Die andern hingegen, die weggegangen sind, sind von der Welt. Sie zeigen es dadurch, dass sie die Ehebrecherin töten wollen. Sie sind von der Welt gerade dadurch, dass sie das Gesetz erfüllen wollen. Die wahre Sünde, gegen die Jesus aufsteht, ist die Steinigung der Gesetzesverletzerin, und diese Sünde erfüllt das Gesetz, das sie verletzt hat. Auf diese Weise ergibt sich eine Sünde, die die Sünde der Autorität und des Gesetzes ist. Sie wird der Gesetzesbrecherin gegenüber getan und ist in den Augen Jesu die größere Sünde.

Diese Erzählung ist in der gesamten späteren Geschichte des Christentums bis in die Gegenwart als Skandal empfunden worden, so dass es ständige Versuche gibt, sie aus dem Evangelium herauszunehmen oder ihren Ursprung zu bezweifeln. Dabei werden insbesondere zwei Argumente benutzt. Zum einen weist man darauf hin, dass der griechische Stil des Textes verschieden ist vom Stil des übrigen Evangeliums. Daraus wird dann geschlossen, dass es sich um einen späteren Einschub handeln müsse. Dieses Argument ist sehr schwach, und zwar aus folgendem Grund: Wenn es sich um einen Einschub handelt, kann dieser natürlich von Johannes selbst stammen. In diesem Falle hätte Johannes einen Text einfach so übernommen, wie er ihn vorfand, und für sein Evangelium benutzt. Dass ein solch skandalöser Text später, und zwar vom 3. Jahrhundert an, eingefügt worden sein soll, entbehrt jeder Wahrscheinlichkeit. Je mehr das Christentum zu einer neuen Gesetzesreligion wurde, um so stärker musste dieser Text als Störungselement empfunden werden.

Zum anderen verweist man darauf, dass in der ersten, gegen Ende des zweiten Jahrhunderts aufgefundenen Nachschrift diese Erzählung nicht vorkommt. Aber die ersten aufgefundenen Nachschriften des Evangeliums sind alle sehr bruchstückhaft. Die erste vollständige Ausgabe hingegen enthält diese Erzählung. Diese Lage ist problemlos erklärbar – ohne die Hypothese eines späteren Einschubs. Die Erzählung kann an anderen Stellen gestanden haben; sie könnte aber bereits in einigen Varianten ausgelassen worden sein, da sie von manchen Ausprägungen des Christentums her bereits in früher Zeit als Skandal erschien.

Ich gehe daher davon aus, dass die Erzählung tatsächlich aus dem Ursprung des Evangeliums selbst stammt, aber sehr bald umstritten war. Hinzu kommt, dass sie den Vorstellungen des übrigen Evangeliums entspricht und daher im Gesamtzusammenhang des Evangeliums in keinem Sinne einen Fremdkörper darstellt. Auf der andern Seite ist leicht verständlich, dass man gerade diese Erzählung unterdrücken wollte, denn sie gibt auf besonders plastische Weise das Verhältnis Jesu zum Gesetz wieder.

Dabei ist wichtig, dass die Erzählung herausstellt, die Sünde, «von der Welt» zu sein, sei bei Johannes eben keine sinnliche oder gar sexuelle Sünde, sondern werde in Erfüllung eines Gesetzes begangen und richte sich daher gerade nicht gegen die Sinnlichkeit. Ich glaube, dass dies Johannes sehr bewusst ist. Bei Johannes stammt die Sünde nicht aus der Sinnlichkeit, sondern aus der Gesetzlichkeit. Er zeigt dies bereits am Anfang des Evangeliums, anlässlich des ersten Auftritts Jesu im öffentlichen Leben. Bei den Synoptikern ist der erste Auftritt Jesu ein höchst feierlicher Moment, in dem Jesus ganz ausdrücklich seine religiöse Sendung vertritt. Bei Johannes ist das ganz anders. Hier ist es die Teilnahme Jesu an einem großen Hochzeitsfest. Die Geschichte erzählt, dass bei diesem rauschenden Fest der Wein ausging. Jesus tut daher sein erstes Wunder, von dem Johannes berichtet, und verwandelt Wasser in Wein, so dass das Fest weitergehen kann. Johannes gibt die Zahl der Wassergefäße an, und man hat geschätzt, dass es sich um etwa 700 Liter Wein handelte.

Eine solche Geschichte ist natürlich ähnlich skandalös für alle späteren puritanischen Äußerungen des Christentums. Aber es handelt sich um Wein, nicht um Sexualität. Aus diesem Grund ist sie immer noch eher zu akzeptieren, obwohl sie ständig uminterpretiert wurde in Richtung eines symbolischen Verständnisses. Danach ging Jesus zwar auf diese Hochzeit, aber er tanzte, symbolisch gesehen, auf einer ganz andern Hochzeit.

Die Erzählung von der Ehebrecherin ist einfach die andere Seite dieses Ausgangspunktes des Johannes, von der Sinnlichkeit her betrachtet. Innerhalb seiner Argumentation scheint mir die Betonung dieses Ausgangspunktes notwendig zu sein. Nicht «von der Welt» sein, das richtet sich nicht gegen die körperliche, sinnliche Welt, sondern gegen die Welt, die im Namen der Erfüllung des Gesetzes die Sünde begeht. Es ist die Sünde, die der Mensch in Erfüllung des Gesetzes vollbringt.

Dieser Hochzeit als erstem Auftritt Jesu in der Öffentlichkeit folgt sein zweiter Auftritt im Tempel mit dessen Reinigung. Hier ist die Kritik an der Gesetzlichkeit, in deren Erfüllung die Sünde begangen wird, der eigentliche Gegenstand der Erzählung.

Das Grundthema von Johannes ist also das Gesetz, nicht die Sinnlichkeit. Im Evangelium stellt er dies auch noch in einem andern Zusammenhang dar, nämlich im Rahmen einer Wundererzählung, der Heilung eines Blinden:

> Und im Vorbeigehen erblickte er einen Menschen, der von Geburt an blind war. Und seine Jünger fragten ihn: «Rabbi, wer hat gesündigt, dieser oder seine Eltern, dass er blind geboren wurde?» Jesus antwortete: «Weder dieser hat gesündigt noch seine Eltern.» (Joh 9,1–2)

Hier taucht in einem naturalistischen Gewand wieder die Vorstellung auf, dass im Zentrum des Lebens und der Sünde die Gesetzesverletzung steht. Im Extrem wird Blindheit als Strafe für eine solche Sünde aufgefasst. Die Erzählung geht deshalb weiter, und Jesus heilt den Blinden. Jetzt aber wird der Geheilte verfolgt:

> Nun nahmen sie ihn mit zu den Pharisäern, ihn, den ehemals Blinden. Es war aber Sabbat an dem Tage, an welchem Jesus den Teig gemacht und seine Augen geöffnet hatte. Wiederum fragten ihn nun die Pharisäer, wie er sehend geworden sei. Er sprach zu ihnen: «Er hat einen Teig auf meine Augen gelegt, und ich habe mich gewaschen und nun sehe ich.» Da sagten einige von den Pharisäern: «Dieser Mensch ist nicht von Gott, weil er den Sabbat nicht hält.» (Joh 9, 13–16)

Jetzt hat Jesus das Gesetz verletzt, und seine Gegner klagen ihn wegen dieser Gesetzesverletzung an. Zuvor hatte die Ehebrecherin das Gesetz verletzt. Jesus sagte, dass das eine Sünde sei, aber er verurteilte sie nicht. Sie sündigt, aber sie begeht nicht *die* Sünde. *Die* Sünde begehen diejenigen, die sie steinigen wollen, und zwar in Erfüllung des Gesetzes. Es ist die Sünde, die man begeht, wenn man von der Welt ist. Jetzt aber verletzt Jesus das Gesetz. Diese Gesetzesverletzung ist jedoch nach Johannes legitim. Sie ist nicht deshalb legitim, weil Jesus derjenige ist, der sie begeht. Sie ist legitim, weil die Gesetzesverletzung einen Kranken heilt. Das Gesetz darf sich nicht dem menschlichen Leben in den Weg stellen. Steht es ihm im Weg, verliert es seine Geltung. Es handelt sich nicht einmal um eine Extremsituation. Jesus hätte den Blinden schließlich genauso am Tag vor oder nach dem Sabbat heilen können. Hier wird das Leben ganz einfach über das Gesetz gestellt. Jesu Gegner aber wenden sich gegen ihn im Namen der Erfüllung des Gesetzes. Jesus wirft daher die Sünde denen vor, die die Erfüllung des Gesetzes vertreten. Er tut dies mit sehr harten Worten:

> Hierauf sprach Jesus: «Zu einem Gericht bin ich in diese Welt gekommen, damit die, die nicht sehen, sehend und die Sehenden blind werden.» Das hörten einige von den Pharisäern, die bei ihm standen, und sagten zu ihm:

«Sind etwa auch wir blind?» Jesus sprach zu ihnen: «Wenn ihr blind wärt, so hättet ihr keine Sünde. Nun aber sagt ihr: ‹Wir sehen.› Eure Sünde bleibt.» (Joh 9,39–41)

Jesus wirft den Pharisäern *die* Sünde vor. Das ist nicht das «sündige nicht mehr», das er gegenüber der Ehebrecherin sagt, ohne sie zu verurteilen. Jetzt verurteilt er, denn es wird *die* Sünde begangen. Es ist die Sünde, die die Blindheit der Sehenden begeht. Es ist die Blindheit derer, die zu sehen glauben, aber nicht sehen.

Jesus hat das Gesetz verletzt. Aber er hat es verletzt, weil er sehend ist. Wer sieht, der sieht, was sich dem Leben des Menschen in den Weg stellt, und sieht es als Hindernis, über das er hinweggeht. Aus der Sicht der Blindheit der Sehenden aber ist dies eine Gesetzesverletzung. Sie begehen das, was Jesus «die Sünde im Singular» nennt. Sie begehen nicht Sünden, sondern *die* Sünde.

Damit nähern wir uns der Bedeutung an, die Jesus meint, wenn er davon spricht, «von der Welt» oder «nicht von der Welt» zu sein. Jesus verletzt das Gesetz, weil er «nicht von der Welt» ist. Diejenigen aber, die ihn im Namen der Erfüllung des Gesetzes verurteilen, tun dies, weil sie «von der Welt» sind. Von der Welt sein, das heißt töten wollen. Aber sie töten, damit das Gesetz erfüllt wird. Der Mord, den sie begehen, verletzt nicht das Gesetz, sondern ist durch seine Erfüllung gefordert. Er muss begangen werden, damit das Gesetz erfüllt wird. Dieser Mord ist das Zentrum dessen, was es heißt, von der Welt zu sein.

Für das Gesetz ist die Verletzung des Sabbats eine Sünde, die bestraft werden muss. Wenn derjenige, der das Gesetz verletzt hat, akzeptiert, dass er es verletzt und damit ein Unrecht begangen hat, wird das verletzte Gesetz durch die Strafe wieder hergestellt. Jesus hingegen verletzt das Gesetz des Sabbats, wenn man es aus der Sicht der bloß formalen Erfüllung betrachtet. Aber er besteht darauf, dass diese Verletzung legitim und daher Pflicht ist. In diesem Sinne insistiert er, dass er das Gesetz nicht etwa verletzt, sondern – ganz im Gegenteil – erfüllt hat. Er hat das menschliche Leben geachtet und danach gehandelt. Folglich hat er überhaupt kein Unrecht begangen, weil dieses Leben über dem Gesetz steht, das ein Gesetz ist, welches zum Leben gegeben wurde. Er besteht darauf, dass er den Sabbat nicht etwa abschafft, sondern erfüllt, indem er das formale Sabbatgebot bricht. Er will den Sabbat nicht abschaffen. Aber die Heiligung des Sabbats geht verloren, wenn man das Gesetz des Sabbats nicht in einem Fall wie der Heilung des Blinden unterbricht.

Vom formalen Standpunkt des Gesetzes aus geschieht jedoch ein Gesetzesbruch, der bestraft werden muss. Indem aber Jesus darauf besteht, dass es sich gar nicht um eine Sünde handelt, sondern die Gesetzesverletzung aus der Erfüllung des Gesetzes als eines Gesetzes für das Leben folgt, hat er jede Beziehung zum Gesetz in Frage gestellt. Das Gesetz ist jetzt einem Unterscheidungskriterium unterworfen, das durch keine Autorität und keinen Gesetzgeber ersetzt werden kann: Um das Gesetz zu erfüllen, muss man es verletzen, sobald es sich dem Leben desjenigen in den Weg stellt, von dem die Erfüllung des Gesetzes gefordert wird. In letzter Instanz entscheidet das Subjekt über das Gesetz. Jesus fordert die Souveränität des lebendigen Subjekts gegenüber dem Gesetz.

Tatsächlich handelt es sich nicht um eine einfache Gesetzesverletzung, sondern um die Negation jeder Geltung a priori von formalen Rechtsnormen, und zwar unabhängig davon, wer der Gesetzgeber ist – handle es sich nun um das Gesetz Gottes, das Gesetz der Vernunft oder das Gesetz irgendeiner anderen Autorität, des Königs oder auch eines demokratischen Gesetzgebers. Der Mensch als Subjekt bleibt souverän. Weil das Gesetzesdenken jener, die sich gegen Jesus stellen, in diesem Sinne legalistisch ist, muss aus ihrer Sicht die Haltung Jesu Rebellion gegen das Gesetz sein. Soweit das Gesetz als Gesetz Gottes gilt, ist seine Haltung eine Blasphemie. Daher werden sie das ganze Gewicht des Gesetzes gegen ihn einsetzen. Es geht dabei nicht um das Gewicht irgendeines verletzten spezifischen Gesetzes, sondern um das Gesetz als solches und darin um die formale Gesetzlichkeit überhaupt. Wenn aus der Sicht des Menschen als eines lebendigen Subjekts die Sünde in der Erfüllung des Gesetzes geschieht, erscheint dieses Subjekt aus der Sicht des Gesetzeslegalismus wiederum als ein rebellisches Subjekt, als ein Produkt des Hochmuts und der Hybris, und seine Sünde ist Blasphemie, die darin besteht, sein zu wollen wie Gott. Daher reagiert das Gesetz auf gewaltsame Art.

Im Evangelium des Johannes dient die Bezugnahme auf den Sabbat dazu, die Sünde aufzuzeigen, die in Erfüllung des Gesetzes begangen wird. «Der Mensch ist nicht für den Sabbat da, sondern der Sabbat ist für den Menschen da.» Dieser Satz drückt auch das aus, was Johannes sagt. Er faßt auch sehr gut die Position Jesu zusammen, wenn wir in Betracht ziehen, dass Jesus dieses Verhältnis auf alle Gesetze und jede Gesetzlichkeit ausdehnt.

2. Das Wertgesetz und die Sünde, die in Erfüllung des Gesetzes begangen wird

In den synoptischen Evangelien nimmt Jesus gegenüber dem Sabbat dieselbe Position ein. Auf dieselbe Weise bezieht er auch zum Wertgesetz, zum Markt und zum Geld Stellung. Er tut dies insbesondere unter dem Gesichtspunkt der Schulden und der Schuldenzahlung. Schulden bezahlen zu müssen, das ist Gesetz. Es ist ein Gesetz, das sich direkt aus dem Wertgesetz ableitet. Daher ist es ein Ergebnis der Unterwerfung des Menschen unter das Wertgesetz. Wo das Wertgesetz herrscht, da taucht auch der Kredit auf und mit diesem die Unvermeidlichkeit der Zahlung von Schulden. Sobald das Wertgesetz sich in legaler Form aufzwingt, tritt auch die legale Verpflichtung ein, Schulden zu bezahlen. Die Kritik Jesu gegenüber dem Gesetz der Schuldenzahlung ist analog zu seiner Kritik am Sabbatgebot: Der Mensch ist nicht für die Warenbeziehungen da, sondern die Warenbeziehungen sind für den Menschen da. Er gelangt daher zum Ergebnis, dass der Mensch nicht leben kann, wenn nicht der Schuldennachlass Teil des Lebens ist. Auch hier handelt es sich nicht um die Abschaffung der Waren- oder der Kreditbeziehungen, sondern um ihre Unterwerfung unter das Kriterium des Lebens des Menschen als eines körperlichen Subjekts.

Das Johannesevangelium erwähnt diese Kritik der Schuldenzahlung überhaupt nicht. Es stellt eine ganz andere Seite der Kritik Jesu am Wertgesetz heraus. Es handelt sich um die Ersetzung Gottes durch die Warenbeziehungen, um die Gottwerdung des Geldes. Diese Kritik stellt Jesus heraus bei seinem zweiten Auftritt in der Öffentlichkeit, nämlich anlässlich seiner ersten Reise nach Jerusalem. Es ist der einzige Auftritt, bei dem Jesus gewaltsam wird. Die Szene ist als Reinigung des Tempels bekannt:

> Das Osterfest der Juden war nahe, und Jesus zog nach Jerusalem hinauf. Im Tempel fand er die Verkäufer von Rindern und Schafen und Tauben und

> die Geldwechsler sitzen. Da machte er eine Geißel aus Stricken und jagte alle zum Tempel hinaus, samt den Schafen und Rindern, verschüttete die Münzen der Geldwechsler und stieß ihre Tische um und sagte zu den Taubenverkäufern: «Nehmt dies von hier weg und macht aus dem Haus meines Vaters kein Kaufhaus.» (Joh 2,13–16)

Johannes sieht hier den Konflikt zwischen Gott und dem Mammon. Der Mammon tritt an die Stelle Gottes, indem er das «Haus meines Vaters» in ein «Kaufhaus» verwandelt. Diese Szene ist auch bei den Synoptikern vorhanden. Aber sie hat dort nicht die gleiche Bedeutung. Johannes stellt sie dadurch besonders heraus, dass sie bei ihm der zweite Auftritt Jesu in der Öffentlichkeit ist und direkt auf die Hochzeit von Kanaan folgt. Von daher dient sie als Kontrapunkt zu dieser Hochzeit. Aber es gibt noch einen anderen Unterschied, der sehr viel wichtiger ist. Bei den Synoptikern sagt Jesus, dass der Tempel zu einer Räuberhöhle gemacht wurde. Bei Johannes hingegen wird er zu einem Kaufhaus gemacht. Am wahrscheinlichsten ist, dass der historische Jesus beide Ausdrücke benutzt hat in dem Sinne, dass das Kaufhaus zur Räuberhöhle wird, wenn es den Ort des Tempels, «das Haus meines Vaters» besetzt. Denn wo der Tempel zum Kaufhaus wird, wird das Kaufhaus zum Tempel. Alles wird zur Räuberhöhle, und an die Stelle der Ethik Gottes tritt die Ethik der Räuberbande.

Johannes kennt wahrscheinlich die Versionen dieser Szene, in denen Jesus von der Räuberhöhle spricht. Wenn er jetzt das Kaufhaus herausstellt, könnte er eine bestimmte Absicht verfolgen. Diese Absicht aber kommt in unserer heutigen Sprache nicht zum Ausdruck. Es scheint sich um einen Ausdruck zu handeln, der sehr viel schwächer ist als der Ausdruck «Räuberhöhle». Für uns ist es selbstverständlich, dass Kaufhäuser oder Banken Tempel sind. Und unsere Kirchen sind dabei, aus den Tempeln Kaufhäuser zu machen. In der Sprache des Johannes ist dies aber anders. Da ist es sehr viel schlimmer, aus dem Tempel ein Kaufhaus zu machen als eine Räuberhöhle – nicht bloß eine Räuberhöhle, sondern sogar ein Kaufhaus. Wir können dies kaum nachvollziehen, hat doch heute selbst der Vatikan in Italien eine Bank gegründet, die Bank des Heiligen Geistes (Banco dello Spirito Santo) heißt. Es ist gut, an einen Satz von Bertolt Brecht zu erinnern, den ich für absolut johanneisch halte: Was ist ein Bankraub gegen die Gründung einer Bank? – Ich kann mir sogar vorstellen, dass Brecht, diesem Meister der Ironie, die Verbindung mit der Tempelszene von Johannes bewusst war.

Wir können in diesem Sinne mit Johannes fortfahren: Was ist ein Ehebruch gegen die Steinigung einer Ehebrecherin? Was soll es schon sein, sich am Wein zu berauschen, gegenüber dem Rausch, den man empfindet an der Börse von New York? Was ist eine Räuberhöhle gegen ein Kaufhaus oder eine Bank? Dies ist weder eine Apologie des Ehebruchs noch des Besäufnisses noch der Räuberhöhle. Dies bleibt durchaus Sünde. Aber es ist nicht *die* Sünde. Diese ist vielmehr gegenwärtig in der Steinigung der Ehebrecherin, im Rausch an der Börse und im Kaufhaus, das zum Tempel wird. Das, was Jesus bei Johannes zeigt, ist die Rückgewinnung der menschlichen Dimensionen des Lebens.

Das Verhältnis zu den Reichen, das Jesus in den synoptischen Evangelien einnimmt, kann man aus dieser Perspektive verstehen. Jesus wird vorgeworfen, dass er sich mit den Zöllnern einlässt und Beziehungen mit ihnen pflegt. Alle wissen, dass die Zöllner sehr häufig Betrüger und Diebe sind. Aber die Zöllner selbst wissen das auch. Gerade deshalb kann Jesus mit ihnen verkehren, denn trotz aller Gesetzesübertretungen bleiben sie Menschen, die menschlich denken können. Aber mit den Reichen, die reich geworden sind, indem sie das Gesetz erfüllt haben, und die von der Legitimität ihres Reichtums überzeugt sind, verkehrt er nicht, und er kann es auch nicht. Er verkehrt mit den Zöllnern nicht, obwohl sie das Gesetz verletzt haben, sondern weil sie es verletzt haben, dabei jedoch sehend blieben und nicht erblindeten.

Dies erklärt den Zusammenstoß mit den Händlern im Tempel. Gott verschwindet aus dem Haus Gottes, und seinen Ort nimmt der Mammon ein, der jetzt Gott ist. Aber es ist kein Gesetz verletzt worden. Gerade in Erfüllung des Gesetzes – in diesem Falle des Wertgesetzes – ersetzt es Gott im «Haus meines Vaters». Gott wird in Erfüllung des Gesetzes entthront. Es handelt sich um einen Akt gegen Gott, der gleichzeitig ein Akt gegen den Menschen ist. Wo der Mensch entthront wird, wird auch Gott entthront. Wenn der Mensch für den Sabbat und für den Markt da ist, wird Gott aus dem «Haus meines Vaters» ausgeschlossen. Aber das Gesetz wird erfüllt. In Erfüllung des Gesetzes wird aus dem Haus Gottes ein Kaufhaus und deshalb eine Räuberhöhle, deren Gesetz die Ethik der Räuberbande ist. Es sind Räuber, die das

Gesetz erfüllen, und derjenige, der das Gesetz erfüllt, kann sehr wohl ein Räuber sein.

Demgegenüber ist Jesus wieder der Gesetzesbrecher, der bei der Verletzung des Gesetzes sogar Gewalt anwendet. Kein Gesetz gab ihm das Recht, die Händler aus dem Tempel zu vertreiben. Das Gesetz ist gegen Jesus, nicht gegen die Händler. Die Händler hatten ihre Mietverträge für ihre Verkaufsstände im Hinterhof des Tempels, und sie hatten ihre Miete pünktlich bezahlt. Die Konsumenten kamen und kauften bei ihnen die Tiere, die sie als Opfer darbringen wollten, und das Gesetz gab ihnen das Recht, ja verpflichtete sie sogar, diese Opfer darzubringen. Sie hatten die Freiheit, aufgrund ihrer Vorlieben einzukaufen, und die Händler leisteten einen guten Kundendienst. Sie dienten auf ihre Art dem Gesamtinteresse. Jesus aber mischt sich ein gegen jedes Recht; jedes Gericht der Welt würde ihn verurteilen und die Zahlung von Schadenersatz verlangen. Außerdem beleidigt Jesus die Kaufleute, indem er sie Räuber nennt, während sie doch ihre Miete bezahlen und ihre Produkte zum Marktpreis verkaufen. Sollten sie außerdem ihr Geschäft gegen Kredit gegründet haben, können sie diese Kredite bedienen, wie es die Gerechtigkeit verlangt. Weswegen sollten sie wohl Räuber sein? Sie sind gerecht und gerechtfertigt.[1]

Aber diese ihre Überzeugung enthüllt zugleich ihre Unmenschlichkeit. Bei Johannes steht eine menschliche Welt der unmenschlichen gegenüber. Aber die menschliche Welt ist keineswegs eine Welt ohne Sünden. Dennoch: selbst die Sünde ist dort menschlich, so dass man sich aussprechen und verstehen kann. Die unmenschliche Welt hingegen beruht auf der Sünde, die in Erfüllung des Gesetzes begangen wird. Diese Sünde scheint es nicht zu geben, so dass man nicht einmal über sie sprechen kann oder darf. Jesus klagt diese Sünde als Blasphemie an, wenn er sagt, dass das «Haus meines Vaters» zum Kaufhaus gemacht worden sei. Aus der Sicht des Johannes ist dies wichtig, denn wenig später wird Jesus der Blasphemie angeklagt werden von jenen, die er der Blasphemie beschuldigt

1 1980 trat der Kulturminister der sandinistischen Regierung von Nicaragua, Ernesto Cardenal, dafür ein, den Gebrauch der christlichen Weihnachtsmysterien in der Werbung zu verbieten. Die Handelskammer protestierte dagegen im Namen der Meinungsfreiheit. Der Kardinal und Erzbischof von Managua verurteilte das Handeln der Regierung als «atheistisch». Dies bedeutete in seiner Sprache, dass es Blasphemie sei. – Ist es atheistisch zu verlangen, dass das «Haus meines Vaters» kein «Kaufhaus» oder keine «Räuberhöhle» sein soll?

hat. Derjenige, der die Blasphemie anklagt, die in Erfüllung des Gesetzes begangen wird, wird durch das Gesetz selbst der Blasphemie angeklagt. Das ist die Ironie des Johannes.

3. Jesus und das mosaische Gesetz

Der Kritik des Gesetzes durch Jesus unterliegt ein tieferer Sinn zur Rückgewinnung des mosaischen Gesetzes. Für Jesus hat das Gesetz seiner Zeit die Wurzeln des mosaischen Gesetzes verloren. Daher geht jede Kritik, die Jesus formuliert, von der Rückgewinnung des mosaischen Gesetzes gegenüber diesem Gesetz seiner Zeit aus. Jesus situiert sich selbst und seine Kritik in der Tradition des mosaischen Gesetzes.

So sagt er über das Gesetz des Mose zu den Juden, die ihm zuhören: «Hat nicht Mose euch das Gesetz gegeben? Und doch tut keiner von euch das Gesetz» (Joh 7,19). Er sagt dies Menschen gegenüber, die ihm im Namen des Gesetzes vorwerfen, einen Kranken am Sabbat geheilt zu haben. Sie werfen ihm vor, das Gesetz verletzt zu haben. Jesus hingegen wirft ihnen gerade deswegen vor, das Gesetz nicht zu erfüllen. Er hat am Sabbat einen Kranken geheilt und behauptet, eben dadurch das Gesetz erfüllt zu haben. Seine Zuhörer verteidigen den Sabbat als Legalismus und als formale Norm, so dass sie überzeugt sind, das Gesetz zu erfüllen. Aber Jesus wirft ihnen vor, es gerade deswegen nicht zu erfüllen. Davon ausgehend, interpretiert Jesus das Gesetz des Mose:

> Mose hat euch die Beschneidung gegeben – nicht, dass sie von Mose stammt, sondern von den Vätern –, und ihr beschneidet einen Menschen am Sabbat. Wenn ein Mensch am Sabbat die Beschneidung empfängt, damit das Gesetz des Mose nicht verletzt werde, was zürnt ihr mir, weil ich einen ganzen Menschen am Sabbat gesund gemacht habe? (Joh 7,22–23)

Jesus argumentiert vom Gesetz des Mose aus. Der Formalismus des Gesetzes des Sabbats wird aufgehoben, wenn es um die Beschneidung geht, denn die Beschneidung ist das Zeichen des Gesetzes, das ein Gesetz für das Leben ist. Jesus interpretiert die Beschneidung als eine Heilung, allerdings als eine partielle Heilung. Daher kann er hinzufügen: «... was zürnt ihr mir, weil ich einen ganzen Menschen am Sabbat gesund gemacht habe?»

Das Gesetz ist ein Gesetz für das Leben. Sofern es dies ist, muss es ständig einem Urteil der Unterscheidung unterliegen, so dass das Gesetz immer dann aufgehoben wird, wenn es nicht dem Leben dient. Jedes Gesetz, das diesem Urteil nicht unterliegt, wird zum Gesetz, das tötet. Ein Gesetz rein formal anzuwenden, d.h. ohne eine solche Unterscheidung, führt zum Tod. Daher ist auch die Ablehnung eines solchen Unterscheidungskriteriums tödlich. Aus diesem Grund sagt Jesus: «Warum sucht ihr mich zu töten?» (Joh 7,19).

Deshalb auch ruft er dazu auf zu urteilen. Denn eine Beurteilung des Gesetzes ist notwendig, damit es dem Leben dient: «Urteilt nicht nach dem Schein, sondern fällt ein gerechtes Urteil» (Joh 7,24). Diese Beurteilung hat das Gesetz selbst nötig, damit es dem Leben dient, und sie hebt das Gesetz immer dann auf, wenn das menschliche Leben als Urteilskriterium dies erfordert. Der bloße Formalismus des Gesetzes hingegen urteilt dem Schein nach und ist nicht gerecht.

Jesus interpretiert das Gesetz des Mose als Gesetz, das bewusst auf das Leben des Menschen zu beziehen ist. Es ist ein Gesetz, das für das Leben gegeben ist, und deshalb ist es ein Gesetz, das im Namen dieses Lebens herauszufordern ist. Daher kann Jesus nach Lukas seinen Auftritt in der Öffentlichkeit als Beginn eines «Gnadenjahres des Herrn» herausstellen. Auch seine Reflexion über den Sabbat lässt er in Geschehnissen der jüdischen Bibel wurzeln. Er kann daher darauf bestehen, dass er nicht gekommen ist, das Gesetz abzuschaffen, sondern zu erfüllen, und dass er nicht einen einzigen Buchstaben des Gesetzes streichen will. Ich bin überzeugt, dass Jesus zu seiner Zeit das Verschwinden des mosaischen Gesetzes und seiner Tradition beobachtet. Es ist der Verlust der Beziehung des Gesetzes zum Leben des Menschen und seine Transformation in ein normatives, bloß formal gültiges Gesetz, dessen Erfüllung man erreicht durch die einfache und mechanische Einhaltung einer Norm. Tatsächlich ist ja die mosaische Tradition anders. Die Normen gelten vielfach nicht einfach aufgrund formaler Legalität; sie werden ständig im Namen des Lebens der Menschen herausgefordert. Diese Herausforderung von Normen läuft häufig auf neue Normen hinaus, welche die ursprüngliche Norm beschränken. So etwa verhält es sich mit der Norm der Zahlung von Schulden. Da aber solch eine Norm in ihrer Logik die Existenz jeder menschlichen Gemeinschaft untergräbt, begrenzt man sie durch andere Normen. Solche Begrenzungen sind etwa die Erklärung von Gnadenjahren, Sabbatjahren oder Jubeljahren, die der formalen Norm im Namen des menschlichen Lebens ihre absolute Geltung nehmen. Dies geschieht durch die Bezugnahme auf das Leben, die in das Gesetz selbst eingeführt wird. Alle Gesetze des Mose sind voll von solchen Bezügen auf das menschliche Leben. Dadurch wird den formalen Normen die absolute Geltung genommen, die der formale Legalismus ihnen aufzwingen will. Das verleiht diesen Gesetzen häufig einen stark kasuistischen Charakter, da ja Normen durch neue Normen begrenzt werden. Aber das, was sich an der Wurzel dieser Kasuistik befindet, ist die Bezugnahme des Gesetzes auf das menschliche Leben.

Bei allen seinen Zusammenstößen mit dem Gesetz betrachtet Jesus das mosaische Gesetz seiner Zeit als Verfall. Er erfährt dieses Gesetz als ein Gesetz ohne die Bezugnahme zum Leben. Ein solches Gesetz leitet seine Geltung ausschließlich aus der Erfüllung seiner eigenen Legalität oder Rechtsgültigkeit ab, unabhängig von den Auswirkungen, die diese Erfüllung auf das menschliche Leben hat. Es ist dann ein Gesetz, das legitim (rechtmäßig) ist, weil es legal (rechtsgültig) ist. Aus der Sicht der Evangelien und auch der Schriften des Paulus, der ein ehemaliger Pharisäer ist, erscheint diese legalistische Interpretation des Gesetzes als die herrschende Sichtweise ihrer Zeit, und sie wird gleichzeitig als Niedergang des mosaischen Gesetzes gesehen. Die großen Vertreter dieses Legalismus der Gesetzesnormen sind die Pharisäer, während Jesus in seiner Kritik von einem Projekt ausgeht, das den Bezug des mosaischen Gesetzes zum Leben zurückgewinnen und weiterführen will.

Die Evangelien ebenso wie die Schriften des Paulus stimmen in dieser Einschätzung des Pharisäers ihrer Zeit überein. Man kann daher annehmen, dass dieser Typus des Pharisäers wirklich existierte und bei der Interpretation des mosaischen Gesetzes vorherrschte. Man kann durchaus unterstellen, dass ein solcher Legalismus, der nicht jüdischer, sondern griechischer und römischer Tradition entspricht, sich in Palästina seit dem Reich der Ptolemäer und anschließend unter römischer Herrschaft ganz allgemein durchsetzte und auch die Interpretation des mosaischen Gesetzes beeinflusste. Dies ist besonders evident für die Geltung des Wertgesetzes und der daraus resultierenden Pflicht zur Schuldenzahlung. Die sehr differenziert entwickelten Begrenzungen gerade dieses Gesetzes durch andere Gesetze, die sich auf Gnadenjahre oder Jubeljahre beziehen, waren praktisch verschwunden, wenn sie auch weiterhin im Gesetzestext standen. Zweifellos ließ die Einführung des römischen Rechts als Zivilrecht überhaupt keinen Raum mehr für solche Korrekturen. Tatsächlich war das gesamte Verständnis des Wertgesetzes in Palästina zur Zeit Jesu vom römischen Recht beherrscht. Dieses war bereits das am stärksten formalisierte Recht in Bezug auf das Wertgesetz. Daher ist gerade die Kritik Jesu am Gesetz der Schuldenzahlung faktisch eher eine Kritik am römischen als am mosaischen Recht. Dies gilt aus dem einfachen Grund, weil ja das römische Recht in dieser Hinsicht schon an die Stelle des mosaischen Gesetzes getreten war. Denn ist einmal die Herausforderung des Wertgesetzes im Namen des menschlichen Lebens beseitigt, bleibt ein völlig entleertes mosaisches Gesetz übrig, das jetzt den Legalismus des römischen Rechts einfach übernehmen und auf beliebige andere Normen ausdehnen kann.

Ich meine deshalb, dass die Gesetzeskritik Jesu von dieser Bezugnahme des Gesetzes auf das menschliche Leben ausgeht und dass er diese Kritik in der Tradition des mosaischen Gesetzes entwickelt. Daher kann Jesus eine Vision der Erfüllung des Gesetzes aufzeigen, die gerade nicht legalistisch ist, sondern reflexiv: Das Gesetz, das immer ein Gesetz für das Leben ist, kann nur erfüllt werden, wenn es ständig im Licht des menschlichen Lebens herausgefordert und relativiert wird, so dass seine Erfüllung sogar seine ständige Verletzung verlangt. In dieser Sicht ist die legalistische Erfüllung des Gesetzes seine Verletzung als eines Gesetzes für das Leben, während die Verletzung des legalistisch verstandenen Gesetzes im Licht des menschlichen Lebens dieses Gesetz gerade erfüllt. Denn das Gesetz ist für das Leben da, nicht das Leben für das Gesetz. Wenn es zum Hindernis für das Leben wird und dennoch durchgesetzt wird, wird das Gesetz gebrochen, obwohl es im legalistischen Sinne erfüllt wird. So sagt es auch Paulus: «Es gibt keine Rettung durch die [legalistische] Erfüllung des Gesetzes»[2].

2 Elsa Tamez sagt über den Gesetzesbegriff des Paulus: Er verstand das Gesetz, jedes Gesetz, als eine Logik (die präsent ist in juristischen Gesetzen wie dem jüdischen und dem römischen Gesetz, aber auch in Traditionen, Institutionen, Gebräuchen und Normen), welche die Möglichkeit in sich trägt, sich an die Stelle des Menschen zu setzen, immer wenn ihr gegenüber keine Unterscheidung stattfindet. Vgl. Tamez, Elsa: Cuando los hijos

4. Der lebendige Mensch und das Gesetz

Dies also ist die Sicht des Gesetzes, von der Jesus ausgeht und wie sie sich ganz allgemein in der christlichen Botschaft ausdrückt. Dennoch führt Jesus, von der mosaischen Tradition ausgehend, dieses Gesetzesverständnis weiter. Wenn er nach Lukas seine öffentliche Tätigkeit mit der Ausrufung eines Gnadenjahrs des Herrn beginnt, erklärt er in Wahrheit nicht ein bestimmtes Jahr zum Gnadenjahr. Das Gnadenjahr, das er ankündigt, geschieht in jedem Moment und an jedem Ort, und der lebendige Mensch als Subjekt erklärt dieses Jahr immer dann, wenn es notwendig ist. Es tritt der lebendige Mensch ins Zentrum als Subjekt, welches das Gesetz herauszufordern vermag als Teil seines täglichen Lebens, in jedem Moment und an jedem Ort. Dies ist nicht dasselbe wie das Gnadenjahr des mosaischen Gesetzes, das sich auf ein bestimmtes Jahr bezieht. Es schließt allerdings auch nicht aus, dass weiterhin bestimmte Jahre als Gnadenjahre erklärt werden. Aber über solche festgelegten Jahre hinaus erscheint nun diese Vorstellung eines Gnadenjahres, das in jedem Moment und an jedem Ort vom lebendigen Menschen als Subjekt ausgerufen wird – einem körperlichen und bedürftigen Wesen, das gegen das Gesetz rebelliert.

Es handelt sich um eine «Subjektivierung», die Jesus aus der Logik des mosaischen Gesetzes herleitet. Sie widerspricht daher dem mosaischen Gesetz nicht, obwohl sie darüber hinausgeht. Diese Subjektivierung konstituiert den lebendigen Menschen als Subjekt einer Rebellion, die als notwendige Weiterführung des mosaischen Gesetzes verstanden wird. Jesus selbst macht sich, und zwar nach der Ansicht aller Evangelien, zu diesem rebellischen Subjekt, das uns auffordert, diese Rebellion zu übernehmen und uns so als Subjekt zu verhalten. Es ist nicht das revolutionäre Subjekt unserer Geschichte, obwohl es allen späteren Revolutionen unterliegt. Dies

e hijas de «la libre» nacen esclavos. Meditación actualizada de Gál. 4,24–31. In: Pasos, San José, Nr. 74, Nov./Dez. 1997. In Anm. 3 bezieht sie sich ausdrücklich auf Gal 3,28 und sagt: «... Sie geht über das juristische Gesetz hinaus und bezieht sich auf den Bereich des Sozialen, des Wirtschaftlichen und der Kultur». Auch sonst übernimmt Elsa Tamez diesen Gesetzesbegriff: «Wir sprechen hier in einem weiten Sinn von Gesetz. Es geht um die Logik des gesamten sozioökonomischen und kulturellen Systems, welches die Gesetze des Marktes, der Gerichtsbarkeit und die ausdrücklichen wie unausdrücklichen Normen einer Lebensweise impliziert.» Vgl. Tamez, Elsa: Gegen die Verurteilung zum Tod. Paulus oder die Rechtfertigung durch den Glauben aus der Perspektive der Unterdrückten und Ausgeschlossenen, Luzern 1998, S. 208, Anm. 6.

gilt selbst für den Fall, dass die Revolutionen dieses Subjekt verschlingen, das an ihrem Anfang stand. Es unterliegt immer noch dem Christentum, auch nachdem dieses zur Religion der Macht und des Imperiums wurde, die als Orthodoxie dieses Subjekt im Laufe seiner Geschichte vernichtet hat. Der Mensch als Subjekt ist auch nicht zu verwechseln mit dem Individuum, das gerade das Ergebnis der Verdrängung dieser Subjektivität durch die Unterwerfung unter das Wertgesetz ist.

Jesus spricht diese Ausdehnung des Gnadenjahrs des Herrn besonders ausdrücklich in jenem Teil des Vaterunsers aus, der sich auf die Schuldenzahlung und darin auf die Geltung des Wertgesetzes bezieht. Der Text lautet: «... und vergib uns unsere Schuld, wie auch wir unsern Schuldnern vergeben haben» (Mt 6,12). Der Text bezieht sich auf Schulden, nicht etwa auf eine «moralische» Schuld. Es gibt niemanden, der nicht Schuldner hätte, und alle müssen bereit sein, diese Schulden zu erlassen, wenn der Bezug zum menschlichen Leben des anderen, nämlich des Schuldners, dies als notwendig erweist. Das gilt zunächst für die Schulden nach dem Wertgesetz, darüber hinaus aber für jede Unterwerfung unter Verpflichtungen, ganz unabhängig davon, ob der jeweilige Schuldner seine Befreiung verlangt oder nicht. Und dieser Schuldennachlass ist gleichzeitig Gott geschuldet. So hat der Mensch Schulden bei Gott immer dann, wenn er Schuldner besitzt, denen er ihre Schulden nicht nachzulassen bereit ist. Der Mensch kann Gott keine Schulden bezahlen, und Gott zieht keine Schulden ein. Was den Menschen also zum Schuldner gegenüber Gott macht, ist die Tatsache, dass er Schuldner hat, denen er keinen Nachlaß gewährt, obwohl sie ihn brauchen.

Auf diese Weise wird das Gnadenjahr des Herrn ausgeweitet zur Freiheit des Menschen als eines lebendigen Subjekts. Deshalb treten Polarisierungen auf wie Gesetz – lebendiges Subjekt, Gesetz – Gnade, Gesetz – Leben oder Gesetz – Freiheit. Es handelt sich nicht um Gegensätze, sondern um Spannungsräume, die entstehen, weil der Mensch das Gesetz nicht erfüllen kann, ohne es als Subjekt ständig herauszufordern. Das Gesetz selbst enthält diese Spannung, obwohl es sie als formalisiertes Gesetz ständig zu verdrängen versucht, indem es seine legalistische Erfüllung verlangt.

Die Kritik Jesu geht vom mosaischen Gesetz aus, wie es zu seiner Zeit gehandhabt wurde. Dies kann gar nicht anders sein, da Jesus als Jude spricht und sich an Juden in einer jüdischen Umwelt wendet. Aber es ist offensichtlich, dass es sich nicht um eine Kritik des jüdischen Gesetzes handelt, sondern um eine Kritik des Gesetzes, sei es nun ein jüdisches Gesetz oder nicht. Diese Kritik wendet sich gegen jedes Gesetz, sie ist eine Kritik des Gesetzes und der Gesetzlichkeit. Dennoch nimmt für Jesus das mosaische Gesetz natürlich eine besondere Stellung ein. Für Jesus als Juden ist das mosaische Gesetz das von Gott gegebene Gesetz und das Paradigma aller Gesetze. Daraus folgt für ihn: Wenn diese Kritik sogar dem von Gott selbst gegebenen Gesetz gegenüber gültig ist, dann trifft sie notwendig auf jedes Gesetz zu, gleich woher es stammen mag. Jesus argumentiert in diesem Sinne «a minore ad maius», wie es der rabbinischen Tradition der Argumentation entspricht.

5. Die Verdrängung des lebendigen Menschen im Namen der Erfüllung des Gesetzes

Die Sünde, die in Erfüllung des Gesetzes begangen wird, besteht daher in der Zerstörung des Menschen als eines Subjekts in allen seinen Formen. Das Gesetz ist erdrückend, sobald es legalistisch erfüllt wird, d.h. wenn seine Legitimität (Rechtmäßigkeit) nur aus der Legalität (Rechtsgültigkeit) erwächst. Die Sünde besteht natürlich nicht darin, dass das Gesetz erfüllt wird. Das Gesetz ist notwendig zum Leben. Die Kritik des Gesetzes will nicht das Gesetz abschaffen. Sie entsteht aus dem Umstand, dass das Gesetz zum Leben da ist. Wird das Gesetz aber in legalistischer Form erfüllt, wendet sich das Gesetz gegen das Leben, dem es zu dienen hat, und es zerstört das Leben des Menschen, welch letzteres ein Kriterium der Unterscheidung sein muss.

Jesus kritisiert das legalistisch interpretierte Gesetz, und diese Kritik wird von Paulus weitergeführt. Nach Paulus liegt ein Fluch über dem Gesetz – ein Fluch, der immer dann wirklich wird, wenn man in der legalistischen Erfüllung des Gesetzes die Gerechtigkeit sucht. Dieser Fluch spricht sich darin aus, dass die Gesetzeserfüllung den Menschen tötet. Das Gesetz ist dann Gewalt, und hinter dem Rücken des Gesetzes erscheint die Sünde. Sie zerstört den Menschen und verwickelt ihn in eine große Lüge. Diese Lüge behauptet, dass das Gesetz in seiner legalistischen Erfüllung gerecht macht. Daher wird die Ungerechtigkeit begangen in Erfüllung des Gesetzes, und das Gesetz verwandelt sich in eine Geißel der Menschheit. Diese Ungerechtigkeit ist eine Verfälschung des Gesetzes, insofern es ein Gesetz für das Leben ist; sie ist das Ergebnis der legalistischen Erfüllung des Gesetzes.

Die Ungerechtigkeit resultiert aus der Erfüllung des Gesetzes, und zwar auch dann, wenn das Gesetz gerecht ist. Die entscheidende Frage lautet nicht, ob das Gesetz als solches gerecht ist oder nicht. Die Frage entsteht auf einer völlig anderen Ebene. Auch das gerechte Gesetz führt zur Ungerechtigkeit, wenn es legalistisch erfüllt wird. Selbst das «Du sollst nicht töten» und das Gebot der Nächstenliebe führen zur Ungerechtigkeit, wenn sie legalistisch interpretiert werden. Dasselbe gilt natürlich für das Wertgesetz, das immer dann ein Gesetz ist, das tötet, wenn es legalistisch erfüllt wird. Dass das Gesetz ein von Gott gegebenes Gesetz ist, ändert an dieser Situation überhaupt nichts. Auch das von Gott gegebene Gesetz führt zur Ungerechtigkeit, wenn es legalistisch angewendet wird. Das Gesetz zerstört den Menschen als Subjekt, und durch seine legalistische Anwendung führt es zur Sünde.

Weder für Jesus noch für Paulus ist das Problem die Gerechtigkeit des Gesetzes. Jesus behandelt sowohl das Gesetz des Sabbats als auch das Wertgesetz als gerechte Gesetze. Es ist gerecht, die Schulden zu bezahlen. Jesus bezweifelt in keinem Fall die Gerechtigkeit dieser Gesetze. Was er bezweifelt, ist das Verhältnis zum Gesetz. Als bloß legaler Formalismus betrachtet, tötet jedes Gesetz, und es führt zur Ungerechtigkeit, weil es den Menschen als Subjekt zerstört. Die Rebellion des lebendigen Menschen als eines Subjekts verändert das Gesetz, sofern sie dieses herausfordert durch die Unterscheidung im Hinblick auf das menschliche Leben. Sie fordert heraus und unterscheidet. Das Ergebnis kann sie zur Änderung des Gesetzes führen. Aber auch das neue Gesetz, selbst wenn man es für gerechter hält als das vorhergehende, führt zur Ungerechtigkeit, wenn man es legalistisch erfüllt.

Das Gesetz tötet nicht etwa deswegen, weil es inhaltlich vorschreibt, zu töten. Das Gesetz tötet durch seine Form. Es führt nicht dadurch zur Sünde, dass es verletzt wird, sondern dadurch, dass es in legalistischer Form angewendet wird. Aber es ist gleichzeitig die Quelle einer unbegrenzten und nicht begrenzbaren Gewalt. Diese Gewalt erscheint nicht als Verletzung des Gesetzes, vielmehr ist sie es im Namen der Auferlegung seiner legalistischen Interpretation.

Indem das Gesetz legalistisch interpretiert und angewendet wird, tötet es. Die Pflicht zur Zahlung einer Schuld, die für den Schuldner unzahlbar geworden ist, tötet den Schuldner. Zur Zeit Jesu verlor der Schuldner, wenn er zahlungsunfähig wurde, seinen ganzen Besitz. Der Schuldner und seine Familie wurden in die Sklaverei verkauft. Das Gesetz der Schuldenzahlung tötete, indem es erfüllt wurde. Diese Tötung war natürlich keine Verletzung irgendeines Gesetzes. Sie war das Ergebnis seiner Erfüllung. Sie war aber auch nicht das Ergebnis irgendeiner Absicht des Gesetzgebers. Im Mittelalter verschwand der Schuldner, der nicht zahlen konnte, im Schuldturm und kam nie wieder ins Leben zurück, wenn nicht irgend jemand für ihn bezahlte oder man ihm die Schulden nachließ. Heute werden ganze Völker zum Hunger verurteilt, weil sie unzahlbare Schulden haben, die man dann mit Blut und Feuer einzieht. Das Gesetz tötet, obwohl es nicht verletzt wird und das Gesetz als solches kein ungerechtes Gesetz ist. Der Schuldner kann sich an kein Gericht wenden. Er erleidet den Tod durch die Erfüllung des Gesetzes, und das Gericht ist dazu da, die Erfüllung des Gesetzes durchzusetzen.

Dies ist die Gewalt, die durch die legalistische Anwendung des Gesetzes geschieht, der Fluch, der auf dem Gesetz liegt. Es handelt sich um eine Gewalt, gegen die das Gesetz nicht schützt, denn das Gesetz selbst ist diese Gewalt. Es ist eine Gewalt, die kein Gesetz verletzt, und sie ist das Ergebnis eines Gesetzes, das verbietet zu töten. Daher stehen das Gesetz sowie alle Machtapparate zu seiner Sicherung auf der Seite dieser Gewalt. Es ist die Gewalt des Gesetzesweges.

So ist die eine und grundlegende Seite der Sünde beschaffen, die hinter dem Rücken des Gesetzes geschieht, und sie ist der Fluch, der auf dem Gesetz liegt. Dennoch hat diese Gewalt im Namen des Gesetzes noch eine andere Seite. Es ist die Seite der Auferlegung der legalistischen Geltung des Gesetzes. Damit sich die blinde, legalistische Form der Gesetzeserfüllung ohne Widerstand durchsetzt, muss jeder Widerstand gegen die Konsequenzen dieser Gesetzeserfüllung gebrochen werden. Einen solchen Widerstand kann nicht der einzelne Schuldner ausüben, der eine unzahlbare Schuld hat, denn die Gerichte werden ihn brechen. Übt der Schuldner

Widerstand, muss er sterben. Er hat keine Chance. Aber der Widerstand kann sich ausbreiten und organisieren. Als Subjekt kann der Mensch seinen Widerstand in einen Aufstand verwandeln. Damit aber wird die Gewalt zur Durchsetzung des Gesetzes als eine Gewalt sichtbar, die jenes Subjekt zerstört, das Widerstand leistet und sich selbst bestätigt gegen den Tod, der aus der Erfüllung des Gesetzes folgt und deshalb das Verhältnis zum Gesetz in Frage stellt. Diese Gewalt des Gesetzes lässt jetzt ihr Gewicht über denjenigen fallen, der den Widerstand ausübt. Es ist die Gewalt der Nacht der langen Messer im Namen von *law and order*. Jetzt entsteht die Gewalt, die den Terror ausübt, die Gewalt des Leviathan. Sie wird produziert, damit sich nie wieder jemand erdreistet, den Kopf zu erheben gegenüber der Sünde, die begangen wird in Erfüllung des Gesetzes.

Diese Gewalt des Leviathan scheint ebenso wenig eine Verletzung des Gesetzes zu sein. Das Gesetz erfordert die Bedingung der Möglichkeit seiner Anwendung. Der offene Terror wird zum Weg des Gesetzes. Den Völkern, die sich der Schuldenzahlung widersetzen, werden Lebensbedingungen aufgezwungen, die schlimmer sind als jene, die sie im Fall ihrer totalen Unterwerfung hätten. Der Terror entpuppt sich als Weg des Gesetzes.

Diese Gewalt ist nicht etwa diejenige, die in der legalistischen Anwendung des Gesetzes selbst vorausgesetzt ist, wie beim Wertgesetz oder dem Sabbatgebot. Es ist die Gewalt in der *Auferlegung* einer Gesetzlichkeit, deren legalistische Erfüllung wiederum in Gewalt einmündet. Es gibt allerdings Kategorien dieser Gewalt, die durchaus eine besondere Bedeutung haben.

Dabei handelt es sich zum Ersten um die Gewalt, die dem auferlegt wird, der das Gesetz verletzt. Auch in diesem Falle geschieht Gewalt. Derjenige, der das Gesetz verletzt, wird mit Gewalt behandelt. Der Mörder, der das Gesetz «Du sollst nicht töten» übertreten hat, wird getötet, wo es die Todesstrafe gibt, oder er wird lebenslänglich verurteilt. Man übt Gewalt aus gegen sein Leben, weil er Gewalt ausgeübt hat in Verletzung des Gesetzes. Diese Gewaltausübung gilt nicht als Gesetzesverletzung, sondern als gerechte Antwort auf eine Gesetzesverletzung. Der Mörder hat getötet, folglich ist er selbst zu töten. Indem der Mörder getötet wird, gilt das verletzte Gesetz als wieder hergestellt. So entsteht eine Gewalt gegen das menschliche Leben, die nicht als Verletzung des Gesetzes gilt, sondern als seine Wiederherstellung. Diese Gewalt schließt je nach Kulturtradition Gefängnis, Folter, Todesstrafe und Enteignung ein. Aber es handelt sich immer um eine Gewalt, die das Gesetz selbst fordert und die unter Anwendung des Gesetzes ausgeübt wird, so dass sie nicht als Gesetzesverletzung interpretiert wird.

Es ist eine besondere Gewalt, die gegenüber spezifischen Gesetzesübertretungen angewendet wird und die vom Gesetz selbst normiert wird. In seiner Gesetzeskritik geht Jesus nur am Rande auf diese Gewalt ein, mit der das Gesetz auf Gesetzesübertretungen reagiert. In der Geschichte von der Ehebrecherin, die ich weiter oben angeführt habe, erkennt man seine Stellung gegenüber dieser Gewalt. Jesus diskutiert nicht einmal das Problem der Verhältnismäßigkeit zwischen der Übertretung des Gesetzes, die im Ehebruch besteht, und der verhängten Todesstrafe. Was er kritisiert, ist die Heuchelei derjenigen, welche die Frau verurteilen. Es ist die Heuchelei scheinbarer Unschuld gegenüber der Schuldigen: Wer von euch ohne Sünde ist, werfe den ersten Stein – was in dieser Geschichte bedeutet: Wer von euch ohne Ehebruch ist, werfe den ersten Stein.

Hier wird die Unschuldsvermutung gegenüber dem Richter – und dem Ankläger – aufgehoben. Kein Richter ist unschuldig. Er ist Komplize des Verbrechens, über das er urteilt. Es geht nicht um mildernde Umstände für den Angeklagten und auch nicht um die feine psychologische Frage, ob er vielleicht als Kind zu heiß gebadet worden sei. Es geht um die Verwicklung des Richters in das Verbrechen. In dieser Geschichte nimmt selbst Jesus sich davon nicht aus, denn auch er wirft nicht den ersten Stein.

Dies ist wohl der Grund dafür, dass Johannes kein letztes Gericht mit einem allwissenden, unschuldigen Richter kennt. Nach Johannes sagt Jesus: «Denn Gott hat den Sohn nicht in die Welt gesandt, damit er die Welt richte, sondern damit die Welt durch ihn gerettet werde» (Joh 3,17). Der Mensch lebt sein Gericht, und dieses ist das letzte. Das Gericht ist dieses Leben, so wie man es führt. Aber dies heißt keineswegs, dass es dem Guten gut geht und dem Bösen schlecht, im Sinne des Erfolgs im Leben. Es bedeutet ein «In-der-Wahrheit-Sein». Diese Wahrheit aber ist kein Bekenntnis, sondern ein Weg.

Aber auch die besondere Gewalt gegenüber konkreten Übertretungen des Gesetzes ist Teil eines Kreislaufs der Gewalt. Das Gesetz, das legalistisch erfüllt wird, zerstört den Menschen. Der Mensch aber kann sich gegenüber dem Gesetz als Subjekt verhalten, das rebelliert. In diesem Fall verwandelt sich das Gesetz in den Leviathan und wendet die Gewalt des Leviathans an. Damit geht die Gewalt über jede spezifische Gewalt hinaus und wird zum Terror. Das Gesetz entwickelt eine unendliche Fähigkeit zur Gewalt, die überhaupt keinen Gesetzen mehr unterliegt. Diese Gewalt als Terror zwingt nun die Gesetzlichkeit selbst auf, und ihr gegenüber kann man auf kein Gesetz zurückgreifen. Es ist die Gewalt des Ausnahmezustands, in der im Namen des Gesetzes jedes Gesetz zur Verfügung steht. Diese Gewalt kennt keine Grenzen, und sie stellt die andere Seite der Gewalt dar, die in Erfüllung des Gesetzes begangen wird. Sie bezieht sich nicht auf konkrete Überschreitungen, sie antwortet auch nicht durch eine spezifische, normierte Gewaltausübung. Ihr Ziel ist die Sicherung der Gesetzlichkeit selbst, und ihre Mittel unterliegen keinen Normen.

Jesus gegenüber wird nicht etwa eine spezifische Gewalt angewendet, die sich auf konkrete Übertretungen von Gesetzen bezieht. Er wird nicht etwa bestraft, weil er das Gesetz des Sabbats oder des Privateigentums verletzt hat. Er hat durchaus beide Gesetze verletzt, aber die Gewalt, die er erleidet, ist nicht eine besondere Strafe für spezifische Gesetzesverletzungen. Jesus hat das Gesetz selbst in Frage gestellt als Gesetz, das durch Legalität legitim zu sein beansprucht. Er stellte jedes Verhältnis zur Gesetzlichkeit in allen ihren Ausformungen in Frage. Seine Gesetzesverletzungen geschehen bewusst, und Jesus verleiht ihnen eine symbolische Bedeutung, um die Gesetzlichkeit selbst in Frage zu stellen. Er insistiert auf dem Menschen als einem Subjekt gegenüber dem Gesetz, und stellt damit das gesamte geltende Gesetz seiner Zeit in Frage. Vom Standpunkt eines Gesetzes aus, das sich als Gesetz Gottes versteht, begeht er tatsächlich eine Blasphemie. Dieselbe Blasphemie begeht er einem Gesetz gegenüber, das sich als Gesetz der Vernunft versteht. Ob sich das Gesetz als Gesetz Gottes oder als Gesetz der Vernunft versteht, ist völlig zweitrangig. Wenn es sich als formale Gesetzlichkeit versteht, die durch legalistische Gesetzeserfüllung gerecht macht, geht es stets um heteronome Ethiken, die den Menschen zerstören.

6. Die Sünde, die in Erfüllung des Gesetzes begangen wird, und die Verhärtung der Herzen

Im Kontext der Sünde, die in Erfüllung des Gesetzes begangen wird, ist die Analyse desjenigen zentral, der diese Sünde begeht. Darauf bezieht sich die Rede von der «Verhärtung der Herzen». Wenn das Gesetz erfüllt wird um des Gesetzes willen, bleibt die Wirklichkeit des Menschen außer Betracht. Man sieht, ohne zu sehen. Es geht hier um eine Perspektive, die sich durch die gesamte Botschaft Jesu hindurchzieht als eine Grunderfahrung im Verhältnis zu seinen Gegnern. Das Gesetz, das um seiner selbst erfüllt wird, ist vollkommen tautologisch im Hinblick auf die Wirklichkeit. Der Eintritt in die Logik dieser Tautologie verunmöglicht es, noch menschliche Beziehungen zu haben. Alles wird dem Gesetz unterworfen, während sich das Gesetz in einen Despoten verwandelt, der niemandem zu gehorchen hat. Das Gesetz wird zum Despoten, indem es als Gesetz behandelt wird, dessen Erfüllung gerecht macht.

Nun rechtfertigt das Gesetz und seine legalistische Erfüllung das Handeln. Dieses hat keine Verantwortung mehr außerhalb der streng legalistischen Gesetzeserfüllung. Noch einmal: Das Gesetz ist legitim, weil es legal ist. Das Handeln in Übereinstimmung mit dem Gesetz erhält sein gutes Gewissen unabhängig von den Konsequenzen des Handelns. Das Gesetz tötet, aber derjenige, der in Erfüllung des Gesetzes tötet, hat kein Bewusstsein und kein Gewissen hinsichtlich der Tatsache, dass er tötet. Er tötet, ohne Gewissensprobleme zu haben. Das Gesetz verwandelt sich in einen Schleier, und der Akt des Tötens erscheint als ein Akt der Gerechtigkeit. Es ist eine Gerechtigkeit, die sich nur von der Erfüllung des Gesetzes als Norm herleitet. Der Mörder, der in Erfüllung des Gesetzes mordet, erscheint zugleich als Lügner: Jetzt nennt sich die Ungerechtigkeit Gerechtigkeit, und die Gerechtigkeit heißt Ungerechtigkeit. Jedes moralische Bewusstsein wird durch das Bewusstsein der Erfüllung des Gesetzes ausradiert. Die Tatsache, das Gesetz erfüllt zu haben, löscht die Stimme des moralischen Gewissens aus. Das Gewissen selbst dreht sich um. Es meldet sich, wenn man in Anbetracht der Konsequenzen das Gesetz nicht erfüllt. Der Mensch ist nun für den Sabbat da, und der Schuldner ist da, um das Wertgesetz zu erfüllen und die Schulden zu bezahlen. Über den

Sabbat und das Wertgesetz hinaus gibt es nichts. Das Gewissen fragt nur noch nach der Erfüllung des Gesetzes; das menschliche Leben als Kriterium der Unterscheidung verschwindet. Derjenige, der das Gesetz erfüllt, geht über alle Wirklichkeit hinweg und kann sie zerstören, vorausgesetzt, er tut dies in Erfüllung des Gesetzes.

Dies ist auch unsere Wirklichkeit, nicht nur jene vor 2000 Jahren. So sagt Hayek: «Selbstverständlich ist die Gerechtigkeit nicht eine Frage der Ziele einer Handlung, sondern ihres Gehorsams gegenüber den Regeln, denen sie unterworfen ist.»[3] Es erscheint als selbstverständlich, das Gesetz so zu erfüllen, dass es erfüllt wird. Wer es tut, ist gerecht. Es scheint kein Fluch über dem Gesetz zu liegen, und dass das Gesetz tötet, geht dieses nichts an. Das Gesetz ist zum Despoten geworden. Diese Welt des Gesetzes ist ganz einfach unsere Welt, und «von dieser Welt» zu sein, heißt, diese Gerechtigkeit zu verwirklichen. Dabei ist das Gesetz heute fast ausschließlich das Wertgesetz, und Regelungen wie jene des Sabbats vor 2000 Jahren sind selbst dem Wertgesetz unterworfen. Wo aber auf solchen Regelungen noch bestanden wird, ist von Fundamentalismus die Rede. Das Wertgesetz ist nun alles, es ist auch der Sabbat. Der Gewinn als Kriterium, sofern er im Rahmen der Geltung des Wertgesetzes gemacht wird, legitimiert das Handeln, auch wenn dieses die Menschheit und die Natur zerstört. Der Mord, der dabei geschieht, wird durch die Lüge verdeckt, nach welcher der Automatismus des Marktes das Allgemeininteresse verwirklicht. Das ist die Sünde, die in Erfüllung des Gesetzes begangen wird, und selbst für das orthodoxe Christentum ist die Anklage dieser Sünde längst etwas völlig Fremdes geworden. Aber die Anklage dieser Sünde steht im Ursprung des Christentums.

Was beim Handelnden geschieht und es ihm ermöglicht, alle Verantwortung für sein Tun von sich zu weisen, ist die Verhärtung des Herzens, die durch Argumente kaum durchdrungen werden kann. Die Tautologie des Gesetzeshandelns verwandelt das Herz – um mit Max Weber zu sprechen – in ein «stählernes Gehäuse», das nicht mehr zugänglich ist. Die ausschließliche Verantwortung vor dem Gesetz verwandelt sich in nackte Verantwortungslosigkeit gegenüber der Wirklichkeit des Menschen. Für Jesus ist diese Tatsache der Verhärtung der Herzen eine schockierende Erfahrung.

3 Hayek, Friedrich A.: El ideal democrático y la contención del poder. Estudios Públicos, Santiago de Chile, Nr. 1, Dez. 1980, S. 56.

Kein Argument dringt durch, denn das verhärtete Herz antwortet ausschließlich mit dem Rückgriff auf die Erfüllung des Gesetzes. Es fühlt sich gerecht, weil es das Gesetz erfüllt. Und eines dieser Zentren der Erfahrung Jesu ist gerade die Erfahrung der Verhärtung des Herzens durch das Wertgesetz. Es ist der Gott Mammon, der Moloch, der im Rücken des Wertgesetzes handelt und den lebenden Menschen als Subjekt vernichtet. Er verwandelt die Zahlung von Schulden in einen permanenten Mord und macht das Haus Gottes zu einem Kaufhaus, das schlimmer ist als eine Räuberhöhle. Aber es gibt kein Argument gegenüber dem verhärteten Herzen, das ein ruhiges Gewissen besitzt, weil es das Gesetz erfüllt.

Sie sehen, ohne zu sehen. Sie sehen nicht, obwohl sie sehen. Ganz im Gegenteil: Das verhärtete Herz wird um so undurchdringlicher, je mehr man es zu durchdringen versucht. Daraus resultiert eine Spirale des verhärteten Herzens. Je mehr es auf die Zerstörung des menschlichen Lebens hingewiesen wird, desto stärker verhärtet es sich durch den Verweis auf die Erfüllung des Gesetzes. Es reagiert aggressiv und gewaltsam, um die Argumente zum Schweigen zu bringen und um sich als erfülltes Gesetz zu behaupten. Johannes analysiert diese Verhärtung im Kapitel 9 seines Evangeliums. Dort wird die Geschichte von der Heilung des Blindgeborenen erzählt: Die Blinden sehen, und die Sehenden werden blind. Das Ganze mündet in ein Spiel der Gegensätze ein:

> Hierauf sprach Jesus: «Zu einem Gericht bin ich in diese Welt gekommen, damit die, die nicht sehen, sehend und die Sehenden blind werden.» Das hörten einige von den Pharisäern, die bei ihm standen, und sagten zu ihm: «Sind etwa auch wir blind?» Jesus sprach zu ihnen: «Wenn ihr blind wäret, so hättet ihr keine Sünde. Nun aber sagt ihr: ‹Wir sehen› Eure Sünde bleibt.» (Joh 9,39–41)

Sie sehen, ohne zu sehen. Die Verhärtung kann als Sünde keine Vergebung erfahren, solange sie nicht sieht. Aber sie kann nicht sehen, und sie will nicht sehen. Sie verschließt sich. Johannes zeigt die Sicht dieses Problems in der mosaischen Tradition, indem er den Propheten Jesaja zitiert:

> Er hat ihre Augen blind und ihr Herz hart gemacht, damit sie nicht mit ihren Augen sehen und mit ihren Herzen verstehen und sich bekehren und ich sie heile. (Jes 6,9f; Joh 12,40)

Einem anderen Evangelium nach nennt Jesus diesen Prozess der Verhärtung des Herzens die Sünde wider den Heiligen Geist, aus der es keinen Ausweg gibt durch die Vergebung von Sünden.

Dies ist die Vorstellung von *der* Sünde im Singular nicht nur im Evangelium des Johannes, sondern der gesamten christlichen Botschaft, vor allem auch bei Paulus. Es ist die Sünde, die sich mit dem Gesetz verbindet in dem Maße, als dieses nicht durch den lebendigen und bedürftigen Menschen als Subjekt herausgefordert wird, das ihm gegenüber rebelliert. Das Gesetz ist für das Leben notwendig, aber wenn es nicht durch das Subjekt herausgefordert wird, führt es zum Tod. Es ist dann ein Gesetz zum Tod, auch wenn es ein von Gott gegebenes Gesetz ist. Dieser Tod ist impliziert in der Trägheitslogik des Gesetzes selbst und nicht bloß das Ergebnis seiner Verdrehung.

Wenn es nicht durch den Menschen als Subjekt herausgefordert wird, verwandelt sich das Gesetz in eine große Dampfwalze, die jedes Leben erdrückt. Es wird eine Todesmaschine und schließlich ein Medium des kollektiven Selbstmords der Menschheit, wie dies etwa die Apokalypse formuliert.

Sich dieser Sünde zu unterwerfen meint das «von der Welt» sein im Johannesevangelium (vor allem in Joh 15,18–27). Dem gegenüber ergeht die Forderung, in der Welt zu sein, ohne von der Welt zu sein. Sie besagt, dass wir in der Welt leben sollen, ohne uns mitreißen zu lassen durch die Sünde, die in der Erfüllung des Gesetzes begangen wird. Aus dieser Perspektive ist die Erfahrung Jesu verständlich, dass die Welt aufgrund ihrer Verhärtung des Herzens diejenigen hasst, die in der Welt nicht von der Welt sein wollen. Es geht um einen Begriff der Welt, der ebenfalls bei Paulus auftaucht, wenn auch nicht in dieser zentralen Bedeutung. Paulus behandelt ihn im ersten Korintherbrief als Spiel der Gegensätze zwischen der Welt und jenen, die nicht von der Welt sind. Da ist die Welt eine Torheit für diejenigen, die nicht von der Welt sind, und die, die nicht von der Welt sind, sind Toren für diejenigen, die von der Welt sind. Für Paulus ist dieses «Nicht-von-der-Welt-Sein» die «Weisheit Gottes». Johannes geht über diese Analyse hinaus. Die Rettung der Welt sieht er als Rettung von dieser Sünde, die in Erfüllung des Gesetzes begangen wird. Jetzt ist die Weisheit Gottes die andere Seite des lebendigen Menschen als eines Subjekts, das rebelliert, um das Gesetz im Namen des Lebens herauszufordern und um damit das menschliche Leben zu befreien.

Das, was Johannes als Botschaft der Befreiung sieht, legt er Johannes dem Täufer in den Mund. Dieser sagt über Jesus: «Siehe das Lamm Gottes, das die Sünde der Welt wegnimmt» (Joh 1,29). Da die Sünde im Singular steht, geht es um die Sünde, die in Erfüllung des Gesetzes begangen wird. Es handelt sich nicht um Sünden und daher nicht um Gesetzesverletzungen. Die Sünde der Welt ist die Sünde, die darin besteht, von der Welt zu sein. Es ist die Sünde, die als Fluch nicht nur über dem Gesetz, sondern über der Welt liegt. Johannes spricht seine Gewissheit aus, dass Jesus diese Sünde von der Welt nehmen wird, dass er also diesen Schleier heben wird, der die Wirklichkeit verschwinden lässt hinter der Tautologie der Gesetzeserfüllung um des Gesetzes willen. Es ist die Hoffnung des Johannes, der glaubt, dass der Mord an Jesus die Augen derer öffnen wird, die blind waren. Diese Hoffnung hat nicht im Geringsten eine Opferbedeutung. Es ist nicht die Fruchtbarkeit eines Opfers, die Johannes erwartet, auch wenn das Lamm ein Opferlamm ist. Es ist gerade bei Johannes das Opferlamm, dessen Tod enthüllt, was die Bosheit des Gesetzes ist, die nämlich darin besteht, Menschen zu opfern. Hier wird nicht in Jesus ein Mensch geopfert, damit dieses Opfer fruchtbar werde, sondern die Opferung dieses Menschen offenbart, dass jedes Menschenopfer, auch die Opferung Jesu, Mord ist und als Opfer keinerlei Fruchtbarkeit hat. Im diesem Sinne ist jedes Opfer ein unsinniges Opfer. Auch die Opferung Jesu ist sinnlos. Dadurch aber zeigt sie, dass jedes Menschenopfer unsinnig ist und keinerlei Zukunftssinn hat. Die Hoffnung des Johannes besteht darin, der Tod Jesu möge als unsinniger Tod die Bosheit des Gesetzes um des Gesetzes willen so definitiv entlarven, dass selbst die verhärteten Herzen durchdrungen werden. Damit die Sünde von der Welt genommen werde, die darin besteht, von der Welt zu sein.

Das Johannesevangelium stellt sich deshalb die Frage: Warum und wie tötete die Welt, die «von der Welt ist», Jesus? Und die andere Frage: Warum und wie nimmt dieser Tod die Sünde der Welt hinweg? Die Antwort setzt geradezu voraus, dass dieser Tod keinen Sinn hat. Warum also? Weil die Welt, wenn sie von der Welt ist, den hasst, der nicht von der Welt ist. Aber warum nimmt dieser Tod die Sünde der Welt hinweg? Deshalb, weil er keinen Sinn hat. Hätte dieser Tod einen Sinn, wäre der Tod überhaupt nicht sinnlos. Dann könnte selbst die Sünde gerechtfertigt werden, die in Erfüllung des Gesetzes begangen wird. Dennoch geschieht etwas durch diesen Tod. Da er die Sinnlosigkeit des Tötens zeigt, macht er die Tatsache transparent, dass alle Menschenopfer – und die Sünde, die in Erfüllung des Gesetzes begangen wird, ist ein Menschenopfer – ohne Sinn sind. Johannes geht nicht in die Falle, die darin besteht, für den Tod Jesu eine Bedeutung zu suchen, die er gar nicht hat. Aber durch diesen Tod geschieht etwas, indem die Bosheit des Gesetzes transparent wird. Aber das kann nur geschehen, weil dieser Tod keinen Sinn hat. Er kann eine Transparenz der Welt eröffnen, welche die Sünde von der Welt hinwegnimmt. Dies ist die Hoffnung des Johannes. Er drückt sie durch ein Wort Jesu im Evangelium aus: «Wenn ihr den Menschensohn erhöht haben werdet, dann werdet ihr erkennen, dass ich bin ...» (Joh 8,27). Hier ist keine Opferbedeutung ausgesprochen, sondern eine Erkenntnis: Euch wird ein Licht aufgehen.

Dahinter steht die Überzeugung des Johannes, die er mit Paulus teilt, dass der Tod Jesu selbst die Sünde ist, die in Erfüllung des Gesetzes begangen wird. In jeder Sünde, die in Erfüllung des Gesetzes begangen wird, ist diese Sünde als solche enthalten. Daher besteht Johannes darauf, dass Jesus verurteilt wurde nach dem Gesetz und dass das Urteil dem Gesetz entsprach. Das Gesetz wurde nicht missbraucht, um Jesus töten zu können, sondern das Gesetz als Gesetz, das um seiner selbst willen erfüllt wird, verurteilte Jesus zum Tod, und zwar mit Recht. Jesus wurde zu Recht zum Tod verurteilt, nicht aus irgendwelchen mörderischen Absichten heraus, die das Gesetz zum Vorwand nahmen und es missbrauchten. Dies ist nur bei Paulus und Johannes ausdrücklich so formuliert. Bei Johannes sind die Hohenpriester politische Realisten und Gesetzesmenschen. Es ist das Gesetz, das den Tod Jesu fordert. Als die Hohenpriester von Pilatus in die Enge getrieben werden, klagen sie Jesus an und riskieren dabei ihr eigenes Leben. Sie sind wirklich Männer des Gesetzes, und insofern spricht Johannes sogar mit Hochachtung von ihnen. Bei Johannes sind sie nicht einfach die Mörder, wie sie es bei Matthäus zu sein scheinen. Sie fordern den Tod Jesu, weil dies das Gesetz verlangt, und sie tun es mit Überzeugung und mit Mut.

Aber darin besteht der Skandal. Es ist nicht der Skandal der Hohenpriester, sondern der Skandal des Gesetzes und der Skandal des Kreuzes. Es wird etwas enthüllt. Es wird enthüllt, dass das Gesetz in seiner Logik Jesus, der für Johannes das Wort ist, welches das Leben ist, zu Recht zum Tod verurteilt. Schlimmer noch: das von Gott gegebene Gesetz tut dies. Daraus folgt, dass jedes Gesetz, wenn es um seiner selbst willen erfüllt wird, diesen Skandal in sich trägt. Dieser bringt nur zutage, was in seiner ganzen Bedeutung der Fluch ist, der über dem Gesetz liegt. Der Fluch des Gesetzes ist, Jesus als das Wort, das Leben ist, zu Recht zum Tod verurteilen zu müssen. Daher sind bei Johannes die Hohenpriester nicht mörderische, sondern tragische Figuren. An ihnen wird eine Tragödie sichtbar, die aus diesem Skandal des Gesetzes erwächst.

Für Johannes wie auch für Paulus zerbricht daher das Gesetz an sich selbst. Für sie tötet es in Jesus das Leben selbst. Dadurch aber verliert es jede Legitimität, die es durch seine Legalität beansprucht. Es ist offenbar geworden, was das Gesetz ist.

Diese Schlussfolgerung hängt aber völlig davon ab, dass die Verurteilung Jesu rechtens war. War sie nicht rechtens, enthüllt sie ja nicht, was das Gesetz ist. Der Fluch, der über dem Gesetz liegt, wird nur offenbar, wenn Jesus durch das Gesetz rechtens verurteilt wurde. Deshalb stellen sowohl Paulus als auch Johannes dieses Urteil als rechtens dar. Dies ist für ihre Position der Gesetzeskritik absolut zentral. Es sind nicht die Hohenpriester, aber auch nicht Pilatus, die Jesus verurteilen. Jesus wird verurteilt durch das Gesetz, das durch die Hohenpriester und durch Pilatus spricht. Es ist die Welt, die Jesus verurteilt. Jene, die ihn verurteilen, sind von der Welt. Indem sie von der Welt sind, sprechen sie ein Gesetz aus, das um seiner selbst willen zu erfüllen ist. Daher enthüllt diese Verurteilung nicht etwa die Bosheit des Pilatus oder der Hohenpriester, sondern die Bosheit des Gesetzes, und zwar die Bosheit aller Gesetze und jeder Gesetzlichkeit.

Bei Matthäus wird Jesus gekreuzigt, weil er leidenschaftlich gehasst wird. Durch die Verurteilung Jesu wird das Gesetz missbraucht. Bei Johannes gibt es diese Art Hass überhaupt nicht. Die Gegner Jesu argumentieren mit dem Gesetz und ohne Leidenschaft. Sie sind ehrenwerte und sogar mutige Männer. Aber durch diese Ehrenhaftigkeit und diesen Mut hindurch verwirklicht sich die Bosheit des Gesetzes. Johannes sagt, dass die Welt hasst. Aber sie hat keinen leidenschaftlichen Hass. Ihr Hass ist Teil des Gesetzes selbst und seiner Funktionalisierung als Selbstzweck. George Steiner sagt vom Johannesevangelium:

> Bezeichnenderweise empfand Bach, dass es sich der Vertonung widersetzt. Seiner Johannespassion fehlt ein sicheres Zentrum.[4]

Tatsächlich: Bach konnte einen leidenschaftlichen Hass vertonen, aber nicht diesen Gesetz gewordenen, rationalisierten Hass ohne Leidenschaft, welcher der Hass der Welt ist.[5] Ich wüsste auch nur eine Musik, die so etwas zum Ausdruck bringen kann, nämlich die Musik von Schönbergs Sprechgesängen, wie sie etwa in seinem Sprechgesang über das Warschauer Ghetto vorliegt. Der Bachschen Musik entspricht dies nicht.

Offensichtlich kann es nicht um die Vergebung der Sünde der Welt gehen. Johannes besteht in seinem Evangelium darauf, dass der Ausweg aus dieser Sünde nicht die Vergebung sein kann. Die Vergebung von Sünden setzt voraus, dass ein Bewusstsein der Sünde besteht. Hier aber besteht ein solches gar nicht. Wo kein Bewusstsein des Vergehens ist, kann auch keine Vergebung sein. Aber Johannes verspricht denen, die diese Sünde begehen, nicht etwa ewige Höllenstrafen, die dem späteren Christentum so teuer geworden sind. Er spricht davon, dass diese Sünde hinweggenommen wird. Sie verschwindet, indem die Konsequenz der Gesetzlichkeit transparent wird. Johannes ist sogar davon überzeugt, dass Jesus in seinem Tod die Sünde der Welt weggenommen hat, obwohl er während seines Lebens an ihr gescheitert ist. Die Tatsache, dass Jesus in Erfüllung des Gesetzes exekutiert wird, soll jenes Bewusstsein von einem notwendigen neuen Verhältnis zum Gesetz hervorbringen. Dies ist die Utopie des Johannes und wahrscheinlich auch die Utopie Jesu am Ende seines Lebens. Johannes geht also davon aus, dass diese Utopie ihrem Wesen nach Wirklichkeit geworden ist, auch wenn sie sich in der Geschichte erst im Prozess ihrer Verwirklichung befindet.

Johannes hält an seiner Utopie fest, obwohl er sehen musste, dass diese Sünde, die in Erfüllung des Gesetzes begangen wird, ihn und die christlichen Gemeinschaften in der römischen Welt weiterhin verfolgte. Er hält an seiner Utopie fest, obwohl evident war, dass Jesus diese Sünde nicht von der Welt weggenommen hatte. Er konstruiert in diesem Sinne in den Abschiedsreden Jesu sein Bild von

4 Steiner, George: Der Garten des Archimedes, München 1996, S. 339.

5 Vgl. hierzu Bernanos, Georges: Wider die Roboter. Bernanos beschreibt diesen zum Gesetz versteinerten Hass auch in: Die großen Friedhöfe unter dem Mond. Mallorca und der spanische Bürgerkrieg – Ein Augenzeuge berichtet, Zürich 1983.

Jesus, das diesen als den Sieger durch seinen Tod hindurch zeigt. Es ist ein Jesus, der die Welt besiegt hat, während doch offensichtlich war, dass es die Welt war, die siegte. Sie siegte so sehr, dass heute die Sünde, die in Erfüllung des Gesetzes begangen wird, die Menschheit und die Natur zu verschlingen droht.

Gegenwärtig sind wir nicht nur mit dem Scheitern Jesu als Person konfrontiert, sondern auch mit dem Scheitern seiner Botschaft. Nur wenn wir dieses Scheitern anerkennen, werden wir heute das Leben Jesu zurückgewinnen können. Aber es geht darum, sein Leben zurückzugewinnen, nicht seinen Tod. Ein Sieg kann wohl kaum im Tod bestehen, auch wenn man noch so sehr an die Auferstehung jenseits des Todes glaubt. Auch die Auferstehung ist ein Aufruf, das Leben Jesu zurückzugewinnen in dem Sinne, dass nicht immer wieder der zum Subjekt gewordene Mensch getötet wird. Da existiert keine Antwort, sondern nur eine offene Frage. Es gibt keine bereits Wirklichkeit gewordene Utopie des Johannes – es besteht einzig die Notwendigkeit, sie zu erfüllen. Das aber ist die Verantwortung der Menschen in der Gegenwart. Kein Text aus der Vergangenheit kann diese Verantwortung ersetzen.

II. DER GLAUBE ABRAHAMS UND DIE GÖTTLICHKEIT DES MENSCHEN

Wie bereits erwähnt, gehe ich davon aus, dass das Evangelium des Johannes in eine Schlussszene einmündet, die mit der Gefangennahme Jesu beginnt. Sie umfasst darüber hinaus die Verhöre der Hohenpriester und des römischen Statthalters Pontius Pilatus sowie die Verurteilung Jesu durch diesen und die Exekution am Kreuz (Joh 18,12–19,22). Die Passionsgeschichte zeigt den Ausgang des Evangeliums. Aber das Evangelium selbst besitzt als sein Zentrum und daher als seine zentralen Szenen zwei Auseinandersetzungen Jesu, die im Kapitel 8 über den Glauben und die Werke Abrahams und im Kapitel 10 über die Göttlichkeit des Menschen geführt werden. Am Ende beider Szenen wird Jesus mit dem Tod bedroht, und beide Male kann er entkommen.

Diese beiden Szenen sind entscheidend für die Interpretation des Ausgangs des Evangeliums und darin der Passionsgeschichte. Ich werde sie im Folgenden analysieren, bevor ich zur Analyse der Passionsgeschichte übergehe. In der ersten dieser zentralen Szenen stößt Jesus mit einer Gruppe von Menschen zusammen, die an ihn glauben. Mit diesen Gläubigen und Sympathisanten diskutiert er über Abraham und darüber, was es bedeutet, Sohn Abrahams zu sein. Jesus stellt sich als Sohn Abrahams in einem Sinne vor, der von seinen Zuhörern als Skandal empfunden wird, so dass sie sich gegen ihn wenden und ihn sogar töten wollen (Joh 8,31–59). In der zweiten Szene stellt Jesus sich im Tempel einer nicht weiter spezifizierten Menschenmenge, die allerdings eher gegen ihn eingestellt ist, als Sohn Gottes vor, was wiederum als Skandal aufgefasst wird, so dass Jesus erneut bedroht wird (Joh 10,22–39).

Um die beiden Szenen zu verstehen, muss man voraussetzen, dass für das Denken von Jesus die Sünde, die in Erfüllung des Gesetzes begangen wird, eine zentrale Kategorie ist. Ohne diese Kategorie werden beide Auseinandersetzungen unverständlich. Vor allem seine Auseinandersetzung mit den Gläubigen bleibt ohne diese Kategorie im Dunkeln. Man versteht dann überhaupt nicht, warum eine derartige Spannung entsteht, dass die Sympathisanten sich gegen Jesus wenden, um ihn zu töten. Beide Szenen wurden einem Christentum unverständlich, welches das Bewusstsein der Sünde, die in Erfüllung des Gesetzes begangen wird, weitgehend verdrängte und deshalb gerade diese Szenen auf die abenteuerlichste Weise interpretierte. An die Stelle der Auseinandersetzung mit der Sünde, die in Erfüllung des Gesetzes begangen wird, trat im Laufe der Zeit eine antisemitische Interpretation besonders des achten Kapitels, wonach Jesus nicht die Sünde, sondern die Juden angreift.

1. Die erste zentrale Szene: der Glaube Abrahams (Joh 8,31–59)

In dieser Szene, in der Jesus das Verhältnis zu Abraham in die Auseinandersetzung einbringt, steht er gläubigen Sympathisanten gegenüber. Über sie sagt Johannes: «Als er dieses redete, glaubten viele an ihn. Jesus sagte nun zu den Juden, die zum Glauben an ihn gekommen waren …» (Joh 8,30–31). Johannes stellt bewusst zu Beginn dieser Szene heraus, dass Jesus zu Gläubigen spricht. Aber Jesus redet provozierend zu ihnen. Offensichtlich glaubt er ihrem Glauben nicht. Diese Spannung zwischen Jesus und denen, die an ihn glauben, tritt häufig in allen Evangelien auf. Im Johannesevangelium wird sie bereits früher aufgezeigt, was ich als eine Vorbereitung zu dieser Szene verstehe, gleichzeitig aber auch als Schlüssel für die Interpretation einer späteren Sequenz, in der Jesus beim Einzug in Jerusalem wiederum von Gläubigen als König gefeiert wird und denen er ebenso provozierend antwortet.

Diese vorbereitende Stelle findet sich am Ende der Geschichte über die Brotvermehrung und bezieht sich auf die Menge der Gläubigen, die gegessen hatten:

> Da nun Jesus merkte, dass sie kommen und ihn ergreifen wollten, um ihn zum König zu machen, floh er wieder auf den Berg, er allein. (Joh 6,15)

Der Konflikt bricht daraufhin wieder aus, jetzt mit den Jüngern Jesu:

> Viele nun von seinen Jüngern, die das hörten, sagten: «Diese Rede ist hart. Wer kann sie anhören?» (Joh 6,60)

> Von da an zogen sich viele von seinen Jüngern zurück und wanderten nicht mehr mit ihm umher. (Joh 6,66)

Jesus wendet sich nun an den engsten Kreis seiner Jünger:

> Da sagte Jesus zu den Zwölfen: «Wollt auch ihr weggehen?» Simon Petrus antwortete ihm: «Herr, zu wem sollen wir gehen? Du hast Worte ewigen Lebens.» (Joh 6,67–68)

Jesus reagiert gereizt auf diejenigen, die an ihn glauben. Offenbar will er nicht, dass man an ihn glaubt. Was er will, ist, dass man den Glauben, den er hat, teilt. Es ist der Glaube *Jesu*, um den es geht, und nicht der Glaube *an Jesus*. Die Gläubigen hingegen, mit denen Jesus sich auseinandersetzt, glauben an Jesus als Ergebnis seiner Wunder, also an Jesus als den Wunderheiler und den Mann der wunderbaren Brotvermehrung. Daher wollen sie ihn zum König machen, was sehr verständlich ist. Denn was kann es Besseres geben als einen König, der die Krankheiten heilt und mit sieben Broten Tausende von Menschen ernährt? Jesus aber will, dass sie seinen Glauben teilen und nicht etwa an ihn glauben. Er sieht seine Wunder als Beweise dafür, dass dieser Glaube Kraft hat und wahrhaft göttlich ist.

Deshalb antwortet Simon Petrus auf die Frage, ob er auch weggehen möchte, nicht etwa mit dem Verweis auf die Wunder, sondern mit dem folgenden Satz: «Du hast Worte ewigen Lebens». Das ist das Gleiche wie zu sagen: Wir teilen deinen Glauben.

Diese Art der Konfrontation wiederholt sich ständig. Etwa im Verhältnis zu Judas, dem Jesus sagt: «Habe ich euch, die Zwölf, ausgewählt? Und von euch ist einer ein Teufel!» (Joh 6,70). Dies ist keine Wahrsagerei, sondern wiederum eine Provokation. In Bezug auf das Verhältnis zu Petrus entsteht ein ähnlich harter Zusammenstoß, von dem Markus berichtet. Dort sagt Jesus zu Petrus: «Hinweg von mir, Satan! Denn du denkst nicht an die Sache Gottes, sondern die der Menschen» (Mk 8,33). Auch hier provoziert Jesus, um eine Konversion zu erreichen. In keinem Fall handelt es sich um eine Verurteilung *a priori*.

Diese Spannung zwischen dem Glauben an Jesus und dem Aufruf Jesu, seinen Glauben zu teilen, tritt immer wieder hervor. So sagt auch Paulus: «Christus hat mich ja nicht ausgesandt zu taufen, sondern die Heilsbotschaft zu verkünden, und zwar nicht in Weisheit der Rede, damit das Kreuz Christi nicht zunichte gemacht werde» (1 Kor 1,17). Die Taufe kann ganz einfach den Glauben *an* Jesus ausdrücken, und daher ist sie nicht das, worum es geht. Es geht vielmehr darum, den Glauben Jesu zu teilen, und das heißt, die Heilsbotschaft zu glauben.[1]

Dennoch ist es gerade das Evangelium des Johannes, das diesen Konflikt besonders herausstellt. Deshalb spielen die Konflikte zwischen Jesus und jenen, die an ihn glauben, eine besondere Rolle. Jesus selbst argumentiert häufig mit extremen Provokationen. Johannes zeigt diese ersten Gläubigen keineswegs als eine homogene Bewegung von Menschen, die sich unwiderruflich zu seinem Glauben bekehrt haben. Jesus befindet sich in einem ständigen Konflikt und in permanenter Auseinandersetzung mit der von ihm selbst initiierten Bewegung. Dass man an ihn glaubt, bedeutet für Jesus keineswegs, dass man seinen Glauben teilt. Es ist nicht mehr als eine Möglichkeit, sich zum Glauben Jesu zu bekehren. Jesus sucht diese Konversion, so dass er in einen dauernden Konflikt mit seinen Gläubigen gerät. Es handelt sich um einen Konflikt, der keineswegs weniger hart ist als die Auseinandersetzung mit seinen Gegnern.

Die Szene, die wir als erste kommentieren (Joh 8,1–59) entwickelt diesen Konflikt zwischen Jesus und denen, die an ihn glauben, mit äußerster Intensität. Jesus wirft ihnen einen Glauben ohne Bekehrung vor. Das ist eben der Glaube an Jesus als den großen Wunderheiler, der zu nichts weiter verpflichtet als zu glauben, dass Jesus Wunder vollbringen kann. Aber es fehlt das Wichtigste, um sein Jünger zu sein. Daher fordert er sie im Namen seiner Heilsbotschaft heraus:

> Wenn ihr in meinem Worte bleibt, dann werdet ihr wirklich meine Jünger sein; und ihr werdet die Wahrheit erkennen, und die Wahrheit wird euch frei machen. (Joh 8, 31–32)

Die Wahrheit wird befreien. Hier geht es um den Glauben Jesu. Seine Zuhörer aber fühlen sich provoziert. Sie *sind* frei. Freie Bürger einer Gesellschaft, die ihnen Freiheit gibt. Wer erklärt, dass sie

1 Vgl. Tamez, Elsa: Gegen die Verurteilung zum Tod. Paulus oder die Rechtfertigung durch den Glauben aus der Perspektive der Unterdrückten und Ausgeschlossenen, Luzern 1998, S. 156, Anm. 72. Elsa Tamez stellt heraus, dass Paulus, wenn er vom Glauben spricht, nicht vom Glauben an Jesus, sondern vom Glauben Jesu spricht. Sie bezieht sich auf Röm 3,22. Wenn Johannes vom Glauben spricht, ist es ebenfalls nötig, diesen als Teilhabe am Glauben Jesu zu verstehen und nicht als Glauben an Jesus.

sich befreien müssen, sagt, sie seien Sklaven. Aber sie sind keine Sklaven, sondern freie Bürger. Sie erleiden vieles, und die Wunder Jesu kommen da gerade recht, und sie können an ihn glauben. Aber weshalb Befreiung? Sie antworten ihm:

> Wir sind Nachkommen Abrahams und nie jemandes Sklaven gewesen. Wie kannst du behaupten: Ihr werdet frei werden? (Joh 8,33)

«... nie jemandes Sklaven gewesen». Das ist Ironie des Johannes. Die Geschichte Israels ist eine Geschichte der Versklavung in Ägypten und der Befreiung aus dieser Sklaverei. Sie waren Sklaven gewesen, und jetzt sagt Jesus ihnen aufs Neue, sie seien Sklaven, und zwar Sklaven des Gesetzes. Sie aber betrachten sich als Freie durch das Gesetz. Auch die Freiheit durch Abstammung von Abraham ist eine Freiheit durch das Gesetz, denn das Gesetz erklärt, dass es die Abstammung ist, die die Freiheit gibt. Das Gesetz erklärt also, wer von Abraham abstammt, keineswegs irgendeine biologische Tatsache. Daher betrachten sie sich als frei durch das Gesetz, wie ein römischer Bürger sich als frei betrachtet aufgrund der gesetzlich normierten Bürgerschaft oder wie ein heutiger Bürger der okzidentalen Demokratie sich als frei betrachtet, weil das Gesetz ihm den Status der Freiheit gibt und er unter Gesetzen lebt, die demokratisch legitimiert, sowie politischen Autoritäten untersteht, die demokratisch gewählt sind. Gegen diese Freiheit durch Gesetz richtet sich der Zorn Jesu. Er wirft ihnen sogar vor, ihn töten zu wollen, obwohl sie bisher zumindest nichts dergleichen gesagt haben. Aber Jesus geht davon aus, dass das Gesetz, das auf der einen Seite die Freiheit durch das Gesetz erklärt, auf der anderen Seite mit innerer Logik zum Grund dafür wird, ihn zu töten, da er darauf besteht, dass diese Freiheit Unfreiheit ist:

> Jesus erwiderte ihnen: «Wahrlich, wahrlich, ich sage euch: Jeder, der Sünde tut, ist ein Sklave. Der Sklave aber bleibt nicht für immer im Hause. Der Sohn bleibt für immer. Wenn also der Sohn euch frei macht, werdet ihr wirklich frei sein. Ich weiß, dass ihr Nachkommen Abrahams seid. Aber ihr sucht mich zu töten, weil mein Wort in euch nicht Eingang gewinnt.» (Joh 8,34–37)

Aber jetzt bestehen sie auf ihrer Freiheit durch das Gesetz und wiederholen:

> Sie antworteten und sprachen zu ihm: «Unser Vater ist Abraham.» (Joh 8,39)

Jesus jedoch wird wieder zornig:

> Jesus sagt zu ihnen: «Wenn ihr Kinder Abrahams wäret, würdet ihr die Werke Abrahams tun. Nun aber sucht ihr mich zu töten, der ich euch die Wahrheit verkündet habe, die ich von Gott gehört habe. Das hat Abraham nicht getan. Ihr tut die Werke eures Vaters.» (Joh 8,39–41)

Von Abraham abzustammen macht nicht frei. Auch Abraham stammt von Abraham ab und ist frei durch das Gesetz. Aber Abraham befreite sich. Um frei zu sein mit Abraham, muss man die Werke Abrahams tun. Die Abstammung ist zweitrangig, letztlich nicht einmal bedeutsam. Durch seine Werke befreite sich Abraham, nicht durch seine Abstammung. Indem man sich wie Abraham durch die Werke Abrahams befreit, wird man zum Sohn Abrahams. Von Abraham muss man seine Befreiung erben, und man erbt sie nicht durch Abstammung gemäß dem Gesetz.

Aber was sind die Werke Abrahams, durch die Abraham sich befreit? Was ist dem gemäß die Freiheit Abrahams, die man erben soll und die man nur dadurch erbt, dass man sich wie Abraham befreit? Die Antwort Jesu ist überraschend: «Ich weiß, dass ihr Nachkommen Abrahams seid. Aber ihr sucht mich zu töten ...» (Joh 8,37). Er wiederholt dies danach: «Wenn ihr Kinder Abrahams wäret, würdet ihr die Werke Abrahams tun. Nun aber sucht ihr mich zu töten ... Das hat Abraham nicht getan» (Joh 8,39–40). Hieraus folgt, was die Werke Abrahams sind, durch die Abraham sich befreit. Es handelt sich um ein Nein zum Töten und darum, nicht zum Töten bereit zu sein. Dahin gekommen zu sein, erscheint hier als Akt der Befreiung. Sohn oder Kind Abrahams zu sein bedeutet, diese Befreiung selbst zu vollziehen. Was man von Abraham erben soll, ist diese Befreiung und nicht die Freiheit durch Gesetz.

Der Schlüssel für diese Befreiung ist: Ihr wollt mich töten, Abraham hat nicht getötet. Es ist offensichtlich, dass Jesus hier auf die berühmte «Opferung» oder die «Bindung» Isaaks anspielt. Jesus vertritt offensichtlich eine Interpretation dieses Mythos, die sehr verschieden ist von der herrschenden Auslegungsweise seiner Zeit.

Man kann den Mythos kurz zusammenfassen: Gemäß dem Gesetz der Zeit musste der Vater seinen erstgeborenen Sohn Gott zum Opfer bringen. Der Mythos erzählt, dass Gott von Abraham die Opferung seines Sohnes Isaak forderte. Gehorsam stieg Abraham mit seinem Sohn Isaak auf den Berg Morija, um ihn zu opfern. Er band Isaak auf einen Altar und stellte sich vor ihn hin, um ihn zu töten. In diesem Moment aber ändert er alle seine Absichten. Er tötet Isaak nicht, sondern befreit ihn. Zusammen mit ihm steigt er vom Berg wieder hinunter, aber er kehrt nicht an den Ort zurück, wo er bis dahin gelebt hatte, sondern lässt sich in Beerscheba nieder.

Dies ist der Mythos. Das Problem liegt darin zu erklären, warum Abraham seinen Sohn Isaak nicht tötet. Die herrschende Interpretation zur Zeit Jesu beinhaltet, dass Abraham bereit war, seinen Sohn als Opfer zu töten. Gott aber griff ein, da für ihn die Bereitschaft, seinen Sohn zu töten, als Beweis für seinen Glauben genügte.[2] Die gute Absicht Abrahams, seinen Sohn zu töten, reichte aus, und Gott ließ davon ab, auch die Durchführung zu verlangen. Diese Interpretation wurde von der christlichen Orthodoxie aufgenommen.

In der jüdischen Tradition gibt es zumindest seit der Zeit der Makkabäer eine Interpretation, die sich diesem Sinne annähert, obwohl sie normalerweise von der «Bindung» Isaaks spricht. An einigen Stellen des Neuen Testaments erscheint dieselbe Interpretation, nämlich im Jakobusbrief und im Hebräerbrief. Die spätere christliche Orthodoxie radikalisiert diesen Umstand zum «Opfer», wodurch Abraham seinen Sohn Isaak Gott darbringen soll. Während die jüdische Tradition die Figur des «gefesselten» Sohnes Isaak unterstreicht, betont die christliche die Gestalt des Vaters Abraham als desjenigen, der das Opfer bringt.

Jesus hingegen scheint den Mythos auf eine völlig andere Art zu interpretieren und gewinnt damit wohl den ursprünglichen Sinn des Textes zurück. Hiernach befreite sich Abraham gegenüber dem Gesetz, das von ihm die Opferung seines Sohnes Isaak forderte. Abraham entdeckte, dass dieses Opfer ein Mord ist und dass es nicht Gott ist, der dies verlangt. Angesichts dieser Entdeckung bekehrt und befreit er sich. Gott ist ein Gott des Lebens, und ein Gesetz, das den Tod fordert, kann nicht Gottes Wille ausdrücken, denn das Gesetz Gottes ist ein Gesetz, das zum Leben führt. Abraham tötet nicht, weil er entdeckt, dass seine Freiheit in der Beja-

2 Man kann diese Position etwa im Buch der Weisheit finden: Dort heißt es von der Weisheit: «Als Völker ob eines einmütig begangenen Frevels verwirrt worden waren, erkannte sie den Gerechten und bewahrte ihn untadelig vor Gott und machte ihn stark gegenüber der Liebe zum Kind» (Weish 10,5). Der Gerechte, auf den hier angespielt wird, ist Abraham.

hung des Lebens besteht, die durch das Nein zum Töten vermittelt ist. Dies ist sein Glaube: nicht bereit sein zu töten, weder seinen Sohn noch irgend jemand anderen. Wenn Gott das Opfer seines Sohnes verlangt, so folgt daraus, dass derjenige, der es verlangt, nicht der wahre Gott ist. Abraham, der durch das Gesetz bereits frei war, befreit sich von der Sklaverei des Gesetzes, das seine Freiheit erklärt, indem er sich frei macht dem Gesetz gegenüber. Die Wurzel dieser Freiheit ist das Nein zum Töten.

Zieht man dies in Betracht, so kann man verstehen, was Jesus sagte: «Nun aber sucht ihr mich zu töten ... Das hat Abraham nicht getan» (Joh 8,39–40). Genau aus diesem Grund kann er erklären, dass sie weder frei noch Söhne Abrahams sind.

Sieht man die Abrahamssituation in dieser Weise, ergibt sich, dass Jesus sich mit Isaak identifiziert, dem Sohn Abrahams. Diejenigen, die auf dem Gesetz und der Freiheit durch das Gesetz bestehen, sieht er als Abraham, der Isaak gebunden hat und ihm gegenübersteht. Daher ruft er dazu auf, sich zu befreien, das Wort der Wahrheit zu hören. Aber er sieht keine Bereitschaft zu dieser Bekehrung und Befreiung: Ihr wollt mich töten, Abraham aber hat nicht getötet. Sie sind Nachkommen und also Söhne Abrahams, die sich jetzt in dessen Situation befinden, aber sie sind nicht bereit, die Werke Abrahams zu tun.

Aus dieser Situation heraus spricht Jesus. Seine Botschaft verweigert jedes Menschenopfer, denn Menschenopfer sind Mord. Für Johannes ist das ebenfalls eine Botschaft im Hinblick auf den Tod Jesu. Der Gott-Vater Jesu ist der Gott jenes Abraham, der sich vom Gesetz befreite. Dieser Gott-Vater kann ebenfalls nicht den Tod Jesu als Opfer verlangt haben, denn er ist der Gott der Befreiung Abrahams, welcher sich von einem Gesetz befreite, das von ihm den Tod seines Sohnes Isaak als Opfer verlangte. Abraham wurde nicht zum Mörder seines Sohnes, auch Gott kann dies nicht werden.

In der Szene des Johannes wird ein Mordvorwurf erhoben, der jedes Maß übersteigt. Natürlich haben die Gläubigen, mit denen Jesus zusammenstößt, zu Beginn nicht die geringste Absicht, ihn zu töten. Die ganze Szene ist nicht zu verstehen, wenn man diesen Gläubigen die Absicht unterstellt, Jesus töten zu wollen. Dennoch wirft Jesus ihnen vor, sie wollten ihn töten – ein Vorwurf, der sich im Verlaufe der Auseinandersetzung immer mehr zuspitzt. Er wirft ihnen eine Haltung vor, die zum Mord führt, ganz unabhängig davon, ob man die Absicht hat zu morden oder nicht. Die Realisierung der Freiheit durch das Gesetz führt zu einer Freiheit, die in sich mörderisch ist. In der Konsequenz müssen sie Jesus töten, der sie auffordert, sich zu befreien. Indem sie aufgefordert werden, sich zu befreien, wird der mörderische Charakter einer Freiheit durch das Gesetz offenbar. Gerade weil sie ihre Freiheit auf der Freiheit durch das Gesetz aufbauen, müssen sie ihre Freiheit mit dem Mord durchsetzen. Der Mord ist das vorhersehbare Ergebnis eben dieser Freiheit, denn nur die Befreiung befreit von dem Zwang zum Mord, der von der Freiheit durch das Gesetz ausgeht. Den Glauben Jesu zu teilen macht frei, aber der Glaube *an* Jesus führt zum Mord.

Daher sagt Jesus zu diesen Gläubigen, die seine Heilsbotschaft nicht annehmen wollen, dass sie nicht Söhne Abrahams sind, sondern einen andern Vater haben:

> Sie sagten zu ihm: «Wir sind nicht aus der Hurerei geboren, wir haben nur einen Vater, Gott.» Jesus sagte zu ihnen: «Wenn Gott euer Vater wäre, würdet ihr mich lieben. Denn ich bin von Gott ausgegangen und gekommen. Denn ich bin nicht von mir aus gekommen, sondern jener hat mich gesandt. Warum versteht ihr meine Sprache nicht? Weil ihr mein Wort nicht hören könnt.» (Joh 8,41–43)

Neben Abraham erscheint jetzt Gott als Vater. Jesus aber antwortet: «Wenn Gott euer Vater wäre, würdet ihr mich lieben.» Der Gott, der ihr Vater ist, ist derjenige Gott, der Abraham befahl, seinen eigenen Sohn zu töten und zu opfern. Dieser Gott aber ist nicht Gott. Jesus nennt ihn jetzt ganz anders:

> Ihr habt den Teufel zum Vater und wollt die Gelüste eures Vaters tun. Jener war ein Menschenmörder von Anfang an und hatte in der Wahrheit keinen Stand, weil Wahrheit in ihm nicht ist. Wenn er die Lüge redet, dann redet er aus seinem Eigentum, weil er ein Lügner ist und der Vater der Lüge. (Joh 8,44)

Ob man Abraham oder Gott zum Vater hat, das muss sich erweisen. Ebenso erweist es sich, ob man den Teufel zum Vater hat. Es gibt kein Gesetz, das dies festlegen könnte. Man hat den Teufel zum Vater, wenn man auf den Mord setzt, und wenn man auf den Mord setzt, wird man zum Lügner, der nicht die Wahrheit sagt. Man wird zum Lügner, weil man den Mord als die Wahrheit, als den Weg zum Leben und als den Weg zur Freiheit darstellen muss. Schon die Behauptung, durch das Gesetz frei zu sein, ist eine Lüge, die einen Mord verschleiert. Hinter diesem Denken Jesu steht die Vorstellung von der Sünde, die in Erfüllung des Gesetzes begangen wird. Indem diese Sünde begangen wird, erscheint die Lüge, die den Mord im Namen der Erfüllung des Gesetzes als Dienst an der Gerechtigkeit und an der Freiheit ausgibt. Im Rücken des Gesetzes erscheint nicht nur die Sünde, der Mord und die Lüge, sondern auch ihr Vater, nämlich Satan, der Teufel. Indem sie in eine Logik eintreten, die zum Mord führt, erweist sich, dass der Teufel und nicht Gott ihr Vater ist. Aber wenn Gott nicht ihr Vater ist, so ist es Abraham auch nicht.

Jesus kennt letztlich nur eine Sünde, den Mord. Mord schließt in der jüdischen Tradition Ungerechtigkeit und Ausbeutung ein. Der Ungerechte mordet durch seine Ungerechtigkeit. Die Lüge ist der Schleier, der den Mord verdeckt, so dass der Mord als etwas ganz anderes auftritt. Daher bedeutet bei Jesus das In-der-Wahrheit-Sein die Bejahung des Lebens durch das Nein zum Töten. Man ist nicht in der Wahrheit, weil man nur mit guten Gründen tötet, aber auch nicht dadurch, dass man von Abraham abstammt oder sich taufen lässt. Das In-der-Wahrheit-Sein geht durch ein Nein zum Töten hindurch, auch gegenüber dem Mord, der in Erfüllung des Gesetzes geschieht. Es gibt keine guten Gründe zum Töten. Alle Gründe sind schlecht, wenn sie das Töten legitimieren. Gute Gründe zum Töten sind stets Lüge, und sie kommen vom Vater der Lüge.

Diese Interpretation der Lüge finden wir auch bei Paulus:

> Gottes Zorn enthüllt sich vom Himmel her über alle Gottlosigkeit und Ungerechtigkeit der Menschen, die die Wahrheit in Ungerechtigkeit niederhalten. (Röm 1,18)[3]

3 Elsa Tamez macht folgende Analyse: Dann aber wird Gott dadurch zum Zorn gereizt, dass die Menschen ohne Ausnahme Ungerechtigkeiten begehen. Weiter unten in seinem Brief beschreibt Paulus dieses ungerechte Treiben der Menschen mit dem Begriff «Sünde» (*hamartia*). An dieser Stelle geht es ihm erst einmal darum, all den Ungerechtigkeiten greifbare Namen zu geben und deutlich zu machen, dass alle Menschen – Juden wie Griechen – gleichermaßen dazu fähig sind. In Röm 1,18 möchte Paulus herausstellen, dass der Zorn Gottes unabwendbar und unmittelbar wirksam wird, weil ja all diese Untaten die Wahrheit (*aletheia*) in der Ungerechtigkeit (*adikia*) eingesperrt halten (*katechon*). Offenbar will der Verfasser damit zu verstehen geben, wie schwerwiegend dieses ganze Treiben ist. Es gipfelt in der Perversion, dass es die Ordnung der Schöpfung, so wie Gott sie gewollt hat, auf den Kopf stellt. Vgl. Tamez: Gegen die Verurteilung zum Tod 139.

Dieses Niederhalten hat die Bedeutung von gefangen halten. Die Ungerechtigkeit hält die Wahrheit in einem Gefängnis, und sie behauptet, die wahre Gerechtigkeit zu sein. In moderner Sprache formuliert: Paulus und Johannes betreiben Ideologiekritik.

Auf die Rede Jesu hin, wonach sich aus der Haltung gegenüber dem Mord erweist, ob man Gott oder den Teufel zum Vater hat, kommt eine ebenso radikale Antwort vonseiten seiner Zuhörer, die doch am Anfang Gläubige waren: «Sagen wir nicht mit Recht, dass ... du von einem Dämon besessen bist?» (Joh 8,47). Und: «Jetzt wissen wir, dass du von einem Dämon besessen bist» (Joh 8,52). Jesus antwortet ihnen: «Ich bin von keinem Dämon besessen, sondern ich ehre meinen Vater, aber ihr entehrt mich» (Joh 8,49).

Hatte Jesus gesagt, dass die Haltung zum Mord erweist, ob man Gott oder den Teufel zum Vater hat, so nehmen nun die Zuhörer seine Argumentation auf, aber sie drehen sie um. Jetzt hat derjenige, der dies sagt, nämlich Jesus, den Teufel im Leib. Es ist aus der Sicht seiner Zuhörer, die zu Gegnern geworden sind, teuflisch, das Leben mit dem Nein zum Töten zu vermitteln. Nun ist klar: Jesus ist Luzifer, und Luzifer ist der Teufel.

Es tritt ein Spiel von sich entsprechenden Gegensätzen ein. Jesus sagt zu ihnen, sie hätten den Teufel zum Vater. Sie aber antworten, Jesus habe einen Dämon, wobei der Dämon bereits die Bedeutung des Teufels hat. Vom Standpunkt Jesu aus, der ihre Bereitschaft zum Töten ins Auge fasst, haben sie den Teufel zum Vater. Aber von ihrem Standpunkt aus, der vom Gesetz und der Freiheit durch das Gesetz aus urteilt, hat Jesus einen Teufel. Ein ähnliches Spiel der Gegensätze haben wir bereits im Fall der Tempelreinigung gesehen, als Jesus seine Gegner der Blasphemie anklagt. Sie antworten darauf, dass sie ihn der Blasphemie anklagen. Der neuralgische Punkt, von dem aus diese gegensätzlichen Anklagen verständlich werden, ist der Standpunkt des Gesetzes und der Gerechtigkeit durch die Erfüllung des Gesetzes. Jesus urteilt jeweils von einem Standpunkt der Befreiung aus, die gegenüber dem Gesetz das lebendige Subjekt vertritt, während die andere Seite von der formalen Erfüllung des Gesetzes her urteilt, der gegenüber die Subjektivität Blasphemie und Teufelswerk ist. Und Johannes macht sehr eindeutig klar, dass für ihn der Glaube darin besteht, sich als lebendiges Subjekt vom Gesetz zu befreien, und dass gerade dies der Glaube Jesu ist. Dieser Glaube aber ist ein Weg, nicht ein Für-wahr-Halten.

Die ganze Auseinandersetzung endet:

> Da hoben sie Steine auf, um sie auf ihn zu werfen. Er aber verbarg sich und ging aus dem Tempel. (Joh 8,59)

Aus der Sicht von Johannes handelt es sich um einen Prozess der Verhärtung der Herzen, der in einer Spirale vor sich geht. Diejenigen, mit denen Jesus zusammenstößt, sind Menschen, «die zum Glauben an ihn gekommen waren» (Joh 8,31). Sie haben keine Absicht, Jesus zu töten. Jesus konfrontiert sie damit, was es heißt, Söhne Abrahams zu sein. Jesus tut dies auf provozierende Weise, worauf sie sich zunehmend verschließen. Sie verhärten ihre Herzen. Am Schluss wollen sie Jesus tatsächlich töten.

Jesus hat in diesem Prozess eine durchaus aktive Rolle. Er entlarvt den andern vor sich selbst und vor allen andern. Bekehrt der andere sich nicht, so wendet dieser sich gegen ihn. Man kann verstehen, weshalb Johannes in einem späteren, durchaus ähnlichen Zusammenhang Jesaja zitiert:

> Er hat ihre Augen blind und ihr Herz hart gemacht, damit sie nicht mit ihren Augen sehen und mit ihren Herzen verstehen und sich bekehren und ich sie heile. (Joh 10,40)

1.1 Die Bedeutung der Szene

Die gesamte Szene ist äußerst überraschend. Hier wird der extremste und radikalste Zusammenstoß des ganzen Johannesevangeliums berichtet. Jesus stößt kein einziges Mal mit seinen Gegnern aus der jüdischen Orthodoxie in solch extremer Weise zusammen. Und gerade diese Szene bezieht sich auf eine Konfrontation mit Gläubigen. Eine ähnliche Radikalität des Zusammenstoßes gibt es nur noch mit Judas. Aber auch hier handelt es sich um die Auseinandersetzung mit einem Gläubigen und nicht mit einem Vertreter der jüdischen Orthodoxie. Denn im Falle des Judas geht es nicht um den Zusammenstoß mit einem «Juden» – wie dies die spätere antijüdische und antisemitische Lektüre dieser Texte behauptet – sondern – wenn man das Wort so benutzen will – um den Zusammenstoß mit einem Christen. Zur Debatte steht das Problem der Apostasie, des Glaubensabfalls.

Die kommentierte Szene erweckt Aufmerksamkeit. Johannes ist derjenige Evangelist, der am wenigsten als Chronist schreibt. Er verfasst statt dessen ein Welttheater. Was aber kann die Szene in diesem Zusammenhang bedeuten?

Ich nehme an, Johannes sagt in dieser Szene etwas, ohne es zu sagen, und man kann sich fragen, was das wohl sein könnte. Wenn Johannes dem Konflikt zwischen Jesus und seinen Gläubigen einen so herausragenden Ort gibt, wird er sich nicht einfach auf etwas beziehen, was in der Vergangenheit tatsächlich geschehen ist. Man kann also vermuten, dass er mit dieser Szene etwas beleuchten will, was zu seiner Zeit geschieht. Johannes spricht zu Christen seiner Zeit und will ihnen etwas vermitteln. Das heißt: Die Kirche, zu der Johannes spricht, erlebt gerade diesen Konflikt, den er als Konflikt der Vergangenheit beschreibt. Es ist also sehr wahrscheinlich, dass in jener Kirche, in der Johannes aktiv ist, dieser Konflikt um den Glauben ausgetragen wird, den Johannes anhand einer Auseinandersetzung zwischen Jesus und Gläubigen darstellt. Es ist ebenfalls möglich, dass dieser Konflikt in der Kirche, zu der Johannes spricht, sogar gewaltsame Formen angenommen hat.[4] Dies würde dann bedeuten, dass Johannes, wenn auch in verschlüsselter Form, von diesem Konflikt spricht. Die Christen werden nicht nur von den Römern oder den Juden der Synagoge verfolgt, sondern auch von Mitchristen. Der Glaube *an Jesus* befindet sich in einem Konflikt mit dem Glauben *Jesu*.

Das Evangelium des Johannes nährt eine solche Vermutung. An einer andern Stelle lässt Johannes Jesus sagen:

> Sie werden euch aus den Synagogen ausstoßen. Ja, es kommt die Stunde, wo jeder, der euch tötet, Gott damit einen heiligen Dienst zu erweisen glaubt.» (Joh 16,2)

Die Juden hatten zu dem Zeitpunkt, als Johannes das schrieb, die Christen aus den Synagogen ausgeschlossen. Aber der zweite Teil des Satzes bezieht sich nicht auf die Juden. «Jeder, der euch tötet» bezieht sich auf alle. Es schließt vor allem die Christen selbst ein. Auch Christen können diejenigen verfolgen und töten, die den

4 Vgl. Richard, Pablo: Los orígenes del cristianismo en Roma. In: Pasos, San José, Nr. 80, Nov./Dez. 1998. Richard untersucht vor allem die konfliktive Beziehung zwischen den Lehren des Clemens von Rom und dem Pastor von Hermas.

Glauben Jesu zu ihrem machen, der darin besteht, nicht zu töten. Diese Art von Christenverfolgungen ziehen sich durch unsere gesamte Geschichte hindurch, und sie geschahen möglicherweise bereits zur Zeit der Niederschrift des Johannesevangeliums. Im ersten Johannesbrief kommen solche Konflikte zum Ausdruck:

> Liebe Kinder, es ist die letzte Stunde, und wie ihr ja gehört habt, dass der Antichrist kommt, so sind auch jetzt schon viele Antichristen aufgetreten. Daran erkennen wir, dass es die letzte Stunde ist. Aus unserer Mitte sind sie hervorgegangen; aber sie gehörten nicht zu uns. (1 Joh 2,18–19)

Auch hier ist klar, dass die Antichristen Christen sind, die sich dem Glauben Jesu widersetzen. Sie sind «aus unserer Mitte» hervorgegangen. Für Johannes ist nicht jeder ein Antichrist, der gegen Christus ist. Der Antichrist ist ein Christ, der im Namen des Christentums gegen Christus ist. Unter dem Schein, ein Christ zu sein, verfolgt er Christus. Der Antichrist wird hier als Spiegelbild des Christus gesehen. Er scheint Christus zu sein, aber er ist es nicht. Ob er der Christus oder der Antichristus ist, kann man aus dem Spiegelbild nicht ableiten. Dies folgt aus seiner Haltung zum Mord.[5] Das Nein zum Töten gibt das Wahrheitskriterium ab, um wissen zu können, wer der Christus und wer der Antichristus ist.

Es überrascht denn auch nicht, dass der erste Johannesbrief eine Art Zusammenfassung der kommentierten Szene gibt:

> Daran werden die Kinder Gottes und die Kinder des Teufels offenbar: Jeder, der nicht Gerechtigkeit übt, ist nicht aus Gott, und der seinen Bruder nicht liebt. Denn das ist die Botschaft, die ihr von Anfang an gehört habt, dass wir einander lieben sollen. Nicht wie Kain, der aus dem Bösen war und seinen Bruder ermordet hat. Und warum hat er ihn ermordet? Weil seine Werke böse waren, die seines Bruders aber gerecht. Wundert euch nicht, Brüder, wenn die Welt euch hasst. Wir wissen, dass wir aus dem Tod ins Leben hinübergeschritten sind, weil wir die Brüder lieben. Wer nicht liebt, bleibt im Tode. Jeder, der seinen Bruder hasst, ist ein Menschenmörder,

5 In einer deutschen Zeitschrift erschien folgende Nachricht, wonach John R. Quinn, einst Erzbischof von San Francisco und Vorsitzender der US-Bischofskonferenz, in einer Vorlesung in Oxford gesagt hat: «Die neue Situation, in der sich die Kirche befindet, ist mit der Lage der Urkirche vergleichbar, als die Mission der Nichtjuden begann und dabei das Mosaische Gesetz aufgegeben wurde. Auch damals gab es scharfe Widerstände. Es gibt begründete Hinweise, dass die Gefangennahme und Hinrichtung von Petrus und Paulus durch ultrakonservative Christen bewirkt wurde». In: Publik-Forum vom 8. Mai 1998. – Wenn dies zutrifft, hat der Evangelist Johannes sicher etwas davon gewusst.

> und ihr wisst, dass kein Menschenmörder ewiges Leben als dauernden Besitz hat. (1 Joh 3,10–15)

Ich bin überzeugt, dass dieser Text einen tiefen Konflikt in der Kirche zur Zeit des Johannes anzeigt und darin Position bezieht. Darin ist jedoch auch eine Kritik der späteren Geschichte des Christentums eingeschlossen. Dies bedeutet keineswegs, dass Johannes ein Wahrsager war. Indem er seine eigene Zeit interpretiert, versteht er vieles davon, was später geschehen wird. Ein Maler sagte einmal: Willst du ein universales Gemälde malen, male dein Dorf. Johannes malt sein Dorf und schafft ein universales Welttheater.

1.2 Die griechische Freiheit

Der Schlusssatz des kommentierten achten Kapitels des Johannesevangeliums lautet: «Jesus aber verbarg sich und ging aus dem Tempel» (Joh 8,59). Dieser Weggang aus dem Tempel ist sicher nicht nur geografisch gemeint. Mit dieser Szene aus dem achten Kapitel verlässt Jesus tatsächlich den Tempel. Johannes hat es vorbereitet. Im Gespräch mit der Samaritanerin hatte Jesus bereits gesagt:

> Glaube mir Frau, es kommt die Stunde, wo ihr weder auf diesem Berge noch in Jerusalem den Vater anbeten werdet. Ihr betet an, was ihr nicht kennt; wir beten an, was wir kennen, denn das Heil kommt aus den Juden. Aber es kommt die Stunde, und sie ist jetzt da, wo die wahren Anbeter den Vater im Geist und in der Wahrheit anbeten werden. Denn der Vater sucht solche Anbeter. Gott ist Geist, und die anbeten, müssen im Geist und in der Wahrheit anbeten. (Joh 4,21–24)

Hier ist die Wahrheit stets ein Weg, der später in Kapitel 8 durch das Nein zum Töten erläutert wird. Indem dieses Nein den Gläubigen als Sohn Abrahams ausweist, tritt Jesus aus dem Tempel hinaus, zu dem man als Nachkomme Abrahams dem Gesetze nach gehört. Die Szene stellt den Austritt aus dem Tempel dar, womit eine neue Sohnschaft des Abraham behauptet wird, die sich von den Werken Abrahams herleitet und nicht aus der Nachkommenschaft.

Tritt allerdings Jesus aus dem Tempel hinaus, so hört der Konflikt um die Freiheit durch das Gesetz nicht auf. Tatsächlich sprechen die Gläubigen, mit denen Jesus in die Auseinandersetzung eintritt, eine merkwürdige Sprache. Sie sagen: «Wir sind Nachkommen Abrahams und nie jemandes Sklaven gewesen» (Joh, 8,33). Das ist sicher keine besonders jüdische Art zu reden. Für die jüdische Tradition ist vielmehr der Hinweis typisch, dass man Sklave gewesen ist in Ägypten und von Gott durch den Exodus befreit wurde. Zu sagen, man sei nie Sklave gewesen, ist griechisch und römisch. Dies behaupten die Söhne der Polis und der römischen Republik.

Tatsächlich spielt hier bereits der griechisch-römische Freiheitsbegriff eine wichtige Rolle, für den das Zeichen der Freiheit darin besteht, Sklaven zu haben und nicht Sklave zu sein. Bei «Iphigenie» von Euripides finden wir diesen Begriff der Freiheit. Nach Euripides drückt ihn Iphigenie selbst aus. Sie tut dies, nachdem ihr Vater, Agamemnon, sie zur Opferung bestimmt hat, um damit den Sieg des griechischen Heeres im Krieg gegen Troja zu sichern. Die Mutter Iphigenies widersetzt sich der Opferung ihrer Tochter, aber gegen ihren Widerstand nimmt Iphigenie das Opfer auf sich und stellt sich auf die Seite ihres Vaters:

> Höret meine Worte an, Mutter; ohne Grund ja grollst du, wie ich sehe, deinem Mann ... Aber du musst auch verhüten, dass das Griechenheer ihn hasst ... Sterben muss ich unabwendbar und vollenden will ich es auch mit Ruhm, unedle Regung tilgend aus der edlen Brust ... Mir hat Hellas' ganzes großes Volk die Blicke zugewandt, und auf mir ruht seiner Schiffe Fahrt und Trojas Untergang ... All dies Heil werd ich erringen, wenn ich sterbe, und mein Ruhm wird unsterblich weiterleben, dass ich Hellas' Volk befreit. Denn warum sollt' auch das Leben mir vor allem teuer sein?
> Allen hast du mich geboren, allem Volk, nicht dir allein ... Sollte da mein einzig Leben alledem im Wege sein? ... Dieses einen Mannes Leben wiegt ja tausend Frauen auf. Und wofern als blutend Opfer Artemis mein Leben will, soll ich ihr entgegentreten, Göttern ich, die Sterbliche? Nein! Unmöglich! Hellas geb ich meinen Leib zum Opfer hin. Tötet mich, verwüstet Troja ... Den Hellenen sei der Fremdling untertan, doch, Mutter, nie fröne Hellas' Volk den Fremden; Knechte sind sie, Freie wir![6]

Sicher, der Satz «nie jemandes Sklave gewesen» zu sein hat sich hier verwandelt in das Diktum «Knechte sind sie, Freie wir». Hier wird ganz unmittelbar und offen die Freiheit als Mord ausgedrückt, und

6 Euripides, Iphigenie in Aulis, Stuttgart 1984, S. 52f.

dieser Mord wird dann mit dem Selbstmord verknüpft. Alles das wird von Euripides, einem Mann und einer Frau in den Mund gelegt: «Dieses einen Mannes Leben wiegt ja tausend Frauen auf.» Das aber ist Erfüllung eines Gesetzes. Iphigenie selbst besteht darauf, dass sie in Erfüllung eines gerechten Gesetzes stirbt, das von der Göttin gegeben wurde.

Wenn also Jesus aus dem Tempel geht, sieht er sich mit dieser Freiheit durch das Gesetz konfrontiert, aber ebenso mit der römischen Freiheit. In der Szene des Johannesevangeliums ist dies impliziert. Vor diesem Hintergrund erhält der Aufruf Jesu, sich zu befreien, eine universale Bedeutung, die tatsächlich über den Tempel hinausgeht. Man versteht dann, dass aus der Sicht Jesu auch diese Freiheit den Teufel zum Vater hat. Man versteht aber ebenso, dass Jesus, aus der Sicht der Freiheit durch das Gesetz, von einem Dämon besessen scheint.

Es gibt keine freie Welt. Jede Welt, die behauptet, durch Gesetz und Institution eine freie Welt zu sein, ist eine Form der Sklaverei. Dennoch ist es möglich, sich zu befreien, so wie Abraham sich befreite. So lautet nach dem Johannesevangelium die Botschaft Jesu. Am Gemälde, das Johannes von seinem Dorf malt, wird die Dimension einer zukünftigen Geschichte sichtbar, die in dieser freien Welt seiner Zeit angelegt ist.

1.3 Der politische Realismus und das Nein zum Töten

Es gibt eine andere Szene im Johannesevangelium, deren Analyse die jesuanische Kritik des Gesetzes beleuchten kann. Sie folgt den beiden zentralen Szenen der Kapitel 8 und 10, und sie bezieht sich auf den politischen Realismus der Hohenpriester, womit diese auf das Wunder der Auferweckung des Lazarus reagieren:

> Viele nun von den Juden, die zu Maria gekommen waren und gesehen hatten, was er getan, glaubten an ihn. Einige aber von ihnen gingen zu den Pharisäern und erzählten ihnen, was Jesus getan hatte. Da riefen die Hohenpriester und Pharisäer den Hohen Rat zusammen und sagten: «Was tun wir? Dieser Mensch wirkt so viele Zeichen. Wenn wir ihn so weitermachen lassen, werden alle an ihn glauben, und die Römer werden kommen und uns den heiligen Ort und das Volk wegnehmen.» Einer aber von ihnen, Kajaphas, der in jenem Jahr Hoherpriester war, sagte zu ihnen: «Ihr ver-

> steht nichts und überlegt nicht, dass es besser ist, wenn ein Mensch für das Volk stirbt und nicht das ganze Volk zugrunde geht.» Das aber sagte er nicht von sich aus, sondern als Hoherpriester weissagte er, dass Jesus für das Volk sterben sollte, und nicht für das Volk allein, sondern auch um die zerstreuten Kinder [Söhne] Gottes zur Einheit zusammenzuführen. Seit jenem Tag also waren sie entschlossen, ihn zu töten. Jesus ging nun nicht mehr öffentlich unter den Juden umher, sondern ging von dort weg in die Landschaft nahe der Wüste, in eine Stadt namens Ephraim. Dort blieb er mit den Jüngern. (Joh 11,45–54)

Zuvor hat Johannes schon mehrere Male aufgezeigt, dass die Lehren Jesu Wut und Empörung auslösten. Sie stoßen schlechterdings mit dem *common sense* zusammen, und dieser reagiert aggressiv. Jetzt aber taucht ein ganz anderes Argument auf. Johannes zeigt zuerst, dass die Hohenpriester und die Pharisäer Angst haben. Sie haben Angst vor den Römern, die durch diesen Jesus provoziert werden könnten: «Wenn wir ihn so weitermachen lassen, werden alle an ihn glauben, und die Römer werden kommen und uns den heiligen Ort und das Volk wegnehmen.» Sie befinden sich in einer extremen Entscheidungssituation: Entweder töten sie Jesus, oder die Römer töten sie, zusammen mit der gesamten jüdischen Nation und ihren heiligen Orten. Es handelt sich um eine Frage des «politischen Realismus» angesichts der auf sie zukommenden Sachzwänge. Daraus folgt für sie, dass es keinen anderen realistischen Ausweg aus dieser Situation gibt außer dem Tod Jesu: «... dass es besser ist, wenn ein Mensch für das Volk stirbt und nicht das ganze Volk zugrunde geht». Der Hohe Rat lässt sich von diesem Argument überzeugen: «Seit jenem Tag also waren sie entschlossen, ihn zu töten».

Vom Gesichtspunkt des *common sense* und des «politischen Realismus» her beurteilt, ist ihre Entscheidung völlig rational. Die Hohenpriester haben «gute Gründe», Jesus zu töten. Ich bin überzeugt, dass Johannes genau das sagen will. Die Entscheidung, Jesus zu töten, ist kein Produkt irgendeiner Wut gegen Jesus, obwohl solche Wut und Empörung existieren. Aber sie bestimmen nicht die Entscheidung. Diese ist auch kein Ergebnis eines «blinden Hasses». Jedenfalls erklärt der Hass nicht die Entscheidung. Die Entscheidung fällt als Resultat eines völlig normalen und rationalen politischen Urteils. Die Hohenpriester unterwerfen sich dem Gesetze eines Sachzwangs und handeln entsprechend. Johannes beschreibt sie als Männer mit guten

Gründen. Wenn später in der Passionsgeschichte die Hohenpriester ihre Anklage gegen Jesus im Namen ihres Gesetzes erheben und für Jesus die Todesstrafe fordern, zeigen sie nur, dass ihr Kriterium des politischen Realismus mit dem Gesetz übereinstimmt, das denjenigen zum Tode verurteilt, der sich selbst zum Sohn Gottes macht.

Für Johannes ist gerade dieses Argument wichtig. Wäre Jesus einfach von Mördern umgebracht worden, die ihn aus Hass beseitigen wollten, verlöre seine Theologie ihren Sinn. Ich bin auch überzeugt, dass er hier bewusst auf die Position antwortet, die in den synoptischen Evangelien zum Ausdruck kommt, und die eher Hass und Wut als Grund für die Verurteilung Jesu durch die Hohenpriester ansieht. Johannes hingegen zeigt sie gerade als ehrenwerte, sogar mutige Männer mit guten Gründen und vernünftigem Urteil. Sie lassen sich vom Gesetz leiten, dem Gesetz des vernünftigen Handelns, den Sachzwängen und den Normen der Gesetzlichkeit.

Das Argument des Johannes hingegen zielt in eine ganz andere Richtung. Er will aufdecken, dass die guten Gründe zum Töten keine guten Gründe sind. Er unterschiebt den Hohenpriestern daher keine schlechten Gründe, wie dies die synoptischen Evangelien tun. Er gesteht ihnen Gründe zu, die alle Welt für gute Gründe zum Töten hält. Worum es ihm geht, ist zu zeigen, dass die guten Gründe zum Töten genau so schlecht sind wie die schlechten Gründe zum Töten: Alle Gründe zum Töten sind schlechte Gründe. Alle guten Gründe zum Töten aber entspringen der Erfüllung von Gesetzen. Folglich ist Jesus ein Opfer der Sünde, die in Erfüllung des Gesetzes begangen wird. Johannes klagt nicht die Hohenpriester an. Er klagt das Gesetz an, den politischen Realismus, und er klagt den *common sense* an. Er hält seinen Realismus dagegen, der darin besteht, nicht zu töten. Dieser Realismus des Johannes steht gegen den politischen Realismus immer dann, wenn der politische Realismus gute Gründe zum Töten sieht.

1.4 Die institutionelle Freiheit durch das Gesetz: Dietrich Bonhoeffer

Ich meine, dass Dietrich Bonhoeffer das Problem der Freiheit durch das Gesetz an ganz entscheidender Stelle für seine theologische und politische Entwicklung behandelt. Er schreibt darüber während der Zeit des Nazi-Regimes in Deutschland. Er hatte 1930/1931 in den USA studiert. Im Jahre 1939 sucht er Asyl in den USA, kehrt aber nach wenigen Monaten nach Deutschland zurück, weil er glaubt, es sei seine Pflicht, Widerstand gegen das Regime auszuüben. Er wird schließlich zum Tod verurteilt und 1945, kurz vor Ende des Krieges, hingerichtet.

Von der Zeit seiner Studien in den USA an analysiert er das Problem der Freiheit, wobei er mit der Freiheit der Kirche beginnt:

> «... die religiöse Freiheit [ist] für den Amerikaner ein selbstverständlicher Besitz ... Freiheit bedeutet ... hier die Möglichkeit, und zwar die der Kirche von der Welt gebotene Möglichkeit der unbehinderten Wirksamkeit.
>
> Wird aber die Freiheit der Kirche wesentlich als diese Möglichkeit verstanden, dann ist ihr Begriff noch unerkannt. *Freiheit der Kirche ist nicht dort, wo sie Möglichkeiten hat, sondern allein dort, wo das Evangelium sich wirklich und in eigener Kraft Raum auf Erden schafft, auch und gerade wenn ihr keine solchen Möglichkeiten angeboten sind.* Die wesentliche Freiheit der Kirche ist nicht eine Gabe der Welt an die Kirche, sondern sie ist die Freiheit des Wortes Gottes selbst, sich Gehör zu verschaffen ... Das amerikanische Lob der Freiheit ist eher ein Lob, das der Welt, dem Staat, der Gesellschaft gezollt wird, als eine Aussage über die Kirche. Solche Freiheit mag ein Zeichen dafür sein, dass die Welt in Wahrheit Gott gehört. Ob sie ihm aber in Wirklichkeit gehört, das eben hängt nicht von dieser Freiheit als Möglichkeit, sondern von der Freiheit als Wirklichkeit, als Nötigung, als faktisches Geschehen ab. Freiheit als institutioneller Besitz ist kein wesentliches Prädikat der Kirche ... sie kann ... auch die große Versuchung sein, der die Kirche erliegt, indem sie ihre wesentliche Freiheit der institutionellen Freiheit opfert ... Wo aber der Dank für die institutionelle Freiheit durch ein Opfer der Freiheit der Verkündigung abgestattet werden muss, dort ist die Kirche in Ketten, auch wenn sie sich frei glaubt.[7]

Das Evangelium, das Bonhoeffer am meisten zitiert, ist das Johannesevangelium. Tatsächlich übernimmt er mit seiner Kritik der institutionellen Freiheit die wesentlichen Kriterien gerade aus der Auseinandersetzung in Kapitel 8. Institutionelle Freiheit legt in Ketten, wenn man sich nicht befreit. Daher sieht Bonhoeffer die Notwendigkeit der Befreiung aus einer institutionellen Freiheit:

> Die Amerikaner reden in ihren Predigten so viel von Freiheit. Freiheit als Besitz ist für eine Kirche eine zweifelhafte Sache, Freiheit muss erworben

7 Dietrich Bonhoeffer, Bonhoeffer-Auswahl, 4 Bände, hrsg. von. Otto Dudzus, Gütersloh 1982. Hier: Bd. 4, S. 37f.

werden aus dem Zwang eines Muss. Freiheit der Kirche kommt aus dem Maß des Wortes Gottes. Sonst wird sie zur Willkür und endet in vielen neuen Bindungen. Ob die Kirche in Amerika wirklich «frei» ist, ist mir sehr fraglich.[8]

Bonhoeffer interpretiert diesen Rückzug auf die institutionelle Freiheit als Verlust der Reformation:

Die amerikanische Theologie und Kirche als ganze haben niemals zu verstehen vermocht, was «Kritik» durch Gottes Wort bedeutet in ihrem ganzen Umfang. Dass Gottes «Kritik» auch die Religion, auch die Christlichkeit der Kirchen, auch die Heiligung des Christen trifft, dass Gott seine Kirche jenseits von Religion und Ethik begründet hat, das bleibt zuletzt unverstanden. Ein Zeichen dafür ist das allgemeine Festhalten an der natürlichen Theologie. Christentum ist in der amerikanischen Theologie noch wesentlich Religion und Ethik ... Die entscheidende Aufgabe ist heute das Gespräch zwischen dem Protestantismus ohne Reformation und den Kirchen der Reformation.[9]

Es kann Bonhoeffer daher nicht um den Glauben *an* Jesus – das wäre bloße Religion –, sondern nur um den Glauben *Jesu* gehen. Er drückt dies folgendermaßen aus:

So ist die Kirche nicht eine Religionsgemeinschaft von Christusverehrern, sondern der unter Menschen Gestalt gewordene Christus.[10]

Dieser Glaube Jesu ist für ihn dann ein Jenseits der Religion. Nur so kann man seine These verstehen, dass Christentum keine Religion sei:

Die Kirche kann ihren eigenen Raum auch nur dadurch verteidigen, dass sie nicht um ihn, sondern um das Heil der Welt kämpft. Andernfalls wird die Kirche zur «Religionsgesellschaft», die in eigener Sache kämpft und damit aufgehört hat, Kirche Gottes und der Welt zu sein.[11]

Diese Einsicht zieht auch bei Bonhoeffer ein universales Nein zum Töten nach sich:

In der Menschwerdung Christi empfängt die ganze Menschheit die Würde der Gottebenbildlichkeit zurück. Wer sich jetzt am geringsten Menschen

8 Ebd. 23.
9 Ebd. 47f.
10 Ebd. 89.
11 Ebd. 123.

vergreift, vergreift sich an Christus, der Menschengestalt angenommen hat und in sich das Ebenbild Gottes für alles, was Menschenantlitz trägt, wiederhergestellt hat.[12]

Die Welt aber kann auch teuflisch werden:

> Wo aber der Mensch zum Ding, zur Ware, zur Maschine wird, und wo die Ordnungen willkürlich zerstört werden und zwischen «gut» und «böse» nicht mehr unterschieden wird, dort ist der Aufnahme Christi noch ein besonderes, über die allgemeine Sündhaftigkeit und Verlorenheit der Welt hinausgehendes Hindernis in den Weg gestellt. Dort zerstört die Welt sich selbst, so dass sie ernsthaft teuflisch zu werden droht.[13]
>
> Wer ist Gott? Nicht zuerst ein allgemeiner Gottesglaube an Gottes Allmacht etc. Das ist keine echte Gotteserfahrung, sondern ein Stück prolongierter Welt. Begegnung mit Jesus Christus. Erfahrung, dass hier eine Umkehrung alles menschlichen Seins gegeben ist, darin dass Jesus nur «für andere da ist». Das «Für-andere-da-Sein» Jesu ist die Transzendenzerfahrung! ... Glaube ist das Teilnehmen an diesem Sein Jesu. (Menschwerdung, Kreuz, Auferstehung.) Unser Verhältnis zu Gott ist kein «religiöses» zu einem denkbar höchsten, mächtigsten, besten Wesen – dies ist keine echte Transzendenz –, sondern unser Verhältnis zu Gott ist ein neues Leben im «Dasein-für-andere», in der Teilnahme am Sein Jesu ... Gott in Menschengestalt! ... auch nicht die griechische Gott-Menschengestalt des «Menschen an sich», sondern «der Mensch für andere»!, darum der Gekreuzigte. Der aus dem Transzendenten lebende Mensch.[14]

Es fällt sofort auf, dass diese Texte Bonhoeffers der Logik der Szene aus dem Johannesevangelium folgen, die sich mit dem Glauben Abrahams auseinandersetzt (Kapitel 8). Sie leisten es in einer wesentlich aktualisierten Form, dennoch aber auf unverwechselbare Weise – selbst wenn dies nicht einer Absicht Bonhoeffers entspringt. Für Bonhoeffer gibt es keine freie Welt als Institution, sondern nur eine Welt, in der Menschen sich befreien. Die Freiheit entspringt der Entscheidung, die Welt nicht durch Mord zu konstituieren, sondern durch das Nein zum Mord. Denn die freie Welt in Gestalt der institutionellen Freiheit mordet den, der das Nein zum Mord vertritt.

Es gibt Nachrichten aus der Gegenwart, die diese Analyse von Bonhoeffer bestätigen können. Man beachte etwa die folgende Nachricht zur letzten China-Reise Clintons:

12 Ebd., Bd. 3, 103.
13 Ebd., Bd. 4, 106.
14 Ebd. 266.

Präsident Clinton versprach gestern, dass er sich in Peking für die Lösung eines Problems einsetzen wird, das die öffentliche Meinung der USA am meisten beschäftigt: das Fehlen der Religionsfreiheit in China.

Das Fehlen der Religionsfreiheit in China ist eines der wichtigsten Argumente jener, die sich der Politik eines intensiven Dialogs der Regierung Clinton mit Peking widersetzen.

In einem Treffen mit Kirchenvertretern anerkannte Clinton die Bedeutung der Religionsfreiheit für ein Land wie die USA, die durch «Männer und Frauen gegründet wurden, welche den Religionsverfolgungen entkommen waren».

Das zentrale Element der Identität der USA, sagte Clinton, «ist die Freiheit, jenen Glauben praktizieren zu können, für den man sich entscheidet, und deshalb gibt es in den USA eine universale Grundsatzentscheidung zugunsten der Religionsfreiheit».

Die Religionsfreiheit, betonte er, ist etwas, worin alle US-Amerikaner übereinstimmen, unabhängig von ihrer «Partei, Philosophie oder Religion».

In diesem Falle stand im Mittelpunkt der Gespräche die Reise des Präsidenten nach China, die von vielen – vor allem von den konservativen Republikanern im Kongress – als eine unverdiente Unterstützung für ein Land angesehen wird, das die Religionsfreiheit und die Menschenrechte verletzt.[15]

Die Diskussion ist bemerkenswert gerade, aber nicht nur, im Hinblick auf das Freiheitsverständnis der USA. Es war die US-Regierung, welche die Befreiungstheologie und die Volksbewegungen, die ihr anhingen, schon gegen Ende der Sechzigerjahre als eine Gefahr für die nationale Sicherheit der USA einstufte. Die Verfolgung dieser Gruppen und dieser Theologie war auch in den USA gegenwärtig, wurde aber in Lateinamerika auf brutalste Weise realisiert. In Lateinamerika fand eine massive Christenverfolgung statt, der Tausende von Christen und Pastoralträgern, Hunderte von Priestern und eine Anzahl Bischöfe zum Opfer fielen. Wo die Regierung der USA nicht unmittelbar an dieser Christenverfolgung teilnahm, beteiligte sie sich indirekt, indem sie dazu beitrug, solche Vorgänge zu verschleiern, Amnestien durchzusetzen oder den Mördern politisches Asyl zu gewähren. Dies war besonders klar im Falle der Ermordung von Erzbischof Romero und der Morde an den Jesuiten in San Salvador.

15 Clinton lanza difícil promesa. Alista viaje a China.In: La Nación, San José, vom 20. Juni 1998.

Erzbischof Romero wurde ermordet – wenige Tage, nachdem er sich öffentlich an die Armee gewandt und sie im Namen Gottes aufgefordert hatte, aufzuhören, auf die Bevölkerung zu schießen. Die Antwort auf dieses Nein zum Töten war das Todesurteil für Romero, der umgebracht wurde, als er die Messe feierte.

Diese Christenverfolgung in Lateinamerika wurde von der öffentlichen Meinung und auch von den christlichen Kirchen kaum zur Kenntnis genommen. Wo aber gegen diese Morde protestiert wurde, wurden sie nicht als Christenverfolgung eingestuft. Denn das Nein zum Töten, das im Johannesevangelium das Zentrum des Glaubens Jesu bildet, ist längst verteufelt worden; es wird als illegitime Einmischung in die Politik aufgefasst. Man kann die Verfolgung gar nicht als Christenverfolgung erkennen, denn alles scheint ja nur eine Auseinandersetzung um Politik zu sein. Daher rührt es auch, dass Christen diese Christenverfolgung durchführen. Der Evangelist Johannes muss das Problem bereits zu seiner Zeit geahnt haben, wenn bei ihm Jesus sagt: «Ja, es kommt die Stunde, wo jeder, der euch tötet, Gott damit einen heiligen Dienst zu erweisen glaubt» (Joh 16,2).

Es gibt eine analoge Religionsverfolgung in China. Auch China interpretiert bestimmte religiöse Bewegungen als Gefahr für seine nationale Sicherheit. Die Legitimität der Proteste seitens der USA ist allerdings sehr beschränkt.

Vor einem solchen Hintergrund wird die Argumentation von Bonhoeffer vielleicht noch verständlicher. Er spricht vom Phänomen des «Protestantismus ohne Reformation». Aber auch die Szene aus dem Johannesevangelium wird klarer, wenn dort die institutionelle Freiheit als eine mörderische Freiheit gesehen wird. Sie mordet den, der am Glauben Jesu teilhaben will. Aber sie tut es in der Überzeugung, Gott einen Dienst zu tun. Deshalb sieht alles so aus, als gäbe es überhaupt keine Christenverfolgung, bloß eine politische Auseinandersetzung.

15 Die Bestätigung des Lebens durch das Nein zum Töten und die Söhne des Teufels

Der Realismus des Johannesevangeliums besteht in der Bestätigung des Lebens durch das Nein zum Töten. Dieser Realismus wird im Evangelium dem politischen Realismus – dem Realismus des Sachzwanges – der Gegner Jesu entgegengesetzt. Dieser bestätigt das Leben dadurch, dass er den Gegner tötet. Wenn sie sagen: «Es ist besser, dass einer stirbt als ein ganzes Volk», behaupten sie, dass der Tod des anderen eine realistische Form der Bestätigung des eigenen Lebens ist. Nach Johannes ist die Position Jesu dem gerade entgegengesetzt: Es ist besser, niemanden zu töten, damit alle leben.

Gerade dadurch verwirft Jesus alle beliebigen «guten Gründe» zum Töten, während der politische Realismus darauf besteht, dass das Leben durch das Töten immer dann zu bestätigen ist, wenn es gute Gründe dafür gibt. Gerade das Kapitel 8 des Johannesevangeliums verwirft alle guten Gründe zum Töten. Wenn das Resultat die Legitimierung des Tötens ist, dann sind die Gründe schlecht. Zu töten oder nicht zu töten, das ist das Kriterium zur Qualifikation der Gründe, nicht umgekehrt. Alle guten Gründe zum Töten stammen vom «Vater der Lüge», und diejenigen, die sie suchen, haben den Teufel zum Vater, welcher der «Mörder von Anfang an» und zugleich «Vater der Lüge» ist. Aber das ist das Gesetz. Es ist nicht einfach ein Korpus von Normen, sondern enthält ganz allgemein den Anspruch, gute Gründe zum Töten zu haben. Das Gesetz verwandelt die Wahrheit in ihr Gegenteil. Es tötet, damit Leben sein kann und setzt gerade dadurch die Logik des Todes frei.

Die Haltung Jesu ist radikal. Sie stößt ganz offen mit allem zusammen, was die «Weisheit dieser Welt» ist, und provoziert sie. Jesus stößt im achten Kapitel des Evangeliums mit denen zusammen, die an ihn glauben, die aber gleichzeitig auf ihrer Freiheit durch das Gesetz bestehen. Das Gesetz macht sie frei, so dass sie eine institutionelle Freiheit haben. Jesus tritt ihnen mit einer provokativen Haltung entgegen; er sagt, dass sie ihn töten wollen. Damit drückt er aus, was er als die Logik ihrer Position ansieht. Sie unterliegen dem Druck, ihn zu töten – auch wenn sie jetzt noch keine Absicht dazu haben –, falls sie auf ihrer Freiheit durch das Gesetz bestehen, auf ihrer rein institutionell begründeten Teilhabe an einer «freien Welt». Sich zu befreien heißt in dieser Situation, das Leben durch das Nein zum Töten zu bestätigen.

Wenn sie sich dieser Befreiung verweigern, sagt Jesus zu ihnen, haben sie den Teufel zum Vater, wobei der Teufel eben der Menschenmörder von Anfang an und der Vater der Lüge ist. Seine Zuhörer reagieren gegen Jesus und sagen von ihm: Du hast einen Dämon. Auch der Dämon ist ein Teufel, aber dieser Teufel ist natürlich anders aufzufassen als der Teufel, von dem Jesus spricht. Vom Standpunkt des Gesetzes, der Institutionen und des politischen Realismus aus gesehen ist tatsächlich derjenige ein Teufel, der auf der Bestätigung des Lebens durch das Nein zum Töten besteht. Jede moderne Gesellschaft beruht auf dieser Vorstellung vom Teufel. Aus der politischen Propaganda unserer heutigen freien Welt kennen wir die Sequenz, welche die Zuhörer Jesu bei Johannes zum ersten Mal in Kapitel 8 andeuten: Die Bestätigung des Lebens durch das Nein zum Töten wird als Utopismus denunziert, daraus wird auf Terrorismus geschlossen und die Position als dämonisch verurteilt: «Wer den Himmel auf Erden will, schafft die Hölle auf Erden.» Luzifer wird als Teufel denunziert. So wird in moderner Sprache formuliert, was auch die Zuhörer in Kapitel 8 zu Jesus sagen: Du hast einen Dämon. Im Grunde heißt dies: Wer nicht bereit ist, als Konsequenz des politischen Realismus zu töten, der ist der eigentliche Mörder.

Vom Standpunkt Jesu aus hingegen haben diejenigen, die den politischen Realismus vertreten, den Teufel zum Vater. Dieser Sprachgebrauch ist allerdings nicht in unsere heutige Sprache eingegangen. Wir sagen nicht, dass diejenigen, die sich dem politischen Realismus verschreiben, den Teufel zum Vater haben. Die Moderne hat einen anderen Ausdruck für eben diesen Vorwurf entwickelt. Wir sprechen nicht davon, dass sie den Teufel zum Vater haben, sondern dass sie einen Pakt mit dem Teufel eingegangen sind. Goethe hat im «Faust» diesem Ausdruck sein ganzes heutiges Gewicht gegeben. Max Weber sieht die Transformation sehr klar:

> Auch die alten Christen wussten sehr genau, dass die Welt von Dämonen regiert sei, und dass, wer mit der Politik, das heißt: mit Macht und Gewaltsamkeit als Mitteln, sich einlässt, mit diabolischen Mächten einen Pakt schließt, und dass für sein Handeln es *nicht* wahr ist, dass aus Gutem nur Gutes, aus Bösem nur Böses kommen könne, sondern oft das Gegenteil. Wer das nicht sieht, ist in der Tat politisch ein Kind.[16]

Die Anspielung Max Webers auf diesen Pakt mit dämonischen Mächten und die alten Christen ist sicher etwas diffus. Wenn Weber

16 Weber, Max: Der Beruf zur Politik. In: Max Weber: Soziologie – Weltgeschichtliche Analysen – Politik, hrsg. von Johannes Winckelmann, Stuttgart 1956, S. 178.

aber sagt, dass diejenigen, die sich mit dem politischen Realismus einlassen, «mit diabolischen Mächten einen Pakt» abschließen, sagt er mit andern Worten dasselbe, was in Kapitel 8 gesagt wird. Denn die Stelle, wo die Position der frühen Christen gegenüber dem Pakt mit diabolischen Mächten am direktesten aufgegriffen wird, ist zweifellos Kapitel 8 des Johannesevangeliums. Darin wird allerdings gesagt, dass diejenigen, die diesen Pakt schließen, den Teufel zum Vater haben. Damit wird gerade bestritten, dass aus Bösem Gutes und aus Gutem Böses entstehen kann. Die diesbezügliche Behauptung von Max Weber ist schlechterdings falsch. Die «alten Christen» sind nicht bereit, diesen Pakt abzuschließen. Die frühen Christen wussten sehr wohl, dass die Realpolitik, die Max Weber vorstellt, die Politik beherrscht. Aber sie verweigern sich, gerade dies macht Johannes sehr klar. Die Gewalt der Realpolitik bleibt Mord. Folglich ziehen sie die Konsequenz, dass Politik eben nicht dieser Art Realpolitik unterworfen werden darf. Das Böse bringt Böses hervor und das Gute Gutes. In gar keiner Weise akzeptieren sie, dass das Böse das Gute hervorbringt. Wenn Max Weber dies behauptet, so ist das schlechterdings falsch. Dass das Böse das Gute hervorbringt, heißt Menschenopfer zu akzeptieren und zu behaupten, dass sie häufig fruchtbar sind. Es ist eine klare Opfervorstellung. Ein Menschenopfer aber kann nach der Vorstellung der frühen Christen nur offenbaren, dass es selbst ein Verbrechen ist. Das ist sein einziges Resultat. Die Offenbarung aber, dass jedes Menschenopfer ein Verbrechen ist, ist zugleich ein eindringlicher Appell, es niemals zu wiederholen. Daher interpretieren die frühen Christen den Tod Jesu ebenfalls in diesem Sinne. Danach ist der Tod Jesu ein Menschenopfer, das im Namen der Realpolitik von denen dargebracht wird, die ihn töten. Aber dieser Tod hat keine Opferbedeutung, er ist ein Verbrechen, das begangen wird in Erfüllung des Gesetzes. Indem es begangen wird, offenbart es die Tatsache, dass alle Menschenopfer, dasjenige Jesu eingeschlossen, Mord sind und keinerlei Heilsbedeutung haben. Diesen Tod ohne jede Bedeutsamkeit des Heils nennen die frühen Christen das Opfer Jesu. Eine Heilsbedeutung schreibt ihm nur das Opfer des Vaters zu. Da dieser Vater der Lüge der Mörder von Anbeginn ist, sehen die Christen ein solches Opfer ganz einfach als Mord an. Niemals kann deshalb ein Krieg ein gerechter Krieg sein.

Max Weber nimmt genau den entgegengesetzten Standpunkt ein. Seinen Aufsatz «Der Beruf zur Politik» kann man als Entgegnung zu jener Position deuten, die Johannes im achten Kapitel entwickelt, anhand der Diskussion zwischen Jesus und jenen, die zum Glauben an ihn gekommen sind.

Das Argument Webers ist interessant. Er entwickelt es in Auseinandersetzung mit der Bergpredigt. Da das Kapitel 8 des Johannesevangeliums eine Systematisierung der Bergpredigt bringt, wie sie bei den Synoptikern enthalten ist, gelten die Argumente Webers in Bezug auf die Bergpredigt auch für ihn. Weber sagt:

> Eine Ethik der Würdelosigkeit – außer: für einen Heiligen. Das ist es: man muss ein Heiliger sein in *allem*, zum mindesten dem Wollen nach, muss leben wie Jesus, die Apostel, der heilige Franz und seinesgleichen, *dann* ist die Ethik sinnvoll und Ausdruck einer Würde. *Sonst nicht*. Denn wenn es in Konsequenz der akosmistischen Liebesethik heißt: «dem Übel nicht wiederstehen mit Gewalt», – so gilt für den Politiker umgekehrt der Satz: du *sollst* dem Übel gewaltsam widerstehen, sonst – bist du für seine Überhandnahme verantwortlich.[17]

Zunächst kommt ein völlig abstraktes Lob – das *Requiem aeternam Deo*, wie es Max Weber so häufig singt – und dann die völlige Umkehrung: Du *sollst* dem Übel gewaltsam widerstehen, sonst bist du für seine Überhandnahme verantwortlich. Es ist dieselbe Position, welche die christliche Orthodoxie stets eingenommen hat. Wer ist nun für die Überhandnahme des Übels verantwortlich? Natürlich diejenigen, die das Nein zum Töten aussprechen. Weber führt in Bezug auf den Pazifismus aus:

> Der nach dem Evangelium handelnde Pazifist wird die Waffen ablehnen oder fortwerfen, wie es in Deutschland empfohlen wurde, als ethische Pflicht, um dem Krieg und damit: jedem Krieg, ein Ende zu machen. Der Politiker wird sagen: das einzig sichere Mittel, den Krieg für alle *absehbare* Zeit zu diskreditieren, wäre ein Status-quo-Friede gewesen ... Denn für die Sieger – mindestens für einen Teil von ihnen – wird er [der Krieg] sich politisch rentiert haben. Und dafür ist jenes Verhalten verantwortlich, das uns jeden Widerstand unmöglich machte. Nun wird – wenn die Ermattungsepoche vorbei sein wird – *der Frieden diskreditiert sein, nicht der Krieg:* eine Folge der absoluten Ethik.[18]

Das Argument Webers ist reiner Hohn und seine Version der Dolchstoßlegende. Schließlich brach Deutschland nach dem Ers-

17 Ebd. 173f.
18 Ebd. 174.

ten Weltkrieg wohl nicht zusammen, weil «nach dem Evangelium handelnde Pazifisten ... die Waffen ablehnen oder fortwerfen», sondern weil der Krieg verloren war und die Bevölkerung sah, dass es sinnlos war, den Krieg weiterzuführen. Die Durchhaltepropaganda Max Webers kam viel zu spät. Im Jahre 1916 – als der Krieg bereits verloren war – hätte sie möglicherweise Sinn gehabt. Zu diesem Zeitpunkt wäre ein Status-quo-Friede vielleicht noch möglich gewesen. Aber da hat Max Weber nicht solche Reden gehalten, sondern sogar mitgemacht – wenn auch in bloß persönlicher Distanz zu den alldeutschen Eroberungsphantasien. Außerdem wäre er mit solchen Thesen im Gefängnis gelandet. Jetzt aber, da es zu spät ist, zeigt er Mut und stellt sich auf die Seite der Dolchstoßlegende und jener, die für den sinnlosen Krieg verantwortlich waren.

Den Pazifismus zu beschuldigen, das ist reine Erfindung und wohl auch Max Webers Pakt mit den diabolischen Mächten. Aber er hat einen Schuldigen, der den «Frieden diskreditiert» und damit den Krieg legitimiert hat. Es ist der Pazifismus und ganz allgemein das Nein zum Töten. Vom Zweiten Weltkrieg weiß er noch nichts, er weiß aber, dass er kommen wird. Vor allem aber weiß er, wer der Schuldige des Zweiten Weltkriegs sein wird: der Pazifismus. Überhaupt scheint es Kriege nur deshalb zu geben, weil es Pazifisten gibt. Ohne Pazifisten würde der ewige Friede herrschen. In den Achtzigerjahren wusste sogar Geißler, damals Generalsekretär der CDU, dass der Pazifismus der Schuldige für Auschwitz ist. Das aber ist das Poppersche Verdikt: Wer den Himmel auf Erden will, schafft die Hölle auf Erden. Nichts auf dieser Erde wird von den Vertretern der Macht als ein größeres Verbrechen angesehen als das Nein zum Töten.

Zu diesem Ergebnis gelangten auch die Gläubigen, mit denen Jesus sich in der Szene über den Glauben des Abraham im achten Kapitel des Johannesevangeliums auseinandersetzt: «Jetzt wissen wir, dass du von einem Dämon besessen bist» (Joh 8,52).

Wenn Max Weber vom Pakt mit diabolischen Mächten spricht, so spielt er sicher auf das zentrale Werk der deutschen Literatur an, worin es um den Pakt mit dem Teufel geht, nämlich den «Faust» von Goethe. Faust schließt einen Pakt mit dem Teufel ab. Im Drama von Goethe trägt dieser Teufel den Namen Mephisto, und er ist ein Nachfolger des Satans der jüdischen Tradition. Bei der Vorbereitung des Pakts stellt sich Mephisto dem Faust vor, als dieser fragt, woher er komme: «Ein Teil von jener Kraft, die stets das Böse will und stets das Gute schafft». Es besteht kein Zweifel, dass Goethe auf den Satz von Mandeville anspielt: «private Laster – öffentliche Tugenden», und auf «die unsichtbare Hand» von Adam Smith. Wenn Weber auf den Pakt der Realpolitik mit den diabolischen Mächten anspielt, benutzt er einen ähnlichen Satz: «… dass für sein Handeln es *nicht* wahr ist, dass aus Gutem nur Gutes, aus Bösem nur Böses kommen könne, sondern oft das Gegenteil». Max Weber sagt allerdings «oft», wo Mephisto «stets» behauptet.

Faust tritt in den Pakt mit dem Teufel ein, und der Teufel ist jetzt zu seinen Diensten. Im zweiten Teil des Dramas baut Faust mit Hilfe des Mephisto ein neues Land auf und legt einen Teil des Meeres trocken. Mephisto sichert die Entstehung des Werks durch Gewalt und Mord. Das Werk ist gewaltig, und Faust spricht von einem Paradies, das er für die Menschen gebaut hat. Er ist schon alt und blind, hört aber dennoch voller Genuss den Lärm der weitergehenden Arbeiten. Daher entgeht Faust das wahre Ende. Riesige Wogen verschlingen aufs Neue die gewonnene Erde und zerstören das gesamte Werk, während Faust den Lärm der Zerstörung mit dem Lärm neuer Aufbauarbeiten verwechselt. Sein ganzes Werk wird wieder zerstört, aber Faust stirbt ruhig in der Überzeugung, dass sein Werk für immer dauern wird.

Der Pakt mit dem Teufel war ein Betrug des Mephisto, des Lügners. Die Macht, von der Mephisto sprach und die «stets das Böse will und stets das Gute schafft», hatte das Böse geschaffen, das ein scheinbar gutes Werk durchkreuzte. Mephisto hatte gelogen, als er das Gute als Resultat des Bösen versprach. Das Ergebnis war gerade nicht, dass der Tod einiger fruchtbar wurde für das bessere Leben der anderen.

Die Einsicht Goethes ist nicht sehr weit von der Auffassung entfernt, die Johannes im achten Kapitel seines Evangeliums entwickelt, obwohl das Evangelium seine Lösung auf radikalere und provokativere Weise vertritt. Max Weber hingegen geht nicht ein auf dieses Ergebnis des Paktes mit den diabolischen Mächten, wie es selbst im «Faust» von Goethe gezeigt wird: Das Böse schafft Böses, und niemals das Gute. Wenn bei Goethe Faust dennoch gerettet wird, so als Ergebnis der guten Absichten, aus denen heraus er gehandelt hat.

Max Weber hingegen macht Realpolitik. Das Böse schafft das Gute. Wenn auch nicht immer und notwendig, so doch «oft».

Gewiss, wer die Welt von einem Prinzip her denkt wie dem Nein zum Töten, kann schwerlich das Imperium christianisieren. Er kann sicher die Bevölkerung des Imperiums überzeugen, das Imperium aber nicht. Dieses begründet seine Existenz darauf, dass es gute Gründe zum Töten gibt.

Daher war es ein anderes Christentum, welches das Imperium christianisierte. Um das Imperium christianisieren zu können, musste sich das Christentum transformieren. Diese Umwandlung ist in Wirklichkeit eine Umkehrung in das Gegenteil. Bereits die Sündenvorstellung des Augustinus ist das Gegenteil der Sündenvorstellung des Johannes. Augustinus kennt die Sünde, die in Erfüllung des Gesetzes begangen wird, überhaupt nicht mehr. Für Augustinus ist die Sünde eine Gesetzesübertretung. Der Kampf gegen die Sünde ist daher bei Augustinus ein Kampf gegen Wollust und Begehrlichkeit. In allen spontanen körperlichen Reaktionen entdeckt er diese Begehrlichkeit als eine tatsächliche oder mögliche Gesetzesverletzung. Augustinus entwickelt das Ideal einer Körperlichkeit ohne diese Begehrlichkeit, und er formuliert die Moral als eine Annäherung an diese Körperlichkeit, die nicht Begehrlichkeit ist. Wenn der Sklave seine Freiheit fordert, ist dies Begehrlichkeit. Dasselbe ist der Fall, wenn das Kind nach Milch schreit. Überhaupt bedeutet das Leben zu genießen jetzt Begehrlichkeit. Die Sünde wird in der körperlichen Begehrlichkeit allgegenwärtig, und im Namen eines «spirituellen» Körpers, der ein Körper ohne Begehrlichkeit ist, wird der sinnliche Körper verurteilt und bekämpft.

Das Gesetz steht immer auf der Seite des Kampfes gegen die Begehrlichkeit. Je mehr gegen die Begehrlichkeit gekämpft wird, desto stärker wird das Gesetz verabsolutiert, und der Kampf richtet sich zunehmend gegen die Körperlichkeit selbst. So wird das Gesetz absolut und als das Gesetz Christi auferlegt. Es ist das Gesetz der Universalisierung des abstrakten Körpers ohne Begehrlichkeit, das als Ideal des Menschlichen begriffen wird – gegen den realen Körper mit seinen sinnlichen Reaktionen.

Dieser Kampf des idealisierten Körpers als Ideal des Körpers ohne Sinnlichkeit gegen den konkreten, sinnlichen Körper, dessen Begehrlichkeit nun denunziert wird – dieser Kampf ist keine «Sklavenmoral». Er ist geradezu eine Herrenmoral. Diese ist die Gestalt, in der sich die Herrschaft verteidigt gegen die Moral der Unterdrückten, welche die Sünde anklagt, die in Erfüllung des Gesetzes begangen wird. Jede Rebellion der Unterdrückten findet statt gegen die Sünde, die in Erfüllung des Gesetzes begangen wird. Nur so kann sie sich der Autorität entgegenstellen. Die Herrschaft antwortet auf diese Kritik der Unterdrückten und schafft diese Vorstellung der totalen Sündhaftigkeit. Augustinus tut solches mit seinem Kampf gegen die körperliche Begehrlichkeit. Er kann nun diejenigen, welche die Gerechtigkeit fordern und die Sünde anklagen, die in Erfüllung des Gesetzes begangen wird, der Begehrlichkeit anklagen.

So kann Augustinus die Rebellion des Sklaven als ein Produkt der Sündhaftigkeit darstellen, welche durch die Begehrlichkeit wirkt. Er nennt sie *cupiditas* oder auch *libido*. Selbst Cicero hatte in diesem Zusammenhang bereits von *libido* gesprochen, ohne darauf eine These der universalen Sündhaftigkeit aufzubauen, wie es Augustinus dann tut. Nietzsche nimmt die Tradition auf und spricht in diesem Zusammenhang vom Ressentiment. Er reagiert damit auf die Emanzipationsbewegungen des 19. Jahrhunderts. Nietzsche antwortet ihnen mit der Anklage des Ressentiments, so wie Augustinus zu seiner Zeit Emanzipationsbewegungen, die aus christlichen Wurzeln heraus entstanden, mit dem Vorwurf der Begehrlichkeit begegnete. Beide, Nietzsche und Augustinus, argumentieren mit der Ideologie einer wahren Körperlichkeit, die dieser sinnlichen und begehrlichen Körperlichkeit entgegengesetzt ist. Bei Augustinus ist es der idealisierte Körper ohne Begehrlichkeit, bei Nietzsche die Negation der Körperlichkeit des andern im Namen des Willens zur Macht. Es zeigt sich, dass der Vorwurf des Ressentiments vonseiten Nietzsches nicht so weit von dem Vorwurf der Begehrlichkeit bei Augustinus entfernt ist, wie Nietzsche glaubt.[19] Nicht überraschen kann, dass Nietzsche in solchen Zusammenhängen wie Augustinus das Wort «Begehrlichkeit» benutzt.[20]

19 Die Proteste gegen die Einforderung der Auslandsschulden der Dritten Welt, die Ende der Achtzigerjahre stattfanden, waren Proteste gegen ein Verbrechen, das in Erfüllung des Gesetzes begangen wird. Die Einforderung dieser Schulden erfüllt das Gesetz, aber sie ist ein Verbrechen. Es handelt sich um einen Völker- und Naturmord, der in Erfüllung des Gesetzes begangen wird. Nietzsche würde diese Proteste als ein Ergebnis des Ressentiments betrachten, Augustinus würde von Begehrlichkeit und Cicero von *libido* sprechen.

20 «Wohl können edle (wenn auch nicht gerade sehr einsichtsvolle) Vertreter der herrschenden Klasse sich geloben: wir wollen die Menschen als gleiche behandeln, ihnen gleiche Rechte zugestehen. Insofern ist eine sozialistische Denkungsweise, welche auf *Gerechtig-*

Spätestens von Augustinus an wird das Nein zum Töten in sein Gegenteil verwandelt. Wenn Nietzsche von der Umwertung aller Werte spricht, welche die Umwertung aller Werte, die Paulus durchgeführt hatte, wieder umwerten soll, dann entgeht ihm völlig, dass bereits Augustinus mit der Umwertung aller von Paulus umgewerteten Werte begonnen hatte. Augustinus ist ein Mann der Herrschenden, der für die Herrschaft Werte zurückgewinnt, die von Paulus, aber ebenso auch von Johannes, als Werte der Unterdrückten herausgestellt worden waren. Die Umwertung der Werte bei Nietzsche ist nichts weiter als eine Konsequenz hiervon. Nietzsche selbst verdrängt diese Tatsache. Dabei hängen das neue Sündenbewusstsein und die christliche Legitimation des Tötens eng zusammen, und sie müssen immer in Verbindung mit der Christianisierung des Imperiums gesehen werden. Ein christianisiertes Imperium braucht ein in sein Gegenteil verkehrtes Christentum. So entsteht die christliche Orthodoxie. Was dies für die Absolutsetzung von Gesetz und Autorität bedeutet hat, kann man heute noch an folgenden Behauptungen von Kardinal Höffner sehen:

> ... *Das Schwertrecht des Staates ist eine eindringliche Anerkennung der Unantastbarkeit höchster menschlicher Güter, besonders des menschlichen Lebens.* Die Heiligkeit der Gottesordnung wird durch die Todesstrafe auch in diesem Äon als «mächtig» erwiesen.[21]
>
> ... *Das Recht des Staates, die Todesstrafe zu verhängen, besagt nicht, dass es dem Staat nicht gestattet sei, auf die Ausübung dieses Rechtes zu verzichten.*[22]
>
> ... wobei freilich zu bedenken ist, dass gefährliche Verbrecher nicht selten von ihren Komplizen durch Entführung und Geiselnahme befreit werden und ihr Unwesen fortsetzen.[23]
>
> ... Dass es gerechte Kriege geben kann, ist einhellige Lehre der katholisch-theologischen Überlieferung.[24]

keit beruht, möglich; aber wie gesagt nur innerhalb der herrschenden Klasse, welche in diesem Falle die Gerechtigkeit mit Opfern und Verleugnungen *übt.* Dagegen Gleichheit der Rechte *fordern,* wie es die Sozialisten der unterworfenen Kaste tun, ist nimmermehr der Ausfluss der Gerechtigkeit, sondern der Begehrlichkeit. – Wenn man der Bestie blutige Fleischstücke aus der Nähe zeigt und wieder wegzieht, bis sie endlich brüllt: meint ihr, dass dies Gebrüll Gerechtigkeit bedeutet?» Nietzsche, Friedrich: Menschliches, Allzumenschliches, hrsg. von Karl Schlechta, München 1982, Werke, Bd. I, S. 671f.

21 Höffner, Josef: Christliche Gesellschaftslehre, Kevelaer 1975, S. 231.

22 Ebd. 231.

23 Ebd.

24 Ebd.

Tatsächlich ist die Lehre vom gerechten Krieg ein Produkt der Christianisierung des Imperiums und mit den Ursprüngen des Christentums völlig unvereinbar. Mit Kapitel 8 des Johannesevangeliums lässt sie sich überhaupt nicht vereinbaren. Dort sind gerechte Kriege eine Erfindung des Vaters der Lüge. Ebenso wenig hat die Behauptung Platz, dass die Todesstrafe «eine eindringliche Anerkennung der Unantastbarkeit höchster menschlicher Güter, besonders des menschlichen Lebens» sei. Zu Beginn sagt das Evangelium: «Am Anfang war das Wort … in ihm war das Leben, und das Leben war das Licht der Menschen.» Es sagt nicht: Am Anfang war das Schwertrecht des Staates.

Offensichtlich hat sich die Orthodoxie gegen ihre Ursprünge gerichtet und diese verurteilt. Mit der Verurteilung des Ja zum Leben durch das Nein zum Töten, erscheinen die Verurteilung der konkreten Körperlichkeit, das universale Sündenbewusstsein und das Töten als eindringliche Anerkennung des Lebens. Die Orthodoxie kehrt zu den «guten Gründen» für das Töten zurück. Es sind genau die gleichen Gründe, die Johannes als die «guten Gründe» für die Verurteilung Jesu zum Tod darstellt und die er als Gründe für den Mord entlarvt.

Es ist evident, dass diese Orthodoxie eine radikale Uminterpretation ihrer Heiligen Schriften braucht. Dies schließt natürlich eine Uminterpretation des Johannesevangeliums ein. Aber es geht ganz speziell um die Uminterpretation der Szene im achten Kapitel über den Glauben und die Werke Abrahams. Das Imperium mit seiner Ideologie, die jetzt durch die christliche Orthodoxie formuliert wird, braucht gute Gründe zum Töten. Es kann aber den Text des Evangeliums nicht ändern, denn dieser ist Teil des bereits festgeschriebenen Kanons der Heiligen Schriften. Daher muss es seinen Sinn verändern.

1.7 Die Realpolitik und die «guten Gründe» zum Töten

Johannes verfolgt eine ganz bestimmte Argumentationsstrategie. Er zeigt auf, dass die Gründe, die Pilatus und die Hohenpriester haben, um Jesus zu töten, die klassischen «guten Gründe» zum Töten sind. Für Johannes ist dies die zentrale These, die durch das ganze Evangelium hindurch entwickelt wird. Alle «guten Gründe» tauchen als Gründe bei Pilatus und den Hohenpriestern auf, und Johannes stimmt zu, dass es gute Gründe sind. Dies führt zu einem Höhepunkt: Sollte es «gute Gründe» zum Töten geben, dann wurde Jesus mit guten Gründen getötet, und seine Verurteilung besteht zu Recht. Jesus wurde rechtens verurteilt und hingerichtet, und niemand hat das Recht gebeugt, um ihn töten zu können. Alles, was man ihm vorwirft, hat er auch begangen, und das Gesetz verurteilt denjenigen zu Recht zum Tode, der dies alles begeht. Die Verurteilung und Hinrichtung Jesu ist nach Johannes kein Justizmord, sondern geschieht in Erfüllung des Gesetzes. Diese Meinung vertritt ebenfalls Paulus – nicht jedoch die synoptischen Evangelien, die die Tendenz haben, die Verurteilung und Hinrichtung Jesu als Justizmord zu sehen. Johannes aber lässt keinen Zweifel daran, dass das Gesetz einwandfrei angewendet wird.

Sowohl nach römischem als auch nach mosaischem Gesetz, aber auch nach der Einsicht des politischen Realismus wurde Jesus zu Recht verurteilt und hingerichtet. Für Johannes ist das entscheidend. Denn gerade diese Tatsache erlaubt ihm, den Skandal des Gesetzes aufzuzeigen. Er ist ein gläubiger Christ. Wenn Jesus rechtens hingerichtet wurde, ist das Gesetz also diskreditiert. Das Gesetz, das Jesus verurteilt, wird durch den Tod Jesu selbst verurteilt. Aber Johannes ist auch ein Mann jüdischer Tradition, für den das mosaische Gesetz das von Gott gegebene Gesetz ist. Folglich verurteilt die Verurteilung Jesu auch das mosaische, von Gott gegebene Gesetz. Daraus aber folgt für Johannes, dass die rechtmäßige Verurteilung Jesu jedes Gesetz verurteilt, woher es auch komme. Gesetz und Gesetzlichkeit selbst stehen unter Anklage, nicht Pilatus oder die Hohenpriester. Niemand wird gerecht durch die Erfüllung des Gesetzes, natürlich auch nicht Pilatus oder die Hohenpriester. Aber es ist der Fluch, der über dem Gesetz liegt, und die Sünde, die sich im Rücken des Gesetzes versteckt, die Jesus zum Tode verurteilen. Daher stellt die Verurteilung und Hinrichtung Jesu jedes Gesetz in Frage und wird zum zentralen Argument gegen die Sünde, die in Erfüllung des Gesetzes begangen wird. Für Johannes kann es nach dem Tode Jesu kein Gesetz mehr geben – egal welches Gesetz auch immer –, das durch Erfüllung gerecht macht. Dies ist das zentrale Argument, welches das ganze Evangelium durchzieht und das die paulinische Gesetzeskritik aufnimmt und weiterführt. Hier wird jede Legitimität durch Legalität an der Wurzel bestritten.

Die entscheidende Strategie der Argumentation des Johannes ist es daher, aufzuzeigen, dass alle nur möglichen guten Gründe zum Töten als Gründe für die Hinrichtung Jesu zutreffen.

Gerade diese Argumentation des Johannes ist für eine imperiale Herrschaftstheologie absolut unannehmbar. Diese kann niemals die «guten Gründe» zum Töten kritisch reflektieren, und sie kann unmöglich akzeptieren, dass Jesus durch diese «guten Gründe» rechtens verurteilt wurde. Es sind ja die guten Gründe zum Töten, die der Herrschaft zugrunde liegen. Die Uminterpretation des Textes muss deshalb diese guten Gründe in der Verurteilung Jesu zum Verschwinden bringen. Daher klagt sie nicht mehr das Gesetz an, sondern Pilatus und die Hohenpriester. Vor allem die Hohenpriester werden jetzt beschuldigt, sie hätten die guten Gründe nur als Vorwand benutzt, um so ihre wahren Motive zu verstecken. Sie wollen Jesus aus Hass töten und benutzen die guten Gründe zum Töten als Vorwand, der die nicht ausgesprochenen schlechten Gründe verhüllen soll. Bei Johannes findet man nicht die geringste Anspielung dieser Art. Aber die Uminterpretation erfindet nun diese «wirklichen» Gründe und zerstört damit das zentrale Argument des Johannes.

Hierin steckt der Grund für die antijüdische und sogar antisemitische Lektüre des Johannesevangeliums. Im Evangelium geht es um das Gesetz und die Gesetzlichkeit. Die Uminterpretation hingegen liest das Evangelium als einen Angriff auf die Juden. Das Evangelium als Text enthält gar nichts davon. Seine Uminterpretation verkehrt es völlig, ohne auch nur ein Wort zu verändern. Diese Uminterpretation hat während mehr als eines Jahrtausends selbst unsere Sprache soweit geprägt, dass wir – wenn wir uns nicht sehr auf die Textbedeutung konzentrieren – Reflexe zeigen, aufgrund derer wir wie pawlowsche Hunde in diesem Evangelium den Antijudaismus am Werk sehen.

1.8 Der Realismus des Johannes und das Nein zum Töten

Das Nein zum Töten schließt ein, dass es niemals gute Gründe zum Töten gibt. Johannes führt dies aus, aber er stellt nie die Frage, wie man im wirklichen Leben handeln kann, ohne auch zu töten. Johannes gelangt zum Ergebnis, dass es keine guten Gründe zum

Töten geben kann. Aber damit endet seine Argumentation. Der Text bleibt völlig offen für die Schlussfolgerungen. Das Nein zum Töten wird nicht einmal zu einem Projekt gemacht, sondern als *Bedingung* des menschlichen Lebens unterstellt. Ein Projekt des Handelns liegt nicht vor, aber es wird gesagt, dass das Nein zum Töten am Anfang allen Handelns liegt.

Dieses Nein zum Töten ist kein Gebot im Sinne von: Du sollst nicht töten. Wäre dem so, dann gäbe es nichts Neues. Jedes Gesetz drückt das Tötungsverbot aus, und dieses ist daher auch ein zentrales Gebot im mosaischen Gesetz. Aber jedes Gesetz kennt gute Gründe, um zu töten. Vor allem gilt immer gegenüber demjenigen, der getötet hat, das Recht und die Pflicht, ihn zu töten. Das Tötungsverbot als Gesetz ist immer auch eine Tötungserlaubnis, wenn es gute Gründe zum Töten gibt. Was von Gesetz zu Gesetz wechselt, sind die guten Gründe zum Töten. Bei Johannes aber wird mit dem Nein zum Töten gesagt, dass es keine guten Gründe zum Töten gibt und dass alle Gründe immer dann, wenn sie das Töten begründen, schlechte Gründe sind. Dieses Nein zum Töten ist die Versicherung, dass das körperliche Leben das Leben schlechthin ist. Gute Gründe zum Töten sind stets ideale Gründe, die eine Idealität über das körperliche Leben stellen, weil das Töten immer die Negation des körperlichen Lebens ist.

Aber alles das zeigt nicht, wie zu handeln ist. Das frühe Christentum begründete einen verbreiteten Pazifismus, der dieses Nein zum Töten zu verwirklichen versuchte. Auf diese Weise konnte der Christ niemals Soldat sein, und die Soldaten, die sich zum Christentum bekehrten, legten ihre Waffen nieder und verweigerten den Kriegsdienst. Sie taten das, selbst wenn sie hingerichtet wurden. Diese Haltung war bis zum 3. Jahrhundert häufig. Sie verschwand in der späteren christlichen Tradition nie völlig, obwohl sie von der Orthodoxie als Häresie angesehen wurde. Das orthodoxe Christentum entdeckte gerechte Kriege, sogar die heiligen Kriege der Kreuzzüge, und erklärte die Beteiligung an diesen Kriegen als verdienstvoll selbst vor Gott.

Innerhalb des Johannesevangeliums ist ein solcher Pazifismus sicher eine legitime und mögliche Option. Dennoch bleiben berechtigte Zweifel daran, ob ein universaler Pazifismus wirklich eine realistische Option ist. Tatsächlich ergeben sich Situationen, in denen es unvermeidlich wird, den anderen zu töten. Auch wenn es sich um extreme Situationen handelt, ergeben sie sich immer wieder, und sie lassen sich nie völlig vermeiden. Das Johannesevangelium erwähnt diese Tatsache überhaupt nicht, es diskutiert sie daher auch nicht. Die Szene mit der Ehebrecherin ist eher so gewählt, dass die Diskussion umgangen wird (Joh 8,2–11). Ehebruch impliziert keinen Mord. Daher ist es leicht zu zeigen, dass die Todesstrafe unverhältnismäßig und folglich eine Sünde ist, die in Erfüllung des Gesetzes begangen wird. Hätte es sich hingegen um einen Mörder gehandelt, hätte Jesus nicht so reagieren können, wie er dies im Falle der Ehebrecherin tun konnte.

Andererseits müsste sich Johannes selbst widersprechen, um einen solchen absoluten Pazifismus als universales Gesetz zu fordern. Sein Ausgangspunkt war ja, dass es kein Gesetz geben kann, das durch seine Erfüllung gerecht macht. Diese Position unterliegt dem ganzen Evangelium. Johannes kann so aber auch nicht das Nein zum Töten als den Anfang jeden Handelns als universales Gesetz fordern. Dies ist vielleicht auch der Grund dafür, dass er aus diesem Nein zum Töten kein konkretes Projekt entwickelt. Dennoch bleibt es seine Grundforderung.

Gehen wir von der Unmöglichkeit aus, wonach das Nein zum Töten, das am Anfang von allem steht, als ein absolutes Gesetz aufgefasst werden kann, dessen Erfüllung gerecht macht, so stehen sich zwei Aussagen gegenüber: 1) Es gibt keine «guten Gründe» zum Töten; 2) es gibt Situationen, in denen die Gewalt, einschließlich des Tötens, unvermeidlich ist.

Auch wenn das Töten unvermeidlich ist, gibt es dafür keine guten Gründe. Ist die Gewalt zwar unvermeidlich, so bleibt sie dennoch illegitim. Sie hat nie die Gerechtigkeit auf ihrer Seite. So verstanden ist die Gewalt, auch wenn sie unvermeidlich ist, immer ein Scheitern, das nie einseitig Schuldige und Unschuldige kennt. Das Scheitern ist immer die Verantwortung beider. Die Gewalt kann daher niemals eine «eindringliche Anerkennung der Unantastbarkeit höchster menschlicher Güter» sein (Höffner), sondern sie bedeutet einen Verlust höchster menschlicher Güter. Sie zeigt an, dass das menschliche Zusammenleben von allen Seiten her gescheitert ist – und nicht deswegen, weil es einen Bösen gibt, den die Guten eliminieren müssen. Bricht die Gewalt aus, so zeigt dies an, dass das menschliche Zusammenleben von allen Beteiligten her neu geordnet werden muss. Alle sind Komplizen, und es gibt keinen unschuldigen Richter. Auch wenn es unvermeidlich ist, zu richten, ist der Richter nie unschuldig, sondern ein Komplize des Verbrechers, über den er richtet.

Daher hat die Gewalt nie einen guten Zweck, der ihr Sinn verleihen könnte. Es gibt keine fruchtbaren Opfer. Nur diese Erkenntnis kann zu einem Neuanfang des Zusammenlebens führen, der aber voraussetzt, dass die Gewalt als Scheitern und nur als ein Scheitern verstanden wird. Nicht die Gewalt trägt zu diesem Neuanfang bei, sondern die Erkenntnis, dass die Gewalt sinnlos war. In diesem Sinne kann das Nein zum Töten durchaus einen alternativen Realismus zum politischen Realismus des Kalküls der Gewalt abgeben. Dieser Realismus ruft zu einer Neugestaltung des menschlichen Zusammenlebens auf, die so sein soll, dass das Nein zum Töten effektiv möglich wird.

Wir haben diese Erfahrung im Kosovo-Krieg erlebt. Die ethnischen Säuberungen der serbischen Armee und der paramilitärischen Verbände waren ein Verbrechen. Die NATO-Staaten hielten die Gewalt für unvermeidlich. Aber sie sind keine unschuldigen Richter. Alle NATO-Länder sind zu Hause in Programme ethnischer Säuberungen verwickelt, die sie unter dem Namen des Ausländerproblems abhandeln. In der Bundesrepublik Deutschland fanden kurz vor der Intervention Landtagswahlen in Hessen statt, die mit einem Programm der «ethnischen Sauberkeit» gewonnen wurden. Es ist nicht wahr, dass die ethnische Säuberung eine Spezialität der Serben ist, obwohl diese sie zu einem Extrem geführt haben, wie es in den NATO-Staaten nicht – vielleicht noch nicht – erreicht worden ist. Aber sie sind Komplizen.[25] Die Gewalt trägt keine Früchte und wird sie nicht tragen. Ganz offensichtlich muss unser menschliches Zusammenleben neu geordnet werden, was aber nur möglich ist, wenn die Richter eingestehen, dass sie Komplizen des Verbrechens sind, über das sie urteilen.

Ein chinesischer Weiser sagte: Schlösser und Riegel machen ein Haus nicht sicher. Damit es sicher wird, darf es keine Fenster und

25 Darüber hinaus hat jeder der bedeutenden NATO-Staaten in seiner modernen Geschichte ethnische Säuberungen zu verzeichnen, die sich mit denen des Milosevic durchaus vergleichen können. Im Falle Deutschlands ist dies offensichtlich, und gerade Deutschland hat eine sehr dunkle Geschichte auch auf dem Balkan selbst. Vergleichbares gilt auch für die anderen Länder. Oder war die Ausrottung der Urbevölkerung Nordamerikas im letzten Drittel des 19. Jahrhunderts etwa keine ethnische Säuberung, begangen von einer Demokratie, die sich als Musterdemokratie für die Welt ansieht?

Türen haben. Ein solches Haus ist sicher, aber es ist kein Haus mehr. Damit das Haus wirklich sicher ist, muss man mit seinen Mitmenschen zusammenleben können. Gelingt dies, so ist das Haus sicher. Schlösser und Riegel braucht es dann aber nicht mehr.

Diese Sicherheit, die weder Schlösser noch Riegel braucht, beruht auf dem einzig wirklichen Realismus. Es ist der Realismus des Johannes, der Realismus durch das Nein zum Töten. Es ist der menschliche Realismus. Dass immer wieder Situationen entstehen, in denen er scheitert, ändert nichts an der Tatsache, dass er die Basis allen menschlichen Zusammenlebens ist. Schlösser und Riegel können diese Sicherheit niemals ersetzen.

1.9 Das Kriterium des politischen Realismus der Hohenpriester in einigen exegetischen Kommentaren

Das Kriterium, um das es dem politischen Realismus geht, drückt der Hohepriester aus, wenn er sagt, «dass es besser ist, wenn ein Mensch für das Volk stirbt und nicht das ganze Volk zugrunde geht» (Joh 11,50).

Es ist das Kriterium des Kosten-Nutzen-Kalküls, das Menschenleben als Kosten für Zwecke einsetzt – ein völlig normales Kalkül unter dem Gesichtspunkt des politischen Realismus. Es handelt sich um ein Menschenopfer, das durch das Mittel geheiligt und gerechtfertigt wird. Ganz auf dieser Linie sagt Hayek:

> Eine freie Gesellschaft braucht Moral, die sich in letzter Instanz auf die Erhaltung von Leben reduziert: nicht auf die Erhaltung allen Lebens, denn es könnte notwendig sein, individuelles Leben zu opfern, um eine größere Zahl anderer Leben zu retten. Daher sind die einzigen Regeln der Moral diejenigen, die zu einem «Kalkül des Lebens» führen: das Eigentum und der Vertrag.[26]

Dies ist das Opfer, um das es geht, sowohl in der Wirtschaft wie auch im Krieg. Einige müssen sterben, damit die anderen leben. Für den politischen Realismus ist das Prinzip nicht diskutierbar. Was man einzig als diskutierbar ansieht, ist die Frage, ob es im gegebenen Fall zu Recht angewendet wurde oder nicht. In seiner reli-

26 Hayek, Friedrich von: Interview. In: Mercurio, Santiago de Chile, vom 19. April 1981.

giösen Überhöhung bleibt der Text von Euripides klassisch, wo Iphigenie sich ihrem Vater als Opfer anbietet, um die Fahrt der Griechen zur Eroberung Trojas zu sichern:

> All dies Heil werd ich erringen, wenn ich sterbe, und mein Ruhm wird unsterblich weiterleben, dass ich Hellas' Volk befreit.
> Denn warum sollt' auch das Leben mir vor allem teuer sein?
> Sollte da mein einzig Leben alledem im Wege sein? ...
> Und wofern als blutend Opfer Artemis mein Leben will, soll ich ihr entgegentreten, Göttern ich, die Sterbliche? Nein! Unmöglich! Hellas geb ich meinen Leib zum Opfer hin ... Knechte sind sie, Freie wir![27]

Hier ist das Verhältnis nicht das eines säkularisierten Kalküls, sondern in religiöser Form als Opfer gedeutet, das die Göttin verlangt. Aber das Opferdenken ist das gleiche wie dasjenige des politischen Realismus.

Hier soll durch das Menschenopfer menschliches Leben gesichert werden, so dass sich daraus der Glaube an die Fruchtbarkeit des Opfers ergibt. Das Opfer ist Dünger für die Zukunft: Auf unsern Gräbern wachsen Blumen. So kann es als Opfer nach Gottes Willen oder auch als Opfer um der Zukunft des Menschen willen aufgefasst werden. In den letzteren Bereich gehört das Menschenopfer, das durch das Kosten-Nutzen-Kalkül begründet wird. Es ist ebenso das Kalkül der Hohenpriester, die den Tod Jesu für notwendig erachten, damit die Römer nicht Jerusalem zerstören.

Diese gesamte Denkweise ist bei Johannes ein Aspekt des Gesetzes, und die Freiheit gegenüber dem Gesetz muss sich auch mit ihr auseinandersetzen. Gesetz meint daher nicht bloß einen Korpus von Normen, sei es nun das mosaische Gesetz oder auch das römische. Es impliziert alle möglichen Weisen, sich gesetzlich zu verhalten.

Nach Johannes antwortet Jesus auf diese Art des Opferdenkens durch seine Bestätigung des Lebens durch das Nein zum Töten. Damit aber wird er zum Feind von gesellschaftlichen Verhältnissen, die auf den politischen Realismus gegründet sind. Nicht nur zum Feind, sondern zum Todfeind. Johannes hatte diese Haltung in der Szene über den Glauben Abrahams im achten Kapitel entwickelt. Am Ende der Szene will man Jesus steinigen, aber er flüchtet.

27 Euripides: Iphigenie in Aulis, Stuttgart 1984, S. 52/53.

Im zehnten Kapitel gibt Jesus eine andere Antwort. Möglicherweise geht die Rede um, er sei nicht bereit, mit äußerster Konsequenz für seine Position einzustehen. Jedenfalls scheint Jesus zur Überzeugung gekommen zu sein, dass seine Flucht in den Augen der Anhänger eine Verweigerung der Konsequenzen bedeute. Man will ihn töten, die Flucht aber scheint seinen Gegnern Recht zu geben. Daher sagt er jetzt, dass er für diese seine Position sein Leben einsetzt:

> Ich bin der gute Hirt. Der gute Hirt gibt sein Leben für seine Schafe. (Joh 10,11)
>
> Deshalb liebt mich der Vater, weil ich mein Leben hingebe, um es wieder zu nehmen. Niemand nimmt es mir, sondern ich gebe es freiwillig hin. Ich habe die Vollmacht, es hinzugeben, und ich habe die Vollmacht, es wieder zu nehmen. (Joh 10,17–18)

Sie wollen ihn töten, aber er wird sein Zeugnis für das Leben durch das Nein zum Töten deshalb nicht verraten. Er hat sich entschlossen, den Tod auf sich zu nehmen, und er besteht darauf, dass er es freiwillig tut. Und er will es auf eine Weise tun, dass er dieses Leben durch den Tod hindurch zurückgewinnt.

Jesus stellt sich als Hirt dar, der sich vor seine Schafe stellt, und erklärt, dass er dabei seinen Tod in Kauf nimmt. Aber stets hat dies den Sinn, dass er sie nicht verraten wird einem System gegenüber, welches das Töten zu seinem Fundament hat.

Hier wird kein Opfer gebracht. Nach Johannes nimmt Jesus den Tod in Kauf, der über denjenigen verhängt wird, der das Leben durch das Nein zum Töten vertritt. Jesus ist des Todes, weil er gegen das Töten auftritt. Es ist ein Tod, in dem jedes Menschenopfer sinnlos wird. Seine Zuhörer verstehen das durchaus und wenden sich gerade gegen ihn:

> Viele von ihnen sagten: Von einem Dämon ist er besessen und ist wahnsinnig. Warum hört ihr ihn an? (Joh 10,19)

Wie gesagt, es geht hier nicht um Opfermystik. Derjenige, der die Rationalität des Opfers bestreitet, wird als Dämon und Verrückter verurteilt. Als solcher ist er des Todes, wenn er auf seiner Position besteht. Besteht er darauf, weiß er, was er tut. Folglich entscheidet er sich. Aber er entscheidet sich nicht für den Tod, sondern gegen den Tod – wissend, dass ihm dies sein Leben kostet.

Dies ist kein Opfer im Sinne des politischen Realismus. Johannes spricht in Bezug auf Jesus nie direkt von einem Opfer. Diese Auffassung vom Tod Jesu teilt auch Paulus. Aber Paulus spricht unmittelbar von einem Opfer. Eine kultische Heilsbedeutung hat es freilich auch nicht. Das Opfer Jesu taucht in einem kultisch-reinigenden Sinn, soweit ich sehe, nur im Hebräerbrief auf, der wahrscheinlich das späteste Dokument des neutestamentlichen Kanons ist.

Die Szene, in welcher der Hohepriester erklärt, es sei besser, dass einer stirbt und nicht ein ganzes Volk, folgt auf diese öffentlich geäußerte Erklärung Jesu, dass er den Tod in Kauf nehmen wird, und zwar im elften Kapitel. Waren es bisher seine Zuhörer gewesen, die ihn steinigen wollten, so erfolgt jetzt ein Beschluss des Hohen Rates. Jesus hat erklärt, dass er nicht schweigen wird, nicht einmal angesichts der Bedrohung durch den Tod. Daraufhin wird sein Tod offiziell beschlossen.

Ich möchte nun anhand von zwei exegetischen Kommentaren zeigen, wie mit diesem Konflikt umgegangen wird. Beide Male wird das Prinzip, das die Hohenpriester vertreten – es ist besser, dass ein Mensch stirbt als ein ganzes Volk – als nicht zu bezweifelndes Prinzip angenommen. Man wirft jedoch den Hohenpriestern vor, dieses Prinzip zu missbrauchen oder falsch anzuwenden. Die Argumentation richtet sich also gegen die Hohenpriester, nicht gegen das Prinzip, das sie vertreten. Dadurch verwandelt sich die Argumentation, ganz im Unterschied zu Johannes, in eine antijüdische Interpretation des Textes.

Ich stelle zuerst den Kommentar von Cassidy vor. Cassidy konzentriert seine ganze Argumentation darauf, die Ehrlichkeit der Hohenpriester in der Anwendung des Prinzips zu bezweifeln und ihnen andere, niedrige Motive zu unterstellen:

> Den heikelsten zu bedenkenden Aspekt in der vorliegenden Passage stellt wohl die Frage dar, welchen Grad an Aufrichtigkeit Johannes den Hohenpriestern und Pharisäern zuschreiben will, wenn er den abschließenden Teil ihrer Aussage wiedergibt: «... dann werden die Römer kommen und uns die heilige Stätte und das ganze Volk nehmen.» Der erste Teil ihrer Reaktion lässt sich verhältnismäßig leicht interpretieren, denn Jesus hat ja gerade zuvor das wichtige Zeichen der Heilung des blinden Mannes vollzogen (9,1–41), und er hat das unüberbietbare Zeichen gesetzt, dass er den Lazarus ins Leben zurückholte (11,1–14).

> Aber für wie überzeugend sollen wir nach dem Willen des Johannes seinen Bericht halten, diese Gegner hätten eine gewaltsame Intervention seitens der Römer gefürchtet? …
>
> Wie sehr fürchten Jesu Gegner wirklich, dass die Römer wegen des Erfolgs Jesu gegen «unsere heilige Stätte» und «unser Volk» vorgehen werden? Das ist nach wie vor die Frage.[28]

Der Zweifel, den Cassidy äußert, ist überraschend. Johannes schreibt diesen Text in den Achtziger- und Neunzigerjahren des ersten Jahrhunderts, also einige Jahrzehnte nach der Zerstörung Jerusalems und des Tempels und auch der jüdischen Nation durch die Römer. Er spricht zu Personen, die zweifellos noch eine Erinnerung haben an die Schrecken, die diese Vorgänge bedeuteten. Wenn also Johannes sagt, dass die Hohenpriester zur Zeit Jesu, also etwa 35 Jahre vor der Zerstörung Jerusalems und des Tempels, Furcht davor gehabt hätten, dass dies geschehen könnte, so muss das sehr überzeugend gewirkt haben. Außerdem gibt es im Text von Johannes überhaupt keinen Hinweis darauf, dass die Hohenpriester dieses Argument als Vorwand benutzt haben. Was aber Cassidy ganz offensichtlich nicht einmal in Betracht zieht, ist der Umstand, dass Johannes eine Argumentationsstrategie hat, für die es ganz wesentlich ist, dass eine solche Furcht der Hohenpriester ihr wirklicher Grund ist. Johannes gibt ihnen gerade diese Argumente des politischen Realismus und des *common sense*, weil er sie in Zweifel ziehen will. Dies fällt Cassidy nicht einmal ein, weil er das Prinzip für ein Prinzip höchster Moral und höchsten Altruismus hält:

> Liest man diese Passage in dem Kontext, den das johanneische Porträt der Jesusgegner bis hierhin bildet, so kann man sich schwerlich vorstellen, dass Johannes sie jetzt mit einem signifikanten Grad von Aufrichtigkeit ausstattet … Somit ist also kaum anzunehmen, dass Johannes seinen Lesern nahelegt, die Worte von Jesu Gegnern für bare Münze zu nehmen und zu glauben, dass sie jetzt handeln, weil sie ganz uneigennützig um die Erhaltung des Tempels und um die Sicherheit des Volkes besorgt sind. Meint Johannes nicht vielmehr, dass diese Gegner jetzt nur deshalb tätig werden, weil die Erfolge Jesu ihre eigenen verborgenen Interessen erheblich in Gefahr bringen? Und geht es ihm nicht auch darum anzudeuten, dass sie gewissermaßen sich selbst und andere davon zu überzeugen versuchen, dass ihre Motive nicht feige, sondern lobenswert sind?[29]

28 Cassidy, Richard J.: John's Gospel in New Perspective, New York 1992, S. 42.
29 Ebd.

Cassidy hält das Prinzip des politischen Realismus für altruistisch, will aber den Hohenpriestern eine solch hohe Moral nicht zugestehen. Folglich zieht er ihre Motive in Zweifel:

> Diese Interpretationslinie, die thematisiert, welche subtile Bedeutung hinter der Wiedergabe der Worte der Ratsmitglieder steht, lässt sich weiter ausziehen, indem wir die Aussage des Kajaphas, die Johannes als nächstes nachzeichnet, in einer ähnlichen Optik lesen. In dieser Interpretation ist der Satz des Kajaphas, «... dass es euch nützt, wenn ein einziger Mensch stirbt», von zentraler Wichtigkeit, tritt doch in ihm das Eigeninteresse der Verschwörer deutlicher zutage. Was Kajaphas sagt, ist ziemlich klar: Es ist für die Gegner Jesu von Vorteil, wenn dieser stirbt. Wie überzeugend kann es dann noch wirken, wenn er fortfährt: «... für das Volk und nicht die ganze Nation zugrunde geht»?[30]

Cassidy wirft den Gegnern Jesu vor, den Vorwand des Altruismus zu benutzen, um ihre egoistischen Motive zu verstecken. Jede Kritik am Opfergedanken, wonach einer für das Volk zu sterben hat, verschwindet. Den angeblichen Altruismus des Prinzips hingegen benutzen die Hohenpriester nur noch als Vorwand für ihre etablierten Interessen. Im Text aber gibt es keinen einzigen Hinweis zur Rechtfertigung dieser Behauptungen.

Auf diese Weise rettet Cassidy den politischen Realismus – dessen Kritik steht bei Johannes im Zentrum – und unterschiebt den Hohenpriestern einen persönlichen, mörderischen Hass, um den es Johannes gerade nicht zu tun ist. Damit ist die antijüdische Lektüre festgeschrieben.

Ein anderer Kommentator, Bultmann, unternimmt etwas Ähnliches, geht aber einen anderen Weg:

> ... gerade Klugheit und Überlegung, wie sie in der Welt Geltung haben und stets einen Ausweg wissen, führen hier ins Verderben. Als politische Frage wird beurteilt, was sich in politische Kategorien nicht fassen lässt. Die politische Klugheit fordert, das kleinere Übel dem größeren vorzuziehen, und verlangt die Durchführung des Grundsatzes, dass im Interesse des Volkes der Einzelne geopfert wird. In Wahrheit wird dieser Satz in einem ganz anderen Sinne Geltung gewinnen als Kaiaphas meint (V 51f), und dieser erscheint so im Lichte tragischer Ironie als Prophet wider Wissen und Willen: was er gesagt hat, wird in Erfüllung gehen, da Jesus für sein Volk, ja für die Kinder Gottes, die in aller Welt zerstreut sind, sterben wird. Was die

30 Ebd. 42f.

> weltliche Behörde nach dem Urteil politischer Klugheit tun wird, muss dazu dienen, *nicht* ihren Willen, sondern den Willen *Gottes* zur Erfüllung zu bringen ...[31]

Auch Bultmann zieht das Prinzip der Hohenpriester nicht in Zweifel. Er sagt: «Die politische Klugheit fordert, das kleinere Übel dem größeren vorzuziehen, und verlangt die Durchführung des Grundsatzes, dass im Interesse des Volkes der Einzelne geopfert wird.» Genau dies hat auch der Hohepriester formuliert. Ohne weitere Begründung fügt Bultmann jedoch hinzu: «Als politische Frage wird beurteilt, was sich in politische Kategorien nicht fassen lässt.» Er verschweigt indessen, warum dem so sein soll. Statt dessen fügt er metaphysische Erfindungen hinzu: «Was die weltliche Behörde nach dem Urteil politischer Klugheit tun wird, muss dazu dienen, nicht ihren Willen, sondern den Willen Gottes zur Erfüllung zu bringen ...»

Bultmann vermutet so etwas wie eine «unsichtbare Hand» oder die «List der Vernunft» im Spiel. Diese bewirkt, dass der politische Realismus – die «politische Vernunft» Bultmanns, die sich im Prinzip der Hohenpriester ausdrückt – gerade das tut, was der Wille Gottes ist. In der Nachfolge der Opfertheologie von Anselm von Canterbury sieht Bultmann es als Wille Gottes an, dass ein Menschenopfer gefunden wird, welches so groß und bedeutend ist, dass es durch seinen Tod die Gott vom Menschen zugefügten Beleidigungen aufwiegen kann. Es muss ein Mensch sein, der gleichzeitig Gott ist. Der Gott-Mensch Jesus ist dafür gerade die geeignete Person.

Diese Orgie einer Opfertheorie lässt das Argument des Johannes aufs Neue verschwinden. Wenn es politische Klugheit ist, Jesus zu töten, der für Johannes die Quelle allen Lebens ist, dann schließt Johannes, dass politische Klugheit Mord ist, und zwar ein Mord, der keineswegs der Wille Gottes ist, sondern gegen diesen Willen verstößt. Johannes enthüllt den politischen Realismus als Mord. Die Interpretationen Bultmanns hingegen bestehen auf diesem politischen Realismus und beschuldigen daher die Hohenpriester als Mörder.

31 Bultmann, Rudolf: Das Evangelium des Johannes, Göttingen 1941 (Studienausgabe 1985), 314f.

1.10 Die exegetischen Kommentare und die erste zentrale Szene (Joh 8,31–59)

Die angeführten Interpretationen enthalten natürlich Konsequenzen für das Verständnis der gesamten Szene über den Glauben Abrahams in Kapitel 8. Es ist diejenige Szene, die am eindeutigsten die Sünde herausstellt, die in Erfüllung des Gesetzes begangen wird. Die Szene mit der Ehebrecherin bildet den Hintergrund. Die Ehebrecherin begeht eine Sünde, die eine einfache Normverletzung darstellt. Aber diejenigen, die sie steinigen wollen, begehen die Sünde, um die es Johannes gerade geht, nämlich die Sünde, die in Erfüllung des Gesetzes begangen wird. Von dieser Ortsangabe der Sünde aus entwickelt Johannes die Diskussion über den Glauben Abrahams.

Die Gesamtheit dieses achten Kapitels ist für ein Christentum untragbar, das nach der Macht strebt und sich in die Orthodoxie des Imperiums verwandelt hat. Durch eine Uminterpretation wurde daher der Text zerstört und in das Zentrum jeder antijüdischen Lektüre der christlichen Botschaft umgedeutet.

Diese Uminterpretation eliminiert die Sünde, die in Erfüllung des Gesetzes begangen wird, und denkt die Sünde als körperliche Begehrlichkeit gegen das Ideal eines Körpers ohne Begehrlichkeit. Sie nimmt nicht einmal zur Kenntnis, dass die Szene einen Konflikt unter Gläubigen darstellt und keineswegs eine Konfrontation mit orthodoxen Juden beinhaltet. Sie verwandelt deshalb die Gegner Jesu – in der Szene: die Gläubigen, die sich gegen ihn wenden – in Mörder, die durch blinden Hass angetrieben werden und das Gesetz als Vorwand benutzen, um Jesus zu töten – bloß weil sie ihn hassen. Diese Uminterpretation wirft den beteiligten Personen nicht etwa vor, in Strukturen verwickelt zu sein, die den Mord implizieren, sondern sie wirft ihnen vor, Jesus morden zu *wollen*. Und: nicht das Töten ist die Sünde, um die es geht, sondern die Sünde ist, *Jesus* töten zu wollen. Würden sie irgend jemand anderen töten, wäre dies kein Problem. Aber Jesus? Niemals! Sie wollen den eingeborenen Sohn Gottes töten und ihn nicht als Herrn anerkennen. Folglich begehen sie eine Rebellion gegen Gott, und der Teufel ist die Wurzel dieser Rebellion. Sie haben daher den Teufel zum Vater, weil sie die einmalige Göttlichkeit Jesu leugnen, und dies führt sie zum Mord an Gott. Ist bei Johannes jeder Mord ein Gottesmord, so hier nur der Mord an Jesus.

Der Kommentar Bultmanns ist paradigmatisch auch für diese Interpretation. Er zerhackt die Szene über den Glauben des Abraham geradezu und verteilt sie stückweise über das ganze Evangelium. Auf einen Schlag eliminiert er die Erzählung über die Ehebrecherin.[32] Die darauf folgende Szene über die Abstammung von Abraham teilt er in zwei Abschnitte auf. Den ersten Abschnitt nimmt er heraus mit der Behauptung – für die er kein einziges historisches Argument bringt –, sie gehöre an eine andere Stelle des Evangeliums. Nur den zweiten Abschnitt, worin Jesus vom Teufel als Vater spricht, lässt er an dieser Stelle stehen. Dadurch ist die Argumentation des Johannes zerstört und nicht mehr wiederzuerkennen.

Entscheidend für diese Position Bultmanns ist seine Interpretation dessen, was für Jesus die «Werke Abrahams» sind. Jesus sagt zu seinen Zuhörern:

> Ich weiß, dass ihr Nachkommen Abrahams seid. Aber ihr sucht mich zu töten, weil mein Wort in euch nicht Eingang gewinnt. (Joh 8,34–37)
>
> Wenn ihr Kinder Abrahams wäret, würdet ihr die Werke Abrahams tun. Nun aber sucht ihr mich zu töten, der ich euch die Wahrheit verkündet habe, die ich von Gott gehört habe. Das hat Abraham nicht getan. Ihr tut die Werke eures Vaters. (Joh, 8,39–41)

Diese Sätze sind entscheidend für das Verständnis von Kapitel 8, gleichzeitig aber für die Bedeutung des gesamten Johannesevangeliums. Bultmann ist in dieser Hinsicht besonders interessant, weil er das genaue Gegenteil dessen versteht, was ich weiter oben ausgeführt habe:

> Jesus widerlegt sie, indem er sein früheres Wort (V 37) wiederholt: sie können nicht Abrahams-Kinder sein, weil sie ihn töten wollen, – und indem er diesem Wort einen Satz vorausschickt, der die Beweiskraft des Wortes deutlich macht: «Wäret ihr Kinder Abrahams, so würdet ihr Abrahams Werke tun!» ... Ihr Tun aber widerlegt sie; denn sie tun nicht die Werke Abrahams, sondern im Gegenteil: sie wollen ihn töten. (V 40) ... Dem entsprechend hat auch der Schlusssatz: «Das tat Abraham nicht» nicht nur den Sinn: so etwas, wie einen Menschen, der die Wahrheit sagt, zu töten, lag

32 Dazu sagt er: «7,53–8,11 hat, wie die Textüberlieferung zeigt, zum Joh Evg weder in seiner ursprünglichen Form, noch in seiner kirchlich redigierten Gestalt gehört und scheidet deshalb aus». Vgl. Bultmann: Das Evangelium des Johannes 236, Anm. 2. Tatsächlich ist unsere Kenntnis der ursprünglichen Form dieser Manuskripte derartig gering, dass solche Urteile völlig willkürlich sind.

> dem Abraham fern. Sondern darüber hinaus deutet der Satz Abrahams Stellung zur Offenbarung an: Abraham war nicht wie ihr verschlossen gegen den kommenden Offenbarer.[33]

Bultmann führt als Anmerkung dazu an:

> Der Begriff der «Werke Abrahams» ist rabbinisch. Zu solchen Werken werden gerechnet «ein wohlwollendes Auge, ein bescheidener Sinn und ein demütiger Geist». Aber an spezielle Werke Abrahams ist Joh 8,39 kaum gedacht ...[34]

Entscheidend in der Szene scheint mir der Vorwurf Jesu, dass sie nicht die Werke Abrahams tun, sondern ihn zu töten suchen, was etwas ist, das Abraham nicht getan hat. Und der, den sie töten wollen, ist derjenige, der die Wahrheit sagt, die er von Gott gehört hat. Jesus sagt: «Nun aber sucht ihr mich zu töten.»

In diesem Satz kann man die Betonung einmal auf «töten» legen. Dann geht es um den Mord. Jeder Mord dieser Welt ist dann eingeschlossen in diesem einen Mord. Es ist der Mord als solcher. Ihn nicht zu begehen heißt, alles Leben durch das Nein zum Töten zu begründen. Die Werke Abrahams sind so auch eingeschlossen in einem Werk, nämlich Isaak nicht getötet zu haben. Daher bedeutet die Stelle: Dies hat Abraham getan, nämlich sein Leben durch das Nein zum Töten begründet, welches alle seine Werke durchzieht. Die Wahrheit aber, die Jesus von Gott gehört hat, ist dann das Wort, welches das Leben durch das Nein zum Töten begründet und das ein Weg ist und keine Doktrin. Der Glaube ist so nicht die Bejahung von Sätzen über Gott und die Welt, sondern die Bejahung des Lebens durch das Nein zum Töten. Dies ist der Glaube Jesu, an dem man teilhat. Man kann diesen Glauben also haben, ohne überhaupt Jesus zu kennen oder an ihn zu glauben. Es ist der Geist, der weht, wo er will.

Man kann in diesem Satz die Betonung auch auf «mich» legen. Dann geht es nicht mehr um jeden Mord dieser Welt, sondern ganz ausschließlich um den Mord an Jesus. Der Mord an Jesus ist dann nicht schlimm, weil er ein Mord ist, sondern es ist der einzige schlimme Mord. Alle andern Morde können auch gute Gründe haben, dies hängt von den Umständen ab. Nur dieser eine Mord aber

33 Bultmann: Das Evangelium des Johannes 338f.
34 Ebd. 339, Anm. 4.

kann keine guten Gründe haben. Er ist der Mord an Gott, der in Jesus Mensch geworden ist. Alle anderen Morde aber sind dies nicht.

Bultmann sucht die Interpretation in dieser Richtung. Was die Werke Abrahams sind, hat so mit dem Töten nur noch ganz indirekt zu tun. Es sind nun ganz allgemeine Tugenden der Weisheitsliteratur: «ein wohlwollendes Auge, ein bescheidener Sinn und ein demütiger Geist». Es geht jetzt um Jesus als einmalige Person: «Abraham war nicht wie ihr verschlossen gegen den kommenden Offenbarer.»

Damit wird die Wahrheit zu einer Doktrin, zu richtigen Sätzen über Gott und die Welt, und der Glaube ist das Für-wahr-Halten dieser Sätze. Es wird bei Bultmann Teil der Werke Abrahams: «... so etwas, wie einen Menschen, der die Wahrheit sagt, zu töten, lag dem Abraham fern». Es geht jetzt darum, einen Menschen, der die Wahrheit sagt, nicht zu töten. Bei einem Menschen, der nicht die Wahrheit sagt, ist das etwas ganz anderes.

Die Werke Abrahams haben natürlich überhaupt keine spezifische Bedeutung mehr: «Aber an spezielle Werke Abrahams ist Joh 8,39 kaum gedacht». Diese Schlußfolgerung ist bemerkenswert. Wenn Jesus sagt, dass sie ihn töten wollen, und hinzufügt: «Das hat Abraham nicht getan», liegt es doch nahe, an das Isaak-Opfer zu denken. Es ist für den ganzen Abraham-Mythos zentral. Kierkegaard, auf den sich Bultmann sehr häufig bezieht, stellt es in den Mittelpunkt seiner Diskussion um den Glauben Abrahams (in: Furcht und Zittern). Bultmann erwähnt es nicht einmal als möglichen Bezugspunkt. Ich nehme an, dass dies bei Bultmann bewusst geschieht, denn es ist kaum anzunehmen, dass ihm diese Assoziation nicht eingefallen wäre. Tatsächlich, würde er ernsthaft dieses Isaak-Opfer als möglichen Bezugspunkt der Worte Jesu in Betracht ziehen, wäre seine gesamte Interpretation der Szene in Kapitel 8 in Gefahr.

So führt Bultmann denn weiter aus:

> Sie, die sich für Abrahams-Kinder halten, sind in Wahrheit Teufelskinder; sie wollen ja den töten, der Gottes Wort zu ihnen spricht.[35]
>
> ... so wird hier ihre Mordabsicht darauf zurückgeführt, dass Jesu Wort in ihnen keine Stätte findet.[36]

35 Ebbd. 338.
36 Ebd.

Sie sind jetzt Teufelskinder, weil sie den Einen töten wollen. Wen sie sonst töten, spielt keine Rolle. Sie wollen ihn ermorden. Sie töten nicht einen Menschen, sondern sie töten Gott, der Mensch geworden ist. Das Verbrechen besteht nun darin, diesen Mensch gewordenen Gott töten zu wollen.

Man hat jetzt den Teufel zum Vater, wenn man diesen Mensch gewordenen Gott töten will, und ist daher auf einer völlig metaphysischen Ebene ein Teufelskind. Dies hat mit dem Teufelspakt bei Goethe oder bei Max Weber nicht mehr das Geringste zu tun. Teufelskind zu werden, wird jetzt zu einer Sache der Juden, die das nicht annehmen wollen, was der Mensch gewordene Gott ihnen aus seinem geheimen Wissen übermittelt. Sie wollen ihn töten, um diese Worte nicht für richtig halten zu müssen:

> Ist der Mordwille der Juden der Beweis dafür, dass sie nicht Abrahams Kinder sind, und damit auch dafür, dass sie nicht frei sind, so ist offenbar dieser Mordwille ein besonderes Zeichen ihrer Unfreiheit. In der Tat! Darin, dass sie sich seiner entledigen wollen, verrät sich ihre verborgene Angst, die «Angst vor dem Guten» ... Die verborgene Angst aber bezeichnet gerade das Gute als das Böse und verfolgt es. In dieser Verkehrung findet die Unfreiheit ihren deutlichsten Ausdruck; für sie ist die Verheißung der Freiheit gerade der Anstoß.[37]

Die Argumentation Bultmanns dreht sich nur noch um sich selbst. Die Hohenpriester sind böse – einfach weil sie es sind und das Gute hassen. Und weil sie das Gute hassen, hassen sie Jesus. Das Gute aber ist das, was alle Welt für gut hält, vor allem aber das, was Gesetz und Autorität sagen. Dieses Gute ist bloß das, was Bonhoeffer die «billige Gnade» nennt. Sie ist nicht nur billig, sondern auch sehr langweilig. Der Grundsatz «... dass im Interesse des Volkes der Einzelne geopfert wird», wird Bultmann zur Selbstverständlichkeit. Was er den Hohenpriestern vorwerfen kann, ist nur, dass es sich bei Jesus um jemanden anderen handelt, nämlich um ein quasi-göttliches Wesen.

Wenn man hingegen vom Leben als dem Nein zum Töten ausgeht, sind die Argumente der Hohenpriester durchaus rational. Der politische Realismus und die Unterwerfung unter die Sachzwänge entsprechen einer Logik des sozialen Systems. Die Enthüllung, dass diese Logik mörderisch und die Rationalität irrational ist, ent-

37 Ebd. 339 – Bultmann zitiert Kierkegaard, Der Begriff der Angst, Jena 1923, S. 117; 135ff.

hüllt den Verlust der Freiheit in einer Rationalität der Gesetzlichkeit, die diese Rationalität überhaupt nicht als solche abstreitet, sondern verlangt, ihr gegenüber souverän zu werden. Die Irrationalität der Rationalität stellt die Rationalität nicht als das Böse dar, sondern als etwas, das unter dem Kriterium eines Lebens, welches sich durch das Nein zum Töten behaupten will, immer nur vorläufig ist. Damit werden auch die Mörder relativiert, denn «sie wissen nicht, was sie tun». Das Böse ist in der Gesetzlichkeit, die gerecht sein will, weil sie das Gesetz erfüllt.

In einer Interpretation wie derjenigen von Bultmann – die nicht etwa von Bultmann stammt, sondern eine Tradition von mehr als tausend Jahren hat – wird der Hass auf den Abgesandten Gottes zum Grund für die Verurteilung Jesu. Er wird ermordet, weil Gott selbst abgelehnt wird. Diejenigen, die das tun, sind die Juden. Sie erhalten dadurch eine mörderische Qualität; sie sind es, die jetzt zu Mördern werden, nicht mehr die Gesetzlichkeit:

> Durch ihren Unglauben zeigen die «Juden», dass sie Teufelskinder sind. Diese Teufelskindschaft bestimmt ihr Sein: sie sind darauf aus, die Begierden ihres Vaters zu vollziehen; das heißt, sie sind auf Mord und Lüge aus; denn ihr Vater war ja von Anfang an ein Mörder und hatte in der Wahrheit keinen Stand. Dass damit das Wesen des Teufels beschrieben wird, sagt der Zusatz: «Denn Wahrheit war nicht in ihm».[38]
>
> Solche Feindschaft gegen das Leben und gegen die Wahrheit macht also das Wesen der «Juden» aus, und daraus entspringt ihr Unglauben.[39]

Das gesamte Drama verschwindet, zurück bleiben unbegründete Verleumdungen. «Mörder zu sein» verwandelt sich in das «Wesen des Mörders», und dieser ist wesentlich Mörder, bevor er überhaupt mordet. Der Unglaube macht zum Mörder, noch bevor dieser mordet.

Aus der Bestätigung des Lebens durch das Nein zum Töten wird jetzt die Bestätigung des Lebens durch das Nein, den Gottgesandten zu töten. Dadurch wird die Aussage des Johannes in ihr Gegenteil verwandelt. Den Gottgesandten darf man nicht töten, alle anderen aber darf man töten, soweit es dafür gute Gründe gibt. So sagt Rudolf Schnackenburg:

38 Bultmann, Das Johannesevangelium 242f.

39 Ebd. 243.

> Der johanneische Jesus misst die Abrahamskindschaft der Juden am Verhalten zu seiner Person: Weil ihn die Juden zu töten suchen, hat die äußere Abstammung von Abraham nichts zu bedeuten und wird sie zum Zerrbild wahrer Abrahamskindschaft.[40]

Den Teufel zum Vater zu haben, das ist dann nicht mehr der Vorwurf, der erhoben wird, weil man durch die Anwendung von Gewalt einen Pakt mit dem Teufel abschließt. Der Vorwurf mutiert statt dessen zur erbaulichen (oder gerade nicht erbaulichen) Sonntagspredigt:

> Nach der Absicht der Juden, ihn, den Gottgesandten, zu töten, kann niemand anders als der Teufel ihr Vater sein (V 44). Auch das jeweilige Verhalten der «Söhne» ist wohlüberlegt formuliert: Jesu Aufgabe ist es, die Offenbarung zu künden ..., die ihm unmittelbar, durch «Sehen» beim Vater, zur Verfügung steht – die Juden sind zu einer Aktion entschlossen ..., nämlich diesen Offenbarer zu beseitigen (V 37), und diese Aktion wird ihnen von ihrem Vater eingegeben: Von ihm «hören» und lernen sie (vgl. 6,45 c).[41]

Bei Johannes tötet jeder Mord einen Gottgesandten, denn jeder Mensch ist in Jesus ein Gottgesandter. Aber hier gibt es nur einen Gottgesandten, der eine Immunität genießt, die sonst keinem zusteht:

> Die Abraham zuwiderlaufende Art der Juden zeigt sich darin, dass sie den Bringer der göttlichen Offenbarung zu töten suchen. Denn in Jesu Rede ... tut Gott seine Wahrheit und seinen Heilswillen kund (vgl. V 32), und darum ist das einzige Werk, das den Werken Abrahams entsprechen würde, der Glaube an den Gottgesandten (vgl. 6,29). Abraham hat Zeit seines Lebens den Gehorsam gegen das Wort Gottes in Taten erfüllt (vgl. Gen 12,1–9; 15,1–6; 22,1–19), und die Juden wissen das sehr wohl. Wenn sie einen Menschen töten wollen, der ihnen wie Jesus nichts anderes kündet, als was er von Gott gehört hat, ist das kein «Abrahamswerk» V 40d).[42]

Die Wahrheit ist nicht mehr das, was sie bei Johannes ist, nämlich die Bestätigung des Lebens durch das Nein zum Töten, sondern die Verkündigung von irgendeinem Heilswissen. Die Werke Abrahams aber werden zu Werken eines Gehorsams, der sich einem heteronomen Gesetz unterwirft. Schnackenburg zitiert als Werk Abrahams

40 Schnackenburg, Rudolf: Das Johannesevangelium, II. Teil: Kommentar zu Kap. 5–12, zweite, erg. Auflage, Freiburg–Basel–Wien 1977, S. 282.

41 Ebd. 283.

42 Ebd.

das Opfer des Isaak (Gen 22,1–19) in der für ihn einzig möglichen Interpretation, nämlich als Bereitschaft Abrahams, seinen Sohn Isaak zu töten. Indem Abraham bereit ist, seinen Sohn zu töten, zeigt er, dass er niemals den Gottgesandten töten wird.

Schnackenburg zerreißt daher den Zusammenhang von Mord und Lüge. Bei Johannes ist der Mörder ein Lügner, weil er dem Mord gute Gründe unterschiebt: Alle guten Gründe zum Töten sind Lüge. Bei Schnackenburg wird daraus etwas ganz anderes. Die vom Gottgesandten verkündete Wahrheit nicht anzunehmen und daher nicht an ihn zu glauben, heißt in der Lüge sein:

> Jetzt spricht Jesus den schon V 38 intendierten Vorwurf offen aus: Die hier angesprochenen Juden stammen vom Teufel ab, er ist ihr Vater. Das zeigt sich darin, dass sie das zu tun beabsichtigen, was dieser stets begehrt hat: zu morden; ihn selbst suchen sie zu töten (V 40), der von Gott kommt und ihnen Gottes Wahrheit kündet. Die «Begierden» (im Plural) beziehen sich schon auf die beiden teuflischen Haltungen: Mordlust und Lüge ... Aber die Lüge erweist sich dann als die Wurzel des Übels. In der Lüge liegt die eigentliche gottwidrige Haltung (vgl. V 45–47), die auch zur Vernichtung desjenigen drängt, der Gottes Wahrheit kündet.[43]

Bei Johannes geht es um etwas ganz anderes. Der Mörder ist ein Lügner, weil er dem Töten gute Gründe unterschiebt, die immer Lüge sind, denn es gibt keine guten Gründe zum Töten. Um nur auf ein Beispiel seiner Zeit hinzuweisen, das die frühen Christen sehr beschäftigt und das immer wieder in Anspielungen auftaucht. Es ist die *Pax Romana,* die Lüge des Vaters der Lüge, welcher der Mörder von Anfang an ist. Soeben ist Jerusalem zerstört worden im Namen der Lüge von der *Pax Romana.* Die Christen haben als Pazifisten am Aufstand nicht teilgenommen, aber ihre Sympathien liegen dennoch nicht beim Imperium, sondern bei den Aufständischen. Das Imperium ist Babylon, die vom Drachen getragene Bestie, die Menschenblut trinkt und die, wenn sie von der *Pax Romana* spricht, die Lüge des Vaters der Lüge erzählt. Nach dem Evangelium sagt Jesus vom Vater der Lüge: «Wenn er die Lüge redet, dann redet er aus seinem Eigenen, weil er ein Lügner ist und der Vater der Lüge» (Joh 8,44). Selbst wenn er die Wahrheit sagt, lügt er. Der Friede ist die Wahrheit, aber der Vater der Lüge sagt die Wahrheit

43 Ebd. 286f.

auf eine Weise, dass selbst die Wahrheit lügt. Wenn heute im Kosovo-Krieg ein ganzes Land von der Luft aus zerstört und dies als Dienst an den Menschenrechten ausgegeben wird, erfahren wir wieder die gleiche Lüge des Vaters der Lüge, der ein Mörder ist von Anfang an. Die Wahrheit des Dienstes an den Menschenrechten wird zur Wahrheit, die lügt. Einen solchen Johannes zu zeigen, wird man natürlich vermeiden. Denn wo bleibt unser Imperium, wenn wir es so sehen? Die Sonntagspredigt vom Gottgesandten ist da viel angenehmer. Bei Johannes stammen keinesfalls die Juden vom Teufel ab, sondern die Mörder – gleichgültig, welcher Nationalität sie sind.

Nachdem Kapitel 8 zerstört ist, ruft Bultmann dazu auf, noch andere Teile des Evangeliums zu streichen, die seiner Interpretation widersprechen könnten. Es handelt sich insbesondere um Joh 4,22, wo Jesus sagt: «... denn das Heil kommt aus den Juden» (Joh 4,22). Bultmann kommentiert:

> V 22 ist ganz oder teilweise eine Glosse der Redaktion. Das «Alles Heil kommt von den Juden» ist bei Joh unmöglich nicht nur angesichts 8,41ff; schon 1,11 zeigte, dass der Evangelist die Juden nicht als das Eigentums- und als Heilsvolk ansieht.[44]

Wenn er glaubt, dass dieser Satz mit seiner Interpretation des achten Kapitels nicht zu vereinbaren ist, sollte er doch besser schließen, dass seine Interpretation des achten Kapitels falsch ist. Eine solche Vorgehensweise ist extremer Dogmatismus. Bultmann zieht mit einer Dampfwalze über das Evangelium des Johannes hinweg. – In Wirklichkeit nimmt der Satz, dass alles Heil von den Juden kommt, eine Aussage von Paulus auf, der zu den Christen über die Juden sagt: Sie sind der Stamm, ihr seid die Äste.

Die Uminterpretation im Sinne Bultmanns ist mehr als ein Jahrtausend alt. Sie hat den Text von Johannes in einen rein antijüdischen Text verwandelt, der eines der Zentren des christlichen Antisemitismus darstellt. Der Text zur Bestätigung des Lebens durch das Nein zum Töten, wurde in einen überaus mörderischen Text unserer Tradition verwandelt. Durch eine solche Lektüre wurde Jesus, von dem seine Zuhörer sagten, er habe einen Dämon, tatsächlich zu einem Dämon gemacht.

44 Ebd. 139, Anm. 6.

Das Ergebnis bedeutet: Die antijüdische Lektüre des Johannesevangeliums kann nicht – und wie ich überdies glaube, gilt dies für das gesamte Neue Testament – nicht aus dem Text des Evangeliums erklärt werden. Ich habe deshalb gezeigt, dass eine ganz andere Lektüre möglich ist, die von der Bestätigung des Lebens durch das Nein zum Töten ausgeht. Ohne dies nachweisen zu können, bin ich auch überzeugt, dass eine solche Interpretation am Anfang steht. Der Grund dafür ist, dass wir von der frühen Geschichte dieser Texte so gut wie nichts wissen.

Deshalb muss ich mich auf den Nachweis beschränken, dass eine solche Interpretation möglich ist. Ich bin sogar überzeugt, dass sie gegenüber dem Text mehr Konsistenz aufweist, denn Interpretationen wie jene von Bultmann müssen mit dem Text sehr willkürlich umgehen, um ihre Position verständlich zu machen.

Es ist sodann klar, dass je nach Ausgangspunkt der Text als Sinnzusammenhang umgekehrt wird. Als gesamter Text sagt er etwas anderes aus, wenn die Werke Abrahams durch die Nicht-Opferung des Isaak bestimmt werden statt durch allgemeine Weisheitsvorstellungen. Aber nur die zweite Interpretation ist offen für eine antijüdische Lektüre. In der ersten Interpretation ist Judäa der historische Ort, an dem diese Ereignisse stattfinden; und sie finden dort statt, weil eine ganz spezifische Geschichte sie vorbereitet. Aber es sind keine «jüdischen» Ereignisse, sondern historische. Teufelskinder sind nicht die «Juden», sondern diejenigen, die durch die Gesetzlichkeit jenen Pakt mit dem Teufel abschließen, von dem auch Goethe und Max Weber sprechen. Wenn Bultmann sagt: «Die politische Klugheit fordert, das kleinere Übel dem größeren vorzuziehen, und verlangt die Durchführung des Grundsatzes, dass im Interesse des Volkes der Einzelne geopfert wird», so trifft dieses Urteil auf ihn genau so gut zu wie auf die Hohenpriester und auf die Zuhörer in der Szene des achten Kapitels. Denn das genau ist der Pakt mit dem Teufel. Wo soll denn da wohl Antijudaismus sein?

Stimmt es, dass eine solche Interpretation wie die vorgeschlagene möglich ist, kann der Grund des christlichen Antijudaismus und des Antisemitismus nicht in diesen Texten liegen. Ich meine wirklich die *Möglichkeit* einer solchen Lektüre, ohne darin notwendig zu implizieren, dass es die einzig richtige ist. Denn die wirkliche Absicht des Johannes können wir nicht kennen, da wir nur den Text haben. Und ein Text als solcher ist nie eindeutig. Dass eine andere

Lektüre jedoch möglich ist, beweist, dass der Text diesen Antijudaismus nicht erklären kann.

Statt dessen aber haben wir ganz allgemein eine Beschuldigung des Textes. Wie etwa bei Ute Ranke-Heinemann:

> Dass die antijüdischen Tendenzen nicht gelegentliche Entgleisungen im späteren Christentum sind, sondern schon im Neuen Testament selbst grundgelegt wurden, dass sie nicht erst späterer Entwicklung entstammen, sondern von Anfang an in den Evangelien, und zwar im Kern der neutestamentlichen Verkündigung, sich befinden, darauf hat die amerikanische evangelische Theologin Rosemary Ruether mit Recht hingewiesen.[45]
>
> Ja, es ist nicht sicher, ob nicht überhaupt alle Christen durch die Lehre vom Kreuz, die sie als das Zentrum der christlichen Lehre betrachten, in Gefahr sind, die Barmherzigkeit zu verlieren. Es ist nicht sicher, ob nicht das Christentum durch seine unmenschliche Kreuzestheologie, statt die Menschen menschlicher zu machen, nur die Unmenschlichkeit der Menschen fördert.[46]
>
> Die vier Evangelisten lösen die Aufgabe der Abwälzung der Schuld am Tod Jesu von den Schultern der Römer auf die der Juden in verschiedener Weise. Sie marschieren sozusagen getrennt, aber schlagen gemeinsam. Auf der einen Seite stehen die drei ersten Evangelien, Matthäus, Markus, Lukas (Synoptiker), auf der anderen Johannes. Bei den drei älteren Evangelien sind es (historisch falsch) die Juden, die Jesus verhaften und ihm einen Prozess machen. Bei Johannes erfolgt zwar historisch richtig die Gefangennahme durch die Römer und findet ebenfalls historisch richtig kein Prozess vor dem jüdischen Hohen Rat (Synedrion) statt. Aber trotzdem sind gerade bei Johannes die Juden die eigentlich Schuldigen, denn sie sind die eigentlichen Regisseure und Drahtzieher, die böswilligen Initiatoren des Todes Jesu und die letztlich Verantwortlichen.[47]

Nichts davon folgt aus dem Text. Bei George Steiner wird dies noch verstärkt:

> Judas schreitet in die niemals endende Nacht kollektiver Schuld hinaus. Sein Abgang öffnet die Tür zur Schoah: das ist nichts als die nüchterne Wahrheit. Die «Endlösung», die im zwanzigsten Jahrhundert vom Nationalsozialismus vorgeschlagen und in Angriff genommen wurde, ist der völlig logische, axiomatische Abschluss der Identifizierung der Juden mit und durch Judas ... Die Finsternis, die Nacht in der Nacht, in die Judas hinaus-

45 Ranke-Heinemann, Uta: Nein und Amen. Anleitung zum Glaubenszweifel, Hamburg 1992, S. 140. Sie zitiert Ruether, Rosemary: Faith and Fatricide. The Theological Roots of Antisemitism, 1974 (deutsch: Nächstenliebe und Brudermord, München 1978).

46 Ranke-Heinemann, Nein und Amen 357.

47 Ebd. 133

geschickt wird, auf dass er «schnell handele», ist schon die der Verbrennungsöfen.[48]

Die Geschichte ist ausgelöscht durch die Essenz eines Textes. Aber wir müssen den Text zurückgewinnen. Der Text ist nicht absolut. Er ist interpretierter Text. Leisten wir diesen Schritt, müssen wir fragen, warum diese antijüdische Interpretation entstand, von wem und wie sie durchgeführt wurde und warum sie solange die herrschende war. Das aber ist die Frage nach den Ursachen des Antisemitismus, die durch diese Textidolatrie gerade verdeckt wird. Wir werden aber auch fragen müssen, warum heute nahezu alle Autoren, die den Antisemitismus anklagen, auf der Richtigkeit der antijüdischen Textinterpretation bestehen.

Diese Fragen aber können überhaupt erst ins Blickfeld gelangen, wenn wir uns nicht einfach mit Schuldbekenntnissen und Schuldzuweisungen begnügen. Noch so gut gemeinte Schuldbekenntnisse sind kein Schuldbeweis. Das Schuldbekenntnis des Unschuldigen entschuldigt den Schuldigen. Bei jedem Schuldbekenntnis hat jeder Richter zu fragen, ob da nicht ein Schuldiger entschuldigt wird. Daher erübrigt es sich im Falle des Schuldbekenntnisses keineswegs, den Schuldbeweis zu führen. Niemand kann verurteilt werden auf ein bloßes Schuldbekenntnis hin. Das Bekenntnis einer Schuld ist nicht notwendig eine gute Tat. Eine Schuld bekennen, die gar nicht vorliegt, deckt einen Schuldigen.

Gerade im Falle des Antisemitismus bieten sich sehr viele Schuldige an. Andererseits werden viele beschuldigt. Dass alle Welt übereinkommt, wer schuldig sei, ist noch keineswegs ein Schuldbeweis.

Weder das Schuldbekenntnis noch die einmütige Schuldzuweisung stellen als solche einen Beweis dar. Wer könnte der Schuldige sein, der durch derartige schnelle Schuldbekenntnisse und Schuldzuweisungen entschuldigt wird? Dies ist die Frage, die zumindest hypothetisch gestellt werden muss. Nicht nur in jeder Gerichtsverhandlung muss diese Frage gestellt werden, sondern auch bei jedem historischen Urteil.

Wollen wir überhaupt den Schuldigen kennen? Das Interesse daran, jemanden zu haben, der als Schuldiger verurteilt wird, be-

48 Steiner, George: Der Garten des Archimedes, München 1996, S. 349.

weist doch nicht, dass man bereit ist, sich der Frage zu stellen, wer denn der Schuldige sei.

Aber auch hier gibt es keinen unschuldigen Richter. Wieso soll der Richter eigentlich den Schuldigen kennen wollen? Dass er jemanden verurteilen will, heißt wiederum nicht, dass er den Schuldigen verurteilen möchte. Er will denjenigen verurteilen, den er für schuldig erklärt. Aber ist das der Schuldige? Wenn der Richter stets Komplize des Verbrechens ist, über das er urteilt, könnte er nicht gerade daran interessiert sein, den Schuldigen nicht zu finden, um seine Komplizenschaft nicht bekennen zu müssen.

Wir fragen nach unserer Geschichte, weil wir diese Geschichte in uns haben. Sie ist immer auch unsere Gegenwart. Wer der Schuldige ist, impliziert ein Urteil darüber, wer wir sind. Dies ist in letzter Instanz unsere Komplizenschaft. Wollen wir angesichts solcher Verbrechen wirklich wissen, wer wir sind?

Ist es nicht viel leichter, einen Text für schuldig zu erklären? Gar einen religiösen Text in einer Welt, die sich für säkularisiert hält? War es dieser Text, dann waren wir es nicht.

Es gibt viele Gründe, Schuldige zu ernennen, um die Schuldigen verstecken zu können.[49]

49 Nimmt man die antijüdische Lektüre als die wahre Lektüre, scheint der Verzicht auf den Antijudaismus den Verzicht auf die christlichen Texte selbst einzuschließen. Hierauf bezieht sich Girard: «Das einzige Mittel, um in dieser Blindheit noch weiter zu gehen, besteht darin, so wie es heute geschieht, nicht einfach den durch den Text geoffenbarten Prozess zurückzuweisen, der sich auf paradoxe Weise in seinem Schatten fortsetzt, sondern den Text selbst, indem man ihn verantwortlich erklärt für die Gewalt, die in seinem Namen ausgeübt worden ist, und indem man ihn anklagt, er habe eine vorherige Gewalt zwar verdrängt, aber sie dafür nur durch neue Opfer ersetzt. Es gibt unter Christen eine allgemeine Tendenz, diesen Text zurückzuweisen oder ihn zumindest nicht mehr in Betracht zu ziehen, indem man ihn versteckt, als ob es sich um etwas Schändliches handele. Immer bleibt eine letzte List, stets bleibt ein letztes Opfer, das jetzt der Text selbst ist, den man an die betrügerische Lektüre ankettet, welche man von ihm ständig gemacht hat, und den man vor das Gericht der öffentlichen Meinung bringt. Es ist höchster Hohn, dass diese Meinung den Text im Namen der Nächstenliebe verurteilt.» Vgl. Girard, René: El misterio de nuestro mundo. Claves para una interpretación antropológica. Gespräche mit J. M. Oughouruan und G. Lefort, Salamanca 1982, S. 204f (Girard, René: Des choses cachées depuis la fondation du monde, Paris 1978. Gespräche mit Jean-Michel Oughourlian und Guy Lefort).

2. Die zweite zentrale Szene: Ihr alle seid Götter – die Göttlichkeit des Menschen (Joh 10,22–39)

Die erste zentrale Szene des Johannesevangeliums ist die Auseinandersetzung Jesu mit seinen Anhängern über die Frage der Abstammung von Abraham und über die Bedeutung, Abraham zum Vater zu haben. Ihr folgt eine zweite zentrale Szene, in der Jesus mit einem breiteren Publikum zusammenstößt über die Frage, was es bedeutet, Gott zum Vater zu haben. Diese Szene findet sich in Joh 10,22–39.

Der Zusammenhang beider Szenen ergibt sich schon in Kapitel 8, wo Jesus auf seinen Zweifel an der Abstammung von Abraham widersprochen wird und man ihm antwortet: «Wir sind nicht aus der Hurerei geboren, wir haben nur einen Vater, Gott.» (Joh 8,41)

In dieser Szene trifft Jesus nicht mit Gläubigen zusammen, sondern mit einer unbestimmten Menge von Juden, die im Tempel versammelt sind, und zwar in der «Halle Salomons» (Joh 10,23). Dem Kontext aber können wir entnehmen, dass viele der Beteiligten der ersten zentralen Szene auch hier zur Menge gehören. Diese Menge wendet sich gegen ihn, offensichtlich weil sie Gründe sucht, ihn anzuklagen. Sie fragen:

> Wie lange noch hältst du uns in Spannung? Wenn du der Messias bist, so sage es uns offen. (Joh 10,24)

Jetzt nimmt Jesus erneut das Thema der Werke auf, das schon im Zentrum der ersten Hauptszene stand:

> Ich habe es euch schon gesagt. Aber ihr glaubt nicht. Die Werke, die ich im Namen meines Vaters tue, die legen Zeugnis über mich ab. Aber ihr glaubt nicht, weil ihr nicht zu meinen Schafen gehört … Ich und der Vater sind eins. (Joh 10,25–30)

Der Verweis auf die Werke stellt eine Brücke zur ersten zentralen Szene her. Jesus kann sich nur auf die Werke Abrahams beziehen, die er jetzt in «die Werke, die ich im Namen meines Vaters tue» einschließt. Er meint hier nicht einfach die Wunder, die er getan hat. Diese Wunder sind die Blumen einer Pflanze, die ihre Wurzeln in den Werken Abrahams hat. Das Leben wird durch das Nein zum Töten bestätigt, und diese Haltung bringt die Blumen der Wunder hervor. Jesus will auch hier nicht den Glauben an sich als einen

Wundertäter. Es geht erneut um die Werke des Abraham, die im Namen des Vaters getan werden, der der Gott Abrahams ist. Der Gott Abrahams, der nicht tötete.

Seine Zuhörer verstehen, dass es sich um den gleichen Konflikt handelt wie in der ersten zentralen Szene. Deshalb folgt: «Da schleppten die Juden wiederum Steine herbei, um ihn zu steinigen» (Joh 10,31). Auch dieses «wiederum» signalisiert einen Rückverweis.

Aber jetzt folgt der Zusammenstoß:

> Jesus antwortete ihnen: «Viele gute Werke habe ich euch vom Vater gezeigt. Welches dieser Werke ist es, wofür ihr mich steinigen wollt?» Die Juden antworteten ihm: «Nicht wegen eines guten Werkes wollen wir dich steinigen, sondern wegen einer Lästerung: weil du, der du ein Mensch bist, dich zu Gott machst.» (Joh 10,32–33)

Jesus erinnert daran, was die Zuhörer der ersten zentralen Szene zu ihm gesagt hatten: Jetzt wissen wir, dass du von einem Dämon besessen bist» (Joh 8,52). Daher seine Ironie: Für welches meiner guten Werke wollt ihr mich steinigen? Da aber antworten sie mit dem Vorwurf der Lästerung: «... weil du, der du ein Mensch bist, dich zu Gott machst». Diese Antwort nimmt Bezug auf eine Aussage, die Jesus kurz vorher getan hatte, nämlich: «Ich und der Vater sind eins».

Dass der, der doch ein Mensch ist, sich zu Gott macht, ist ein uralter Vorwurf, der im Namen von Gesetzlichkeit und Autorität gegen den erhoben wird, der sich als Subjekt – als lebendiges und rebellisches Subjekt – gegen das Gesetz behauptet und daraus Konsequenzen zieht. Dabei ist der Vorwurf in der jüdischen Tradition nicht so präsent, wie jener der Idolatrie. Der Vorwurf, wie Gott sein zu wollen, ist viel herausragender in der griechischen Tradition, wo er der Anklage der Hybris entspricht. Obwohl im Evangelium die Gegner Jesu Juden sind, argumentieren sie mit dem griechischen Hybris-Vorwurf. Johannes setzt sich damit auseinander, wenn auch in einer theatralischen Verkleidung. Tatsächlich begeht Jesus die griechische Ursünde der Hybris. Der Vorwurf der Hybris geht quer durch unsere eigene Tradition – wenn etwa Topitsch ein Buch unter dem Titel: «Gottwerdung durch Revolution» veröffentlicht, erhebt er denselben Vorwurf.

Es geht bei Jesus tatsächlich um die Gottwerdung dadurch, dass man sich dem Gesetz gegenüber als Subjekt verhält. Jesus verteidigt diese Gottwerdung. Johannes aber macht klar, dass diejenigen, die den Vorwurf der Hybris gegen Jesus erheben, sich durchaus selbst als göttlich darstellen. Das ist die Bedeutung der Aussage der Gegner Jesu im ersten zentralen Kapitel, wenn sie sagen: «... wir haben nur einen Vater, Gott» (Joh 8,41).

Wer Gott zum Vater hat, der ist Sohn Gottes. Wenn sie jetzt Jesus den Vorwurf machen, Gott sein zu wollen, dann tun sie dies im Namen einer Göttlichkeit, die sie selbst beanspruchen. Aber sie ist derjenigen, die Jesus beansprucht, radikal entgegengesetzt. Es ist die Göttlichkeit im Namen von Gesetzlichkeit und Autorität, für die Gott höchstes Gesetz und höchste Autorität ist. Göttlich wird man durch die Verteidigung der Autorität des Gesetzes.

Die Antwort Jesu, die Johannes berichtet, übernimmt die These von der Göttlichkeit des Menschen. Aber er dreht diese um. Nicht das Gesetz macht göttlich, sondern die Bestätigung des Lebens durch das Nein zum Töten. Keineswegs aber antwortet Jesus, dass er der Mensch gewordene Gott sei und verlange, dass dies anerkannt werde und dass man daran zu glauben habe. Eine solche Vorstellung liegt dem Jesus, den Johannes beschreibt, völlig fern. Sie ist das Produkt einer späteren christlichen Orthodoxie. Jesus antwortet hingegen:

> Steht nicht in eurem Gesetz geschrieben: «Ich habe gesagt: Götter seid ihr»? Wenn es die, an welche das Wort Gottes ergangen ist, Götter genannt hat und die Schrift doch nicht ihre Geltung verlieren kann, da sagt ihr zu dem, den der Vater geheiligt und in die Welt gesandt hat: «Du lästerst», weil ich gesagt habe: «Ich bin Gottes Sohn»? Wenn ich nicht die Werke meines Vaters tue, dann braucht ihr mir nicht zu glauben. Wenn ich sie aber tue, dann glaubet – wenn ihr mir nicht glauben wollt – den Werken, damit ihr erkennt und einseht, dass in mir der Vater ist und ich im Vater bin. (Joh 10,34–38)

Jesus spielt wieder auf die «Werke meines Vaters» an, und stellt heraus, dass er gesagt hat: Ich bin Gottes Sohn. Er sagt nicht etwa, dass er Gott sei und dass dies eine Tatsache sei, die anzuerkennen wäre. Er sagt aber ebenfalls nicht, dass sie ja Gott ihren Vater nennen und folglich auch behaupten, Söhne Gottes zu sein. Johannes hat in der ersten zentralen Szene ja besonders herausgestellt, sie würden behaupten, dass Gott ihr Vater sei. Wenn Jesus jetzt nicht auf die Gemeinsamkeit rekurriert, liegt es nahe, auf eine Absicht des Johannes zu schließen: Er will zeigen, dass Jesus die Sohnschaft ganz anders versteht als sie. Diese andere Sohnschaft hängt offenbar wieder mit den Werken zusammen. So wie Jesus in der ersten zentralen Szene sagt, man sei Sohn Abrahams dadurch, dass man die Werke Abrahams tue, so sagt er jetzt, dass man Sohn Gottes sei, wenn man die «Werke des Vaters» tue. Diese Werke aber sind identisch, und die «Werke Abrahams» meinen dasselbe wie die «Werke meines Vaters». Man wird nicht Sohn Gottes dadurch, dass man an Gott glaubt oder zu irgendeiner Kirche gehört, sondern dadurch, dass man seine Werke tut, was wiederum die Bestätigung des Lebens durch das Nein zum Töten bedeutet. Erneut wird betont, dass man Sohn Gottes nicht durch das Gesetz ist, sondern dadurch, dass man teilhat an diesem Glauben. In dieser Perspektive betont Jesus wiederum, «dass in mir der Vater ist und ich im Vater bin». So wird wiederholt, was vorausgegangen ist: «Ich und der Vater sind eins».

Dies alles bedeutet, dass die Bestätigung des Lebens durch das Nein zum Töten den Menschen göttlich macht, nicht aber Gesetzlichkeit und Autorität. Seine Zuhörer verstehen es. Die Szene geht daher zu Ende:

> Da versuchten sie, ihn festzunehmen. Aber er entkam ihrer Hand. (Joh 10,39)

Ein wichtiger Jesustitel bei Johannes lautet: «Sohn Gottes». In dieser zweiten zentralen Szene wendet ihn Jesus auf sich selbst an. Es ist kein sehr klassischer Messiastitel, so dass seine Antwort auf die Ausgangsfrage, ob er der Messias sei oder nicht, keine traditionelle Antwort ist. Die Bezeichnung «Sohn Gottes» wird nirgends betont, wenn vom Messias gesprochen wird. In der Tradition sind die geläufigen Titel: König Israels, Auserwählter Gottes oder auch Gesalbter Gottes. Aber «Sohn Gottes» ist auch nicht der Titel, den Pilatus ihm verleiht. Pilatus nennt ihn den «König der Juden». Dies ist überhaupt kein Titel, der auf den Messias angewendet wird. Es ist ein römischer, politischer Titel für den von Rom ernannten König der Juden, und Herodes der Große, der zur Zeit von Jesu Geburt herrschte, trug ihn. In jener Zeit, auf die sich das Evangelium bezieht, gibt es keinen König der Juden. Der genannte Herodes ist nur König von Galiläa.

Jesus gibt sich den Titel «Sohn Gottes» selbst, wenn er auf die Frage antwortet, ob er der Messias sei oder nicht. Indem Johannes dies herausstellt, will er wohl sagen, dass Jesus als Sohn Gottes der Messias ist. Johannes hat in seinem Evangelium diesen Titel systematisch vorbereitet. Mehrere Male wird der Titel von anderen auf Jesus angewendet, ohne irgendeinen sichtbaren spezifischen Grund. Einmal nennt ihn so Johannes der Täufer. In der Überlieferung gibt es allerdings zwei Varianten. In der einen nennt er Jesus den «Erwählten Gottes», benutzt also einen traditionellen Messiastitel. In der andern Variante nennt er ihn «Sohn Gottes» (Joh 1,34). Danach nennt Natanael ihn «Sohn Gottes», und zwar im Moment seiner Berufung zum Jünger Jesu, und fügt den traditionellen Messiastitel «König von Israel» an (Joh 1,49). Später bezeichnet ihn Maria, die Schwester des Lazarus auf diese Weise: «... dass du der Messias bist, der Sohn Gottes, der in die Welt kommen soll» (Joh 11,27).

Entscheidend sind jedoch außerhalb dieser zweiten zentralen Szene zwei weitere Erwähnungen. Die erste befindet sich im Prolog des Evangeliums: «Allen aber, die ihn aufnahmen, gab er die Macht, Söhne Gottes zu werden ...» (Joh 1,12). Die deutschen Bibelübersetzungen geben nicht diese wörtliche Übersetzung wieder, sondern übersetzen mit «Kinder Gottes» statt «Söhne Gottes». Das ist zwar grammatikalisch richtig, entspricht aber dennoch nicht dem Text. Bei Johannes stellt die Bezugnahme auf «Sohn Gottes» oder «Söhne Gottes» einen roten Faden dar, der das ganze Evangelium durchläuft und eine bestimmte Argumentationskette wiedergibt. Übersetzt man daher «Söhne Gottes» durch «Kinder Gottes», wird diese Argumentationskette unsichtbar gemacht und zerstört. Johannes kann von «Söhne Gottes» sprechen, da im Griechischen das Wort «Söhne» als Plural einerseits eine maskuline Bedeutung hat, andererseits aber auch «Söhnen und Töchter» bedeutet, so dass es mit «Kindern» übersetzt werden kann. Will man jedoch die Argumentationskette verfolgen, muss man mit «Söhnen» übersetzen, obwohl dieser Gebrauch andere wichtige Nachteile nach sich zieht.

Die zweite entscheidende Erwähnung geschieht in der Anklage der Hohenpriester, wenn sie sagen: «Wir haben ein Gesetz. Und nach dem Gesetz muss er sterben, weil er sich zum Sohn Gottes gemacht hat» (Joh 19,7). – Berücksichtigen muss man außerdem, dass in der ersten zentralen Szene die Gegner Jesu sagen, dass sie «nur einen Vater, Gott» haben (Joh 8,41).

Im Hintergrund dieser Argumentationskette befindet sich allerdings eine Bedeutung des Wortes, die von Johannes zwar nicht direkt erwähnt wird, ohne die aber alles vorherige unverständlich bleibt. Es handelt sich um die Tatsache, dass einer der zentralen Titel des römischen Kaisers der Titel «Sohn Gottes» ist. Diesen Titel hatte zuerst Kaiser Augustus angenommen, und die späteren Kaiser haben ihn übernommen. In den wichtigsten Städten des Imperiums gab es deshalb Kaisertempel, wo vor dem Bildnis des Kaisers Opfer dargebracht wurden. Diese Bildnisse trugen immer auch den Titel «Sohn Gottes». Der römische Kaiserkult ist also auch ein Kult des Sohnes Gottes.

Solches war dem Publikum des Evangeliums natürlich bewußt, da es ständig mit diesem Kaiserkult konfrontiert war. Andererseits ist offensichtlich, warum Johannes davon keinen direkten Gebrauch macht. Das Imperium übt Kontrolle aus und hat überall seine Spitzel und Zensoren.

Benutzt Johannes nun an so hervorragenden Stellen für Jesus den Titel «Sohn Gottes», tritt er in einen Konflikt ein mit dem Imperium und dem Kaiserkult als einem der Pfeiler seiner Legitimität. Aber es geht nicht um eine Machtkonkurrenz. Wenn Johannes Jesus den Sohn Gottes nennt, will er Jesus nicht an die Stelle des römischen Kaisers stellen. Er bestreitet die Legitimität des Kaisers, d.h. eines jeden Kaisers. Er tut dies im Prolog ganz provokativ: «Allen aber, die ihn aufnahmen, gab er die Macht, Söhne Gottes zu werden ...» (Joh 1,12). Der Mensch ist Sohn Gottes, und als solcher steht er über Gesetzlichkeit und Autorität und daher auch über dem Kaiser. Er ist souverän dem Gesetz gegenüber, in diesem Sinne ist er Subjekt, ein lebendiges und rebellisches Subjekt.

Dies bedeutet nicht notwendig Anarchismus, obwohl daraus immer wieder anarchistische Konsequenzen gezogen wurden. Tut man das nicht, so bleiben Gesetz und Autorität gültig. Sie verlieren aber ihre Legitimität, so dass *a priori* eine Entscheidung nie legitim sein kann nur aufgrund ihrer Legalität.

Wie man sieht, schließen solche Argumentationen eine politische Theologie ein. Jacob Taubes zeigt anhand des Prologs des Römerbriefes die politische Theologie des Paulus auf, denn auch Paulus nennt Jesus in diesem Prolog den Sohn Gottes und provoziert damit das Imperium.[50] Aber Paulus führt erst im Text aus, dass

50 Vgl. Taubes, Jacob: Die politische Theologie des Paulus, München 1995.

durch Jesus als Sohn Gottes alle Menschen die Fähigkeit haben, Söhne Gottes zu sein. Es handelt sich um die gleiche Provokation, wie sie bei Johannes wiederkehrt. Bei Paulus sogar in einem Brief, der nach Rom und daher ins Zentrum der Macht geschickt wird. Dennoch ist Johannes vielleicht provokativer in der Nachfolge des Paulus. Er sagt gleich im Prolog, dass alle die Macht haben, Söhne Gottes zu werden. Hier wird natürlich auch klar, warum in diesem Satz von Söhnen Gottes zu sprechen ist und nicht von Kindern Gottes. Die Übersetzung mit «Kinder Gottes» macht die politische Theologie des Johannes unsichtbar und wischt sie weg. Sie ist aber entscheidend für das Verständnis des Evangeliums.

Wenn man sich und den Menschen auf diese Art zum Sohn Gottes macht, tritt man natürlich in Konflikt mit allen, die durch Gesetz und Autorität göttlich oder Sohn Gottes sein wollen. Der Sohn Gottes im Sinne Jesu ist das Gegenteil jenes Sohnes Gottes, der es durch die Beteilung an der Autorität wird. Das aber führt zur Frage des Kriteriums für diese Souveränität gegenüber dem Gesetz und der Autorität, wenn sie nicht einfache Willkür sein soll. Die «Werke Abrahams» und die «Werke meines Vaters» sind die Bestätigung des Lebens durch das Nein zum Töten. Sie haben auch die Funktion eines Kriteriums für die Souveränität des Subjekts.

In der zweiten zentralen Szene erweitert Jesus aber dieses Kriterium explizit um ein Element, das darin von vornherein impliziert ist. Er tut dies in seiner Antwort auf den Vorwurf der Lästerung. Er antwortet nicht, wie etwa der Kaiser antworten würde und wie es später die Orthodoxie versteht: Ich bin Sohn Gottes, ich bin Mensch gewordener Gott, aber ihr seid es nicht. Dies wäre die Aufforderung, niederzuknien und ihn anzubeten. Jesus hingegen antwortet: ihr alle seid Götter – «Götter seid ihr» (Joh 10,34). Er sagt es zu denen, die ihn verfolgen, und er besteht darauf: Dies sagt «euer Gesetz». Ihrem eigenen Gesetz nach müssten sie sich selbst als Götter anerkennen, anstatt vor ihrem Gesetz niederzuknien. Es ist natürlich auch für Jesus das Gesetz, denn Jesus fügt hinzu: Die Schrift gilt (vgl. Joh 10,35).

Das Wort «Ich habe gesagt: Götter seid ihr» stammt aus Psalm 82. Eine solche Erwähnung bezieht sich in der rabbinischen Tradition auf den ganzen Psalm, nicht nur auf den einen, unmittelbar zitierten Satz. Es ist ein Psalm, der sich gegen die ungerechten Richter wendet und von ihnen Gerechtigkeit fordert. Der von Jesus zitierte Satz besagt: «Wohl sprach ich: Götter seid ihr geheißen, und Söhne des Höchsten ihr alle» (Ps 82,6). Indem der Psalm Gerechtigkeit fordert, besteht er darauf, das Gesetz nicht bloß unparteiisch und objektiv anzuwenden:

> Gott steht auf in der Götterversammlung, inmitten der Götter hält er Gericht. «Wie lange noch werdet ihr richten zu Unrecht, wie lange zu Willen sein der Gottlosen Sache?» (Ps 82,1–2)

Der Psalm wendet sich direkt an die Richter, die in der Gesellschaft als solche eingesetzt sind und die das Gesetz anzuwenden haben. Gott fordert, dass das Gesetz «reflexiv» anzuwenden sei, und nicht aufgrund eines unparteilichen – und damit auf andere Weise parteiischen – Formalismus. Der Richter ist nur gerecht, wenn er innerhalb des Gesetzes Gerechtigkeit übt. Die Gerechtigkeit erfüllt sich also nicht im Formalismus der Normen des Gesetzes. Daher sagt Gott in diesem Psalm:

> Führet die Sache des Unterdrückten und Waisen, dem Geringen und Armen schaffet sein Recht. Den Unterdrückten und Dürftigen machet frei, der Hand des Frevlers entreißet ihn. (Ps 82,3–4)

Was Jesus mit seiner Erwähnung von Psalm 82 intendiert: die «Werke meines Vaters» schließen die Ausübung einer solchen Gerechtigkeit ein. Die Bestätigung des Lebens durch das Nein zum Töten führt dazu, dem Armen und Geringen sein Recht zu verschaffen und den Unterdrückten und Bedürftigen frei zu machen. Hier geht es um die Interpretation des Gesetzes, nicht um den Formalismus seiner Anwendung.

Man versteht dann auch, weshalb sich die zweite zentrale Szene in der «Halle Salomos» (Joh 10,23) abspielt. Salomo gilt als Prototyp des gerechten Richters, der «salomonische» Urteile fällt.

Der Text des Psalms richtet sich an die bestellten Richter. Jesus weitet ihn aus. Es sind nicht mehr einige die Richter, andere jedoch nicht. Als Subjekte sind alle souverän dem Gesetz gegenüber, und sie haben über das Gesetz und seine Anwendung zu richten – nicht nur jene, die dazu ernannt worden sind, sondern auch jene, die die Macht erleiden. Alle sind Richter, alle sind Götter. Alle müssen salomonische Richter sein, auch wenn sie sich nicht als Richter in einer Position der Macht befinden. Salomo wechselt den Platz. Indem Jesus den Text von innen heraus erweitert, verwandelt er alle in Subjekte, dic über das Gesetz urteilen und es interpretieren, anpassen, aufheben oder wieder einsetzen. Im ersten Petrusbrief erscheint das gleiche Kriterium:

> Ihr aber seid ein auserwähltes Geschlecht, eine königliche Priesterschaft, ein heiliger Stamm, ein zu eigen erworbenes Volk … (1 Petr 2,9)

Hier handelt es sich um eine königliche Priesterschaft. Alle sind Priester, alle sind Könige. Es gibt alte Taufriten, in denen jeder Junge als Priester und König und jedes Mädchen als Priesterin und Königin getauft wurden.

Alle sind Götter, alle sind Richter, alle sind Könige, alle sind Priester. So lautet die Antwort, die Jesus auf den Vorwurf der Lästerung gibt. Jesus stellt sich als Sohn Gottes in einem ganz besonderen Sinn vor. Diese Besonderheit besteht darin, dass er sich als Sohn Gottes vorstellt auf eine Weise, in der alle Menschen zum Sohn Gottes werden. Daher kann er nicht wie der Kaiser antworten: Ich bin Gott, ihr aber seid es nicht. Johannes zieht hier einen Schluss, an den Karl Barth aufs Neue erinnert: Wenn Gott Mensch geworden ist, dann ist der Mensch Gott geworden.

Die Art der Argumentation, die Johannes deutlich macht, zeigt: Ihr alle seid Götter, folglich bin ich, der dies enthüllt, es auch. Eine ähnliche Argumentation finden wir im Hinblick auf das Sabbatgebot bei Markus:

> Und er sprach zu ihnen: «Der Sabbat ist um des Menschen willen da und nicht der Mensch um des Sabbats willen. Darum ist der Menschensohn Herr auch über den Sabbat.» (Mk 2,27–28)

Alle sind Herr über den Sabbat. Daher ist es der Menschensohn ebenfalls. Bei Matthäus wird die gleiche Stelle ganz anders dargestellt. Dort sagt Jesus unmittelbar: Der Menschensohn ist Herr über den Sabbat (Mt 11,8). Matthäus betont den Herrn. Er geht nicht von der Reflexion auf die Beziehung zwischen Menschen aus und wird so autoritär. Bei Lukas verhält es sich ähnlich wie bei Matthäus (Lk 6,5): Es erscheint ein eingeborener Sohn Gottes, der als solcher eine Macht hat, welche die andern nicht gleichzeitig haben.

Bei Johannes hingegen erscheint Jesus als der Mittler, der offenbart, was die Menschen sind, und der dies offenbaren kann, weil er selbst Mensch ist. Gerade in der christlichen Mystik ist diesem Sachverhalt ein besonderer Ausdruck verliehen worden. So sagt Meister Eckehart im 13. Jahrhundert:

> Da ich in dieser Natur alles habe, was Christus nach seiner Menschheit zu bieten vermag, woher kommt es dann, dass wir Christum erhöhen und als unsern Herrn und unsern Gott verehren? Das kommt daher, weil er ein Bote von Gott so zu uns gewesen ist und uns unsere Seligkeit zugetragen hat. Die Seligkeit, die er uns zutrug, die war unser.[51]

Solche Positionen waren und sind für die Orthodoxie unerträglich. Anthony de Mello, indischer Jesuit und Mystiker, wurde 1998 vom Vatikan verurteilt mit folgender Begründung:

> Pater de Mello zeigt Achtung vor Jesus, als dessen Jünger er sich bezeichnet. Der einzige Unterschied zwischen Jesus und den anderen Menschen besteht darin, dass er «wach» und ganz frei war, die anderen hingegen nicht. Er wird nicht als Sohn Gottes anerkannt, sondern einfach als derjenige, der uns lehrt, dass alle Menschen Kinder Gottes sind.[52]

Der Text ist merkwürdig. Wenn de Mello der Meinung ist, dass alle Menschen Kinder Gottes sind, dann wird er doch wohl Jesus darin einschließen und ihn als Sohn Gottes betrachten – ganz so, wie dies auch Johannes tut. Aber die Orthodoxie will, dass er in exklusiver Weise Sohn Gottes ist, d. h. in einer Weise, in der es die andern nicht sind. Dies zeigt, dass das Zentrum des Johannesevangeliums für die Orthodoxie unannehmbar ist.

Hier sind wir mit dem Ruf konfrontiert, «Wer ist wie Gott?» – ein Ruf, der die gesamte okzidentale Geschichte bis heute durchzieht. Es ist ein Ruf, der typischerweise durch die Vertreter von Gesetzlichkeit und Autorität erhoben wird. Stets klagt die Autorität den Rebellen an und ruft: «Wer ist wie Gott?» Sie tut es im Namen der Sündigkeit aller Menschen. Niemand ist vollkommen,

51 Meister Eckehart: Deutsche Predigten und Traktate, Zürich 1979, S. 178.

52 Publik-Forum, Nr.17, 1998, S. 54.
Unter dem Titel «Das Gesetz» erzählt de Mello folgende kurze Geschichte: «Das Gesetz ist ein Ausdruck von Gottes heiligem Willen und muss als solches in Ehren gehalten und geliebt werden», führte der Prediger gottesfürchtig aus. «Blödsinn», sagte der Meister. «Das Gesetz ist ein notwendiges Übel und muss als solches auf das Mindestmaß beschränkt werden. Zeige mir einen Gesetzesliebhaber, dann zeige ich dir einen schafsköpfigen Tyrannen.» Aus: Anthony de Mello: Eine Minute Unsinn. Weisheitsgeschichten, Freiburg 1993 (6.Auflage, 1999), S. 55.

alle müssen bekennen, dass sie Sünder, schwach und begehrlich sind und dass sie keineswegs den Forderungen des Gesetzes zu genügen vermögen. Man nennt dies dann die *conditio humana*. Nur Gott ist vollkommen. Er ist es durch das vollkommene Gesetz, das er gibt und das er ist, und er ist vollkommen als letzte Autorität, die allwissend und allmächtig ist. Alle müssen niederknien und ihn anbeten. Der Körper aber ist das Gefängnis der Seele, und indem er dies ist, ist er auch das Gefängnis von Gesetzlichkeit und Autorität. Diese bekämpfen die Begehrlichkeit, welch letztere ja ausdrückt, dass der Körper mit seiner Begehrlichkeit das Gefängnis des Gesetzes ist. Die Schwäche dieser *conditio humana* besteht darin, einen Körper zu haben, welcher nicht jener ideale Körper ist, der keine Begehrlichkeit mehr kennt.

Die Begehrlichkeit nicht abzutöten, das ist die wahre Sünde des Stolzes und der Hybris. Diejenigen, die dieses «Wer ist wie Gott?» ausrufen, sind die Berufenen, um gegen Hybris und Stolz zu kämpfen. Natürlich geben sie sich stets als die von Gott Berufenen. Argumentieren sie in säkularer Sprache, beanspruchen sie das Gemeinwohl. Ihr Gott ist Gesetzlichkeit und Autorität, und er hat Stellvertreter auf Erden. Indem sie gegen die allgemeine Sündigkeit und gegen Stolz und Hybris kämpfen, erweisen sie ihre Göttlichkeit. Sie rufen auf zur Demut, aber die Demut aller ist ihre Macht. Im Mittelalter entstanden die Stellvertreter Gottes auf Erden. Sie waren es als Papst und als Könige von Gottes Gnaden, und ihre Mitstreiter hatten an ihrer Göttlichkeit teil. Hobbes übertrug diese Göttlichkeit auf den Leviathan, wie er den bürgerlichen Staat nannte. Jetzt wurde der Leviathan zum Stellvertreter Gottes auf Erden. Trotz aller Säkularisierungsprozesse und Demokratisierungsversuche ist er es bis heute geblieben. Gesetzlichkeit und Autorität bleiben göttlich durch ihren Kampf gegen Hochmut, Hybris und Begehrlichkeit. Alle Werke des Ökonomen Hayek sind von dieser Machtmystik durchdrungen und haben sie unserem heutigen imperialen System vermittelt.

Das Prinzip «Wer ist wie Gott?», das die Sündigkeit aller Menschen anklagt, vergöttlicht jene, die es ausrufen. Sie werden zu Stellvertretern Gottes auf Erden, und mit ihrer Gewalt antizipieren sie das letzte Gericht des Weltenrichters. Es ist eine alles erdrückende Erklärung der Legitimität der Herrschenden bzw. einer neuen Herrschaft.

Dieses Paradigma der Legitimität von Herrschaft hat einen universalen Charakter erhalten. In dieser Art ermöglicht es eine Macht, wie es sie in der menschlichen Geschichte noch nie gegeben hat. Es ist das Paradigma der Weltherrschaft, und in seinem Namen ist die Weltherrschaft Wirklichkeit geworden. Es ist das Paradigma der Legitimität der Moderne.

Das Christentum, wie es sich im Evangelium des Johannes vorstellt, hat kein solches Paradigma der Legitimität der Macht. Es entzieht der Macht gerade ihre Legitimität. Dies ist der Sinn der Gesetzeskritik und des Verständnisses der Sünde, die in Erfüllung des Gesetzes begangen wird. Die Vorgänger dieses Paradigmas der Macht sind deshalb die Gegner Jesu, wie sie in den beiden zentralen Kapiteln des Evangeliums auftauchen. Ihre Argumente erlauben uns, das moderne Paradigma der Legitimierung der Macht besser zu verstehen.

Dieses Paradigma der Macht bildet sich allerdings im Christentum heraus, sobald dieses Bestandteil des Imperiums wird und das Imperium sich christianisiert. Eine Verkehrung des Christentums in sein Gegenteil findet statt, worin der Jesus der Gesetzeskritik zum Teufel gemacht und durch den menschgewordenen Gott ersetzt wird, der in einem ausschließlichen Sinn Sohn Gottes ist. Hieraus entsteht die christliche Orthodoxie als eine ideologische Instanz des Imperiums. Sie sieht sich als Stellvertreterin Gottes auf Erden. Ebenso entsteht das Imperium als Herrschaft von Gottes Gnaden. Der Kaiser ist nicht mehr Gott, sondern Gott ist im Himmel, und der Kaiser und die Herrscher werden zu Fürsten von seinen Gnaden. Gegenüber einer solchen Konstruktion ist die römische Legitimierung der Macht, wonach der Kaiser als Gott erklärt wird, geradezu primitiv. Es resultiert eine völlig neue Machtstrategie, die sich auf die Erklärung der Sündigkeit aller Menschen stützt. Das Herausfordernde am Evangelium des Johannes besteht darin, dass es dieses Paradigma der Macht zumindest intuitiv erfasst und kritisch darzustellen vermag.

Es gibt eine berühmte Szene in der Offenbarung des Johannes, welche die Grundkonzeption des modernen Paradigmas der Macht ebenfalls darstellt. Ziemlich sicher ist der Evangelist Johannes nicht der Autor der Offenbarung, aber sie stammt vermutlich aus seiner Schule. Die Szene handelt vom Aufstand des Erzengels Michael im Himmel. Er gewinnt gegen den Satan, bis dahin Ankläger am Hofe Gottes, und stürzt ihn hinab auf die Erde, wo dieser als Drache die Bestie zur Gründerin des Imperiums erhebt. In dieser Phase wird der Satan zum Gott. Seine Anhänger knien vor ihm nieder und rufen: «Wer ist wie Gott?» Der Ruf «Wer ist wie Gott?» wird zum Schlachtruf der Anhänger der Bestie.

Da diese Szene gewöhnlich ins Gegenteil verkehrt wird, will ich sie kurz kommentieren. Der Aufstand im Himmel ist folgender:

> Und es entstand ein Kampf im Himmel. Michael und seine Engel (erhoben sich), um Krieg zu führen mit dem Drachen, und der Drache kämpfte und seine Engel. Aber er vermochte nichts, und es wurde im Himmel kein Ort für sie gefunden. Und gestürzt wurde der große Drache, die alte Schlange, die der Teufel heißt und der Satan, der die ganze Welt verführt; gestürzt wurde er auf die Erde, und seine Engel wurden mit ihm gestürzt. Und ich hörte eine mächtige Stimme im Himmel rufen: «Nun ist das Heil und die Kraft und das Reich unseres Gottes und die Macht seines Gesalbten angebrochen; denn gestürzt wurde der Ankläger unserer Brüder, der sie vor unserm Gott Tag und Nacht verklagt.» (Apk 12,7–10)

Derjenige, der gestürzt wurde, ist der Ankläger, der die Brüder Tag und Nacht verklagt. Gestürzt wurde derjenige, der die allgemeine Sündhaftigkeit der Menschen als sein Fanal vor sich trägt. Gestürzt wurden Gesetzlichkeit und Autorität und damit die Sünde, die in Erfüllung des Gesetzes begangen wird. So ist der Satan, der ja auch nach dem Alten Testament ursprünglich der Ankläger am Hofe Gottes war und dann zum Teufel wurde. Der Name stammt aus dem Persischen und bedeutete dort ursprünglich so viel wie Spitzel. Die Satane waren die Spitzel des persischen Königs, die herauszufinden hatten, wo Opposition gegen den König drohte.

Der Erzengel Michael ruft nicht «Wer ist wie Gott?» Sein Name allerdings bedeutet: «Wer ist wie Gott?» Der Fortgang des Mythos zeigt, warum dies nicht sein Ruf ist:

> Und ich sah aus dem Meer ein Tier auftauchen; das hatte zehn Hörner und sieben Köpfe und auf seinen Hörnern zehn Kronen und auf seinen Köpfen Lästernamen. Und das Tier, das ich sah, glich einem Panther; seine Füße waren wie Bärenfüße und sein Maul wie ein Löwenmaul. Und der Drache verlieh ihm seine Macht und seinen Thron und große Gewalt. Und einen seiner Köpfe (sah ich) wie zum Tode geschlachtet; aber seine Todeswunde wurde geheilt. Und die ganze Welt staunte hinter dem Tier her. Und sie beteten den Drachen an, weil er dem Tier die Gewalt gegeben hatte, und

sie beteten das Tier an, indem sie sprachen: «Wer ist dem Tier gleich, und wer vermag mit ihm zu kämpfen?» (Apk 13,1–4)

Der Text sagt, dass die Anhänger des Tiers – dieser apokalyptischen Bestie – den Drachen und das Tier anbeteten, dem der Drache die Gewalt gegeben hatte. Sie machten also Gott daraus. Was sie dann rufen und was Johannes, der Autor, nicht wörtlich ausspricht, weil es für ihn eine Lästerung ist, lautet: Wer ist wie Gott? Wer vermag mit ihm zu kämpfen?

Nicht Michael ruft «Wer ist wie Gott?», sondern die Anhänger der Bestie, die das vergötterte Imperium symbolisiert. Es ist der gestürzte Engel der Offenbarung, der auf der Erde als Imperium zu Gott wird und dessen Anhänger rufen «Wer ist wie Gott?».

Man versteht, warum Michael diesen Ruf nicht ertönen lässt. Es ist ein aggressiver Ruf, durch den Gesetzlichkeit und Autorität vergöttlicht werden. Aber die Frage muss er natürlich stellen, deshalb sein Name, Michael. Es kann jedoch kaum ein Zweifel bestehen, wie die Antwort lautet, die Michael darauf gibt. Es ist die Antwort, die Jesus in der zweiten zentralen Szene des Johannesevangeliums formuliert: Götter seid ihr (Joh 10,34). Das heißt aber: Alle sind Gott.

Die orthodoxe Interpretation lautet genau umgekehrt, obwohl sie dem Text Gewalt antun muss. Da ist es Michael, der den Ruf «Wer ist wie Gott?» erschallen lässt gegen das Tier. Im Text steht jedoch nichts davon.

Gerade in der Vorstellung der Bestie wird die Verkehrung des Christentums sichtbar. Hobbes zeigt es wohl auf die direkteste Art, und Hegel übernimmt die Konzeption. Bei Hobbes wird der Leviathan zum Stellvertreter Gottes auf Erden, wobei Leviathan eben der traditionelle Name für das Tier ist, das aus dem Meer auftaucht. Es ist in der Offenbarung das Tier, das die Anhänger des Tieres anbeten und vor dem sie rufen: Wer ist wie Gott? – In dieser Verkehrung ruft Michael «Wer ist wie Gott?», und der Jesus der zentralen Szenen des Johannesevangeliums ist der Teufel, der nun den Namen Luzifer erhält.

Der Ruf der Anhänger der Bestie ist nicht so sehr jüdisch, sondern in erster Linie griechisch. Es ist die Anklage der Hybris. Ich weiß natürlich nicht, wie weit Johannes dies bewusst war. Aber der Ruf, den die Anhänger der Bestie ertönen lassen, findet sich fast wörtlich in den Worten der Iphigenie in den Dramen des Euripides. Als sie sich der Opferung durch ihren Vater Agamemnon unterwirft, so wie es die Göttin verlangt hatte, sagt sie:

> Soll ich ihr entgegentreten, Göttern ich, die Sterbliche? – Wie ziemte Kampf mit Göttern, die so mächtig sind?[53]

Wir hören den Ruf aus der Offenbarung des Johannes: «Wer ist dem Tier (Gott) gleich, und wer vermag mit ihm zu kämpfen?» Bei Johannes sind es die Anhänger der Bestie, die so rufen.

Der Evangelist Johannes hat solche Kontexte zumindest als Hintergrund gegenwärtig. Dies zeigt aber, dass bei ihm die Auseinandersetzung Jesu mit seinen Gegnern keine Konfrontation mit den «Juden» ist. Vielmehr geht es in dieser Konfrontation immer auch um die griechisch-römische Kultur des Imperiums, zu dem auch Judäa gehört. Wahrscheinlich geht es Johannes vor allem um diese Auseinandersetzung. Er muss sie aber als Vorgang in Judäa vermitteln, da er sie in Form eines Berichts über das Leben Jesu führt.

Die Position des Johannesevangeliums hat Konsequenzen, die noch zu erörtern sind. Alle sind Richter, Priester, Könige, Götter. Aber Johannes zweifelt sicher nicht, dass es Richter, Priester, Könige und einen Gott gibt, und sie das sind, ohne dass es auch die anderen wären. Aber die Frage bleibt: Wenn alle Richter sind, wer ist dann der Richter? Wenn alle Priester sind, wer ist der Priester? Wenn alle Könige sind, wer ist der König? Und wenn alle Götter sind, wer ist Gott?

Es gibt diese Autoritäten weiterhin, aber sie sind nicht mehr legitim aus sich heraus. Die Legitimität ist nicht einfach gegeben, sie muss sich legitimieren. Es handelt sich keineswegs um eine Legitimierung durch Stimm- und Wahlrecht. Auch die aus dem Stimmrecht sich ergebende Autorität ist nicht als solche legitim, auch sie muss sich legitimieren. Das Individuum als Wähler ist ebenfalls eine Instanz des Gesetzes; es ist nicht Subjekt.

Die Instanz der Legitimierung ist das Subjekt, und zwar als das lebendige, körperliche Subjekt, das ein Recht zur Rebellion hat, wenn ihm kein Platz zum Leben gelassen wird. Der Richter muss

53 Euripides, Iphigenie in Aulis 52f; außerdem: Iphigenie bei den Taurern, Stuttgart 1985, S. 69.

anerkennen, dass alle Richter sind. Auch der Angeklagte ist Richter, denn der Richter ist ein Komplize des Verbrechens. Nur dann kann er ein gerechter Richter sein. Der König muss anerkennen, dass alle Könige sind. Der Priester muss anerkennen, dass alle Priester sind. Diese Anerkennung räumt ein, dass die Menschen, über die Autorität ausgeübt wird, Subjekte sind. Legitim aus sich heraus ist nur das Subjekt, und zwar als lebendiges, körperliches Subjekt.

Aber wenn alle Götter sind, wer ist Gott? Auch Gott hört auf, eine Autorität zu sein, die aus sich heraus legitim ist. Er besitzt daher keine legitime Willkür. In ihm erkennt das Subjekt seine Subjektivität, und deshalb kann er diesem auch nicht widersprechen. Es ist die Subjektivität, die den Menschen als Person vor Gott konstituiert. Für Jesus ist dieser Gott der Gott-Vater, und er kann ebenso gut Gott-Mutter sein. Er ist nicht Autorität. Schon im Buch Ijob beginnt die Auseinandersetzung mit einem Willkür-Gott, der zusammen mit Satan um Ijob würfelt. Am Ende muss Gott anerkennen, dass er eine Ungerechtigkeit begangen hat, und er gibt schließlich Ijob recht. Auch die Gerechtigkeit Gottes hat ihr Kriterium im lebendigen, d. h. menschlichen und körperlichen Subjekt. Paulus und die Offenbarung sprechen in diesem Sinne von einem Gott, der «alles in allen» ist. Genau dies lässt Johannes Jesus auf seine Weise sagen:

> Dein Wort ist Wahrheit. Ich bitte aber nicht allein für diese, sondern auch für die, die durch ihr Wort an mich glauben werden, dass alle eins seien, wie du, Vater, in mir und ich in dir; dass sie in uns eins seien, damit die Welt glaube, dass du mich gesandt hast. Und ich habe die Herrlichkeit, die du mir gegeben hast, ihnen gegeben, damit sie eins seien, wie wir eins sind … damit sie meine Herrlichkeit schauen, die du mir gegeben hast, weil du mich geliebt hast vor Grundlegung der Welt … Und ich habe ihnen deinen Namen kundgetan und werde ihn weiterhin kundtun, damit die Liebe, mit der du mich geliebt hast, in ihnen sei und ich in ihnen. (Joh 17,17–26)

Jesus wird eine ungeheure Bedeutung gegeben mit dem Hinweis: «… vor Grundlegung der Welt». Aber dies besagt eben gerade, dass in ihm alle Unterschiede zwischen ihm und dem Vater und den Menschen und Gott aufgehoben werden. Johannes sieht Jesus in dieser Größe, aber die Größe besteht gerade darin, dass alle göttliche Autorität in ihm aufgehoben wird. Hier ist trotz der Bedeutung, die Jesus zugeschrieben wird, nicht von irgendeiner exklusiven Göttlichkeit die Rede. Es soll kein Zweifel bestehen, dass dieses Wort, das die Wahrheit ist, das Wort ist, welches das Leben bestätigt durch das Nein zum Töten. Dieses Wort ist daher ebenso durch den Namen des Vaters gegeben. Und es ist das Wort, das am Anfang steht, vor Grundlegung der Welt, und das für Johannes Jesus selbst ist. Auch wenn vom Glauben an Jesus gesprochen wird, so handelt es sich um den Glauben an dieses Wort, das am Anfang steht. Johannes spricht Jesus durchaus eine besondere Göttlichkeit zu. Diese aber besteht darin, dass die Göttlichkeit Gottes dieselbe wird wie die Göttlichkeit des Menschen. Gott macht hier den Menschen zu Gott, so dass beide eins sind. Die Größe Gottes aber besteht darin, gerade das getan zu haben.

Diese Reflexion führt nur weiter, was Paulus bereits gesagt hat:

> Danach ist das Ende da, wenn er Gott dem Vater die Königsherrschaft übergibt, nachdem er jede Macht und Gewalt und Kraft vernichtet hat. Denn er muss als König herrschen, bis er alle seine Feinde unter seine Füße gelegt hat. Als letzter Feind wird der Tod vernichtet: denn «alles hat er unter seine Füße unterworfen». Wenn er aber erklärt haben wird: «Alles ist unterworfen», so ist selbstverständlich der ausgenommen, der ihm alles unterworfen hat, dann wird auch der Sohn selber sich unterwerfen, der ihm alles unterworfen hat, damit Gott alles in allem sei. (1 Kor 15,24–28)

Hier schlägt die Unterwerfung in das Ende aller Autorität um, denn die Feinde sind ja «jede Macht und Gewalt und Kraft», wobei der letzte Feind der Tod selber ist.

Nur aus diesem Grund kann diese Ethik des Subjekts eine autonome Ethik sein. Auch Gott ist keine externe Instanz, auch Gott ist ein Komplize. Daher kann sich Johannes Gott nicht als ewigen, unschuldigen Richter vorstellen. Die Ethik des Johannes ist die erste autonome Ethik in unserer Geschichte, und sie ist es, wenn auch in säkularisierter Gestalt, geblieben. Die Vernunftethiken, sowohl die griechische wie auch diejenige von Kant, bleiben heteronome Ethiken. Ihr Sinai ist die abstrakte Vernunft, der platonische Logos. Aber eine autonome Ethik hat keinen Sinai. Das Wort, das bei Johannes am Anfang steht, erklärt genau dies, nämlich die Überwindung des platonischen Logos.

Es sind vor allem die Mystiker des Mittelalters, die dieses Gottesbild wieder entwickeln. Es findet sich bei Meister Eckehart, Johannes vom Kreuz oder auch Angelus Silesius. Angelus Silesius drückt es auf sehr eingängige Art aus:

Ich weiß, dass ohne mich, Gott nicht ein Nu kann leben, werd ich vernicht er muss, vor Not den Geist aufgeben.[54]

Meister Eckehart sagt im 13. Jahrhundert dasselbe:

Und es ist eine sichere Wahrheit und ist eine notwendige Wahrheit, dass es Gott not tut, uns zu suchen, recht als ob seine ganze Gottheit daran hinge, wie sie's denn auch tut. Und Gott kann uns ebenso wenig entbehren wie wir ihn; denn, selbst wenn es so wäre, dass wir uns von Gott abkehren könnten, so könnte sich doch Gott niemals von uns abwenden.[55]

Wir haben es hier mit dem Geheimnis der Säkularisierung zu tun, das Bloch den «Atheismus im Christentum» nennt. Aber bei Johannes lüftet bereits Jesus dieses Geheimnis:

Glaube mir, Frau, es kommt die Stunde, wo ihr weder auf diesem Berge noch in Jerusalem den Vater anbeten werdet ... Aber es kommt die Stunde, wo die wahren Anbeter den Vater im Geist und in der Wahrheit anbeten werden. (Joh 4,21–23)

Man muss allerdings verstehen, was Geist und Wahrheit bei Johannes bedeuten.

54 Angelus Silesius: Cherubinischer Wandersmann. Oder geistreiche Sinn- und Schlussreime, Zürich 1986, S. 34.
55 Meister Eckehart: Deutsche Predigten und Traktate, Zürich 1979, Predigt 49, S. 386.

III. DAS JOHANNESEVANGELIUM ALS WELTTHEATER

Bilden die beiden zentralen Szenen (Joh 8,31–59; 10,22–39) den Höhepunkt des Johannesevangeliums, so stellt die Passionsgeschichte den Ausgang dar. In den zentralen Szenen und in den Abschnitten, die ihnen vorangehen, tauchen die vielen Gründe auf, die dafür sprechen, Jesus zum Tod zu verurteilen. Im Entscheidungsprozess und im Urteil der Passionsgeschichte werden diese Gründe verdichtet.

Die Ausgangsszene beginnt mit der Verhaftung Jesu durch die römischen Militärs und die Polizisten der Hohenpriester:

> Da ergriffen die Kohorte und der Hauptmann und die Diener der Juden Jesus und banden ihn. Und sie führten ihn zunächst zu Hannas. Er war nämlich der Schwiegersohn des Kajaphas, der in jenem Jahre Hoherpriester war. Kajaphas aber war es, der den Juden den Rat gegeben hatte, es sei besser, dass ein Mensch für das Volk sterbe. (Joh 18,12–14)

Die Verhaftung ist nach Johannes eine gemeinsame Aktion der Römer und der Hohenpriester. Man kann also auch eine gemeinsame Absicht voraussetzen, Jesus zu verurteilen und hinzurichten. Der Text führt als Grund der Hohenpriester ein bereits früher genanntes Argument an: Es ist besser, dass ein Mensch für das Volk sterbe. Es ist die Furcht vor einer römischen Intervention gegen die Jesusbewegung. Die Furcht besteht darin, dass eine solche Intervention zur Zerstörung Jerusalems und des Tempels führen würde. Das ist ihr politischer Realismus.

Die Römer sehen die Jesusbewegung offensichtlich als eine Bedrohung an. Wenn Pilatus in den folgenden Kapiteln ständig von Jesus als dem König der Juden spricht, drückt er dies aus, denn «König der Juden» ist ein römischer, politischer Titel und kein messianischer. Johannes zeigt ebenfalls, dass die Menge ihn zum König erheben will, macht allerdings gleichzeitig deutlich, dass Jesus sich entzieht. An zwei Stellen wird die Reaktion Jesu geschildert: einmal nach der Brotvermehrung, als Jesus sich einfach versteckt;

zum andern bei seinem letzten Einzug in Jerusalem, wo er sich nur indirekt entziehen kann.

Nach Johannes hatte Jesus ein großes Wunder gewirkt und Lazarus, der gestorben war und mit dem und dessen Schwestern Maria und Martha er befreundet war, wieder zum Leben erweckt. Martha hatte ihn den «Sohn Gottes» genannt. Das Gerücht von diesem Wunder gelangte nach Jerusalem und weckte bei den Leuten Begeisterung. Sie empfingen daher Jesus in Jerusalem in der Hoffnung, in ihm dem Messias zu begegnen, und sangen einen messianischen Hymnus (Ps 118,26): «Hosanna! Gepriesen, der kommt im Namen des Herrn, der König Israels» (Joh 12,13). Sie empfingen ihn also mit dem Titel «König von Israel», der ein Attribut des erwarteten Messias war. Der Messias wurde als neuer König vorgestellt, der das Reich Davids wieder herstellen sollte. Sie erwarteten also einen Mann, der fähig wäre und die nötige Macht hätte, dem römischen Imperium entgegenzutreten.

Es sind Sympathisanten Jesu. Die Situation ist derjenigen ähnlich, welche die erste zentrale Szene mit der Diskussion über den Glauben Abrahams einleitet. Sie drücken ihren Glauben an Jesus als Wundertäter aus. Nun weitet sich dieser aus zu einem Glauben an Jesus als den «König von Israel».

Die Reaktion Jesu ist daher auch ganz ähnlich. Sie kommt wie eine kalte Dusche über die hitzige Begeisterung:

> Jesus aber fand einen jungen Esel und setzte sich darauf, wie geschrieben steht: «Fürchte dich nicht, Tochter Zion, siehe, dein König kommt, sitzend auf einem Füllen einer Eselin.» (Joh 12,14–15)

Jesus reitet auf einem Esel, dem verachteten, nach mosaischer Tradition unreinen Tier, und dreht damit den ganzen Effekt um. Er stellt die Figur eines Anti-Königs dar, die ganz unmittelbar ihren Erwartungen widerspricht.

Seine Haltung erinnert an den Zynismus des Diogenes und wurde auch schon in der Antike mit jenem verglichen. Als Alexander der Große Diogenes voller Bewunderung besucht, liegt dieser im Sand und sonnt sich. Alexander stellt sich vor ihm auf und bietet ihm an, ihm einen Wunsch zu erfüllen, so groß er auch sei. Diogenes antwortete ihm: Bitte, geh zur Seite, denn du nimmst mir die Sonne weg.

Sicher, Diogenes stellt den König bloß, aber er tritt ihm nicht mit einer Haltung entgegen, die «nicht von dieser Welt» ist. Er stellt kein rebellisches Subjekt vor, sondern ein Subjekt, das sich zur Seite wendet und daher den König sogar begeistern kann. Jesus hingegen stellt ein rebellisches Subjekt dar, das den König in seinem Anspruch auf Legitimität entthront.

Die Ähnlichkeit mit Diogenes ändert aber nichts daran, dass die Jesusbewegung als politisch bedrohlich angesehen wird. Vom Standpunkt des römischen Statthalters Pilatus aus gesehen ist Jesus ein Hochverräter, und aus der Sicht der Hohenpriester reizt er die Römer zur Intervention auf, was die Existenz Jerusalems bedroht. Daher gibt es ein gemeinsames Interesse, ihn zu beseitigen.

Der Grund der Beseitigung ist also ein politischer und entspricht den Kalkülen eines politischen Realismus. Aber das Politische ist hier natürlich nicht vom Religiösen zu trennen. Eine durchaus prophetische Bewegung wie die Jesusbewegung zeitigt unter den Bedingungen eines beherrschten Landes politische Konsequenzen. Die Aktion gegen Jesus geht natürlich von diesen politischen Konsequenzen aus.

Die Hohenpriester könnten dem römischen Prozess durch einen Prozess vor dem Hohen Rat – dem Synedrion – zuvorkommen. Aber Johannes zeigt, dass dies schwierig ist, da der Hohe Rat gespalten ist und es daher unsicher ist, ob ein solcher Prozess Erfolg hat.

Johannes hat auf diesen Konflikt unter den Pharisäern und den Mitgliedern des Hohen Rates bereits früher hingewiesen. Bei einer Diskussion mit Jesus über die Herkunft des Messias gemäß der Schrift, heißt es: «Und so schickten sie Diener aus, ihn festzunehmen (Joh 7,32). Die Polizisten kehren jedoch zurück, ohne Jesus verhaftet zu haben, und sagen: «Noch nie hat ein Mensch so geredet wie dieser Mensch redet» (Joh 7,46). Da antworten die Pharisäer: «Habt etwa auch ihr euch verführen lassen? Glaubt denn einer von den Ratsherren an ihn oder von den Pharisäern? Aber dieses Volk, das das Gesetz nicht kennt – verflucht sind sie» (Joh 7,48–49). Darauf folgt der Text:

> Nikodemus, der früher zu ihm gekommen war, einer aus ihrem Kreise, sagt zu ihnen: «Verurteilt etwa unser Gesetz einen Menschen, ohne dass man ihn erst angehört und festgestellt hat, was er tut?» Sie antworteten und sprachen zu ihm: «Bist etwa auch du aus Galiläa?» (Joh 7,50–52)

Hier wird ein interner Konflikt unter den Pharisäern aufgezeigt. Nikodemus war Ratsherr und möglicherweise Mitglied des Hohen Rates. Nach der Heilung des Blindgeborenen entsteht eine ähnliche Spaltung:

> Da sagten einige von den Pharisäern: «Dieser Mensch ist nicht von Gott, weil er den Sabbat nicht hält.» Andere jedoch sagten: «Wie kann ein sündiger Mensch solche Zeichen wirken?» So war Zwiespalt unter ihnen. (Joh 9,16)

Die interne Situation ist also nicht klar, und eine Verurteilung Jesu ist schwierig. Zumindest können die Hohenpriester nicht sicher sein. Andererseits aber halten sie die Verurteilung Jesu für nötig aus Furcht vor einer römischen Intervention gegen die Jesusbewegung – heute würde man von einer «humanitären Intervention» reden. Folglich brauchen die Hohenpriester eine Verurteilung durch den römischen Statthalter, um vor den Römern sicher zu sein und ihre eigene Herrschaft zu stabilisieren.

Nach der Verhaftung Jesu findet zwar ein Verhör durch den Hohenpriester Hannas statt. Dieses aber endet sehr schnell und ohne Ergebnis. Hannas fragt nach seinen Jüngern und seinen Lehren und Jesus antwortet: «Warum fragst du mich? Frage die, die gehört haben, was ich zu ihnen geredet habe. Diese wissen, was ich gesprochen habe» (Joh 18,21). Da schlägt ihn einer der Polizisten und sagt: «So antwortest du dem Hohenpriester?» (Joh 18,22)

Der Inhalt des anschließend durch Kajaphas durchgeführten Verhörs wird nicht einmal erwähnt. Aber der Text macht klar, dass kein Prozess angestrengt wird. Den Prozess müssen die Römer machen, und durch ihre führende Rolle bei der Verhaftung Jesu haben sie bereits ihre Absicht klargestellt, diesen Prozess auch zu führen.

1. Das Ressentiment der Macht

Deshalb bringen die Hohenpriester Jesus jetzt zum Prätorium, dem offiziellen Sitz des römischen Statthalters Pilatus. Es findet sofort ein Zusammenstoß zwischen den Hohenpriestern und Pilatus statt. Johannes sagt von den Hohenpriestern:

Und sie selbst gingen nicht in das Prätorium hinein, um sich nicht zu verunreinigen, sondern das Paschamahl essen zu können. Pilatus ging daher zu ihnen hinaus ... (Joh 18,28–29)

Während Pilatus sie in seinem Sitz erwartet, stellen sie sich an den Ausgang und erklären, dass sie dies tun, um nicht unrein zu werden gemäß den Reinheitsgeboten ihres Gesetzes. Damit sie das Paschamahl essen können – nach Johannes ist das Paschafest am folgenden Tage –, durften sie nicht in das Haus eines Nicht-Juden eintreten. Taten sie es, mussten sie sich einem Reinigungsprozess unterziehen, der mehrere Tage dauerte. Daher konnten sie am Tag vor dem Paschafest nicht eintreten, wenn sie das Mahl feiern wollten.

Pilatus hingegen ist die höchste politische Autorität in Jerusalem, der Vertreter des Kaisers, der als Statthalter die despotische Macht des Kaisers vertritt. Sie sind schlechthin Untergebene. Aber dennoch kann er sie nicht zwingen einzutreten. Jerusalem hat Autonomierechte, die der Kaiser selbst zugestanden hat. Pilatus muss sie respektieren, obwohl er die höchste politische Autorität ist. Die Reinigungsgesetze, auf die sich die Hohenpriester beziehen, gelten für ihn als Römer nicht und bedeuten ihm gar nichts. Aber er kann sich über sie nicht hinwegsetzen. Deshalb fühlt er sich provoziert durch ihre Weigerung und kann sie nur als Autoritätsbeleidigung ansehen. Man muss dabei bedenken, dass Pilatus zu seiner Zeit als ein besonders grausamer Mann bekannt war, der die Juden verachtete. Ein Kommentator sagt von ihm:

In den profanen Quellen ... wird Pontius Pilatus als ein die Juden verachtender, rücksichtslos harter Mann geschildert, der schließlich wegen seines brutalen Vorgehens gegen die Samariter von Vitellius, dem Legaten von Syrien, abgesetzt und zur Rechenschaft nach Rom geschickt wurde ...[1]

Der Text des Johannes zeigt die Wut, die in Pilatus aufsteigt. Aber für die Hohenpriester war es kaum möglich, diesen Zusammenstoß zu vermeiden. Sie wollen das Paschafest feiern. Aber es gibt noch andere Gründe, warum sie gerade jetzt dieses Gesetz nicht verletzen können. Eine ihrer Anklagen gegen Jesus vor dem Hohen Rat lautet, dass Jesus das Gesetz des Sabbats übertritt und nicht achtet. Dieses Gesetz des Sabbats ist den Reinigungsgesetzen ähnlich.

1 Schnackenburg, Rudolf: Das Johannesevangelium, 3. Teil (Herders Theologischer Kommentar zum Neuen Testament IV, 3), Freiburg, S. 279.

Halten sie sich nicht an dieses Gesetz, können sie auch die Anklage gegen Jesus vor den Ratsherren und Pharisäern nicht aufrechterhalten. Außerdem ist Jesus anwesend, der sich dieses Argument nicht entgehen lassen würde. Nach ihrer Rückkehr aber würden sie sich dem Hohen Rat gegenübersehen, der, wie Johannes sagt, gespalten ist. Sie würden vor der Frage stehen, warum sie das Gesetz verletzen, um Jesus in den Tod zu schicken, während doch Jesus das Gesetz verletzte, um jemandem das Leben zu retten. Deshalb müssen sie gerade jetzt das Gesetz peinlich genau erfüllen.

Sie bestehen also auf ihrem Gesetz, und sie haben viele Gründe dafür. Dies aber macht den Zusammenstoß mit Pilatus unvermeidlich. Sie bestehen auf ihren Rechten, so dass Pilatus nachgeben muss und aus dem Prätorium heraustritt. Aber es ist ein Pilatus, der voller Wut ist und der in allen folgenden Szenen das Ressentiment spüren lässt, das dieser Akt der Würde der Hohenpriester in ihm auslöst.[2]

Das Ressentiment des Pilatus ist wichtig für die Argumentation des Johannes. Es ist die Wut der Macht, wenn sie mit Eigen- oder Autonomierechten zusammenstößt, die sie nicht überrollen kann und die sie anerkennen muss. Es ist die Wut, die sich aus dem Ressentiment der Macht ergibt. Die Macht will alles homogenisieren und gleichschalten, sie ist globalisierend. Autonomien, die sich dem widersetzen, sind unerträglich. Wenn es sie nicht überrollen kann, ergibt sich das Ressentiment der Macht. Das Bestehen des Unterworfenen auf seiner Würde erscheint als Frechheit. Für einen Despoten wie Pilatus muss schon die Tatsache der Autonomierechte Jerusalems lästig sein, auch wenn sie vom Kaiser selbst gewährt wurden. Es sind Verzerrungen für seine absolute Macht. Jerusalem aber hat verschiedene Autonomierechte, darunter jenes, dass der Gott des Tempels nicht Teil des römischen Pantheons der Götter ist. Die Wut, die in Pilatus aufsteigt, wird also nicht nur unmittelbar durch die Haltung der Hohenpriester hervorgerufen, sondern bezieht sich durchaus auf die gesamte Situation Jerusalems und schließt selbstverständlich seine Wut auf Jesus mit ein. In diesem Sinne sind die Hohenpriester und Jesus für Pilatus gleich lästig.

2 Brown hingegen entdeckt in seinem Kommentar in dieser Haltung der Hohenpriester keineswegs eine Haltung der Würde, sondern sagt: «... fällt es uns schwer, hier nicht einen Unterton von Dreistigkeit zu hören». Brown, Raymond E.: The gospel according to John, New York 1978, S. 866. Vom Standpunkt des Imperiums her ist es tatsächlich eine Frechheit, aber das ist nicht der Standpunkt des Johannes.

Alle sind dem Despoten verdächtig. Johannes zeigt auf, wie dieser Machtmensch in seinem Ressentiment vorgeht.

Die Hohenpriester handeln natürlich mit äußerster Vorsicht. Pilatus fragt, nachdem er aus dem Prätorium herausgetreten ist: «Was habt ihr für eine Anklage gegen diesen Menschen vorzubringen?» (Joh 18,29) Aber die Hohenpriester waren nicht gekommen, um Jesus anzuklagen, sondern damit Pilatus ihn anklagt und richtet. Da die römische Kohorte an der Verhaftung teilnahm, ist eine vorherige Absprache anzunehmen. Aber Pilatus hält sich nicht daran. Die Hohenpriester bringen jetzt ebenso wenig eine Anklage vor. In einer Gerichtsverhandlung des Pilatus gilt das römische Recht, nicht das mosaische. Vor dem Hohen Rat würden sie Jesus der Blasphemie und der Übertretung des Sabbatgesetzes anklagen. Aber solch eine Anklage ist gegenüber Pilatus nicht am Platz. Wenn Jesus andererseits angeklagt wird, weil er sich anmaßt, König der Juden zu sein, kann nur Pilatus ihn anklagen, und die Hohenpriester sind keine geeigneten Ankläger für dieses Vergehen, das ein Vergehen nach römischem Recht ist.

Daher antworten sie ganz allgemein und ausweichend: «Wenn der da kein Verbrecher wäre, hätten wir ihn dir nicht ausgeliefert» (Joh 18,30). Pilatus weiß natürlich, dass sie wegen der Jesusbewegung Furcht vor einer römischen militärischen Intervention haben und dass sie davon ausgegangen sind, er würde die Anklage erheben. Aber Pilatus erhebt gar keine Anklage, sondern verspottet sie: «Nehmt ihr ihn und richtet ihn nach eurem Gesetz» (Joh 18,31). Aber dies bringt sie in Schwierigkeiten, die sie Pilatus nicht vorbringen können.

Pilatus ist im Bild, dass sie Furcht vor einer römischen Intervention wegen der Jesusbewegung haben und daher möchten, dass diese zerstört wird. Er weiß wohl auch, dass die Bewegung Unterstützung hoher Kreise genießt und dass es für die Hohenpriester deshalb schwierig ist, Jesus zu verurteilen. Sie brauchen Pilatus gerade, weil sie ihn fürchten. Diese ihre Schwäche nutzt er jetzt aus.

Die Hohenpriester weichen daher wieder aus und sagen: «Wir haben nicht das Recht, jemand hinzurichten» (Joh 18,31). Sie benötigen für die Anwendung der Todesstrafe seine Zustimmung. Ihr Gesetz muss eine Todesstrafe vorsehen und für ihre Anwendung brauchen sie die Zustimmung der Römer. Aber sie fragen nicht um Zustimmung, und Pilatus bietet sie auch nicht an.

Die Formulierung der Hohenpriester «Wir haben nicht das Recht, jemand hinzurichten» enthält eine Ironie, die Johannes sicher bewusst ist. Der Satz sagt aus, dass die Autoritäten des Tempels keine Todesstrafe vollstrecken dürfen ohne Zustimmung des römischen Statthalters. Sie haben Autonomie, sie sind aber nicht souverän. Souveränität würde bedeuten, aufgrund eigenen Entschlusses die Todesstrafe anwenden zu können. Daher sagen sie zu Recht: «Wir haben nicht das Recht, jemand hinzurichten.» Sie geben ihre Gründe an und sagen jedoch gleichzeitig etwas anderes, das sie offensichtlich nicht sagen wollen. Sie geben nämlich eine Zusammenfassung der ersten zentralen Szene des Evangeliums, in der auf die Bestätigung des Lebens durch das Nein zum Töten bestanden wird – das ist ja die Botschaft, die Jesus dort ausspricht. Gleichzeitig besteht darin der Realismus des Johannes. Sie sprechen den wahren Grund aus, ohne ihn ausdrücken zu wollen. Sie sagen die Wahrheit, aber die Wahrheit, die sie sagen, lügt. Was sie sagen wollen, ist: Wir haben keine Erlaubnis zum Töten. Hätten wir allerdings die Erlaubnis, so könnten wir ihn töten. Das aber ist in den Augen des Johannes eine Lüge. Es gibt keine Erlaubnis zu töten, und es gibt niemanden, der diese Erlaubnis geben könnte. Auch Gott kann eine solche Erlaubnis nicht geben, und gibt er sie, so beweist dies nur, dass er gar nicht Gott ist. Die Erlaubnis zum Töten ist eine Lüge des Vaters der Lüge, wie er im ersten zentralen Kapitel dargestellt worden ist.

Diese Ironie scheint bewusst eingesetzt worden zu sein. Es ist nicht einmal wahrscheinlich, dass das Verbot, die Todesstrafe zu verhängen, historisch bestanden hat. Hat es nicht bestanden, so hat Johannes es erfunden, um diese Ironie darstellen zu können.

2. Die Erpressung vonseiten des Pilatus: eine Komödie der Macht

Pilatus zieht jetzt das Gerichtsverfahren an sich. Er tut es dadurch, dass er ein Verhör mit Jesus durchführt. Aber er formuliert keine Anklage. Das erste Verhör beginnt folgendermaßen:

> Da ging Pilatus wieder in das Prätorium hinein, ließ Jesus rufen und sagte zu ihm: «Du bist der König der Juden?» (Joh 18,33)

Für Jesus ist auch nicht klar, wie weit es sich um eine Anklage handelt. Er antwortet nicht, sondern fragt: «Sagst du das von dir aus, oder haben es andere dir gesagt?» (Joh 18,34) Kommt die Frage von Pilatus, ist es eine Anklage, rührt sie von anderen her, ist es eine Denunziation, deren Wahrheitsinhalt Pilatus ergründen will:

> Pilatus antwortete: «Bin ich ein Jude? Dein Volk und die Hohenpriester haben dich mir ausgeliefert. Was hast du getan?» (Joh 18,35)

Pilatus antwortet damit nicht auf die Frage Jesu. Die Hohenpriester haben Jesus ausgeliefert, aber wer anklagt und weshalb, bleibt unausgesprochen. Unterschwellig liegt die Anklage des Pilatus auf der Hand: Es ist die Anklage, dass Jesus eine Volksbewegung hervorgebracht hat, die ihn zum König der Juden machen will. Es handelt sich nicht um einen messianischen Titel, sondern um einen römischen, politischen Titel, den bisher nur Herodes der Große getragen hat, nachdem er ihm vom Kaiser zugesprochen wurde. Spricht eine Volksbewegung diesen Titel jemandem zu, so ist das Hochverrat im Sinne des Imperiums. Es ist «superbia», Hochmut gegen Rom, der mit dem Tod bestraft wird, und zwar durch Kreuzigung.

Es bleiben die beiden Fragen: «Du bist der König der Juden?», und: «Was hast du getan?» Eine ausdrückliche Anklage haben also weder die Hohenpriester noch Pilatus ausgesprochen. Jesus aber weiß jetzt, dass Pilatus ihn anklagt, sich den Titel «König der Juden» anzumaßen, und antwortet:

> Mein Reich ist nicht von dieser Welt. Wenn mein Reich von dieser Welt wäre, hätten meine Diener für mich gekämpft, dass ich den Juden nicht ausgeliefert worden wäre. Nun aber ist mein Reich nicht von hier. (Joh, 18,36)

Tatsächlich sagt Jesus, dass er nicht beansprucht, König der Juden zu sein. Aber das Ganze ist für Pilatus offensichtlich zu hoch, und er versteht gar nicht, worum es sich handelt. Daher stellt er zur Klärung die zentrale Frage des Verhörs, ohne auf das vorher Gesagte einzugehen: «Also bist du doch ein König?» (Joh 18,37) Entweder das eine oder das andere, er ist schließlich ein Militär. Da sagt Jesus: «Du sagst es: ich bin ein König» (Joh 18,37). Und er fügt hinzu:

> Ich bin dazu geboren und dazu in die Welt gekommen, um für die Wahrheit Zeugnis abzulegen. Jeder, der aus der Wahrheit ist, hört meine Stimme. (Joh 18,37)

Pilatus versteht nicht, was Jesus hier sagt, und er kann es auch nicht verstehen. Um verstehen zu können, ist die ganze Botschaft Jesu vorausgesetzt. Pilatus tut daher alles einfach ab mit dem schnoddrigen Ausruf: «Was ist Wahrheit?» (Joh 18,38)

Hier könnte der Prozess zu Ende sein. Pilatus weiß jetzt, dass Jesus selbst von sich sagt, dass er ein König sei, ohne dazu vom Kaiser berufen zu sein, und es gibt eine Jesusbewegung, die ihn zum König ausrufen will. Tatsächlich müssen wir davon ausgehen, dass damit das Urteil über Jesus entschieden ist. Aber Pilatus spricht weder seine Anklage aus, noch verkündet er ein Urteil. Stattdessen spielt er eine große Komödie der Macht. Zuerst geht er hinaus zu den Hohenpriestern:

> Pilatus sagt zu ihm: «Was ist Wahrheit?» Und nach diesen Worten ging er wieder zu den Juden hinaus und sagt zu ihnen: «Ich finde keine Schuld an ihm. Es besteht aber bei euch der Brauch, dass ich euch am Osterfest einen freigebe. Wollt ihr nun, dass ich euch den König der Juden freigebe?» Da schrieen sie wiederum: «Nicht den da, sondern den Barabbas.» Barabbas aber war ein Räuber. (Joh 18,38–40)

Jetzt zeigt Pilatus, was er unter Wahrheit versteht. Er sagt: «Ich finde keine Schuld an ihm», und macht dann ein Angebot: «Wollt ihr, dass ich euch den König der Juden freigebe?»

Die Form, in der Pilatus das Angebot macht, zeigt: Es ist eine Lüge, woraus folgt, dass seine Behauptung, an die Unschuld Jesu zu glauben, das ebenfalls ist. Er bietet an, ihnen den «König der Juden» freizugeben. Doch er weiß, dass die Hohenpriester diese Freiheit gar nicht wollen. Wenn er außerdem von der Unschuld Jesu überzeugt ist, kann er ihn freigeben; er hat nicht den geringsten Grund, das nicht zu tun.

Aber was entscheidend ist: Pilatus bietet den Hohenpriestern keineswegs an, *Jesus* freizugeben. Dann bliebe ihnen ein Ausweg, auch wenn sie ihn nicht wollten. Was er anbietet, ist, den «König der Juden» freizugeben. Das ist etwas ganz anderes.

Tatsächlich offeriert Pilatus den Hohenpriestern nicht die Freiheit Jesu, sondern bietet ihnen etwas an, was nach römischem Recht ein Kapitalverbrechen ist. Außerdem macht er das Angebot auf eine Weise, als ob die Hohenpriester ihn als König der Juden ansähen, obwohl ihre ganze bisherige Haltung zeigt, dass sie dies keineswegs tun. Pilatus stellt klar, dass er Jesus und die Hohenpriester zusammen kreuzigen lassen wird, wenn sie die Freiheit des Königs der Juden fordern, denn dann hätten die Hohenpriester dasselbe Verbrechen begangen, das Pilatus Jesus vorwirft. Außerdem unterstellt er ihnen, dass sie dazu neigen, dieses Verbrechen zu begehen. Es ist das Verbrechen der «superbia», des Aufstands gegen Rom, dessen Strafe die Kreuzigung ist. Pilatus behandelt sie so, als ob sie Komplizen Jesu wären.

Das Angebot, das Pilatus offeriert, ist verlogen, und Johannes formuliert es so, dass die Lüge sichtbar wird. Das ist auch für die Leser oder Zuhörer seiner Zeit klar, denn sie wissen, was es bedeutet, sich dem Imperium gegenüber als König zu erklären. Das Angebot enthält ebenfalls eine Drohung an die Hohenpriester, da Pilatus ihnen zu verstehen gibt, dass Jesus als «König der Juden» ihr König ist. Diese sehen eine Lawine der Gewalt auf sich zukommen, denn sie wissen, wozu Pilatus fähig ist. Ihnen ist bewusst, dass die scheinbare Unentschiedenheit des Pilatus einfach vorgespielt ist und dass er jetzt versucht, ihnen einen Schrecken einzujagen. – Die Antwort der Hohenpriester ist konsequent: «Nicht den da, sondern den Barabbas.»

Pilatus bot den «König der Juden» an, und die Hohenpriester sprechen sich für Barabbas aus, den «Räuber», der ebenfalls zur Strafe der Kreuzigung verurteilt ist. Dies zeigt an, dass Barabbas vermutlich zu den Zeloten gehörte, die in der Umgangssprache als «Räuber» bezeichnet wurden. Als Zelot war er Mitglied einer Strömung innerhalb des jüdischen Volkes, die eine Art Guerilla-Krieg für die Befreiung ihres Landes von den Römern führte. Die Umgangssprache nannte sie «Räuber», so wie unsere Umgangssprache in solchen Fällen von «Terroristen» spricht. Barabbas war wohl ein Zelot, weil er zur Kreuzigung verurteilt war. Andere Räuber wurden nicht zur Kreuzigung verurteilt.

Barabbas ist überhaupt kein Feind Jesu. Es sind andere, die sie gegeneinander ausspielen. Jesus hatte viele Sympathisanten unter den Zeloten. Auch unter seinen Jüngern befanden sich ehemalige Zeloten. Man kann sogar annehmen, dass Simon Petrus ein ehemaliger Zelot war. Auch in der Menge, die Jesus bei seinem Einzug in Jerusalem feierte, befanden sich wahrscheinlich viele Zeloten. Jesus verurteilt sie nicht. Es gibt eine Szene im Johannesevangelium, die dies deutlich macht und die möglicherweise zeigen soll, was Jesus von Barabbas hält. Es geschieht zum Zeitpunkt der Verhaftung Jesu:

> Simon Petrus nun, der ein Schwert hatte, zog es und schlug auf den Knecht des Hohenpriesters ein und hieb ihm das rechte Ohr ab. Der Name des Knechtes aber war Malchus. Da sagte Jesus zu Petrus: «Stecke das Schwert in die Scheide. Soll ich den Kelch, den mir der Vater gegeben hat, nicht trinken?» (Joh 18,10–11)

Jesus sieht in der Tat der Gewalt des Simon Petrus gerade nicht jene Sünde, die in Erfüllung des Gesetzes begangen wird. Er hat sogar Sympathien für diese Haltung. Er lehnt sie im Namen seines Zeugnisses gegenüber dem Gesetz ab – des Kelches, «den mir der Vater gegeben hat». Dies ist wohl auch, nach der Meinung des Johannes, seine Stellungnahme gegenüber Barabbas.

Die Hohenpriester entscheiden sich für Barabbas, als Pilatus ihnen die Befreiung des «Königs der Juden» anbietet. Faktisch aber handelt es sich überhaupt nicht um eine Entscheidung. Pilatus hat ihnen keine Alternative gelassen. Die Alternative, die er scheinbar lässt, ist diejenige des Räubers, der ruft: «Das Geld oder das Leben.» Auch in diesem Falle ist die Alternative nur scheinbar, man hat nichts zu wählen. Wer das Geld wählt, verliert sein Leben und deshalb auch sein Geld. Man kann nur das Leben wählen und auf das Geld verzichten. In dieser Situation befinden sich die Hohenpriester. Die scheinbare Alternative der «König der Juden oder Barabbas» erlaubt nur eine Antwort: Barabbas. Pilatus hat nun die Hohenpriester in der Hand. Sie sind seinen Drohungen gegenüber wehrlos. Sie wollten den einen für sein Volk opfern, aber jetzt sind sie selbst bedroht.

Jetzt befiehlt Pilatus, Jesus zu geißeln. In der römischen Kreuzigungsprozedur ist die Geißelung der erste Schritt zur Kreuzigung. Überlebt der Gegeißelte, wird er lebendig gekreuzigt. Überlebt er nicht, wird sein Leichnam gekreuzigt. Die Geißelung zeigt an, dass die Prozedur der Kreuzigung begonnen hat:

> Darauf nun nahm Pilatus Jesus und ließ ihn geißeln. Und die Soldaten flochten eine Dornenkrone und setzten sie auf sein Haupt und warfen ihm einen Purpurmantel um, traten auf ihn zu und sagten: «Sei gegrüßt, König der Juden», und sie gaben ihm Ohrfeigen. (Joh 19,1–3)

Die Geißelung ist die Gegenszene zum Einzug Jesu in Jerusalem, wo Jesus die Gestalt des irdischen Königs verspottet. Jetzt antwortet Pilatus mit seinem blutigen Spott. Die römischen Soldaten aber, die dem König dieser Welt unterworfen sind, können ihre Wut ablassen, die sie diesem König gegenüber haben, um einen König, der nicht von dieser Welt ist, zu foltern, ohne dass dieser sich wehren kann.

Pilatus beendet seine Komödie nicht. Er lässt jetzt den Gefolterten den Hohenpriestern vorführen:

> Darauf ging Pilatus wieder heraus und sagt zu ihnen: «Seht, ich bringe ihn euch heraus, damit ihr seht, dass ich keine Schuld finde.» Jesus trat also heraus, angetan mit Dornenkrone und Purpurmantel. Und er sagt zu ihnen: «Das ist der Mensch.» (Joh 19,4–5)

Das ist wirklich der Mensch für die Herrscher aller Zeiten bis heute: ein bis an den Rand des Todes gefoltertes Wesen, das eine Dornenkrone trägt und dem man einen Purpurmantel umhängt. Pilatus sagt, wer aus der Sicht der Herrschaft der Mensch ist. Hier ist er wirklich, und man sollte eine Zeitlang in der Dritten Welt leben, um zu sehen, dass dem so ist. Jede Herrschaft sucht aus dem Menschen genau das zu machen und hängt dann dem Gefolterten den Purpurmantel seiner Menschenwürde um.

Pilatus sagt darüber hinaus noch, dass er keine Schuld an ihm findet. Mit der Folter hat die Kreuzigungsprozedur bereits begonnen. Der Mensch ist bis an den Rand des Todes gefoltert worden. Aber der Folterer erklärt ihn für unschuldig. Der Folterer zeigt den Gefolterten, «damit ihr seht, dass ich keine Schuld finde». Das ist die Ironie des Pilatus, und sie ist eine blutige Ironie.

Die Hohenpriester wissen natürlich, dass Jesus verurteilt ist und die Kreuzigungsprozedur mit der Geißelung bereits begonnen hat. Wir können annehmen, dass Pilatus nicht die geringste Absicht hat, sie abzubrechen. Dies ist auch für die Hohenpriester klar, nachdem er die Freilassung des «Königs der Juden» angeboten hat. Erbitten sie seine Befreiung, werden auch sie verurteilt. Außerdem haben sie kein Interesse an seiner Freilassung, denn sie selbst wollen ihn ja auch zum Tod verurteilen. Aber wenn Pilatus ihn bereits verurteilt hat und wenn er weiß, dass sie ihn auch verurteilen wollen, warum dann diese grausame Komödie?

Es wird klar, dass Pilatus die Verurteilung Jesu, die er bereits entschieden hat, ohne es zu sagen, jetzt aus dem Mund der Hohenpriester hören will. Jesus ist verurteilt, aber Pilatus will, dass *sie* ihn verurteilen. Daher bedroht er sie. Die Geißelung Jesu erhöht diese Drohung. Wenn er im Hinblick auf den Gefolterten sagt: «Das ist der Mensch», wissen sie genau, was er mit ihnen machen möchte. Pilatus als Mann der Macht kennt außer sich und seinesgleichen nur Menschen, die «das sind».

Ihre Antwort ist die Unterwerfung unter die Komödie des Pilatus, und sie rufen: «Ans Kreuz mit ihm» (Joh 19,6). Der Ausruf hat mehrere Bedeutungen. Da mit der Geißelung die Kreuzigungsprozedur bereits begonnen hat, kann er bedeuten: Hör auf mit deiner Komödie und führe aus, was du längst beschlossen hast. Auf die Geißelung folgt die Kreuzigung. Die Kreuzigung ist der Abschluss dessen, was mit der Geißelung begann.

Aber der Ausruf hat gleichzeitig auch einen anderen Sinn. Gegenüber der Öffentlichkeit ist jetzt Pilatus der Unschuldige, und die Hohenpriester sind die Schuldigen. Derjenige, der die Kreuzigung bereits beschlossen hat, erscheint nun als derjenige, der sie durchführt aufgrund des Drucks der Hohenpriester. Sie sind es nun, die die Kreuzigung fordern. Und tatsächlich wollen sie ja seinen Tod aus Furcht vor einer römischen Intervention. Jetzt fordern sie ihn aus Furcht, selbst verurteilt zu werden. Sie befinden sich in einer Falle, die sie sich selbst gestellt haben.

Auf diese Weise fabriziert Pilatus sich ein Bild seiner eigenen Unschuld. Er führt die Kreuzigung Jesu durch, aber mit Hilfe der Erpressung schafft er eine Vorstellung, die seine Unschuld suggeriert. Es scheint alles umgekehrt zu sein, so dass er der Schwache ist, der von den Hohenpriestern erpresst worden ist. Möglicherweise sieht er zukünftige Konflikte in Jerusalem voraus und will verhindern, dass die römische Macht darin verwickelt wird. Er verwandelt das Problem in ein ausschließlich jüdisches Problem, wobei er die Position des Dritten einnimmt, der als Schiedsrichter amtet. Er will, dass sein Haus ein weißes Haus ist, und seine Erpressung ist ein Mittel, um es noch weißer zu machen. Man kann ein weißes Haus sogar mit Blut noch weißer machen. Das haben wir im Kosovo-Krieg erfahren.

Johannes enthüllt diese Komödie des Pilatus. Es ist wahrscheinlich, dass in seiner Zeit die Lüge des Pilatus bereits von vielen Christen geglaubt wird. Man kann dies selbst in den Evangelien der Synoptiker sehen. Wenn wir sie vom Evangelium des Johannes her beurteilen, erscheinen sie geradezu naiv in Bezug auf die Komödie des Pilatus. Sie glauben daran, dass das weiße Haus des Pilatus ganz weiß ist. Man kann es verstehen, wenn man bedenkt, dass die Lügen des Imperiums heute genauso geglaubt werden, wie dies damals der Fall war. Man glaubt an die Komödie des Pilatus, während Johannes seine Analyse unternimmt, um ihren lügnerischen Inhalt zu enthüllen. Johannes ist der nüchternste aller Evangelisten und nicht, wie der Mythos uns glauben machen will, der am meisten vergeistigte.

Nachdem die Hohenpriester sich unterworfen haben, setzt Pilatus seine Erpressung fort. Es wird klar, dass er nicht nur die Verurteilung Jesu durch die Hohenpriester will, die er selbst bereits beschlossen und eingeleitet hat. Er will mehr. Auf ihren Ruf «ans Kreuz mit ihm» antwortet Pilatus: «Nehmt ihr ihn und kreuzigt ihn. Denn ich finde keine Schuld an ihm» (Joh 19,6). Er weiß natürlich, dass sie ihn gar nicht kreuzigen können. Das können nur die römischen Militärs. Pilatus wiederholt hier das, was er zu Beginn des Prozesses bereits gesagt hat: «Nehmt ihr ihn und richtet ihn nach eurem Gesetz» (Joh 18,31). Auch da wusste Pilatus, dass sie das gar nicht können. Die Hohenpriester erkennen, dass dieses «Ans Kreuz mit ihm» Pilatus nicht genügt. Pilatus aber sagt nicht, was er will. Er setzt die Erpressung fort und lässt sie erraten, worum es ihm geht. Er spielt mit ihnen wie die Katze mit der Maus. Aber die Hohenpriester können schlussfolgern, dass Pilatus von ihnen eine Loyalitätserklärung für den Kaiser will, und sie überzeugen sich, dass sie sich dem nicht entziehen können.

3. Die Anklage vonseiten der Hohenpriester

Auf andere Art befinden sich die Hohenpriester nun aufs Neue in der Falle. Eine Loyalitätserklärung für den Kaiser berührt ihren Glauben an den Gott des mosaischen Gesetzes. Sie wissen, dass sie zu ihrem Verhältnis zum Kaiser Stellung nehmen müssen, aber sie wissen auch, dass sie niemals ihren Glauben an den Gott des mosaischen Gesetzes verleugnen werden. Sie müssen dem Kaiser geben, aber sie wollen ihm nur geben, was des Kaisers ist, und nicht, was ihres Gottes ist.

Aus ihrer Falle heraus gehen sie zum Angriff über. Sie formulieren den Satz, welcher der Schlüssel zur ganzen Ausgangsszene des Johannesevangeliums ist und dessen Verständnis Johannes das ganze Evangelium hindurch vorbereitet hat. Es ist der Satz, in dem sie ihre Anklage zusammenfassen:

> Wir haben ein Gesetz. Und nach diesem Gesetz muss er sterben, weil er sich zum Sohn Gottes gemacht hat. (Joh 19,7)

Der Text geht weiter: «Als nun Pilatus dieses Wort hörte, fürchtete er sich noch mehr» (Joh 19,8). Es war vorher nie von irgendeiner Furcht des Pilatus gesprochen worden. Die Übersetzung müsste daher richtiger lauten: «Da bekam Pilatus einen riesigen Schrecken.»

Ganz offensichtlich hat der Schlag getroffen. Pilatus bekommt einen Schrecken, sogar einen riesigen Schrecken. Und er hat Gründe dafür. Die Hohenpriester erklären, dass nach ihrem Gesetz derjenige zum Tode verurteilt wird und sterben muss, der sich zum Sohn Gottes macht. Dieser Satz bezieht sich direkt auf Jesus, und Johannes hat ausführlich gezeigt, dass er sich zu Recht auf Jesus bezieht. Aber gegenüber Pilatus erhält er gleichzeitig eine ganz andere Bedeutung: Der Kaiser in Rom trägt den Titel Sohn Gottes und hat sich also ebenfalls zum Sohn Gottes gemacht. Folglich erklären die Hohenpriester, dass nach ihrem Gesetz nicht nur Jesus, sondern auch der Kaiser zum Tode zu verurteilen ist und sterben muss.

Es ist die einzige Anklage gegen Jesus, die in diesem Prozess offen formuliert wird. Bis zu diesem Moment haben sich die Hohenpriester gehütet, eine Anklage zu formulieren, und Pilatus hat kein einziges Mal offen gesagt, weswegen er Jesus anklagt. Pilatus tut dies, um die Hohenpriester erpressen zu können. Die Hohenpriester aber wollen es so lange wie möglich vermeiden, ihre Anklage auszusprechen. Sie wissen, dass ihre Anklage zweischneidig ist, weil sie mit dieser Anklage auch den Kaiser anklagen.

Aber jetzt sehen sie keinen anderen Ausweg mehr. Pilatus setzt seine Erpressung fort, obwohl sie die Kreuzigung Jesu verlangt haben. Er will also mehr. Daher wissen sie jetzt, dass er eine Loyalitätserklärung für den Kaiser will. Aber das ist für sie etwas ganz anderes. Sie wissen, dass Pilatus sie in die Falle gelockt hat. Daher müssen sie etwas sagen. Aber sie sind keinesfalls bereit, jene Blasphemie gegen ihren Gott des mosaischen Gesetzes auszusprechen, die Pilatus ihnen nahe legt. Der Kaiser hat die Titel «Gott», «Sohn Gottes» und «Erlöser der Welt». Sie können einer solchen Person nicht einfach ihre Loyalität aussprechen; dies wäre der Verzicht auf ihren Gott.

Aus diesem Grund klagen sie – durch die Anklage gegen Jesus hindurch – den Kaiser an. Sie klagen ihn der Blasphemie an, so wie sie es gegenüber Jesus tun. Sie sagen das, ohne es zu sagen.

Natürlich haben sie nicht die Macht, den Kaiser vor einem Gericht anzuklagen und zu verurteilen. Diese Macht hat der Kaiser, nicht sie. Aber sie sprechen gegenüber Pilatus, der den Kaiser vertritt, und sie machen klar, dass sie niemals diesen Kaiser als legitimen Herrn ansehen können. Sie würden ihrem Gott gegenüber eine Blasphemie begehen und nach ihrem Gesetz selbst des Todes sein.

Dass der Kaiser nach ihrem Gesetz des Todes ist, erklärt, warum jetzt Pilatus einen riesigen Schrecken bekommt. Pilatus ist ein Machtzyniker, aber er ist wie jeder Machtzyniker ein religiöser Mensch. Er ist in Jerusalem der Vertreter des Kaisers, der für ihn Sohn Gottes ist. Wenn er nach Rom reist, ist das erste, was er tut, die Darbringung eines Opfers vor dem Bild des Kaisers als dem Sohn Gottes. Erst hinterher bringt er dem Jupiter und anderen Göttern seine Opfer dar.

Das, was die Hohenpriester nun als Anklage gegen Jesus vorbringen, um nicht eine Blasphemie gegen ihren Gott formulieren zu müssen, kann Pilatus nur als eine Blasphemie demgegenüber ansehen, der sein Gott ist. Die Hohenpriester wissen es, aber sie haben keinen andern Ausweg, damit die Loyalitätserklärung, die Pilatus verlangt, nicht zu einer Blasphemie ihrem eigenen Gott gegenüber wird.

Aber der riesige Schrecken, den Pilatus jetzt erhält, erklärt sich nicht nur aus der Blasphemie gegenüber seinem Gott, die die Hohenpriester aussprechen. Dahinter versteckt sich ein anderer Schrecken. Sicher können die Hohenpriester nicht im Ernst den Kaiser von Rom bedrohen, sie haben nicht die Macht dazu. Sie können mit ihren Autonomien gerade noch im Imperium überleben.

Die Anklage der Hohenpriester weckt Aufmerksamkeit durch die Form, in der sie ausgesprochen wird. Sie wird im Namen einer absoluten Gesetzlichkeit erhoben. Es wird Blasphemie vorgeworfen, und die Hohenpriester tun dies im Namen des Gesetzes. Das ist, gerade nach der Meinung des Johannes, falsch. Das mosaische Gesetz verurteilt nicht den, der sich zum Sohne Gottes macht. Johannes klärt diesen Punkt in den zentralen Szenen seines Evangeliums. In der ersten Szene sagen die Gegner zu Jesus: «Wir sind nicht aus der Hurerei geboren, wir haben nur einen Vater, Gott» (Joh 8,41). Wer aber Gott zum Vater hat, ist eben Sohn Gottes. In der zweiten zentralen Szene werfen sie Jesus vor, dass er, der doch ein Mensch ist, sich zu Gott macht. (Joh 10,33) Jesus antwortet mit einem Zitat aus Psalm 82, der sagt: «Götter seid ihr». Aber er nennt sich dann nicht etwa selbst Gott, sondern Sohn Gottes. (Joh 10,36) Diese Grenze beachtet Jesus im Evangelium des Johannes ständig. Er sagt zwar «Ich und der Vater sind eins», Gott jedoch bleibt der Vater, und er ist der Sohn.

Sowohl die Gegner wie auch Jesus nennen sich Sohn Gottes, wenn auch in jeweils anderem Sinne. Johannes macht hier aber klar, was er von der Anklage der Hohenpriester hält. Nach ihm folgt sie eben nicht aus dem mosaischen Gesetz, obwohl die Hohenpriester dies behaupten. Die Anklage ist nur scheinbar im Namen des mosaischen Gesetzes erhoben worden, denn die Tradition des mosaischen Gesetzes klagt, nach Meinung von Johannes, Jesus gerade nicht an.

Tatsächlich ist die Anklage der Hohenpriester überhaupt keine jüdische Anklage, wenn es auch die Hohenpriester sind, die sie vorbringen. Sie folgt aus der griechischen Hybriskritik und nicht aus der jüdischen Tradition. Die jüdische Tradition kennt keine Hybriskritik, sondern beruht auf der Idolatriekritik.

Die Idolatriekritik ist eine Kritik an den vom Menschen geschaffenen Göttern und behauptet, dass deren Verehrung todbringend ist. Hieraus entsteht das mosaische Gesetz, das als ein Gesetz vorgestellt wird, das für das Leben ist. Daraus wiederum geht die Gesetzeskritik Jesu hervor, die von Paulus und Johannes ausgeführt wird. Sie ist im Grunde ein Ergebnis der Idolatriekritik. Danach ist das Gesetz, das durch den Formalismus seiner Gesetzlichkeit Geltung beansprucht, ein Götze, dessen Verehrung den Tod bringt. Das Subjekt, das dem Gesetz gegenüber souverän ist und es den Notwendigkeiten seines Lebens unterwirft, ist das Resultat dieser Idolatriekritik.

Die Anklage der Hohenpriester aber drückt die griechische Tradition der Hybriskritik aus. Hier ist das Gesetz aufgrund des Formalismus seiner Gesetzlichkeit gültig, so dass jeder Form der Souveränität gegenüber dem Gesetz die kapitale Sünde der Hybris vorgeworfen wird. Johannes situiert die Hohenpriester in der Tradition der Hybriskritik, da er die zur Zeit Jesu geltende Interpretation des mosaischen Gesetzes als eine Dekadenz darstellt, die das mosaische Gesetz selbst auf einen Formalismus reduziert hat. Er zeigt daher einen Jesus, der im Namen der Tradition des mosaischen Gesetzes als eines Gesetzes, das für das Leben ist, dessen Reduzierung kritisiert. Das Ergebnis ist das dem Gesetz gegenüber souveräne, lebendige und rebellierende Subjekt. Die ersten Christen verstanden sich daher als diejenigen, die das mosaische Gesetz verwirklichen und weiterführen.

Die Hybriskritik aber geht von der Gesetzlichkeit als Form aus und muss daher jeden anklagen, der behauptet, dem Gesetz gegenüber souverän zu sein. Dies führt zur Zweischneidigkeit der Anklage vonseiten der Hohenpriester. Der Despot, der das Gesetz seiner eigenen absoluten Macht unterwirft, erscheint auf der gleichen Ebene wie das Subjekt, welches das Gesetz den Notwendigkeiten seines Lebens unterwirft. Die Hybriskritik führt daher zu einer Position, die beide zum Tode verurteilt. Wenn also die Hohenpriester sagen, dass sie ein Gesetz haben, nach dem derjenige sterben muss, der sich zum Sohn Gottes macht, so verurteilen sie, ohne unterscheiden zu können, Jesus und den Kaiser gleichzeitig. Das Gesetz verurteilt den Despoten und das menschliche Subjekt gleichzeitig, in einem Zuge.

Die Hohenpriester sind die religiösen und politischen Autoritäten eines Landes, in dem die Autorität gesetzlich konstituiert ist. In seiner Ausgestaltung handelt es sich um einen Rechtsstaat, und sie haben keine despotische Macht. Auch in der Ausübung ihrer Autorität sind sie Gesetzen unterworfen. Die Hybriskritik ist jedoch gerade vom Standpunkt eines Rechtsstaats aus einleuchtend. Deshalb ist es verständlich, dass sie in der griechischen Polis entstand.

Die Hybriskritik trifft aber auch Pilatus, gerade weil die Autorität, in deren Namen er spricht, despotisch ist und in der Konstituierung ihrer Autorität keinen formalen Gesetzen unterworfen ist. Der Kaiser hat despotische Rechte.

Aber bevor es römische Kaiser gab, gab es eine römische Republik, die im gleichen Sinne einen Rechtsstaat bildete, deren Autoritäten rechtlich konstituiert wurden. Die Republik wurde durch Julius Cäsar aufgehoben und danach durch den imperialen Despotismus eines Kaisers ersetzt, der in der Ausübung seiner Macht über dem Gesetz stand. Da er diese Position hatte, maßte er sich an, Sohn Gottes, Gott und Erlöser der Welt zu sein. Julius Cäsar stieß mit der römischen Republik zusammen, weil er solch ein «Sohn Gottes» sein wollte. Im Namen des Gesetzes ermordete Brutus ihn.

Dieser Mord an Cäsar war im römischen Kaiserreich ein Trauma. Dieses Trauma ist den Bürokraten des Imperiums, wie Pilatus einer ist, gegenwärtig. Aber er ist auch den Unterworfenen gegenwärtig. Er kann sich in dieser Form zwar nicht wiederholen, da die römische Republik der Vergangenheit angehört und nur noch als Fassade der Kaiserherrschaft existiert. Aber die Erinnerung blieb.

Auch wenn es die Hohenpriester nicht wollen, so berühren sie mit ihrer Anklage gegen den, der sich zum Sohn Gottes macht, ein Tabu des Pilatus. In der Vorstellung des Pilatus steigt jetzt vielleicht die Szene auf, in der Brutus den Cäsar tötet. Was die Hohenpriester sagen, macht klar, dass jedes Gesetz, und nicht einfach bloß das mosaische Gesetz, denjenigen zum Tod verurteilt, der sich zum Sohn Gottes macht. Pilatus kennt als Angehöriger der griechisch-römischen Kultur die Hybriskritik. Er weiß auch, dass sie auf die römischen Kaiser zutrifft.

Dies ist ein Grund, dass sein riesiger Schrecken noch größer wurde, auch wenn die Hohenpriester keinerlei konkrete Bedrohung bedeuten. Aber es wird jetzt schwierig für ihn zu antworten. Und er scheint verwirrt zu sein. In dieser Situation entschließt er sich zu einem zweiten Verhör Jesu. Das erste Verhör begann mit der Frage: «Du bist der König der Juden?» (Joh 18,33) Das zweite Verhör beginnt mit einer ähnlichen, aber dennoch sehr verschiedenen Frage: «Woher bist du?» (Joh 19,9) Im ersten Verhör steht unausgesprochen die Anklage im Raum, dass Jesus sich zum König der Juden gemacht hat. Im zweiten Verhör ist es die von den Hohenpriestern formulierte Anklage, er habe sich zum Sohn Gottes gemacht. Würde das zweite Verhör mit der gleichen Frage beginnen wie das erste, müsste Pilatus fragen: «Bist du der Sohn Gottes?»

Aber Pilatus kann gerade diese Frage nicht stellen. Als Mann der Religion des Imperiums, muss er eine solche Frage als Blasphemie gegenüber seinem Kaiser, dem Sohn Gottes, auffassen. Er würde ja an dieser Stellung des Kaisers schon zweifeln, wenn er die Frage stellt. Daher bleibt ihm nur die Frage: «Woher bist du?» Aber auch Jesus reagiert jetzt anders. Im ersten Verhör hatte er geantwortet unter Hinweis darauf, dass sein Reich nicht von dieser Welt sei. Jetzt aber antwortet er gar nicht: «Jesus aber gab ihm keine Antwort» (Joh 19,9). Pilatus unterstreicht nun seine Bedeutung und prahlt: «Du redest nicht mit mir? Weißt du nicht, dass ich Macht habe, dich freizugeben, und Macht habe, dich zu kreuzigen?» (Joh 19,10) Er besteht auf der ihm vom Kaiser gegebenen Macht.

Man merkt, dass Pilatus seinen klaren Standpunkt verloren hat. Wer ist jetzt eigentlich der zu Verurteilende? Auf der einen Seite sieht er Jesus als jemanden, der sich anmaßt, König der Juden zu sein. Auf der anderen Seite weiß er um die Hohenpriester, die sich anmaßen, den Kaiser des Todes zu erklären. Überall herrscht Aufstand, aber keiner macht einen Aufstand. Er kann nicht mehr so reagieren, wie nach dem ersten Verhör, als er seine Macht nicht lauthals erklärte, sondern sie spüren ließ. Jetzt spricht er seine Macht aus und überspielt damit seine Schwäche.

Aber Jesus lässt dem aufgeblasenen Pfau die Luft ab: «Du hättest keine Macht über mich, wenn sie dir nicht von oben gegeben wäre» (Joh 19,11). Dieses «oben» hat eine doppelte Bedeutung: Einerseits leitet sich die Macht des Pilatus vom Kaiser ab, andererseits ist jede Macht nur relativ, auch jene des Kaisers.

Pilatus ist nicht so wichtig, wie er meint. Jesus fügt jetzt hinzu: «Deshalb hat der, der mich dir ausgeliefert hat, eine größere Schuld» (Joh 19,11). Die Übersetzung ist nicht ganz korrekt. Es muss heißen: «Deshalb hat der, der mich dir ausgeliefert hat, die größere Sünde». Es geht hier nämlich um den Sündenbegriff des Johannes, nicht generell um Schuld. Dieser Sündenbegriff ist spezifisch. Johannes benutzt das Wort «Sünde» daher im Singular.

Obwohl Pilatus ein Machtmensch ist, ist er nur eine zweitrangige Figur. Seine Macht hat er bloß, weil sie ihm von oben gegeben ist, und seine Sünde ist auch zweitrangig, obwohl doch er es ist, der Jesus zur Kreuzigung verurteilt hat. Was Jesus sagt, ist, dass Pilatus überhaupt nicht das Problem darstellt. Er ist ein Despot, weiter nichts. Aber das Problem Jesu ist nicht die Despotie, welche die Gesetze bricht.

Jesus benutzt hier aufs Neue das Wort «Sünde» im Singular. Bei Johannes bedeutet dies, dass er sich auf die Sünde bezieht, die in Erfüllung des Gesetzes begangen wird. Sie wirft nicht Gesetzesverletzung vor, sondern die Art der Gesetzeserfüllung. Das Hauptproblem Jesu ist nicht die Despotie und das Gesetz der Despotie, sondern der Despotismus des Gesetzes. Die Sünde, die in Erfüllung des Gesetzes begangen wird, ist die größere Sünde.

Entsprechend zeichnet Johannes die Charaktere des Pilatus und der Hohenpriester. Er zeigt Pilatus als einen Grobian, einen Folterer und einen Mörder, der den Gefolterten verhöhnt. Er ist nach ihm auch dumm, denn er versteht überhaupt nicht, was Jesus ihm antwortet. Er ist nicht nur ein Mörder, sondern auch ein Lügner. Aber als Machtmensch hat er eine Strategie, die vor nichts zurückschreckt. Die Hohenpriester sind ganz anders. Gleich zu Beginn der Ausgangsszene zeigen sie Würde, indem sie sich weigern, das Prätorium zu betreten, auch wenn dies Pilatus gegen sie einnimmt. Sie sind menschlich, denn sie haben Furcht. Sie sind sogar erpressbar. Aber ihre Erpressbarkeit hat eine Grenze, wenn sie ihren Gott, den Gott ihres Gesetzes, verraten sollen. Sie überwinden ihre Furcht und setzen jetzt ihr Leben aufs Spiel. Der Pilatus, den Johannes zeichnet, ist verächtlich. Die Hohenpriester rufen Achtung hervor.

Aber Johannes unternimmt keine Apologie der Hohenpriester. Jesus, wie ihn Johannes schildert, besteht darauf, dass gerade sie die größere Sünde haben. Nicht als Personen, die eine Schuld haben, sondern als Handelnde, die im Gesetz als Formalismus der Gesetzlichkeit die Wahrheit ihres Handelns sehen.

Wäre dies ein griechisches Drama, wären die Hohenpriester die Helden, und sie könnten die Rolle des Sokrates einnehmen. Pilatus wäre der Despot. Jesus aber wäre möglicherweise ein Verehrer des Bacchus, den die Eurinnen wegen seiner Hybris verfolgen. Aber dies ist kein griechisches Drama, sondern die Antwort darauf. Jesus ist Subjekt, ein lebendiges und rebellisches Subjekt, das dem Gesetz gegenüber souverän ist. Jetzt ist die Position der Gesetzlichkeit Gegner dieser Subjektivität und hat als solche die größere Sünde im Vergleich zum Despoten. Dies ist die Sünde, die in Erfüllung des Gesetzes begangen wird und die größer ist als die Sünde der Gesetzesverletzung. Pilatus als Despot tötet, weil er seine Despotie in Gefahr sieht. Die Gesetzlichkeit aber tötet, weil die Gerechtigkeit es fordert. Sie verwirklicht einen Wert und begeht gerade dadurch die Lüge des Vaters der Lüge. Die Zerrstörung des Subjekts im Namen der Gerechtigkeit ist die größere Sünde.

Es geht hier nicht um einen Konflikt zwischen Jesus und irgendwelchen Mördern, die über das Gesetz verfügen und Jesus Unrecht tun. Der Gegner Jesu ist nicht ein Despotismus, der den Gesetzen seiner Despotie folgt, welche bloß sein eigenes Überleben als Despot diktiert. Der Gegner Jesu ist der Legalismus des Gesetzes und der Ordnung. Es ist das Problem des Despotismus der Gesetzlichkeit.

4. Exkurs: Das Gesetz des Despoten und der Despotismus der Gesetzlichkeit

Das Gesetz des Despoten ist das Gesetz seiner eigenen Machterhaltung. Der Despot ist keinem positiven Gesetz unterworfen, das seine Handlungen dem Rahmen einer allgemeinen Gesetzlichkeit unterwirft. Er kann über alle Gesetze hinweggehen in dem Maße, wie dies mit seiner Machterhaltung zu vereinbaren ist. Die eigene Machterhaltung ist die einzige Grenze, an die der Despot stößt und die auch seiner Willkür Grenzen setzt. Geht er darüber hinaus, so wird er wie Caligula, der gesagt haben soll: Ich möchte, das Volk hätte einen einzigen Hals – um ihn durchzuschneiden. Tut er das, so ist auch seine eigene Herrschaft zu Ende. Dieser Mord zumindest wäre Caligulas Selbstmord. Will er seine Herrschaft erhalten, darf er ihn nicht begehen; er muss eine Grenze seiner eigenen Willkür akzeptieren.

Die legale Herrschaft hingegen unterwirft den Herrscher selbst einem positiven Recht. Vor dem Gesetz ist er verantwortlich für die Handlungen, die er vollbringt. Daher ist er kein Despot. Alles ist jetzt rechtlich. Aber damit beginnt der Despotismus des Gesetzes. Denn in seiner Erfüllung überrollt das Gesetz das menschliche Subjekt. Die Gesetzlichkeit eines Aktes bemisst sich jetzt daran, ob er mit dem Gesetz vereinbar ist und nicht an den Konsequenzen, die er für das Leben der Menschen hat. Max Weber nennt dies die «Legitimität durch Legalität» des Rechtsstaates. Die Konsequenzen eines Aktes, seien sie gut oder schlecht, spielen keine Rolle.

In der Antike entsteht der Konflikt um diese Rechtsstaatlichkeit. Paradigmatisch gesprochen sind drei durchaus unterschiedliche Rechtsstaaten entstanden, denen aber die Unterwerfung der Autorität unter Gesetze gemeinsam ist. Es sind die griechische Polis, die römische Republik und die jüdische Nation. In allen ergibt sich ein Konflikt um diese Rechtsstaatlichkeit, und er mündet in allen drei Fällen in berühmte Morde ein: Sokrates, Julius Cäsar und Jesus. Sie stecken bis heute den Rahmen ab, innerhalb dessen wir unsere Gesellschaft und ihr Verhältnis zum Gesetz interpretieren. Aber der Konflikt bricht jeweils aus verschiedenen Gründen aus.

Sokrates stirbt auf dem Altar des Gesetzes, und er stirbt als Zeuge dafür, dass das Gesetz gilt über alle Ansprüche des menschlichen Lebens hinaus. Niemand steht über dem Gesetz, niemand kann eine Position beanspruchen, die der Geltung des Gesetzes gleicht. Über dem Gesetz stehen zu wollen ist die Hauptsünde der Hybris. Cäsar stirbt, weil er sich als Kaiser über das Gesetz stellen und dieses dem despotischen Willen des Kaisers unterwerfen wollte. Brutus ermordete ihn im Namen des Gesetzes der römischen Republik, und wahrscheinlich stand Cicero auf seiner Seite, der dann von Antonius ermordet wurde. Cäsar beging die Sünde der Hybris. Jesus stirbt, weil er den Menschen und sich über das Gesetz stellen wollte – im Namen der Bestätigung des Lebens durch das Nein zum Töten. Auch er beging, von Sokrates oder Cicero aus betrachtet, die Sünde der Hybris. Die Sünde der Hybris begeht, wer sich über das Gesetz stellt, sei es der Despot oder sei es das Subjekt.

Von Jesus aus gesehen begeht Sokrates die Sünde der Idolatrie des Gesetzes, aber diese Sünde begeht der Despot nicht. Der Despot ist wegen seiner Gewalttaten zu verurteilen. Vom Despoten aus betrachtet, begeht Jesus die Sünde der «superbia» gegenüber dem Imperium, da er der König der Juden sein will. Und Sokrates begeht die Sünde des Königsmords. Sowohl von Jesus als auch vom Despoten aus gesehen, begeht Sokrates die größere Sünde. Das Problem des Subjekts erkennt Pilatus gar nicht.

Daraus ergibt sich eine Triade, die das Verhältnis von Hohenpriestern, Pilatus und Jesus zum Zeitpunkt der Anklage der Hohenpriester strukturiert. Es ist die Triade von Despot, Gesetz und Subjekt. Geht man hiervon aus, so wird klar, dass aus dem Munde der Hohenpriester keineswegs die Tradition des mosaischen Gesetzes spricht, sondern Sokrates und Cicero. Johannes macht dies durch seinen Hinweis klar, dass zur Zeit Jesu das mosaische Gesetz auf einen Gesetzesformalismus reduziert worden ist und dass Jesus im Namen der Tradition dieses mosaischen Gesetzes das Subjekt gegen den Gesetzesformalismus stellt. Dennoch erscheint die Position der Hohenpriester bei Johannes überzogen. Dies erklärt sich daraus, dass er die Auseinandersetzung mit dem Gesetz in einem

Evangelium darstellt, welches das Leben Jesu in Palästina zur Grundlage hat, die Gesetzeskritik Jesu aber jetzt – in Fortsetzung von Paulus – gegen die griechisch-römische Kultur und ihre Quellen richtet. Diese Überzeichnung hat keineswegs einen antijüdischen Akzent, sondern sie wird von einem Evangelisten unternommen, für den Jesus durch seine Gesetzeskritik hindurch die authentische Fortsetzung der Tradition des mosaischen Gesetzes ist.

In dieser Auseinandersetzung mit dem Formalismus der Gesetzlichkeit entsteht das Bewusstsein vom Despotismus des Gesetzes. Es ist die Zweischneidigkeit der Gesetzlichkeit, die das Problem erzeugt. Das Gesetz verurteilt den Despoten, aber es verurteilt im gleichen Akt den Menschen als lebendiges Subjekt. Es besitzt kein Unterscheidungskriterium gegenüber beiden, sondern verurteilt stets jenen, der sich über das Gesetz stellt und ihm gegenüber souverän zu sein behauptet. Der Despotismus des Gesetzes ist ein Ausdruck für diese Unterwerfung des Subjekts. Das menschliche Subjekt wird durch die Gesetzlichkeit überrollt und in der Moderne durch das Individuum ersetzt. Die Freiheit des Individuums impliziert die Negation des Subjekts. Der Individualismus befreit das Subjekt nicht, sondern unterdrückt es. Daher hat die Befreiung des Individuums etwas Problematisches: Gegen die Gesellschaft, die auf der Befreiung des Individuums beruht, entstehen aus diesem Grund die Emanzipationsbewegungen (Abschaffung der Sklaverei, Arbeiter- und Frauenemanzipation, Pazifismus), die vom Subjekt ausgehen, das sich als Individuum nicht befreien kann. Ihr Entstehungsgrund ist der Despotismus der Gesetzlichkeit, und an ihrer Basis befindet sich das lebendige, körperliche Subjekt, das rebelliert. Das Subjekt erhebt sich, um das Individuum in seine Schranken zu weisen.

Der Despotismus der Gesetzlichkeit, der an die Stelle des Gesetzes des Despoten tritt, wird gerade in der Moderne wieder bewusst. Schon Adam Smith sieht das Problem und führt ein beeindruckendes Beispiel an:

> Als Vedius Pollio in Gegenwart des Augustus einen seiner Sklaven, der sich ein leichtes Vergehen hatte zuschulden kommen lassen, in Stücke hauen und in seinen Fischteich werfen lassen wollte, um seine Fische damit zu füttern, befahl ihm der Kaiser mit Entrüstung, nicht nur diesen, sondern auch alle übrigen ihm gehörigen Sklaven sofort freizugeben. Unter der Re-

publik hätte keine Obrigkeit Ansehen genug gehabt, den Sklaven zu schützen, geschweige denn, den Herrn zu strafen.[3]

Das Problem des Despotismus der Gesetzlichkeit ist tätsächlich seit dem Beginn des Kapitalismus auf neue Art gegenwärtig. Die gesamte Kapitalismuskritik von Marx beruht darauf und ist ausschließlich eine Analyse von Menschenrechtsverletzungen, die in Erfüllung des Gesetzes begangen werden. Allerdings analysiert Marx vom Gesetz als Wertgesetz aus, was gerade der Situation der Moderne entspricht. Marx weist darauf hin, dass die Ausbeutung in Erfüllung des Wertgesetzes geschieht und nicht ein Ergebnis der Verletzung des Wertgesetzes ist. Nicht der Missbrauch der Märkte erklärt die Ausbeutung, sondern die Logik des Wertgesetzes selbst.

Selbst Max Weber sieht diesen Despotismus der Gesetzlichkeit trotz all seinem Bestehen auf der «Legitimität durch Legalität» sehr genau. Ich will ihn daher etwas ausführlich zitieren:

> Die «Rechtsgleichheit» und das Verlangen nach Rechtsgarantien gegen Willkür fordern die *formale* rationale «Sachlichkeit» der Verwaltung im Gegensatz zu dem persönlichen freien Belieben und der Gnade der alten Patrimonialherrschaft. Das «Ethos» aber, wenn es in einer Einzelfrage die Massen beherrscht – und wir wollen von anderen Instinkten ganz absehen –, stößt mit seinen am konkreten Fall und der konkreten Person orientierten Postulaten nach *materieller* «Gerechtigkeit» mit dem Formalismus und der regelgebundenen kühlen «Sachlichkeit» der bürokratischen Verwaltung unvermeidlich zusammen und muss dann aus diesem Grund emotional verwerfen, was rational gefordert worden war. Insbesondere ist den besitzlosen Massen mit einer formalen «Rechtsgleichheit» und einer «kalkulierbaren» Rechtsfindung und Verwaltung, wie sie die «bürgerlichen» Interessen fordern, nicht gedient. Für sie haben naturgemäß Recht und Verwaltung im Dienst des Ausgleichs der ökonomischen und sozialen Lebenschancen gegenüber den Besitzenden zu stehen, und diese Funktion können sie allerdings nur dann versehen, wenn sie weitgehend einen unformalen, weil inhaltlich «ethischen», («Kadi»-) Charakter annehmen.[4]

Weber spricht nicht ausdrücklich vom Despotismus der Gesetzlichkeit, aber von der «herrenlosen Sklaverei» der bürgerlichen Gesellschaft:

3 Smith, Adam: Der Reichtum der Nationen. Kröner, Leipzig 1924, hier: 4. Buch, 7. Kapitel, 2. Teil, S. 173f.

4 Weber, Max: Wirtschaft und Gesellschaft. Grundriss der verstehenden Soziologie, Tübingen, 1972, S. 565

Im Gegensatz zu allen anderen Herrschaftsformen ist die ökonomische Kapitalherrschaft ihres «unpersönlichen» Charakter halber ethisch nicht reglementierbar. Sie tritt schon äußerlich meist in einer derart «indirekten» Form auf, dass man den eigentlichen «Herrscher» gar nicht greifen und daher ihm auch nicht ethische Zumutungen stellen kann. Man kann an das Verhältnis des Hausherrn zum Dienstboten, des Meisters zum Lehrling, des Grundherrn zum Hörigen oder Beamten, des Herrn zum Sklaven, des patriarchalischen Fürsten zu den Untertanen, weil sie persönliche Beziehungen sind und die zu leistenden Dienste einen Ausfluss und Bestandteil dieser darstellen, mit ethischen Postulaten herantreten und sie inhaltlichen Normen zu unterwerfen suchen ... Die «Konkurrenzfähigkeit», der Markt: Arbeitsmarkt, Geldmarkt, Gütermarkt, «sachliche», weder ethische noch antiethische, sondern einfach anethische, jeder Ethik gegenüber disparate Erwägungen bestimmen das Verhalten in den entscheidenden Punkten und schieben zwischen die beteiligten Menschen unpersönliche Instanzen. Diese «herrenlose Sklaverei», in welche der Kapitalismus den Arbeiter oder Pfandbriefschuldner verstrickt, ist nur als Institution ethisch diskutabel, nicht aber ist dies – prinzipiell – das persönliche Verhalten eines, sei es auf der Seite der Herrschenden oder Beherrschten, Beteiligten, welches ihm ja bei Strafe des in jeder Hinsicht nutzlosen ökonomischen Untergangs in allem wesentlichen durch objektive Situationen vorgeschrieben ist und – da liegt der entscheidende Punkt – den Charakter des «Dienstes» gegenüber einem unpersönlichen sachlichen Zweck hat.[5]

Weber argumentiert angesichts dieser Situation im Sinne eines bei ihm sehr verwurzelten Fatalismus. Er sieht diesen Prozess wie ein metaphysisches Geschichtsgesetz an, aus dem es kein Entrinnen gibt und der durch «Eigengesetzlichkeiten» und Sachzwänge aufgezwungen wird. Das System erscheint ihm als ein «stählernes Gehäuse», das sich der ganzen Menschheit aufzwingt. Er bedauert das, aber er geht von der Unmöglichkeit aus, dem entgegentreten zu können.

So kann Weber dann das Ergebnis dieser extremen Formalisierung aller Gesetzlichkeit meisterhaft darstellen:

Aber nicht nur die «herrenlose Sklaverei» (Wagner) des modernen Proletariats, sondern vor allem der Kosmos der rationalen Staatsanstalt, des von der Romantik perhorreszierten «Rackers von Staat», hat absolut nicht mehr diesen Charakter, wie wir s. Zt. zu erörtern haben werden. Dass man nach Ansehen der Person verschieden verfahren müsse, versteht sich der personalistischen ständischen Ordnung von selbst, und nur in welchem Sinn wird gelegentlich, auch bei Thomas von Aquin, zum Problem. «Ohne An-

5 Ebd. 708f.

sehen der Person» «sine ira et studio», ohne Hass und deshalb ohne Liebe, ohne Willkür und deshalb ohne Gnade, als sachliche Berufspflicht und nicht kraft konkreter persönlicher Beziehung erledigt der *homo politicus* ganz ebenso wie der *homo oeconomicus* heute seine Aufgabe gerade dann, wenn er sie in idealstem Maße im Sinn der rationalen Regeln der modernen Gewaltordnung vollzieht. Nicht aus persönlichem Zorn oder Rachebedürfnis, sondern persönlich ganz unbeteiligt und um sachlicher Normen und Zwecke willen bringt die moderne Justiz den Verbrecher vom Leben zum Tode, einfach kraft ihrer immanenten rationalen Eigengesetzlichkeit, etwa wie die unpersönliche Karmanvergeltung im Gegensatz zu Jahves wildem Rachedurst. Zunehmend versachlicht sich die innerpolitische Gewaltsamkeit zur «Rechtsstaatsordnung», – religiös angesehen nur der wirksamsten Art von Mimikry der Brutalität. Die gesamte Politik aber orientiert sich an der sachlichen Staatsräson, der Pragmatik und dem absoluten – religiös angesehen fast unvermeidlich völlig sinnlos erscheinenden — Selbstzweck der Erhaltung der äußeren und inneren Gewaltverteilung. Erst damit gewinnt sie einen Aspekt und ein eigentümlich rationales, von Napoleon gelegentlich glänzend formuliertes fabulistisches Eigenpathos, das jeglicher Brüderlichkeitsethik als in der Wurzel ebenso fremd erscheinen wird, wie die rationalen ökonomischen Ordnungen.[6]

Es ist eine perfekte Beschreibung dessen, was Hannah Arendt während des Eichmann-Prozesses in Jerusalem die «Banalität des Bösen» nannte. Diese Banalität des Bösen kennzeichnet nicht nur Eichmann, sondern die Moderne schlechthin. Alle Bürokratien, seien sie nun private oder öffentliche, seien sie die des «homo politicus» oder des «homo oeconomicus», beruhen auf dieser Banalität des Bösen. Daher kann das Böse in der Moderne Ausmaße erreichen, die keine vorherige Despotie hat erreichen können. Alles bekommt den Schein des Formal-Rationalen, des Sachzwangs und von Eigengesetzlichkeiten. Der Despotismus der Gesetzlichkeit geht über alles hinaus, was je ein Despot hat tun können. Er bedroht heute selbst das Überleben der Menschheit und der Erde.

Aber Max Weber entdeckt nicht einmal die Position des Subjekts. Er qualifiziert die Kritik an diesem Despotismus der Gesetzlichkeit einfach als traditionalistische Romantik oder als religiöse Gegenwart des Vergangenen. Alles Kritische, das er erwähnt, sieht er unter diesem Aspekt. Er feiert das Pathos des Napoleon und sieht als Gegenpol nur den «Kadi» und die traditionale Brüderlichkeitsethik. Er sieht vor allem einen Aufstand der Vergangenheit

6 Ebd. 361f.

gegen die Gegenwart und Zukunft und daher Gefahren des Traditionalismus. Es scheint sich um ein Trägheitsproblem des Vergangenen zu handeln, ein Überbleibsel anderer Zeiten.

Weber lässt allerdings einen kleinen Türspalt offen, den man fast nicht sieht. Er sagt von der herrenlosen Sklaverei, sie sei nur «als Institution ethisch diskutabel». Aber wenn sie als Institution ethisch diskutabel ist, dann lässt sich das Problem doch wohl nicht auf die Forderung nach dem «Kadi» oder einer traditionalen Brüderlichkeitsethik sowie der Forderung nach einer personalistischen ständischen Ordnung reduzieren. Weber allerdings sagt nicht ein einziges Wort mehr. Aber genau darum geht es. Statt zu diskutieren, posaunt er Phrasen gegen den Traditionalismus, die nichts weiter sind, als sein ständiges «requiem aeternam Dei», das er immer sehr feierlich intoniert.

Weber unterdrückt das Subjekt, das sich als lebendiges Subjekt erlebt. Denn es ist dieses Subjekt, das völlig gegenwärtig ist, das gegen die herrenlose Sklaverei rebelliert und das die Legitimität hat, dies zu tun. Es bleibt dieses gegenwärtige Subjekt, auch wenn es Traditionen aufnimmt und in ihrem Namen argumentiert. Es ist ein Subjekt, das an seinem Leib diese herrenlose Sklaverei erfährt und im Namen seines Lebens rebelliert.

Bei Max Weber tauchen die Äußerungen dieses Subjekts nur als Irrationalitäten im Prozess der Rationalisierung auf. Dabei sieht er durchaus die Zweischneidigkeit dieser Gesetzlichkeit, die auf der einen Seite den Despoten tötet und auf der andern Seite durch die Despotie der Gesetzlichkeit das Subjekt tötet. Despot und Subjekt tauchen auf der gleichen Ebene auf, und sie sind Gefahren für den Rationalisierungsprozess. Tatsächlich verläuft die Ermordung von Despoten parallel zum Rationalisierungsprozess. Dessen ist sich auch Max Weber durchaus klar. Honigsheim erinnert sich an ein Gespräch, das er mit Max Weber führte:

> Man sollte sich seiner [Max Webers] Meinung über die Polen und Russen erinnern und auch seines Verhältnisses zu den Juden, um zu verstehen, was er mir eines Tages sagte: «Wenn ich eines Tages wieder gesund werde, um ein Seminar abzuhalten, werde ich nur Russen, Polen und Juden akzeptieren; Deutsche nicht. Eine Nation, die nie ihren Monarchen einen Kopf kürzer gemacht hat, ist nicht zivilisiert.» Dies sind ganz genau seine Worte, die häufig ungenau zitiert werden, indem man sagt: «Eine Nation, die nie

ihren Monarchen abgesetzt hat …» Die Bedeutung dieses Zwischenfalls konzentriert sich auf die Kombination «Russen, Polen und Juden».[7]

Max Weber ruft nicht zum Königsmord auf. Das Zitat illustriert aber sein Bewusstsein davon, dass am Übergang zur Gesetzlichkeit als Formalismus der Königsmord steht. Der Königsmord ist nicht einfach der Exzess einer Revolution, sondern liegt in der Logik der Gesetzlichkeit selbst. Daher folgte der Ermordung Cäsars die Ermordung Montezumas, des englischen und des französischen Königs und des russischen Zaren. Shakespeare schrieb seinen Julius Cäsar etwa ein halbes Jahrhundert, bevor der englische König enthauptet wurde, und er hat wohl eine Vorstellung von dieser Logik gehabt.

Die Französische Revolution zeigt sehr symbolisch diese Zweischneidigkeit der Gesetzlichkeit auf. Sie ist wahrscheinlich diejenige moderne Revolution, die am eindeutigsten die Gesetzlichkeit auf ihre Fahnen schreibt. Sie enthauptet nicht nur den König und die Aristokraten, sondern ebenso zwei Vertreter, welche die Reaktion im Namen des Subjekts gegen die Despotie der Gesetzlichkeit ankündigen: Olympe de Gouges, die die Emanzipation der Frau in ihrer Erklärung der Rechte der Frau und der Bürgerschaft (1791) entwarf, und Babeuf, einen der ersten Vertreter der Emanzipation der Arbeiter. Die Hinrichtungen geschehen gerade auf der Basis der Logik der Gesetzlichkeit, in deren Namen die Französische Revolution stattfand.

Diesen Emanzipationsbewegungen liegt eine Erfahrung zugrunde. Es ist die Erfahrung, dass man dem «Rechtsstaat» und seiner Gesetzlichkeit nicht die Einhaltung der Menschenrechte anvertrauen kann. In seiner Logik tritt der «Rechtsstaat» die Menschenrechte mit Füßen. Er vertritt, wenn er sich auf sich selbst bezieht, jene Despotie der Gesetzlichkeit, die selbst Max Weber als herrenlose Sklaverei bezeichnet. Es ist die Sünde, die geschieht, wenn man glaubt, dass die Erfüllung des Gesetzes gerecht macht.

Die Emanzipationsbewegungen gehen von dieser Grunderfahrung aus. Sie setzen den Rechtsstaat voraus und entstehen in dem Grade, in dem sich der Rechtsstaat entwickelt; aber sie entstehen im Konflikt mit diesem Rechtsstaat. Sie entstehen gerade in Bezug auf Verletzungen der Menschenrechte, die vom Rechtsstaat nicht

7 Honigsheim, Paul: Max Weber, Buenos Aires 1977, S. 22f.

geschützt werden. So ist die Abschaffung der Sklaverei eine Forderung der Menschenrechte, die gegen den Rechtsstaat durchgesetzt werden musste. In den USA, in England und in Frankreich war die Zwangsarbeit durch Sklaverei eine rechtsstaatlich verankerte Institution. Der Sklave konnte deshalb nicht vor Gericht gehen, um seine Freiheit zu bekommen, und er konnte sich auch in den USA nicht auf die Menschenrechtserklärung von 1776 berufen, in der stand, dass alle Menschen frei geboren werden. Entlief er, so verurteilte ihn der Rechtsstaat zu den furchtbarsten Strafen, und er wurde zu Tode gefoltert. Rechtsstaatlich gesehen, war das völlig einwandfrei.

Die Sklaverei war sicher der extremste Fall der Positionierung des Rechtsstaats gegen die Menschenrechte. Aber auch das Frauenwahlrecht konnte nicht dadurch eingeführt werden, dass die Frauen dafür mit Mehrheit gestimmt hätten. Sie hatten ja keine Stimme, und der Rechtsstaat hatte ihnen das Stimmrecht versagt. Auch die Emanzipation der Arbeiter konnte ihre Rechte zur Vereinigung nicht vor Gericht einklagen, sondern musste sie gegen den Rechtsstaat durchsetzen. Die Arbeiter, die 1886 in Chicago gehenkt wurden, weil sie das Vereinigungsrecht in Anspruch nahmen, erfuhren, dass der Rechtsstaat selbst das Recht beugt, um sie verurteilen zu können. Ihre spätere Rehabilitation nützt in solchen Fällen nie sehr viel.

Das allgemeine Stimmrecht konnte diese Situation nicht grundsätzlich ändern, da das Problem von Minderheiten, die nicht mehrheitsfähig sind, wieder auftaucht. Der Rechtsstaat kann Menschenrechte nur schützen, wenn sie als Rechtsnormen ausgedrückt werden. Aber es gibt Menschenrechte, die nur sehr beschränkt normiert werden können. Das Problem des Subjekts entsteht gerade deswegen, weil der Rechtsstaat die Menschenrechte nicht oder nur sehr beschränkt garantiert. Es ist das lebendige Subjekt, das ein legitimes Recht zur Rebellion in Anspruch nehmen kann, das sich seiner bewusst werden muss und das anerkannt sein muss, wenn der Rechtsstaat nicht zu einer Dampfwalze werden soll, welche die Menschenrechte erdrückt.

Daraus erhellt die Zweischneidigkeit jeder formalisierten Gesetzlichkeit. Genau dieses Problem wird wohl zum ersten Mal im Johannesevangelium entwickelt und liegt der Anklage der Hohenpriester zugrunde. Es handelt sich nicht etwa um eine Option für den Despoten, sondern gegen die Despotie der Gesetzlichkeit. Sie will die Gesetzlichkeit dem lebendigen, körperlichen und bedürftigen Subjekt unterwerfen. Geschieht dies nicht, droht der schlimmste Despotismus, den die Welt gekannt hat – der Despotismus der Gesetzlichkeit.

Vor diesem Hintergrund wird verständlich, warum im Johannesevangelium die Sünde, die in Erfüllung des Gesetzes begangen wird, als die größere Sünde betrachtet wird als die Sünde des Despoten.

5. *Die Erklärung der Loyalität für den Kaiser*

Die Anklage der Hohenpriester und das darauf folgende zweite Verhör Jesu haben Pilatus auf einen nachgeordneten Platz verwiesen. Die Hohenpriester haben durch die Form ihrer Anklage klargemacht, dass sie bei aller Furcht nicht über einen bestimmten Punkt hinaus unter Druck gesetzt werden können. Sie wissen, dass er sie zu einer Loyalitätserklärung für den Kaiser erpressen will. Aber sie können sich nicht zum Kaiser äußern, ohne gleichzeitig zu sagen, was der Kaiser für sie ist. Sie sagen es durch ihre Anklage gegen Jesus indirekt. Aber für Pilatus ist klar verständlich, was sie meinen.

Ihre Äußerung ist eine Provokation nicht nur gegenüber Pilatus, sondern auch gegenüber der Macht Roms. Sie ist es durch die Zweischneidigkeit der Anklage gegen Jesus. Die Hohenpriester aber können nicht voraussehen, wie Pilatus reagieren wird. Jede Reaktion ist möglich. Die Reaktion, die sie am meisten zu fürchten haben, besteht darin, dass Pilatus sich von Jesus abwendet und seine ganze Aggressivität auf sie als die jüdischen Autoritäten konzentriert. Es kehrt die Furcht zurück, die Johannes in einer früheren Szene dargestellt hat: «... die Römer werden kommen und uns den heiligen Ort und das Volk wegnehmen» (Joh 11,48). Es ist die Angst vor der Zerstörung Jerusalems und des Tempels.

Johannes deutet an, dass dies die erste Reaktion des Pilatus ist. Er sagt: «Daraufhin suchte Pilatus ihn freizulassen» (Joh 19,12). Bisher hatte Pilatus von der Freilassung und der Unschuld Jesu gesprochen, aber es war eine Lüge. Johannes bestätigt in diesem Satz eine solche Interpretation der Strategie des Pilatus. Aber Johannes sagt, dass dieser jetzt tatsächlich daran denkt, Jesus freizulassen. Es ist nicht Pilatus, der das sagt – er ist ein Lügner –, sondern Johannes sagt dies über Pilatus.

Pilatus steht vor einer neuen Situation. Seine unausgesprochene Anklage gegen Jesus lautete, er wolle sich zum König der Juden machen. Das, was jetzt als Anklage gegen die Hohenpriester in ihm aufsteigt, ist ein weit schlimmeres Verbrechen, nämlich den Kaiser zum Tode zu verurteilen. Auch wenn sie dies nicht verwirklichen können, ist es das größte Verbrechen, das im römischen Reich möglich ist, und es übertrifft bei weitem das Verbrechen, das Pilatus Jesus vorwirft. Wenn jetzt Jesus seine Bedeutung für ihn verliert und Pilatus ihn sogar freilassen will, wendet Pilatus sich gegen die Hohenpriester. Aber sie sind die Autoritäten des jüdischen Volkes. Eine solche Kehrtwendung richtet sich also gegen Jerusalem und den Tempel. Ihr Versuch, Jerusalem und den Tempel durch den Tod Jesu zu retten, schlägt jetzt um in eine akute Gefahr gerade für Jerusalem und den Tempel.

Die Hohenpriester ziehen ihre Anklage dennoch nicht zurück, aber ein möglicher Ausweg ist für sie, Pilatus auf seine vorherige Strategie zurückzubringen. Ihre Erregung spricht aus dem Text, der jetzt folgt:

> Die Juden aber schrien und sagten: «Wenn du den da freilässt, bist du kein Freund des Kaisers. Jeder, der sich selbst zum König macht, lehnt sich gegen den Kaiser auf.» (Joh 19,12)

Sie klagen nicht Jesus an, sondern Pilatus. Sie klagen ihn an, seine Anklage zurückziehen zu wollen. Sie wissen, dass Jesus sich nicht zum König der Juden machen will, aber Pilatus weiß das nicht. Nun sagen sie ihm, dass er kein Freund des Kaisers mehr sei, wenn er diese Anklage nicht weiterverfolgt.

Tatsächlich kehrt Pilatus zu seiner früheren Strategie zurück – und erpresst die Hohenpriester ganz so wie vorher:

> Als nun Pilatus diese Worte hörte, ließ er Jesus hinausführen und setzte sich auf den Richterstuhl … Und er sagte zu den Juden: «Seht da euren König.» Da sagten jene: «Weg, weg mit ihm, ans Kreuz mit ihm.» Pilatus sagte zu ihnen: «Euren König soll ich kreuzigen?» (Joh 19,13–15)

Es ist klar, dass er Jesus nicht mehr freilassen will. Er bietet ihnen wieder den König an, jetzt sogar in einer verstärkten Tonlage.

Zweimal bezieht er sich auf Jesus als «euren König», womit er die Bedrohung und Erpressung von vorher wieder aufnimmt. Die Anklage der Hohenpriester scheint er vergessen zu haben. Die Hohenpriester geben nun endlich die Erklärung ab, um die es geht:

> Die Hohenpriester antworteten: «Wir haben keinen andern König außer dem Kaiser.» (Joh 19, 15)

Pilatus hat die Loyalitätserklärung für den Kaiser erhalten, aber sie ist nichts mehr wert. Diesen Satz hätten sie vor ihrer Anklage gegen Jesus nicht sagen können und auch niemals gesagt. Sie hätten dann ihre Loyalität dem Kaiser als Sohn Gottes, als Gott und als Erlöser der Welt erklärt. Damit hätten sie sich selbst und ihren Glauben verraten. Gerade diesen Inhalt hat ihre Erklärung nach der Anklage nicht mehr. Ihre Erklärung ist nur noch eine Tatsachenfeststellung. Tatsächlich ist der Kaiser ihr König, denn sie sind ihm unterworfen und gezwungen, seine Macht anzuerkennen. Aber sie erkennen nur seine Macht an, allerdings nicht den Kaiser als Gott, denn sie haben. Pilatus erklärt, dass sie ein Gesetz haben, dass sie auf dieses Gesetz nicht verzichten werden und dass nach diesem Gesetz der Kaiser des Todes ist, weil er sich zum Sohn Gottes gemacht hat. Sie haben Pilatus ausgetrickst, allerdings unter Einsatz des Risikos ihres eigenen Lebens.

Pilatus weiß das, aber er sieht sich außerstande zu antworten. Er beendet seine Komödie: «Da lieferte er ihn an sie aus, dass er gekreuzigt werde» (Joh 19,16). Trotz all seiner Erpressungsversuche hat er nicht mehr bekommen als eine Erklärung ohne Wert. Aber ihm wird klar, dass er hierüber nicht hinauskommen wird. Aus diesem Grund macht er geradezu übereilt Schluss. Auf die Provokation der Hohenpriester antwortet er nicht.

Der Text lässt keinen Zweifel, dass Pilatus zornig ist; Pilatus hatte aber auch eine Inschrift schreiben und an dem Kreuz anbringen lassen. Da war geschrieben: «Jesus, der Nazarener, der König der Juden» (Joh 19,19). Er bleibt hartnäckig:

> Da sagten die Hohenpriester der Juden zu Pilatus: «Schreibe nicht: ‹König der Juden›, sondern: ‹Dieser hat gesagt: Ich bin der König der Juden.›» Pilatus antwortete: «Was ich geschrieben habe, bleibt geschrieben.» (Joh 19,21–22)

Für Pilatus ist die Entscheidung nicht gefallen, alles bleibt in der Schwebe, bis zur nächsten Gelegenheit.

Diese Offenheit der Situation bei Johannes hat ihre Bedeutung. Gerade Johannes schreibt sichtbar unter dem Eindruck der späteren Zerstörung Jerusalems und des Tempels, die aus seiner Sicht nicht nur eine Katastrophe für die Juden war, insofern man sie als Religionsgemeinschaft sieht, sondern auch für die Christen, die bis zu diesem Zeitpunkt ihr wichtigstes Zentrum in Jerusalem hatten und sich weitgehend als Teil der jüdischen Nation, wenn auch in der Position von Dissidenten, verstanden.

Johannes schildert die Furcht der Hohenpriester vor einer möglichen Zerstörung Jerusalems und des Tempels als den zentralen Grund dafür, dass sie Jesus töten wollen. Indem er dies tut, drückt er implizit eine Kritik aus: Jesus wurde getötet, aber Jerusalem und der Tempel wurden mehr als 30 Jahre später zerstört. Der politische Realismus, der riet, Jesus zu töten, war nicht realistisch. Denn der Tod Jesu rettete Jerusalem und den Tempel nicht.

Johannes bezieht dazu zwar nicht direkt Stellung, aber unausgesprochen hält er eine Position aufrecht. Es lässt sich durchaus erschließen, was Johannes als Grund der Zerstörung Jerusalems ansieht. Nach der Anklage der Hohenpriester, auf die zuerst das zweite Verhör Jesu folgt, wird diese Position dargestellt. Einen Moment lang verliert Pilatus Jesus aus den Augen und ist dabei, sich gegen die Hohenpriester zu wenden, um sie anstelle von Jesus zu vernichten. Die Hohenpriester können diese Reaktion verhindern.

Ich vermute, dass Johannes das Verhalten der römischen Macht deutlich machen will, die später die Zerstörung Jerusalems und des Tempels herbeiführen wird. Das Gesetz verurteilt den Despoten zum Tod, und der Despot zerstört den Ort, an dem dieses Gesetz lebendig ist. Der Despot kann siegen, aber nur durch den Tod des Gesetzes. Er erklärt die Zerstörung Jerusalems gerade durch die Anklage der Hohenpriester gegen Jesus. Dies folgt aus der Zweischneidigkeit des Gesetzes. Die Form, in der sie Jesus anklagen, klagt gleichzeitig den Kaiser an. Johannes aber verteidigt nicht den Despoten, er teilt diese Anklage, soweit sie sich auf den Kaiser bezieht. Gegen diese Anklage steht er auf der Seite Jesu und des Menschen als eines Subjekts. Daher ist seine Position den Hohenpriestern gegenüber zwar voller Kritik, aber gleichzeitig von Hochachtung geprägt. Und es ist gerade die Dimension dieser Anklage, die Johannes teilt, weil er sie als Grund für die Zerstörung Jerusalems und des Tempels ansieht. Man sollte dabei etwas bedenken, was auch Johannes gegenwärtig sein muss. Der Aufstand, der zum Jüdischen Krieg und zur Zerstörung Jerusalems und des Tempels führt, beginnt im Jahre 66 mit der Weigerung der Juden, weiterhin im Tempel das Opfer für den Kaiser darzubringen, das bis dahin der Tolerierung der Existenz einer jüdischen Nation zugrunde lag. Johannes kann nur auf der Seite derer stehen, die sich verweigern. Aber gegen dieses Gesetz steht er, wenn es sich gegen Jesus und den Menschen als Subjekt wendet. Man spürt aus dem Text geradezu, dass Johannes es genießt, mit welcher Raffinesse die Hohenpriester Pilatus austricksen. Man muss wohl lange in einem so genannten unterentwickelten Land gelebt haben, um das zu sehen. Ständig erlebt man dort vonseiten des Imperiums die Strategie des Pilatus und muss allzu oft diesen eben auch bewundernswerten Stolz der Hohenpriester vermissen. Aber deshalb steht Johannes nicht einfach auf ihrer Seite, sondern gegen sie. Dennoch achtet er sie, denn er weiß zwischen einem Despoten und einem Gesetzesmenschen zu unterscheiden. Sicher bedauert er es, dass etwas Ähnliches im Falle des Jüdischen Krieges nicht gelang.

Johannes tritt damit einer Strömung entgegen, die im damaligen Christentum ebenfalls gegenwärtig war. Danach wurde die Zerstörung Jerusalems als Strafe für die Kreuzigung Jesu interpretiert. Man sieht dies etwa im Evangelium von Matthäus, wo die Menge, die zur Kreuzigung Jesu auffordert, ruft: «Sein Blut komme über uns und unsere Kinder» (Mt 27,25). Matthäus spielt damit auf eine andere Schriftstelle an:

> Denn ich, Jahwe, dein Gott, bin ein eifernder Gott, der die Schuld der Väter ahndet an den Kindern, Enkeln und Urenkeln derer die mich hassen, der aber Huld erweist bis ins tausendste Glied an denen, die mich lieben und meine Gebote halten. (Ex 20,5–6)

Die Menge sagt also nach Matthäus, dass das Blut über ihre Kinder (Söhne) kommen soll. Der Satz bezieht sich sehr direkt auf die Zerstörung Jerusalems als Strafe Gottes für die Kreuzigung Christi. Nicht weniger, aber auch nicht mehr. Sieht man sich die Schriftstelle näher an, so wird klar, dass das Blut deswegen noch nicht über Enkel und Urenkel kommen soll.

Die antijüdische Lektüre hat den ursprünglichen Sinn völlig verändert und das Wort Kinder (Söhne) auf alle zukünftigen Generationen «bis ins tausendste Glied» bezogen. Die Schriftstelle aber, auf die Matthäus anspielt, bezieht die Strafe nur auf die Zeit bis zu den Urenkeln, während Gott sich der guten Taten bis ins tausendste Glied erinnert. Die antijüdische Lektüre erinnert sich der guten Taten überhaupt nicht. Aber das ist nicht Matthäus, es sind jene, die ihn uminterpretieren und nach deren Gründen zu fragen wäre.[8]

Johannes jedoch wendet sich gegen die Vorstellung von der Zerstörung Jerusalems als einer Strafe Gottes. Er stellt nicht Schuld fest, sondern erklärt. In der Einleitung zur Heilung des Blinden geht er darauf ein:

> Und im Vorübergehen erblickte er einen Menschen, der von Geburt an blind war. Und seine Jünger fragten ihn: «Rabbi, wer hat gesündigt, dieser oder seine Eltern, dass er blind geboren wurde?» Jesus antwortete: «Weder dieser hat gesündigt noch seine Eltern.» (Joh 9,1–3)

8 Friedrich Heer sagt, dass dieser Satz erst seit dem 4. Jahrhundert auf die Juden als Volk bezogen wurde: «... im 4. Jahrhundert wird nun das ominöse Schriftwort: ‹Sein Blut komme über uns und unsere Kinder› auf die ganze Judenschaft und das jüdische Volk bezogen». Heer, Friedrich: Gottes erste Liebe. Die Juden im Spannungsfeld der Geschichte, Frankfurt–Berlin 1986, S. 548. – Ranke-Heinemann schreibt: «Diese Geschichte reicht bis zu Auschwitz. In dem eindrucksvollen Film ‹Schoah› von Claude Lanzmann, 2. Teil, sieht man eine Menschengruppe vor der Kirche von Chelmno in Polen. In dieser Kirche waren seinerzeit Juden gesammelt worden, um dann in Gaswagen, in denen sie während der Fahrt vergast wurden, abtransportiert zu werden – zur Beerdigung im Wald. Ein Pole erzählt Folgendes: Ihm habe ein Augenzeuge berichtet, dass, als irgendwo die Juden zum Abtransport auf einem Platz zusammengetrieben wurden, ein Rabbi den SS-Mann um die Erlaubnis gebeten habe, noch ein Wort zu den Juden sagen zu dürfen. Der SS-Mann gestattete das. Der Rabbi sagte: ‹Vor 2000 Jahren haben wir den unschuldigen Jesus umgebracht. Sein Blut sollte über uns kommen, haben wir gesagt. Und das geschieht jetzt mit uns, dass sein Blut über uns kommt.› Andere der im Film zusehenden Umstehenden greifen diese Erzählung auf: ‹Ja, Pilatus wollte ihn ja freilassen, hat seine Hände in Unschuld gewaschen (der Pole, der die Geschichte mit dem Rabbi erzählt hatte, macht eine Waschbewegung), aber die Juden sagten: Sein Blut komme über uns.» Soweit der Filmausschnitt. Vgl. Ranke-Heinemann, Ute: Nein und Amen. Anleitung zum Glaubenszweifel, Hamburg 1992, S. 137f. – Was Ranke-Heinemann nicht schreibt, ist, dass dieser Verweis auf das Evangelium von Matthäus falsch ist. Die Frage ist, warum so gelesen wurde und warum der christliche Antisemitismus entstand. Das jedoch ist eine Frage an die Geschichte des Textes, nicht an den Text. Aber der Antisemitismus hat selbst wieder eine Geschichte. Auschwitz ist nicht das Produkt des christlichen Antisemitismus, sondern einer neuen Form des Antisemitismus, die gegen Ende des 19. Jahrhunderts entsteht, vor allem von Nietzsche her. Nietzsche aber drückt sich geradezu verächtlich über den christlichen Antisemitismus aus und sagt, dass dieser Antisemitismus selbst noch ein Produkt des Judentums sei. Der christliche Antisemitismus ist in der Nazizeit vor allem verantwortlich für das weitgehende Fehlen von Solidarität mit den verfolgten Juden. Das Problem ist: Warum wird nicht nach den Gründen gefragt? Der Text tritt an die Stelle der Gründe, nach denen zu fragen wäre. Denn eine falsche Schulderklärung deckt den Schuldigen.

Die Antwort Jesu ist auch eine Antwort auf die Frage nach der Schuld für die Zerstörung Jerusalems. Ich bin sogar überzeugt, dass dies Johannes bewusst ist. Johannes ist ein Meister der indirekten Argumentation.

6. Der Verrat des Judas

Die Figur des Judas, wie sie im Evangelium des Johannes gezeichnet wird, ist deutlich anders als der Judas der Synoptiker. Auch bei Johannes ist Judas der Verräter, aber er verkauft Jesus nicht, und er ist nicht ein schmutziger Geschäftemacher. Judas ist ein Mitglied des engeren Kreises der Jünger Jesu. Bei Johannes macht er einen echten Bekehrungsprozess durch, der ihn vom Glauben Jesu abbringt. Es handelt sich um eine Anti-Bekehrung. Judas bekehrt sich zu einer Position, von der aus er sich gegen Jesus stellen muss. Wenn Judas sich gegen Jesus stellt und an die Seite der Verfolger Jesu rückt, so tut er dies aus Überzeugung, nicht weil er einen schlechten Charakter hat oder gar Silberlinge bekommen möchte. Im Johannesevangelium erhält er kein Geld für seine Kooperation. Der Judas des Johannes ist eine Charakterfigur und nicht etwa ein Lump. Aber er bekehrt sich zu einer Position, die ihn dahin führt, den Tod Jesu zu suchen. Wie wir schon weiter oben gesehen haben, sind bei Johannes die Gegner Jesu Ehrenmänner und ausgeprägte Charaktere, während sie bei den Synoptikern eher als Lumpen dargestellt werden. Bei Johannes ist dies eine Konsequenz seiner Sündenvorstellung. Da die Sünde in Erfüllung des Gesetzes begangen wird, sind es Ehrenmänner, die sie begehen.

Judas bekehrt sich und wird durch diese Bekehrung zum Gegner Jesu. Seine Bekehrung wird bei Johannes als ein Prozess dargestellt, den Jesus wahrnimmt und auf den er reagiert. Bei Johannes ist außerdem klar, dass es sich nicht etwa um eine Bekehrung zum orthodoxen Judentum handelt. Es ist die Bekehrung zu einem Gott, der einen Gegensatz darstellt zu jenem Gott, welcher der Vater Jesu ist. Aber auch zu diesem Gott kommt man durch einen Akt der Bekehrung, im umgekehrten Sinn freilich, wie man sich zum Glauben Jesu bekehrt. Johannes weist diese Bekehrung anhand einiger Szenen seines Evangeliums nach.

Den Hintergrund dieser Anti-Bekehrung des Judas gibt die Szene über die «Tempelreinigung» ab (Joh 2,13–16). Jesus wirft darin den Eignern des Tempels vor, aus dem Tempel ein Kaufhaus zu machen: «... macht aus dem Hause meines Vaters kein Kaufhaus». Es ist eine Transformation dessen, was die Synoptiker sagen. Nach ihnen wirft Jesus dem Tempel vor, eine «Räuberhöhle» geworden zu sein. Auch hier ist deutlich, dass Jesus bei Johannes eine Sünde vorwirft, die in Erfüllung des Gesetzes begangen wird, obwohl durchaus gemeint sein kann, dass sich hinter einem Kaufhaus eine Räuberhöhle verstecken kann. Es sind eben Ehrenmänner, die den Tempel in ein Kaufhaus verwandeln. Sie erfüllen das Gesetz, das in diesem Falle das Wertgesetz ist.

Am Beispiel der Figur des Judas zeigt Johannes, wie an die Stelle des menschlichen Subjekts, von dem Paulus bereits als «Tempel Gottes» gesprochen hatte, ein Kaufhaus tritt und wie dies als Bekehrung erlebt wird. Johannes schildert Judas als ein menschliches Subjekt, das sich selbst in ein Kaufhaus verwandelt und dahinter schließlich eine Räuberhöhle versteckt. Die entsprechende Szene, die dies aufzeigt, ist die Salbung von Betanien (Joh 12,1–8):

> Da nahm Maria ein Pfund kostbaren echten Nardenöls, salbte die Füße Jesu und trocknete seine Füße mit ihren Haaren. Das Haus aber wurde erfüllt vom Duft des Salböles. Judas Iskariot aber, einer von seinen Jüngern, derselbe, der ihn verraten sollte, sagt: «Warum hat man dieses Öl nicht für dreihundert Denare verkauft und (sie) den Armen gegeben?» Das sagte er aber nicht, weil ihm etwas an den Armen lag, sondern weil er ein Dieb war und als Verwalter der Kasse deren Einlagen unterschlug. Da sprach Jesus: «Lass sie. Sie sollte es für den Tag meines Begräbnisses aufbewahren. Denn die Armen habt ihr allezeit unter euch, mich aber habt ihr nicht allezeit.» (Joh 12,3–8)

Der Akzent der Szene liegt auf dem Problem der Berechnung der Welt unter dem Gesichtspunkt des Geldkalküls. Die Frage der Unterschlagung ist zweitrangig. Für den berechnenden Menschen steht die Welt in allen ihren Äußerungen unter dem Gebot des Nutzen-Kosten-Kalküls. Die Salbung erscheint dann einfach als sinnlose Verschwendung, die unter dem Gesichtspunkt des Kalküls schlechthin skandalös ist. Sie wirft das gute Geld einfach zum Fenster heraus. Tatsächlich geschieht sie «umsonst», sie geschieht «einfach so». Sie ist ein «Geschenk». Als menschliche Geste ist sie sinnvoll, aber sie durchbricht die Grenzen des Nutzen-Kosten-

Kalküls und verweist dieses auf einen nachgeordneten Platz. Das Kalkül sagt: Gäbe man das Geld den Armen, so hätte es einen Nutzen. So aber nutzt es nichts und verbreitet höchstens angenehme Gerüche. Die Salbung erscheint sogar als Beleidigung der Armen. Der Standpunkt Jesu ist hingegen der des «Geschenks». Man könnte hinzufügen: Nur Menschen, die zu diesem «Geschenk» fähig sind, sind auch in der Lage, dem Armen einen Platz zu geben. Denn das Nutzen-Kosten-Kalkül trügt, und derjenige, der es vertritt, kalkuliert letztlich doch nur in die eigene Tasche. Es ersetzt das menschliche Subjekt durch ein Kaufhaus, das eine Räuberhöhle hinter sich versteckt. Judas erscheint so als Gesetzesmensch, dessen Gesetz das Wertgesetz ist und der angeblich die wahren Interessen des Armen vertritt.

Die Unterschlagung ist zweitrangig. Auch wenn Judas nichts unterschlägt, sieht er diese Salbung als einen Skandal der Verschwendung. Es ist das «Umsonst» der Handlung, das den Skandal ausmacht und ihre Sinnlosigkeit zu zeigen scheint. Daher ist das Kalkül nicht ein Vorwand, um unterschlagen zu können, sondern der Ausgangspunkt des Skandals. Die Unterschlagung ist nur eine mögliche Konsequenz dieses Ausgangspunkts. Es ist das Problem aller Verwalter und Unternehmer aller Zeiten, das hier aufscheint. Wird die Seele selbst zu einer Kalkulationsmaschine, wird auch die eigene Tasche der Ort, an dem der Gewinn am besten aufbewahrt wird.

Hier taucht bei Johannes das Problem der Destruktivität und der Annullierung des menschlichen Subjekts auf – ein Problem, das mit dem absoluten Geldkalkül verbunden ist. Es geht dabei um die Rationalität des Handelns im Sinne eines Nutzen-Kosten-Kalküls, nicht um das Handeln von Lumpen. Darin äußern sich Erfahrungen aus dem des ersten Jahrhundert: Die Warenbeziehungen sind im Imperium bereits weitgehend verallgemeinert; daher tauchen menschliche Charaktere auf, deren ganze Subjektivität durch diese Warenbeziehungen bestimmt wird.

Die Szene bereitet eine andere vor, in der Jesus und Judas zusammenstoßen. Es handelt sich um das letzte gemeinsame Essen Jesu mit seinen Jüngern. Bei Johannes handelt es sich weder um ein Paschamahl noch um ein eucharistisches Mahl, sondern einfach um ein Abschiedsessen, da der tragische Ausgang seiner Praxis vorhersehbar ist.

Von Judas wird zu Beginn gesagt: «... als der Teufel dem Judas Iskariot, dem Sohn des Simon, es schon ins Herz gelegt hatte, ihn zu überliefern». Im Laufe des Mahles folgt der Zusammenstoß mit Jesus:

> Nach diesen Worten wurde Jesus in seinem Inneren erschüttert und beteuerte: «Einer von euch wird mich überliefern.» Einer von seinen Jüngern lag bei Tisch an der Brust Jesu, der, den Jesus liebte. Diesem nun winkte Simon Petrus zu und sagte zu ihm: «Sprich, wer es ist, von dem er redet.» Der lehnte sich also an die Brust Jesu und sagt zu ihm: «Herr, wer ist es?» Da antwortete Jesus: «Der ist es, dem ich den Bissen eintauchen und geben werde.» Darauf taucht er den Bissen ein, nimmt ihn und gibt ihn dem Judas, dem Sohn des Simon Iskariot. Und nach dem Bissen fuhr der Satan in ihn. Jesus sagt nun zu ihm: «Was du tun willst, tue sogleich.» Aber keiner der Tischgenossen verstand, warum er ihm das sagte. Denn da Judas die Kasse führte, meinten einige, Jesus sage zu ihm: «Kaufe, was wir für das Fest brauchen», oder er solle den Armen etwas geben. Als jener nun den Bissen genommen hatte, ging er sofort hinaus. Es war aber Nacht. (Joh 13,21–30)

Es ist eine Bekehrungsszene. Als solche ist sie nur nach der Szene von der Salbung in Betanien zu verstehen. Denn im Grunde wird hier eine ganz analoge Situation gezeigt, die sich aber – im Vergleich – extrem zuspitzt. Das Mahl wird als Fest geschildert. Dieses wird begangen im Angesicht äußerster Bedrohung; Jesus nimmt an, dass sie das Ende bedeuten könnte.

Vor dem Mahl wäscht Jesus seinen Jüngern die Füße und sagt dann: «Wenn ich, der Herr und Meister, euch die Füße gewaschen habe, müsst auch ihr einander die Füße waschen» (Joh 13,14). Darauf beginnt das Mahl. Einen äußeren Grund, es zu feiern, gibt es nicht. Bei den Synoptikern erhält das letzte Abendmahl einen rituellen Charakter, und es gibt Gründe dafür. Einmal findet es dort zum Zeitpunkt des Paschafestes statt, so dass jeder Jude verpflichtet ist, es zu feiern. Zum andern stellt es so etwas wie den Gründungsakt des Sakraments der Eucharistie dar. Es ist wie ein Kirchgang. Das weiß Johannes natürlich. Wenn er das Mahl an irgendeinem Tag und ohne jeden sakramentalen «Gründungsakt» stattfinden lässt, so soll es wohl ein Fest darstellen, das Jesus einfach feiert, denn noch kann er es, und bald wird er es nicht mehr können. Da ist kein Nutzen-Kosten-Kalkül, sondern ein «Umsonst» und «einfach nur so». Es ist eher wie bei Wilhelm Busch: «... wenn das so ist, und wenn mich doch der Kater frisst». Es findet statt ganz so, wie die Salbung von Betanien.

Ist Judas ein kalkulierender Geldmensch, so muss genau dies für ihn ein Skandal sein. In einer solch ernsten Situation einfach ein Fest zu machen, ohne Pläne zu entwickeln und dabei das Geld für Brot und Wein auszugeben, das man vielleicht gerade jetzt dringend brauchte; das ist aus dieser Sicht ein völlig irrationaler Akt, ja ein Unsinn und eine Verantwortungslosigkeit. Er weiß, dass man Jesus sucht, und er gewinnt jetzt die Überzeugung, dass man ihn zu Recht sucht: Jesus wird nie zur Vernunft kommen. Er verführt die Leute und ist verantwortungslos sogar im Angesicht seines eigenen Todes. Er feiert einfach, und er feiert nichts, was zu feiern wäre. Er feiert auch nicht seinen Tod und auch nicht irgendeine Erlösung der Menschheit durch seinen Tod, was ja dem Fest aus dieser Sicht einen Sinn geben könnte.

Tatsächlich ist dieses Fest ein Skandal für jeden kalkulierenden Realismus. Aus der Sicht Jesu ist gerade dies das Vernünftige. Es ist sinnvoll, sich nicht das Heute durch das Morgen zerstören zu lassen. Jesus bemerkt offensichtlich die Reaktion des Judas und fordert ihn heraus. Es ist sein letzter Versuch, Judas von der Entscheidung gegen ihn abzuhalten. Er gibt ihm einen Bissen, aber gerade dies fordert den Zorn des Judas heraus. Es ist seine Entscheidungssituation. Sie fällt so aus, dass «Satan» in ihn fährt. Jesus sagt ihm: «Was du tun willst, das tue gleich.» Er kann das eine oder das andere tun. Aber jetzt ist Judas entschieden und geht hinaus in die «Nacht».

Es ist die Nacht des kalkulierenden Realismus. Es handelt sich um einen Bekehrungsprozess, der Judas zur Entscheidung gegen Jesus führt. Der Satan, der in ihn hineinfährt, ist nicht eine von außen kommende Substanz des Bösen, das von ihm Besitz ergreift. Jesus sieht diesen Prozess, aber kann ihn offensichtlich nicht aufhalten, obwohl er es möchte. Bei Johannes sind weder Gott noch der Teufel als Satan unabhängig agierende Substanzen, die den Menschen determinieren. Bekehrt sich der Mensch zu Gott, dann bekehrt er sich zu einer Position der Bestätigung des Lebens durch das Nein zum Töten. Hierdurch wird Gott gegenwärtig und nimmt Wohnung in ihm. Bekehrt er sich aber zum Töten, wird Satan gegenwärtig und fährt in ihn hinein. Indem er das Leben bestätigt durch das Nein zum Töten, wirkt der Mensch die Gegenwart Gottes. Bestätigt er aber das Töten, so wirkt er die Gegenwart Satans, des Teufels. Alles dies folgt aus dem Begriff der Sünde, die in Erfüllung des Gesetzes begangen wird.

Man sieht, dass eine Parallele besteht zwischen dieser umgekehrten Anti-Bekehrung des Judas und der ersten zentralen Szene des Evangeliums, in der Jesus mit Gläubigen zusammenstößt. Auch diese Szene beschreibt einen umgekehrten Bekehrungsprozess. Er schließt ab mit den Worten dieser Gläubigen, die zu Gegnern geworden sind: «Jetzt wissen wir, dass du von einem Dämon besessen bist» (Joh 8,52). Sicher ist dies für Johannes auch das Ergebnis, zu dem Judas kommt. Und Johannes wird dann über Judas sagen, dass der Satan in ihn fuhr, so wie vorher Jesus von diesen ehemaligen Gläubigen sagte, dass sie den Teufel zum Vater haben.

Satan ist hier der Teufel, aber er ist ein spezifischer Teufel. Es ist der Teufel, der in der Sünde wirkt, welche die Erfüllung des Gesetzes ist. Generell ist in den Evangelien, und zwar in allen, der Teufel Satan. Sogar Mephisto im «Faust» von Goethe ist ein Nachfolger Satans. Die zu Gegnern gewordenen Gläubigen aber sehen in Jesus nicht den Teufel als Satan. Bei Johannes sagen sie nicht, dass Jesus den Teufel oder den Satan hat. Dieser Name ist bei Johannes spezifisch besetzt. Sie sagen, dass er einen «Dämon» hat. Der Dämon ist ein anderer Teufel als Satan. Dieser Teufel ist konträr zu Satan. Seit dem Mittelalter heißt er Luzifer. In der entsprechenden Stelle des Johannesevangeliums erscheint er, wie ich glaube, zum ersten Mal. Der Teufel Luzifer taucht auf, ohne schon diesen Namen zu bekommen..

Es sind zwei große, gegenläufige Bekehrungsprozesse. Beide gehen von einem Konflikt mit Gläubigen aus, und zwar nicht mit orthodoxen Juden. Auch Judas beginnt als Gläubiger, ja sogar als Apostel. Für Johannes scheint ein solcher Ausgangspunkt geradezu die Bedingung für einen umgekehrten Bekehrungsprozess zu sein.

Später taucht Judas noch einmal auf unter denen, die Jesus verhaften. Nachdem gesagt wurde, dass er den Ort zeigte, wo sie Jesus verhaften könnten, heißt es ganz lakonisch: «Aber auch Judas, der ihn überlieferte, stand bei ihnen» (Joh 18,5). Er stand jetzt auf der anderen Seite. Er hatte sich positioniert.

Judas ist eine Figur, der alle Evangelien Bedeutung verleihen. Er ist ein Apostel, ein Gläubiger, der sich gegen Jesus stellt und schließlich aktiv wird, um Jesus den Tod zu geben. Dass Judas eine Bedeutung erhält, erklärt sich ausschließlich dadurch, dass er ein Apostel ist. Im Sinne der Religionsgemeinschaften gesprochen ist Judas kein Jude, sondern ein Christ. So wird er in allen Evangelien dargestellt. Seine Charakterzüge sind bei den Synoptikern und bei Johannes sehr verschieden, aber in dieser Hinsicht stimmen alle überein: Es ist ein Apostel, der den Tod Jesu möglich machte oder zumindest beschleunigte. Wäre er das nicht gewesen und hätte irgend jemand den Aufenthalt Jesu verraten, so wäre dies in den Evangelien nicht einmal erwähnenswert gewesen.

Von Judas wird nie gesagt, dass er ein Jude sei, und es wird hierauf von keinem Evangelisten hingewiesen. Er stammt aus dem jüdischen Volk, so wie alle anderen Apostel und Jesus auch. Nur bei einem Jünger weist Johannes darauf hin, dass er ein Israelit ist. Es ist Natanael, der, als man ihm von Jesus erzählte, sagte: «Kann aus Nazaret etwas Gutes kommen?» (Joh 1,46) Als Jesus ihn trifft, ruft er aus: «Siehe, ein wahrer Israelit, in dem kein Falsch ist» (Joh 1,47). Er ist also ein Israelit von echtem Schrot und Korn. Bei Johannes sind solche Passagen sehr bewusst formuliert. Der wahre Jude ist ein Mensch, in dem kein Falsch ist. Sollten also im weiteren Text Juden vorkommen, in denen ein Falsch ist, dann sind sie so nicht deswegen, weil sie etwa Juden sind. Da liegt es völlig fern, den Verrat des Judas etwa dadurch zu erklären, dass er ein Jude ist. Judas mag seinen Verrat aus allen möglichen Gründen begangen haben, aber Johannes macht klar, dass unter diesen Gründen sein Judentum eben keine Rolle spielt. Wenn also eine spätere antijüdische Lektüre den Judas eben gerade als Juden darstellt, kann sie sich nicht auf Johannes berufen. Er hat solch eine Interpretation sogar abzublocken versucht.

Etwas später fügt Johannes ein anderes Wort Jesu hinzu: «das Heil kommt aus den Juden» (Joh 4,22). Das heißt ebenso: Das Unheil kommt nicht aus den Juden. Ein Jude kann natürlich Unheil stiften und auch ein Lump sein. Geschieht dies, ist der Grund eben nie darin zu suchen, dass er ein Jude ist. Wenn er ein Lump ist, so gibt sein Judesein nicht den Grund dafür an, dass er ein Lump ist.

Wahrscheinlich sieht Johannes sich bereits mit Strömungen konfrontiert – man kann sie, besonders unter Heidenchristen vermuten –, die eine Figur wie Judas dadurch erklären, dass er eben ein Jude ist. Sie sind dann Richter, die sicher stellen, dass sie nicht Komplizen sind. Eine solche Reaktion ist völlig normal und durchaus noch nicht antisemitisch. Antisemitisch wird sie, wenn ein Unheil, das sich mit einem Juden verknüpft, als das Wesen des Jüdischen erklärt wird. Der Satz Jesu wird umgedeutet in: «Alles

Unheil kommt von den Juden.» Die Kreuzigung Jesu wird zur «Sünde der Juden». Selbst Calvin sagt vom Bauernaufstand seiner Zeit, er sei ein Produkt des «jüdischen Wahns» der Bauern, obwohl sich unter ihnen wahrscheinlich kein einziger Jude befand. Es entsteht das Bild des Juden als eines Unheilbringers.

Wir kennen Reaktionen, die in diese Richtung weisen und die wir durchaus als normal betrachten können, obwohl sie falsch sind, auch heute. Man gibt etwa die Schuld am Gulag den Russen oder den Asiaten und baut sich so als unschuldiger Richter auf. Auch gegenüber dem Holocaust, der dann eben Schuld der Deutschen ist, so dass man sich als Nichtdeutscher als völlig unschuldiger Richter fühlt. Aber es kann kein vom Beurteilenden unabhängiges Wesen des Unheils hergestellt werden. Johannes besteht stets darauf, dass der Richter Komplize des Verbrechens ist, über das er urteilt. Und aus irgendeinem Grund fühlt er sich verpflichtet, dies gerade für sein Evangelium und die darin vorkommenden Juden ausdrücklich klarzustellen.

Die antijüdische Lektüre des Johannesevangeliums geht über diese Klarstellung vonseiten des Johannes völlig hinweg und schreibt Johannes genau das Gegenteil zu.

7. Exkurs über einen Kommentar zum Judas-Bild der Evangelien

Ich will dies kurz anhand eines Autors aufzeigen. George Steiner führt uns folgende Figur des Judas vor:

> Das Judesein des Judas Iskariot wird in dem Evangelium sofort greifbar: er ist der, der den «Beutel hat», der das Geld verwaltet.[9]
>
> Das vorgebliche äußere Erscheinungsbild des Sohnes des Iskariot, sein rotes Haar, seine «jüdische» Nase, sein Gabelbart kündigen die jahrtausendelange blutige Diffamierung des Juden an.[10]

In den Evangelien ist Judas ganz einfach ein Apostel, der der Schatzmeister der Jesusbewegung ist. Daran ist überhaupt nichts Jüdisches, es ist einfach so. Einer muss der Schatzmeister sein, und wenn alle Mitglieder der Bewegung aus dem jüdischen Volk stammen, dann kann der Schatzmeister nur ein Jude sein wie alle andern

9 Steiner, George: Der Garten des Archimedes, München, 1996, S. 347.
10 Ebd. 348.

auch. Es gibt überhaupt keinen Hinweis, dass es in jener Zeit als jüdisch galt, den Beutel zu verwalten. Die Verbindung von Jude und Geld gehört zu einer Zeit, die tausend Jahre danach beginnt, und sie hat mit der Ghettoisierung der Juden und der daraus resultierenden Konzentration auf Geldgeschäfte zu tun. Steiner projiziert seine Kritik auf die Evangelien; sie enthalten keinen einzigen Hinweis dieser Art.

Vom Text her könnte die Judasfigur ganz anders dargestellt werden. Judas ist Apostel, d. h. nach vatikanischer Auffassung Bischof. Judas könnte als Bischof dargestellt werden, mit Mitra, Bischofsstab und Ring, in der einen Hand den Beutel versteckt. Er würde dann etwas ganz anderes symbolisieren und wäre ebenfalls sehr populär gewesen. Denn das Volk hätte doch sofort etliche Bischöfe, Unternehmer und Minister in dieser Judasfigur wiedererkannt und würde sie auch heute weiterhin erkennen. Keineswegs wäre Judas dann ein Jude gewesen. Dem Text hätte eine solche Judasfigur sogar viel besser entsprochen. Sie wäre aber offensichtlich nicht antijüdisch. Man versteht sofort, warum die Judasfigur nicht in dieser Form ausgebildet wurde. Aber das Beispiel kann sehr gut erklären, warum das herrschende Judasbild ein bestimmtes historisches Ergebnis ist, das nicht aus dem Text folgt. Wenn man also wissen will, warum ein bestimmtes Judasbild entsteht, muss man die Geschichte befragen. Bei Steiner aber gibt es die Geschichte überhaupt nicht. Es gibt bloße Determinierungen durch ursprüngliche und unabhängige «Essenzen».

Woher dieses Judasbild stammt, zeigt ebenfalls der Hinweis Steiners auf das «vorgebliche äußere Erscheinungsbild» des Judas. Der Judas seiner Zeit weiß ziemlich sicher nicht, was ein Gabelbart ist. Dass er rotes Haar haben soll, ist ein Produkt West- und Nordeuropas und hat in der Antike keine Bedeutung. Seine jüdische Nase stammt ebenfalls aus dem Hochmittelalter, wo sie benutzt wurde, um eine Verbindung zwischen Juden und Arabern herzustellen. Die großen Pogrome des Mittelalters pflegen den Auftakt zu den Kreuzzügen zu bilden. Der Zusammenhang zwischen Kreuzzügen und der Entstehung des Antisemitismus ist von entscheidender Bedeutung. Der Mob, der in die Kreuzzüge geschickt wurde, zog zum Auftakt in die Ghettos der Juden.

Die Charakteristika sind typisch für das Hochmittelalter und wurden seither tradiert. Mit den Evangelien haben sie so gut wie nichts zu tun, sie benutzen diese als Aufhänger. Der Judasmythos des Mittelalters wäre zu analysieren. Aber man muss ihn aus seiner Zeit heraus verstehen und nicht meinen, dass er aus den Evangelien stammt. Dort ist Judas kein Jude in irgendeinem spezifischen Sinne, der ihn von anderen unterscheiden würde, sondern christlicher Apostel.

Steiner fährt fort:

> Von allen Namen seiner unmittelbaren Gefolgsleute ist nur Judas ein typisch jüdischer. Es befindet sich noch ein anderer Judas unter ihnen, von dem ganz ausdrücklich gesagt wird, dass er nicht der Iskariot ist. Die Kirche wird später einen Heiligen dieses Namens in ihren Kalender aufnehmen.[11]

Steiner projiziert wieder unsere heutige Situation in die Evangelien hinein. Natürlich tragen alle Apostel und Jesus selbst typisch jüdische Namen. Was für Namen sollten sie denn sonst tragen? Aber sie klingen für uns heute nicht mehr jüdisch, während nur der Name Judas noch jüdisch klingt. Dies ist Ergebnis einer Geschichte, in welcher der Antisemitismus eine wichtige Rolle spielt. Aber eine solche Situation jetzt den Evangelien zu unterstellen, zeigt eine absolute Unfähigkeit, Geschichte zu verstehen. Steiners Hinweis darauf, dass vom andern Judas ausdrücklich gesagt wird, er sei nicht der Iskariot, zeigt gerade, dass «Judas» weiterhin ein normaler Name ist und das Bild des Judas mit diesem zweiten Namen, Iskariot, verknüpft wird. Tatsächlich gibt es ja auch im Neuen Testament einen Judasbrief – ein Hinweis darauf, dass «Judas» weiterhin ein ganz gewöhnlicher jüdischer Name ist. Das ändert sich allerdings später grundsätzlich. Aber der Grund liegt wieder nicht in den Evangelien, sondern in der Umformulierung des Judas-Mythos, welche aus der Zeit heraus erklärt werden muss, in der sie geschieht.

Hierauf baut Steiner seine Interpretation des Abschiedsmahles und des Zusammenstoßes zwischen Jesus und Judas auf:

> Mit einer Regung, deren Unmenschlichkeit die christliche Exegese zu elidieren oder zu kaschieren versucht, taucht Jesus den Bissen ein und reicht ihn dem Sohn des Simon Iskariot. Ein ominöses, wenn auch verhülltes Echo des Eintauchens der Speisen in die bitteren Kräuter beim Pessach-

11 Ebd. 347.

> Mahl ist unverkennbar. Wir werden hier Zeugen eines «Anti-Sakraments», einer antinomischen Eucharistie der Verdammung ... Das Johannes-Evangelium ist hier ganz explizit: erst mit dem Bissen «fuhr der Satan in ihn»[12] ... was einige Kommentatoren als «satanisches Sakrament» bezeichnet haben ... Der Sohn Gottes weist den Mann, von dem Satan Besitz ergriffen hat, an: «Was du tust, tue es bald.» Ist nun ein konziserer und gleichzeitig unbestimmterer Satz oder Sprechakt überliefert?[13]

Steiner verwechselt offensichtlich das letzte Abendmahl der Synoptiker mit dem Abschiedsmahl Jesu bei Johannes. Es ist kein Paschamahl, denn es findet vor dem Fest statt. Es ist ebenso wenig ein eucharistisches Mahl. Johannes geht nie auf die Eucharistie ein und scheint ein sehr distanziertes Verhältnis zur Eucharistie-Feier zu haben. Aber wenn er keine göttliche Eucharistie hat, warum sollte er dann eine satanische haben? Wenn Johannes überhaupt keine Messe feiert, warum soll er dann eine schwarze Messe feiern? Der Bissen hat keine eucharistische Bedeutung, sondern ist ein einfacher, ganz normaler Freundschaftsakt, mit dem Jesus Judas zurückholen will in die Gemeinschaft der Apostel. Judas isst den Bissen, aber kommt gerade hierdurch zum endgültigen Entschluss. Dass Satan in ihn fuhr, ist nicht Jesus zuzuschreiben, sondern ist das Ergebnis eines Entschlusses, den Judas fasst. Steiner schafft überall Essenzen, wo Johannes niemals subjektunabhängige Wesenheiten am Werk sieht:

> Wir kennen nicht die Motive, aus denen heraus Jesus Judas zur ewig währenden Verdammung erwählte.[14]

Bei Johannes ist nicht von einer ewig währenden Verdammung die Rede, sondern vom Ende einer Anti-Bekehrung des Judas, der sich gegen Jesus stellt und seine Verurteilung zum Tode unterstützt.

Das Ergebnis Steiners ist ziemlich ominös:

> Judas schreitet in die niemals endende Nacht kollektiver Schuld hinaus. Sein Abgang öffnet die Tür zur Schoah: das ist nichts als die nüchterne Wahrheit. Die «Endlösung», die im zwanzigsten Jahrhundert vom Nationalsozialismus vorgeschlagen und in Angriff genommen wurde, ist der völlig logische, axiomatische Abschluss der Identifizierung der Juden mit und

12 Ebd. 346.
13 Ebd. 347.
14 Ebd. 348.

> durch Judas ... Die Finsternis, die Nacht in der Nacht, in die Judas hinausgeschickt wird, auf dass er «schnell handele», ist schon die der Verbrennungsöfen.[15]

Meines Wissens wurde die Judenvernichtung 1941 auf der Wannsee-Konferenz entschieden, nicht vor 2000 Jahren beim Abschiedsessen Jesu.

Johannes zeichnet den Charakter des Judas als den eines kalkulierenden Realisten, der sich aufgrund dieser Haltung gegen Jesus positioniert. Wenn wir schon solch eine waghalsige Brücke über 2000 Jahre schlagen wollen, sollten wir dann nicht eher fragen, ob nicht dieser kalkulierende Realismus, diese Reduzierung der Welt auf Kalküle, etwas mit den Gründen für die Schoah zu tun hat? Zumindest aber sieht man dann, dass die Behauptung, die Nacht des Judas sei die der Verbrennungsöfen, die Diskussion über die Schuldigen überflüssig zu machen scheint. Wir kennen die Schuldigen schon, wir wissen, dass sie vor zweitausend Jahren gelebt haben. Wozu noch fragen, wer denn diesen Antisemitismus des 19. und 20. Jahrhunderts vollbracht hat? Lassen wir die Fragerei, sagt uns Steiner, und geben wir uns mit dieser Antwort zufrieden. Ich meine, hier äußert sich ein Interesse, die Fragen von heute nicht mehr zu stellen, indem man sie einfach als gelöst hinstellt – durch eine weit zurückliegende Vergangenheit. Einen Falschen zum Schuldigen zu erklären deckt den Schuldigen. Bei Steiner befehlen die Toten.

Steiner schließt so, wie es sein muss:

> [Das Abschiedsmahl] ... endet in zweifacher Dunkelheit: der der Sonnenfinsternis über Golgatha und der der nie endenden Nacht jüdischen Leidens. Vielleicht verzeiht man es mir, wenn ich frage, ob ein Mensch, vor allem wenn er aus dem Hause Jakobs ist, nur dann, wenn er mit dem Teufel speist, einen möglichst langen Löffel benutzen soll.[16]

So merkwürdig es ist, dies ist auch das Ende der ersten zentralen Szene des Johannesevangeliums, als sich die Gläubigen, mit denen Jesus zusammenstieß, in seine Gegner verwandelt hatten und sagten:

> Jetzt wissen wir, dass du von einem Dämon besessen bist. (Joh 8,52)

15 Ebd. 349.
16 Ebd. 349.

8. Die Zeichnung der Charaktere bei Johannes

Steiner behauptet:

> Der Vierte Evangelist schreibt gegen den traditionellen Judaismus, den er mit korrupter Weltlichkeit identifiziert und als Bedrohung der neuen Christen, der Judäo-Christen, in einem säkularisierten, synkretistischen Gefühlsklima auffasst ... Das Vierte Evangelium erhält nur fallweise Zustimmung von dem, was in der christlichen Tradition «fundamentalistisch» «literarisch» oder puritanisch ist. Es irritiert alle, die die essenzielle Menschlichkeit Jesu geltend machen. Bezeichnenderweise empfand Bach, dass es sich der Vertonung widersetzt. Seiner Johannespassion fehlt ein sicheres Zentrum.[17]

Dies ist offensichtlich falsch. Johannes schreibt nicht gegen den traditionellen Judaismus. Er schreibt im Namen der Tradition des mosaischen Gesetzes gegen eine Gesetzesauffassung, die er als Reduzierung dieser Tradition auf einen Formalismus der Gesetzlichkeit ansieht. Der Jesus des Johannesevangeliums tritt im Namen der mosaischen Tradition auf gegen das, was er in seiner Gegenwart als Verlust dieser Tradition ansieht. Von diesem Ausgangspunkt her geht er über diese Tradition hinaus, betont aber ständig, dass er dabei diese Tradition nicht verletzt, sondern radikalisiert – zu seiner Auffassung vom Menschen als eines Subjekts, welches sich zur Gesetzlichkeit souverän verhält und dies im Namen eines Gesetzes tut, das für das Leben gegeben ist. Hier wird die Tradition nicht mit korrupter Weltlichkeit identifiziert, sondern die Tradition gegen die Weltlichkeit in Anspruch genommen. Die Weltlichkeit aber ist nicht korrupt, sondern auf Formalismus reduzierte Gesetzlichkeit.

Daraus ergibt sich die Zeichnung der Charaktere im Johannesevangelium. Die Gegner Jesu sind Ehrenmänner, und alle drücken eine bestimmte Gesetzlichkeit aus, innerhalb derer sie sich verhalten. Die Hohenpriester sind gleichzeitig Jakobiner und Realpolitiker, Pilatus ist der mit der Macht des Imperiums kalkulierende Despot. Beide denken strategisch und kalkulieren gegenseitig ihre Chancen. Der Mensch Jesus spielt überhaupt keine Rolle. Judas ist ein kalkulierender Realist, der das Denken eines Geschäftsmanns hat.

17 Ebd. 339.

Als Menschen sind sie sehr blass und kalt. Sie haben keine Leidenschaften. Sie haben nicht eine korrupte Menschlichkeit, sondern überhaupt keine Menschlichkeit, denn ihre Menschlichkeit ist auf Positionen reduziert und durch Gesetzlichkeiten ersetzt. Wenn jemand zu opfern ist, wird er eben geopfert; ihr Handeln hängt davon ab, an welcher Stelle in der Logik der Gesetzlichkeit sie sich befinden. Sie haben im Wesentlichen nicht einmal Laster, zumindest zeigen sie diese nicht. Sie haben Würdegefühl und Mut. Wenn sie töten, tun sie es nicht aus Rache, sondern erfüllen ein Gesetz. Die Leidenschaft ist untergegangen, und es bleibt ein verklemmter und verkniffener Hass, der sich als Gesetz tarnt und tatsächlich die andere Seite der sich absolut setzenden formalen Gesetzlichkeit ist. Es ist sehr verständlich, weshalb Bach ein synoptisches Evangelium leicht vertonen kann, mit den Charakteren des Johannes aber Schwierigkeiten bekommt.

Seine Charaktere sind völlig anders als die entsprechenden Charaktere der Synoptiker. Bei den Synoptikern herrscht Leidenschaft, Rache, Reue und Verzweiflung. Die Charaktere sind heiße Charaktere. Judas ist einfach ein Lump, den die Habsucht dazu verführt, Jesus für eine lächerliche Summe zu verkaufen. Er gibt ihm den Judaskuss. Aber als er ihn gibt, wird er sich seines Unrechts bewusst. Er bereut, schließlich verzweifelt er und begeht Selbstmord. Aber gerade darin ist seine Unmenschlichkeit sehr menschlich. Er lebt das alles. Der Judas des Johannes ist ganz anders. Er verkauft Jesus nicht und bekommt kein Geld. Er ist ein Ehrenmann, der seine Überzeugung niemals für Geld verkaufen wird. Er bekehrt sich zu einer Position gegen Jesus. Er ist überzeugt, dass Jesus des Todes ist und handelt entsprechend. Er bereut daher nicht und begeht auch keinen Selbstmord. Er befindet sich jetzt unter den anderen und weiß, dass er recht getan hat.

Auch die Hohenpriester sind bei den Synoptikern leidenschaftliche Charaktere. Sie hassen und rächen sich. Sie sind erregt und wollen den Tod Jesu. Sie sind heiße Charaktere. Bei Johannes hingegen sind sie eine Art Jakobiner, die wissen, was sie unter dem Gesetz zu tun haben, und die ganz nüchterne, realpolitische Kalküle anstellen. Sie operieren ohne jede offene Leidenschaft. Ganz so auch Pilatus, der bei den Synoptikern ein Schwächling ist, der seine Meinung nicht durchzusetzen in der Lage ist, der sich seine Hände in Unschuld wäscht, aber dennoch Jesus hinrichten lässt. Er ist in dieser Position eher verachtungswürdig und ein Feigling; aber das, was ihn verächtlich macht, ist dennoch sehr menschlich. Bei Johannes ist er ein kalter Erpresser, dessen einziger Bezugspunkt die Macht des Imperiums ist. Auch bei Johannes ist er verachtungswürdig, aber aus Gründen, die gerade nicht aus irgendeiner menschlichen Schwäche, sondern aus seinem grenzenlosen Machtzynismus stammen.

Demgegenüber ist Jesus im Johannesevangelium der menschliche Charakter. Er beginnt seine öffentliche Tätigkeit mit einem Fest, nämlich dem Hochzeitsfest von Kanaan. Als der Wein ausgeht, verwandelt er große Massen von Wasser in Wein, damit das Fest weitergehen kann. Er reinigt leidenschaftlich den Tempel, von dem er sagt, er sei zu einem Kaufhaus gemacht worden. Er hat viele Freunde, insbesondere Lazarus und seine Schwestern Maria und Martha. Er ist traurig, als Lazarus stirbt, und erweckt ihn wieder zum Leben. Er kalkuliert nicht, und seine Freunde auch nicht, die Salbung von Betanien zeigt es. Als Jesus die Katastrophe kommen sieht, feiert er wieder ein Fest, für das es keinen realistischen Grund gibt. Während des Festes liegt einer seiner Jünger an seiner Brust, der möglicherweise Johannes ist. Er erleidet die Entwicklung eines seiner Freunde, nämlich des Judas, zum Gegner und versucht, ihn zurückzugewinnen, scheitert jedoch. Jesus erfährt, dass sein Leben gegen alle Kalküle dazu führt, dass man seinen Tod sucht. Aber er paßt sich nicht an, auch wenn es ihn das Leben kostet.

Der Jesus des Johannesevangeliums ist ausgeglichener und kohärenter als der Jesus der Synoptiker. Auch der Jesus der Synoptiker ist leidenschaftlich wie seine Gegner. Er führt Positionen ins Extrem, die er dann an anderer Stelle wieder abschwächt oder zurücknimmt. Dadurch erhält er die besondere Faszinationskraft der synoptischen Evangelien. Auch ist er von Mysterien umgeben, die der nüchterne Johannes offensichtlich ablehnt. Der Jesus des Johannes ist als Gegenpol zu den Ehrenmännern des Kalküls von Gesetz, Macht und Geld dargestellt. Das Johannesevangelium ist modern, während die synoptischen Evangelien vormodern sind.

Jesus lebt das Leben, das «nicht von dieser Welt» ist. Von dieser Welt zu sein, heißt das Leben dieser kalkulierenden Ehrenmänner zu leben. Das Leben hingegen, das nicht von dieser Welt ist, ist ein schönes Leben. Johannes zeigt einen Jesus, der ein schönes Leben lebt. Sein Zeugnis ist das Leben, das er lebt, und dieses Leben macht er anderen gegenüber gegenwärtig. Er isst gern, liebt den Wein und hat Freunde. Hätte es damals schon Tabak gegeben, hätte er sicher auch geraucht. Und dieses schöne Leben ist aufgebaut auf der Bestätigung des Lebens durch das Nein zum Töten. Das unterscheidet es vom «guten Leben» des Aristoteles. Das schöne Leben, das Johannes vorstellt, ist realistischer. Es verwirklicht vor allem keine Ideale. Es lebt und weiß, dass man nur durch das Nein zum Töten hindurch ein schönes Leben führen kann. Dies ist kein Ideal, obwohl es ein Anspruch ist, der aber aus dem Realismus eines schönen Lebens erwächst. Er entsteht aus der Kritik aller Ideale im Namen der Wirklichkeit. Daher ist das Leben, das nicht von dieser Welt ist, nicht das, was man sich unter einem Klosterleben vorstellt. Es ist nicht das Leben von Asketen, sondern von Menschen, die das Leben lieben. Aber es besteht darauf: Wer das Leben liebt, kann es nur durch das Nein zum Töten verwirklichen. Der extreme Asketismus ist hier eine Weise, «von dieser Welt» zu sein.

Aber dieses schöne Leben ruft den Konflikt mit der Welt hervor, denn vom Standpunkt der kalkulierenden Ehrenmänner gilt es als eine gefährliche Verrücktheit. Es ist dies so sehr, wie das Leben dieser Ehrenmänner vom Standpunkt des schönen Lebens her verrückt erscheint. Die Welt tötet daher den, der ihr ein schönes Leben vorlebt und dies als die Wahrheit vertritt.

Ich glaube, dies ist die Vorstellung, die Johannes von Jesus vermitteln will. Was Johannes über diesen Jesus denkt, sagt Jesus über Natanael: «Siehe, ein wahrer Israelit, in dem kein Falsch ist» (Joh 1,47).

9. Die Sprache des Johannesevangeliums

Man kann sagen, dass das Evangelium des Johannes ein verschlüsselter Text ist. Nur einige wenige Male formuliert Johannes direkt, was er sagen will. Er zieht Anspielungen vor, eine indirekte Sprache, Intuitionen des Textes. Der Text des Johannes geht vor wie ein Schachspieler, der die Figuren bewegt, ohne jemals zu sagen weshalb. Die Bewegungen sind Teil eines Gesamtspiels, werden aber nicht als solche enthüllt. Kommt dann das Schachmatt, merken wir, warum er viele Züge früher einen Bauern bewegt hat. So ist es auch bei Johannes. Eine Bewegung im letzten Kapitel kann vorbereitet sein durch eine im ersten, ohne dass etwas über den Zusammenhang gesagt wurde. Aber sie enthüllt sich plötzlich als Teil des Arguments. Worte werden irgendwo ohne sichtbaren Grund gesetzt oder wiederholt, aber im Weiteren enthüllt sich die Beziehung.

Das Evangelium des Johannes ist gleichzeitig ein Kunstwerk, ein Drama, das auf einer Gesamtheit von Szenen aufbaut. Ein Drama, das manchmal eine Komödie und dann wieder eine Tragödie zu sein scheint. Wie in einem Kunstwerk ist sein Sinn offen. Es ist daher kein Lehrstück mit einer zentralen These, die dann apologetisch verteidigt wird. Im Johannesevangelium tauchen verschiedene Sinnmöglichkeiten auf, ohne dass Johannes eine Anstrengung unternimmt, diese Verschiedenheit in etwas Eindeutigem zu vereinigen. Es handelt sich wirklich um ein Evangelium, obwohl es gleichzeitig eines der großen Meisterwerke unserer Kunsttradition ist. Es erzählt die Geschichte von Provinzlern in einer unbedeutenden Provinz des großen Imperiums. Ein Zimmermann aus Galiläa, Hohepriester, die einem Regime unterworfen sind, dessen Zentrum weit entfernt ist, und ein Statthalter des Imperiums, der in diese Provinz geschickt wurde, weil er für etwas Besseres nicht taugt. «Dritte Welt».

Aber das, was geschieht, ist ein Welttheater. Die Welt dieser Zeit ist gegenwärtig, und es ist gegenwärtig, was es heißt, nicht von dieser Welt zu sein. Aber es ist auch gegenwärtig die Welt, die noch kommt, und die Welt, die vorher war. Es werden Kategorien gezeigt und entwickelt, die in den Jahrtausenden, die folgen, Gültigkeit erhalten werden. Es werden zentrale Bezugspunkte markiert, die wir brauchen, um die Geschichte bis heute verstehen zu können. Es werden nicht nur die Kategorien dieser Zeit formuliert, sondern auch die Kategorien einer möglichen Zukunft bis heute. Es ist ein Welttheater, das unsere Moderne einschließt und auch die heute notwendige Überwindung dieser Moderne. Es ist eine für die Zukunft offene Welt, die gezeigt wird, einer Zukunft, die wir selber sind.

Ich glaube, es gibt kein klassisches Werk aus der vorangegangenen Antike, das diesen Charakter hätte. Von Sokrates und Platon bis Cicero und den Stoikern befinden wir uns in einer anderen Welt. Es ist eine geschlossene Welt, die wir öffnen müssen, damit sie uns zugänglich wird. Es ist nicht unsere Welt. Aber wenn wir uns in das Evangelium des Johannes hineindenken, treten wir in eine Welt ein, welche die unsrige ist, obwohl es doch meisterhaft den Inhalt der christlichen Botschaft seiner Zeit wiedergibt. Die Botschaft, wie sie bei Johannes gezeigt wird, ist zu unserer Welt hin geöffnet.

Das Welttheater, wie Johannes es uns gegenwärtig macht, verlangt auch die Sprache des Johannes. Johannes ist kein Weissager oder ein allwissender Prophet. Er sagt keine Zukunft voraus, sondern er kündigt Möglichkeiten der Zukunft an, wie sie in seiner Gegenwart enthalten sind. Dies aber kann man eben nur leisten durch Anspielungen, Intuitionen und durch einen doppelten Sinn, einschließlich der Ironie.

Johannes stellt selbst vor, was seine Sprache ist. Ständig sagen die Figuren seines Dramas etwas, was sie nicht sagen. Sie sagen etwas dadurch, dass sie es nicht sagen. Indem sie etwas sagen, das sie nicht sagen, schaffen sie eine offene Welt. Johannes ist sich der Charakteristik seiner Sprache offensichtlich sehr bewusst. Er zeigt dies in seiner Erzählung von der Heilung eines Mannes, der von Geburt an blind war.

Die Heilung geschieht an einem Sabbat, und einige Pharisäer interpretieren sie als eine Verletzung des Sabbatgesetzes. Es handelt sich um einige, nicht um alle, denn «so war Zwiespalt unter ihnen» (Joh 9,16). Die Anwesenden bekommen Angst, und die Pharisäer fragen die Eltern. Diese antworten:

> Wir wissen, dass dies unser Sohn ist und dass er blind geboren wurde. Wie er jetzt sieht, wissen wir nicht. Er ist alt genug. Er kann selbst über sich Auskunft geben. (Joh 9,20–21)

Johannes erklärt anschließend, was sie sagen, ohne es zu sagen: Das sagten seine Eltern, weil sie die Juden fürchteten (Joh 9,22). In Wirklichkeit führt er uns in seine Sprache ein.

Jetzt wenden sie sich an den Sohn, der blind gewesen war, und sagen ihm, dass Jesus ein Sünder sei. Er antwortet: «Ob er ein Sünder ist, weiß ich nicht. Das eine weiß ich, dass ich blind war und jetzt sehe» (Joh 9,23) .

Als sie wissen wollen, wie das geschehen ist, sagt er:

> Ich habe es euch schon gesagt, und ihr habt nicht darauf gehört. Was wollt ihr es noch einmal hören? Wollt etwa auch ihr seine Jünger werden? (Joh 9,27)

Danach fügt er hinzu:

In diesem Falle ist es doch verwunderlich, dass ihr nicht wisst, woher er ist, und doch hat er mir die Augen geöffnet. (Joh 9,30)

Was Johannes sagt, ohne es zu sagen, ist: Wenn ein Blindgeborener sehend wird, werden viele Sehende blind. – Dabei gibt es ein Kriterium, von dem aus alle Schlüsse gezogen werden: Das eine weiß ich, dass ich blind war und jetzt sehe. Dies ist, was man weiß, denn das ist die Wirklichkeit. Die Folgerung daraus kennt man nicht, obwohl sie für Johannes klar ist, ohne sie zu benennen. Im Text wird sie danach vom Geheilten ausgesagt: «Wenn dieser nicht von Gott wäre, könnte er nichts tun» (Joh 9,33).

Dieses ganze Kapitel ist ein Meisterwerk der Dialektik, worin Johannes außerdem zeigt, wie er vorgeht. Immer ist die Wirklichkeit der Bezugspunkt des Urteils. Johannes kommt hierauf zurück, wenn er vom auferstandenen Jesus spricht. Wie Johannes berichtet, war Jesus seinen Jüngern erschienen, aber Thomas, «einer von den Zwölfen», war nicht anwesend. Er sagt:

Wenn ich nicht an seinen Händen das Mal der Nägel sehe und meinen Finger in das Mal der Nägel lege und meine Hand in seine Seite lege, so werde ich nimmermehr glauben. (Joh 20,25)

Jesus erscheint wieder und sagt:

«Tu deinen Finger hierher und sieh meine Hände an, und tu deine Hand her und lege sie in meine Seite, und sei nicht ungläubig, sondern gläubig.» Thomas antwortete und sagte zu ihm: «Mein Herr und mein Gott.» (Joh 20,27–28)

Es handelt sich um die Botschaft von der körperlichen Auferstehung, und wieder gilt die Wirklichkeitserfahrung als Wahrheitskriterium. Die Schlussfolgerung bleibt offen.

Die Szene vom ungläubigen Thomas bildet den Schluss des Johannesevangeliums. Es folgt noch ein Kapitel 21, das ganz ausdrücklich ein späterer Zusatz ist. Ich glaube, es ist die Unterschrift des Johannes, der sich hier selbst interpretiert sieht. Ähnliches ist bei mittelalterlichen Malereien häufig anzutreffen, wo der Maler, der seinen Namen nicht unter das Bild setzt, sich irgendwo im Bild selbst porträtiert.

Johannes schließt mit einem Wort Jesu:

> Weil du gesehen hast, hast du geglaubt. Selig, die nicht sehen und doch glauben. (Joh 20,29)

Hier wird die Position des Thomas nicht abgelehnt. Johannes geht davon aus, dass Jesus jetzt nicht mehr erscheint, so dass er auch nicht mehr einen zukünftigen ungläubigen Thomas auf die gleiche Weise überzeugen kann. Aber Johannes präsentiert sich als Zeuge, der nicht geglaubt hat, ohne zu sehen, und eben deshalb ist er ein glaubhafter Zeuge. Diejenigen, die nicht mehr sehen können, können ihm glauben, denn er hat gesehen. Und deshalb kann man ihm glauben.

Das hinzugesetzte 21. Kapitel schließt mit diesem Verweis ab, der schon in seiner Ausdrucksweise zeigt, dass hier ein anderer Autor über Johannes spricht:

> Das ist der Jünger, der über diese Dinge Zeugnis ablegt und dies geschrieben hat, und wir wissen, dass sein Zeugnis wahr ist. (Joh 21,24)

Es ist wahr, weil er nicht geglaubt hat, ohne zu sehen. Ich nehme an, dass die Stelle gleichzeitig ein Kommentar zu anderen Evangelien ist, in denen geglaubt wird, ohne gesehen zu haben, oder Dinge geglaubt werden, die man gar nicht sehen kann. Darin zeigt sich Johannes als ein nüchterner und sogar skeptischer Beobachter, der einen ungewöhnlich penetranten Blick hat. Diejenigen, die diesen Zusatz formuliert haben, sind offensichtlich Anhänger des Johannes, die einige Zugeständnisse machen, aber ohne ihre Tradition zu verlassen.

Im Text über die Heilung des Blindgeborenen zieht Johannes einige explizite Schlüsse, die er in anderen Texten sehr viel seltener macht. Aber er zeigt seine Vorgehensweise auf. Die körperlich gegebene Tatsache genügt, es ist unnötig, die Folgerungen explizit zu machen.

So gibt er in der Ausgangsszene des Evangeliums, welche die Passionsgeschichte erzählt, keine Folgerungen. Im Verhör mit dem Hohenpriester antwortet Jesus nicht. Im zweiten Verhör des Pilatus beginnt Jesus damit, nicht zu antworten. Pilatus sagt nie ausdrücklich, weswegen er Jesus anklagt. Die Hohenpriester klagen Jesus bis zum Schluss nicht ausdrücklich an, und am Schluss tun sie es, weil sie nicht mehr ausweichen können. Als sie ihn aber anklagen, klagen sie ihn so an, dass ihre Anklage gar nicht offen sagt, was sie meint. Die Reaktion des Pilatus zeigt, dass er verstanden hat, was sie gesagt haben, ohne es zu sagen. Ihre weitere Strategie aber zeigt, dass sie sehr wohl wussten, was sie sagten, ohne es zu sagen. Nur die Tatsachen und die Vorgehensweisen enthüllen das, was geschieht. Daher geht es bei unserer Interpretation des Evangeliums des Johannes darum, den Text das sagen zu lassen, was er – durch seine Szenen hindurch – sagt, ohne es zu sagen.

Die Sprache des Johannes entspricht einerseits der Situation, in der er lebt. Offensichtlich muss er vorsichtig sein, die Spitzel des Imperiums stellen ihm wohl nach. Gerade ein so politisches Evangelium, wie es dasjenige des Johannes ist, muss vorsichtig dargestellt werden. Nicht nur das heutige Imperium hat überall, wo Befreiungstheologie getrieben wird, seine Spitzel, um nachzuschnüffeln; das damalige Imperium hatte natürlich dieselben Möglichkeiten. Andererseits aber verdankt das Evangelium sein Echo der Tatsache, dass es sich so vorsichtig ausdrückt. Gerade dieses Evangelium wurde von früh an als verdächtig empfunden, auch unter den Christen selbst. Man weiß, dass es nur unter Schwierigkeiten in den Kanon aufgenommen wurde, und man kann vermuten, dass die Zufügung des Kapitels 21 eine der Bedingungen für seine Aufnahme war.

Aber dennoch ist nicht notwendigerweise Vorsicht der ausschließliche Grund für diese Sprache. Johannes ahnt vermutlich die Dimensionen der Vorgänge, über die er spricht; sie überschreiten die Möglichkeiten einer direkten Sprache; er eröffnet sie, ohne die Antworten herbeizuzwingen. Johannes will wohl ihre Bedeutung nicht durch Antworten verschließen, sondern offen lassen. Genau dadurch aber ist der offene Horizont des Evangeliums möglich geworden, und es konnte ein wirkliches Welttheater entstehen.

10. Die Rede über die Juden im Johannesevangelium

Johannes ist Jude und fühlt sich als Jude. Er schreibt in einer Zeit, in der das Judentum zur Religionsgemeinschaft geworden ist und das Christentum ebenfalls. Ihre Beziehung ist eine zwischen Religionsgemeinschaften oder Bekenntnissen, und als solche haben sie Konflikte. Daher gibt es Juden und Christen, die sich voneinander unterscheiden. Der Staat, auf den sie sich beziehen müssen, ist unmittelbar das römische Imperium. Vorher, d. h. bis zur Zerstörung

Jerusalems und des Tempels, gab es hingegen eine jüdische politische und religiöse Autorität, die ihrerseits dem Imperium unterworfen war.

Johannes aber schreibt nach der Zerstörung Jerusalems über die Zeit Jesu, vor der Zerstörung Jerusalems, in der es eine jüdische Nation gab mit einer politischen Autorität, die gleichzeitig die religiöse Autorität war. Die Tradition ist jene des mosaischen Gesetzes. Die Anhänger Jesu gehören zu dieser Gesellschaft und orten sich daher ebenfalls in der Tradition des mosaischen Gesetzes, obwohl sie sich als Strömung unterscheiden und eine Art Dissidenten verkörpern. Jedenfalls hören sie als Anhänger Jesu nicht auf, Teil dieser jüdischen Nation zu sein und deren Autoritäten als die ihrigen zu betrachten. Dieser Umstand kann die vielen verschiedenen Formen erklären, in denen sich Johannes auf Juden bezieht. Manchmal richtet sich Jesus an Juden, und sein Wort bezieht sich auf solche, die nicht seine Anhänger oder die sogar seine Gegner sind. Sie werden dann als andere Religionsgemeinschaft angesprochen, was dem Wortgebrauch zur Zeit des Johannes, aber nicht zur Zeit Jesu entspricht. Aber auch wenn Jesus sich an seine Anhänger richtet, kann Johannes sagen, dass er zu den Juden redet. Es handelt sich dann um einen Wortgebrauch, der sich auf die jüdische Nation zur Zeit Jesu bezieht. Es gibt noch einen anderen Wortgebrauch, in dem das Wort «Jude» sich einfach auf die mosaische Tradition bezieht. So etwa, wenn Jesus sagt, dass alles Heil von den Juden kommt.

Johannes lebt als Jude in einer Epoche des Übergangs. Bis zur Zerstörung Jerusalems und des Tempels waren die christlichen Juden Angehörige der Nation, und der Tempel war für sie genau so wie für die anderen das Haus Gottes. Diese Beziehung schwächte sich im Lauf der Zeit ab, wegen der Konflikte in den Synagogen, wo sich Widerstand vonseiten der traditionellen Juden entwickelte gegen die Präsenz christlicher Juden. Aber diese Beziehung wurde nie definitiv abgebrochen bis zur Zerstörung des Tempels. Johannes hat seine Kindheit und Jugend wahrscheinlich während dieser Zeit erlebt. Aber nach der Zerstörung des Tempels zerbricht die Identität des jüdischen Christen mit der jüdischen Religion, in deren Rahmen er sich als Dissident fühlen konnte. Judentum und Christentum sind jetzt verschiedene Religionsgemeinschaften ohne die Vermittlung einer jüdischen Nation mit ihrer übergreifenden politischen und religiösen Autorität. Johannes gehört sehr wahrscheinlich noch zu beiden Zeiträumen, die sich voneinander sehr unterscheiden. Daher kann er das Christentum aus dem Inneren der mosaischen Tradition interpretieren.

Die Identität des Johannes ist sicher eine andere als jene des Paulus von Tarsus, der ein Diasporajude ist. Paulus kann das Judentum sehr viel früher als Religionsgemeinschaft einstufen, obwohl seine gesamte Tätigkeit in die Epoche vor der Zerstörung des Tempels fällt. Er bricht mit dem Tempel noch in dieser Zeit. Das hängt natürlich auch damit zusammen, dass er sich als der Heidenapostel weiß und daher sehr viele nicht-jüdische Anhänger hat, die außerhalb der jüdischen Tradition stehen. Daraus erklärt sich ein anderer Gebrauch des Wortes «Jude». Aber Paulus versteht sein Christentum ganz wie Johannes von der mosaischen Tradition her und als ihre Erweiterung und Universalisierung. Er stößt allerdings sehr früh mit vielen kasuistischen Gesetzen dieser Tradition zusammen und verzichtet in seiner Mission auf sie (Reinheitsgebote, Beschneidung usw.). Daraus resultieren seine Konflikte mit den Judenchristen in Jerusalem. Dennoch: in dieser Zeit gibt es keine Position, die das Christentum als Gegner der mosaischen Tradition selbst versteht.

11. Die antijüdische Lektüre des Johannesevangeliums: die Passionsgeschichte

Die antijüdische Lektüre des Johannesevangeliums unternimmt mit dem Text eine völlige Umkehrung. Tatsächlich schreibt sie ihn vollständig neu, obwohl sie kein Wort und kein Komma verändert.

Der Kernpunkt dieser antijüdischen Lektüre sind die beiden zentralen Szenen des Evangeliums (Joh 8,31–59; 10,22–39) und die Passionsgeschichte, wie sie im Evangelium erzählt wird.

Die Transformation des Sinnes der beiden zentralen Szenen habe ich bereits dargelegt, ich resümiere sie deshalb nur noch. Die Szene über den Glauben Abrahams (Joh 8,31–59) wird durch die Interpretation dessen, was die Werke Abrahams sind, völlig verändert. Bei Jesus lassen sich Glaube und Werke in eins zusammenfassen: nicht getötet zu haben. Lässt man diesen Verweis beiseite, kann man das Glaubensverständnis leicht verändern. Bei Johannes handelt es sich um den Glauben *Jesu*, an dem der Gläubige partizipiert. Nun wird der Glaube zum Glauben *an* Jesus und daran, dass er der Sohn Gottes ist. Zeichen des Glaubens ist daher nicht mehr die Bestätigung des Lebens durch das Nein zum Töten, sondern der Glaube an Jesus als Gott. Das Problem der Juden besteht jetzt darin, nicht an Jesus zu glauben. Sie haben deshalb nicht mehr Abraham zum Vater. Da sie nicht an Jesus glauben, haben sie den Teufel zum Vater. Der Teufel aber will Jesus töten und die Juden wollen es auch, weil sie den Teufel zum Vater haben. Jede Beziehung zum Nein zum Töten verschwindet. Dieses wird in ein exklusives Nein verwandelt: Jesus, der Gott ist, soll getötet werden. Alle dramatischen Argumente der Szene sind verschwunden, und es bleiben nur noch Emotionen, Appelle und grundlose Denunziationen.

Mit der zweiten zentralen Szene über die Göttlichkeit des Menschen (Joh 10,22–39) geschieht etwas Ähnliches. Der Hinweis Jesu, «Götter seid ihr», wird praktisch zum Verschwinden gebracht oder allenfalls als etwas Rätselhaftes gesehen. Er wird zu einem Hintergrundmotiv, das die Behauptung Jesu, er sei Sohn Gottes, nur noch heller erscheinen lässt. Wenn alle Götter sind, um wie viel mehr ist er Gott. Denn in Wahrheit ist Jesus eingeborener Sohn Gottes. Alle andern werden es dadurch, dass sie ihn als einzigen Sohn Gottes anerkennen, und in dieser Anerkennung als Herrn können sie an der Sohnschaft teilnehmen. Sie haben also demütig zu sein, was sich darin äußert, dass sie nicht sein wollen wie Gott, und gerade dadurch nähern sie sich Gott an. Nur Gott und sein eingeborener Sohn sind wie Gott. So ist es natürlich leicht, Jesus zum Christus-König zu machen, der nicht mehr einen Esel, sondern das gesamte Universum reitet und der über den Kaiser und die Könige die Welt regiert, die allesamt Fürsten von Gottes Gnaden sind.

Dabei ist der Satz «Götter seid ihr» in der Botschaft Jesu zentral, denn er begründet den Menschen als ein dem Gesetz gegenüber souveränen Subjekt. Wird Jesus aber zum einzigen Sohn Gottes erklärt, der als Christus-König im Himmel thront, wird gerade dieses Subjekt zum Verschwinden gebracht. Es ist nun dieser Christus-König, der das Subjekt der Hybris, der Sünde anklagt – eine Anklage, die nach Johannes gegen Jesus vorgebracht worden war. Eben dieser Sünde werden nun die Juden angeklagt, die sich dem Christus-König nicht unterwerfen. Die Anklage gegen die Juden trifft aber den Juden Jesus selbst, gerade so wie ihn das Evangelium des Johannes schildert. Im Namen der antijüdischen Interpretation wird er jetzt vom Christus-König angeklagt und verurteilt.

Friedrich Heer schildert diesen Prozess sehr deutlich:

> Die Juden haben Jesus getötet; im 4. Jahrhundert wird nun das ominöse Schriftwort: «Sein Blut komme über uns und unsere Kinder» auf die ganze Judenschaft und das jüdische Volk bezogen. – Der Jude Jesus muss in der Brust der Christen, in ihrer eigenen Einbildung und Bilderwelt abgetötet werden.
>
> Der mörderische Judenhass von Christen, vom 4. zum 20. Jahrhundert, richtet sich in seiner tiefsten Dimension gegen den Juden Jesus, an dem Christen verzweifeln, den sie hassen, den sie verantwortlich machen – mit dem Teufel und den Juden – für die schwere Last der Geschichte. Der Jude Jesus wird in tausend Bildern abgetötet: der Kyrios, der «Truchtin» ... Der Himmelskaiser und Himmelskönig Christus trägt kaiserliche, päpstliche, königliche, jupiterhafte Züge. So noch bei Michelangelo. Der Jude Jesus ist schuld ...
>
> Eine tiefenpsychologische Untersuchung christlicher Theologen und Laien, von Kirchenführern und Kirchenschaften, würde sehr oft Einblick in diesen Abgrund in der Tiefe der Seele geben, wo der Jude Jesus gehasst wird. Der Jude Jesus, der verdrängt wird durch die zweite göttliche Person, den Himmelskaiser, den Kyrios, den Gott Jesus Christus.[18]

Steiner missversteht das völlig:

> Wie leicht vergessen wir, dass nicht nur Jesus, sondern auch die Verfasser der Evangelien und der Apostelgeschichte sowie alle seine ersten Anhänger Juden waren. Die Anfänge der makabren Geschichte jüdischen Selbsthasses sind unauflöslich mit denen des Christentums verwoben. Obwohl man ihm, soweit ich weiß, nie nachgegangen ist, drängt sich einem der Gedanke auf, dass das Christentum in grundlegenden Punkten ein Produkt und eine Externalisierung ebendieses jüdischen Selbsthasses ist.[19]

Hier ist kein jüdischer Selbsthass am Werk, sondern christlicher Jesushaß, der auf die Juden projiziert wird. Er ist aber das Ergebnis eines Christentums, welches das Imperium christianisiert und dadurch von der Macht des Imperiums völlig uminterpretiert wird. Der christliche Jesushass ist die Neuauflage des imperialen Jesushasses. Es ist ein Jesushass, den die Herrschaftssituation selbst hervorbringt. Hier einen jüdischen Selbsthass zu erfinden, lenkt

18 Heer, Gottes erste Liebe 548.
19 Steiner, Der Garten des Archimedes 292.

einmal mehr von der Diskussion des eigentlichen Problems ab. Es sind die Mythen, die Nietzsche einführt.[20]

Die Neuinterpretation der Passionsgeschichte lässt sich wiederum an einigen Schlüsselsituationen zeigen. – Die erste dieser Grundsituationen ist durch das häufig wiederholte Angebot des Pilatus gegeben, den «König der Juden» freizulassen, weil er unschuldig sei. Wir haben gesehen, dass es sich um eine Erpressung handelt. In der antijüdischen Lektüre wird der Sachverhalt umgedreht. Man spricht Pilatus guten Willen zu und nimmt an, er habe sehr wohl verstanden, dass das Reich, von dem Jesus spricht, nicht von dieser Welt ist, dass er daher überhaupt keinen Konflikt mit den Reichen dieser Welt hat und dass er nichts weiter will als Religionsfreiheit. Die Juden hingegen sind Rebellen, die Jesus, ja überhaupt die Wahrheit hassen, die das neue Gesetz Christi nicht annehmen wollen, den eigenen Willen über den Willen Gottes stellen und deshalb das Blut Jesu fordern. Sie sind Rebellen, und wie alle Rebellen denken sie an nichts anderes, als unschuldiges Blut zu vergießen. Pilatus aber ist schwach, setzt die Autorität nicht durch, lässt sich von den Hohenpriestern erpressen und lässt schließlich Jesus kreuzigen, obwohl er um seine Unschuld weiß. So Rudolf Schnackenburg:

> Trotz des Geschreies zögert Pilatus noch immer und fragt ziemlich hilflos: «Euren König soll ich kreuzigen?» Die Frage ist ein Stilmittel des Evangelisten, das die Antwort der Hohenpriester provoziert: «Wir haben keinen König ...» Der Kontrast ist beabsichtigt: Der Heide sträubt sich, diesen «König zu kreuzigen, die Vertreter des Judentums verleugnen ihn und bekennen sich statt dessen zur römischen Fremdherrschaft, die ihnen sonst – gerade aus religiösen Gründen – verhasst ist. Beachtlich ist, dass an dieser

20 «Die Juden sind das merkwürdigste Volk der Weltgeschichte, weil sie, vor die Frage von Sein und Nichtsein gestellt, mit einer vollkommen unheimlichen Bewusstheit das Sein *um jeden Preis* vorgezogen haben: dieser Preis war die radikale *Fälschung* aller Natur, aller Natürlichkeit, aller Realität, der ganzen inneren Welt so gut als der äußeren ... sie haben, der Reihe nach, die Religion, den Kultus, die Moral, die Geschichte, die Psychologie auf eine unheilbare Weise in den *Widerspruch zu deren Natur-Werten* umgedreht .... Die Juden sind, ebendamit, das *verhängnisvollste* Volk der Weltgeschichte: in ihrer Nachwirkung haben sie die Menschheit dermaßen falsch gemacht, dass heute noch der Christ anti-jüdisch fühlen kann, ohne sich als die *letzte jüdische Konsequenz* zu verstehen.» Nietzsche bezieht sich im «Antichrist» (Nietzsche, Friedrich: Werke in drei Bänden, hrsg. v. Karl Schlechta, München 1982, Bd. III, S. 1184,) natürlich auf den christlichen Antisemitismus und seine liberalen Säkularisierungen. Da ist dann der Antisemitismus ein Produkt des Ressentiments und daher letztlich selbst ein jüdisches Produkt. Das wäre diese These vom jüdischen Selbsthass, die eher von Judenhass zeugt.

> Stelle wieder ausdrücklich die Hohenpriester genannt werden (vgl. 18,35; 19,6). Um ihres Prestiges, ihrer Herrschaft willen verraten sie ihre Glaubensüberzeugung (vgl. 11,48.50).[21]

Die Frage des Pilatus «Euren König soll ich kreuzigen?» ist hier eine hilf- und wehrlose Frage. Der Heide will diesen König nicht kreuzigen, aber die Hohenpriester als Vertreter des Judentums erkennen ihn nicht an. Das tatsächliche Drama ist völlig verschwunden, und es bleibt moralische Empörung über so viel Schlechtigkeit in dieser Welt.

Das Angebot des Pilatus, den «König der Juden» freizulassen oder Barabbas, führt zu ähnlichen Kommentaren. Raymond Brown:

> Gleichzeitig sehen wir, dass der Versuch des Pilatus, einer Entscheidung zwischen der Wahrheit und der Welt auszuweichen, nutzlos ist. Die durch «die Juden» repräsentierte Welt ist an einem Kompromiss nicht interessiert: Die Wahrheit muss vernichtet werden. Ironischerweise ist Pilatus, gerade weil er es nicht fertig bringt, Jesus Gerechtigkeit zu verschaffen und ihn nach Erklärung seiner Unschuld freizulassen, gezwungen, der Gerechtigkeit Hohn zu sprechen und jemanden freizulassen, der schuldig ist. Weil er die Interessen Jesu nicht schützt, sieht sich Pilatus nun gezwungen, gegen seine eigenen Interessen zu handeln. Er hat die Herausforderung nicht angenommen, auf die Stimme Jesu zu hören (V 37); jetzt muss er auf die Stimme «der Juden» hören, die die Freilassung eines Banditen verlangen.[22]

Die Hohenpriester denken so niedrig, dass sie Barabbas ihrem König vorziehen. Dass diese Frage aufs Neue eine Erpressung ist, bleibt völlig unbekannt und unerwähnt. Brown sagt dann über Barabbas, dieser sei «ein notorischer, gefährlicher Aufwiegler»[23]. Er setzt als gegeben voraus, dass solche Leute ganz sicher die Kreuzigung verdient haben.

Die zweite Grundsituation bezieht sich auf die Anklage der Hohenpriester. Da sie erklären, dass jeder, der sich zum Sohn Gottes macht, nach dem Gesetz des Todes ist, und damit den Kaiser in das Todesurteil einschließen, stellt sie einen Höhepunkt dar. Aber ich habe keinen Kommentar finden können, wo diese Zweischneidigkeit der Anklage überhaupt erwähnt wird. Richard Cassidy

21 Schnackenburg, Das Johannesevangelium 307f.
22 Brown, The gospel according to John 872.
23 Ebd. 860.

schreibt ein Kapitel über die Kaisertitel, das von ihm folgendermaßen zusammengefasst wird:

> Wie in den einleitenden Absätzen dieses Abschnitts angedeutet, erscheinen drei Titel, die mit dem Kaiserkult verknüpft waren, auch im Schlusstext des Johannesevangeliums und nehmen dabei eine tiefere Bedeutung im Sinne dieser Studie an. Es sind die Titel «Retter der Welt», «Herr», und «Herr und Gott». In den folgenden Absätzen wird es darum gehen, jeden von ihnen grundlegend in den Blick zu nehmen, wobei der Wendung «Herr und Gott» besondere Aufmerksamkeit zuteil werden soll, da dieser Titel in den Schlussversen von Joh 20 eine herausragende Stellung einnimmt.[24]

Dass ein zentraler Kaisertitel «Sohn Gottes» lautet, was ihm sicher nicht entgangen sein kann, unterschlägt Cassidy. Er erwähnt ihn nicht ein einziges Mal. Schnackenburg sagt zur Anklage:

> Die Reaktion des Pilatus auf das Wort der Hohenpriester, in dem Jesu Anspruch aufklang, der Sohn Gottes zu sein, ist «größere Furcht». Es ist nicht etwa äußere Furcht vor den Juden (davon war bei dem Römer bisher nichts zu merken); vielmehr ist es der numinose Schauder vor dem Göttlichen, der diesen Vertreter irdischer Macht befällt ... Solche Furcht des Richters vor dem Angeklagten, der ihm wie ein höheres Wesen erscheint, wird auch in der Vita Apollonii erzählt. Johannes setzt dieses Erzählungsmotiv ein, um die «vertauschten Rollen» zwischen dem Richter Pilatus und Jesus, dem Angeklagten, aufzuzeigen; denn im Folgenden erweist sich Jesus als der Überlegene, als der souverän Urteilende, ja als der Richter (V 12).[25]

Der Riesenschrecken des Pilatus, der auf die Anklage folgt, wird als Schrecken vor einem Numinosum gedeutet, so dass Pilatus in Jesus ein göttliches Wesen ahnt. Schnackenburg formuliert nachstehende Reflexion:

> Durch die Abweisung seitens des römischen Richters in die Enge getrieben, bringen «die Juden», d. h. die Hohenpriester, jetzt ein neues Argument vor: sie berufen sich auf ihr Gesetz, nach dem Jesus sterben muss, weil er sich zum «Sohn Gottes» gemacht hat ... Rechtlich gesehen, hätte das dem ganzen Prozess eine andere Wendung gegeben, weil sich die Anklage von einem Staatsverbrechen auf ein Religionsverbrechen verschoben hätte. Der römische Präfekt war dafür nur deshalb zuständig, weil die Juden nicht berechtigt waren, ein Todesurteil zu vollstrecken ... Der neue Vorstoß der Juden, deutlich vom Evangelisten selbst formuliert, hat nur Gültigkeit und

24 Cassidy, Richard J.: John's Gospel in New Perspective, New York, 1992, S. 13.
25 Schnackenburg, Das Johannesevangelium 300.

Sinn auf der theologischen Darstellungsebene des Johannes. Hier allerdings gewinnt er eine eminente Bedeutung, und dies in mehrfacher Hinsicht: (1) Die Hohenpriester werden entlarvt, dass ihre Anklage, Jesus sei ein politischer Rebell nur vorgeschoben war. Jetzt müssen sie mit der Sprache heraus, dass sie Jesu Tod (vgl. 18,30f) aus einem anderen Grund betreiben. (2) Ihre Todfeindschaft gegen Jesus hat ihre tiefsten Wurzeln in ihrem Unglauben gegenüber Jesus, der beansprucht, der Gottgesandte, der Sohn Gottes zu sein. Dieser jüdische Unglaube, für Johannes die Sünde schlechthin, der im Zusammenstoß Jesu mit den Juden während seiner öffentlichen Wirksamkeit schon genügend aufgezeigt wurde, soll nun auch vor dem römischen Tribunal und damit vor der Weltöffentlichkeit aufgedeckt, gleichsam gerichtsnotorisch erwiesen werden ... Pilatus weist die neue Anklage nicht zurück, wird von ihr vielmehr stark beeindruckt. Als er dieses Wort hört, «fürchtet er sich noch mehr» (V 8). Seine widerstandslose Hinnahme des Einspruchs ist das Eingeständnis, dass er Jesus nicht bloß deshalb loswerden will, weil er ihn für keinen Aufrührer hält, sondern auch deshalb, weil er die innere Hoheit und Überlegenheit Jesu spürt. Die entwürdigende Spottszene wird so zu einem geheimen Triumph Jesu. Der von Pilatus verächtlich vorgeführte «Mensch» erweist sich gerade im Widerspruch der Juden als der «Sohn Gottes».[26]

Schnackenburg behauptet, diese Anklage der Hohenpriester sei eine andere als vorher. Aber die Hohenpriester haben bis zu diesem Moment keine Anklage erhoben, auch nicht indirekt. Pilatus hat ebenfalls keine direkte Anklage erhoben, und er wird es bis zu Ende nicht tun. Aber indirekt formuliert er seine Anklage. Diese Sachlage zeigt gerade, dass hier eine strategische Auseinandersetzung stattfindet. Stattdessen sagt uns Schnackenburg, die Hohenpriester hätten durch ihre Anklage den Charakter des Delikts, von einem Delikt gegen den Staat zu einem Vergehen gegen die Religion verwandelt. Pilatus sei deshalb als Richter nicht mehr zuständig. Zieht man jedoch in Betracht, dass «Sohn Gottes» ein Kaisertitel ist, so wird klar, dass die Hohenpriester nicht nur Jesus ein politisches Delikt vorwerfen, sondern selbst ein solches politisches Delikt begehen, das sich auf das Imperium als ganzes bezieht und nicht nur auf die Situation Jerusalems. Auch Schnackenburg weiß mit Sicherheit, dass «Sohn Gottes» ein zentraler Kaisertitel ist. Aber es kommt ihm nicht in den Sinn, eine Brücke herzustellen.

Rudolf Bultmann reiht sich in diesen Chor ein:

26 Ebd. 298f.

> Die Worte der Juden wirken auf Pilatus anders, als erwartet (V 8). Hatte er vorher Angst vor den Juden – vor der Welt – gehabt, so gerät er jetzt erst recht in Angst, da er hört, dass Jesus beanspruche, ein Sohn Gottes zu sein, also – so kann er ja nur verstehen – ein übermenschliches Wesen, das numinose Scheu erweckt, und an dem sich als *theomachos* zu vergreifen, wahnwitzig wäre. Wer aber kann wissen, in welcher Gestalt ihm die Gottheit begegnet? So wird Jesus für Pilatus unheimlich. Er geht mit ihm ins Prätorium hinein und fragt ihn offen: Woher bist du? Die Frage hat natürlich den Sinn: stammst du von Menschen ab oder von einem Gott? Bist du ein Mensch oder ein göttliches Wesen?[27]

So ist die zentrale Bedeutung dieser Anklage verschwunden, und sie scheint ein bloßer Vorwand zu sein für den tödlichen Hass der Hohenpriester. – Dies führt uns zur dritten Grundsituation, in der die Neuinterpretation sichtbar wird. Es handelt sich um das zweite Verhör Jesu durch Pilatus. Bultmann interpretiert es:

> Auf die eigentümliche Zwischenstellung des Staates zwischen Gott und Welt weist auch die Fortsetzung des Wortes Jesu hin: «Deshalb hat der, der mich dir überliefert hat, größere Sünde.» Der Staat vollzieht, sofern er wirklich als Staat handelt, seine Handlungen ohne persönliches Interesse; handelt er sachlich, so kann von einer *hamartia* bei ihm überhaupt nicht die Rede sein. Handelt er unsachlich, indem er sich von der Welt für ihre Wünsche missbrauchen lässt – wie Pilatus zu tun in Gefahr ist und dann auch wirklich tut –, so behält seine Handlung doch immer noch etwas von seiner Autorität; noch ist wenigstens die *Form* des Rechtes gewahrt und damit die Autorität des Rechtes anerkannt, so dass sich der ungerecht Verurteilte zu fügen hat – wie sich Sokrates, auch wo er die Möglichkeit hat, dem Vollzug des ungerechten Urteils zu entziehen, sich vor den Gesetzen verantwortlich und zur Übernahme des Urteils verpflichtet weiß. Der Staat kann, so lange er noch in irgendeinem Grade staatlich handelt, nicht mit der gleichen persönlichen Feindschaft, mit dem gleichen leidenschaftlichen Hass handeln, wie es die Welt tut, – wie sehr er auch durch Unsachlichkeit seine Autorität ruinieren mag. Er kann der Welt verfallen; aber seine Motive sind nie mit denen der Welt identisch. Und im vorliegenden Falle ist es klar: Pilatus hat gar kein persönliches Interesse am Tode Jesu; er verfolgt ihn nicht mit dem Hass wie die Juden, die ihm Jesus überliefert haben. Sie tragen die größere Sünde, die eigentliche Verantwortung. Und ihre Sünde ist sozusagen doppelt, weil zu ihrem Hass gegen Jesus noch der Missbrauch des Staates für ihre Zwecke kommt.[28]

27 Bultmann, Rudolf: Das Evangelium des Johannes, Göttingen 1968, S. 511f.
28 Ebd. 513.

Das Zitat zeigt, wie Bultmann alles über den Haufen wirft, was bei Johannes die Welt ist. Er sieht den Staat in einer Zwischenstellung zwischen Gott und Welt, gewissermaßen als Stellvertreter Gottes auf Erden, der seine Macht von Gottes Gnaden hat, auch wenn er ein moderner Staat ist: «Der Staat vollzieht, sofern er wirklich als Staat handelt, seine Handlungen ohne persönliches Interesse; handelt er sachlich, so kann von einer «hamartia» bei ihm überhaupt nicht die Rede sein.» Nun ist *hamartia* bei Johannes gerade die Sünde, die in Erfüllung des Gesetzes begangen wird und die begangen wird, wenn das Gesetz auf den Formalismus der Gesetzlichkeit reduziert und so behauptet wird, dass diese Erfüllung des Gesetzes gerecht macht. Bultmann erledigt mit dem einen Satz diesen Sündenbegriff, der doch völlig zentral für das Evangelium des Johannes ist. Man versteht dann, warum Bultmann die schöne Erzählung von der Ehebrecherin im achten Kapitel des Evangeliums einfach als Einschub erklärt und sagt, dass er sie deshalb nicht einmal kommentieren wird. Mit seiner Vorstellung von Staat und Gesetz kann er sie auch gar nicht kommentieren, denn schon diese kleine Erzählung würde ihn widerlegen. Als Kriterium dafür, nicht von der Welt zu sein, dient ihm gerade die Erfüllung des Gesetzes. Daher ist Pilatus nicht von der Welt, so wie der Jesus des Evangeliums es fordert. Da Jesus auch nicht von dieser Welt ist, streiten beide Arm in Arm, Pilatus und Jesus, gegen die Welt. Sie sind jetzt Verbündete. In Bezug auf das zweite Verhör, welches das Verhör eines Gefolterten durch seinen Folterer ist, spricht Bultmann daher von «Jesu Gespräch mit Pilatus» (Bultmann, ebd. 511), als ob zwei Philosophen unter Palmenhainen promenierten und philosophische Ideen austauschten. Es sind sozusagen zwei Freunde, und die Folterung ist der aufrichtige Versuch des Freundes Pilatus, die durch die Hohenpriester repräsentierte «Welt» zu überzeugen und ihr Mitleid zu erwecken, wofür ihm Jesus natürlich aufrichtig dankt. Was den Inhalt dieses Gesprächs betrifft, sagt uns Bultmann:

> Jesu Gespräch mit Pilatus – parallel dem von 18,33–37 – hat zu seinem Inhalt das Verhältnis von staatlicher Macht und göttlicher. Es soll deutlich werden, dass die staatliche Autorität als von Gott gegründete der Welt gegenübersteht, dass sie nicht zu ihr gehört und also unabhängig von ihr handeln kann und soll, und dass deshalb der Vollzug des staatlichen Handelns vor dem Entweder-Oder steht: Gott oder Welt? Der verantwortliche Vertreter des Staates kann sowohl für Gott wie für die Welt offen sein.

> Offenheit für Gott – das würde für den Staat als solchen nichts anderes bedeuten als schlichte Sachlichkeit im Wissen um die Verantwortung für das Recht ... Es zeigte sich schon, dass diese Sachlichkeit die Entscheidung gegen die Welt bedeuten würde; und jetzt zeigt sich, dass eben die Sachlichkeit die Offenheit für Gott fordert.[29]

Zwischen Sokrates und Jesus gibt es keinen Unterschied mehr. Die Hohenpriester sind jetzt die Welt, die aus Hass Jesus töten will und die Sünde begeht, den Staat für ihren bösen Zweck zu missbrauchen. Dem Staat gegenüber sind sie Rebellen, die sich dem Gesetz nicht unterwerfen wollen. Als Rebellen erhalten sie genau jene Position zugedacht, die im Johannesevangelium Jesus zugeschrieben wird.

So ergibt sich eine vierte Grundsituation für die Neuinterpretation. Es handelt sich um die Loyalitätserklärung der Hohenpriester für den Kaiser. Sie sagen: «Wir haben keinen König außer dem Kaiser» (Joh 19,15). Nimmt man die Anklage der Hohenpriester einfach als Vorwand ohne Substanz, so kann man dieser Erklärung jetzt das ganze metaphysische Gewicht verleihen, das man ihr geben will. Wir hatten gesehen, dass es die Anklage der Hohenpriester ist, die diese Loyalitätserklärung entwertet und sie in eine einfache Sachaussage verwandelt, aus der keinerlei Loyalität folgt. Der Kaiser ist darin de facto der einzige König, den sie über sich haben, denn es gibt ja keinen «König der Juden». Die Hohenpriester setzen sogar ihr Leben ein, um das klar zu stellen.

Die Kommentare ziehen solche Zusammenhänge nicht in Betracht, so dass sie die Erklärung der Hohenpriester als Verrat an ihrem Glauben verstehen:

> Die Geschichte des Pilatus zeigt uns die andere Seite der Medaille, denn sie illustriert, wie ein Mensch, der sich weigert, eine Entscheidung zu treffen, in die Tragödie schlittert. [...] Wenn sie wollen, dass Jesus gekreuzigt wird, wird er sie dazu bringen, diese Forderung auf eine Art und Weise zu formulieren, dass sie alle ihre messianischen Hoffnung verleugnen und behaupten müssen, der Kaiser sei ihr einziger König (19,14f). Doch «die Juden» schrecken nicht einmal vor dieser Lästerung zurück; sie wissen nämlich, dass hier ein Kampf auf Leben und Tod tobt und dass, wenn Jesus nicht stirbt, die Welt durch die Wahrheit überführt werden wird. Und so wird Pilatus, der Möchte gern Neutrale, von der Leidenschaft der Anwesenden überrollt. Nachdem er es nicht geschafft hat, auf die Wahrheit zu

29 Ebd. 511.

hören und sich für sie zu entscheiden, werden er und alle, die es ihm gleichtun, unweigerlich im Dienst an der Welt enden. Nach unserer Meinung ist genau dies das eigentliche johanneische Verständnis der Pilatusfigur.[30]

Aus der Sachaussage wird so eine Blasphemie konstruiert, was sie aber gar nicht ist. Und «die Juden» begehen diese Blasphemie, da die Welt von der Wahrheit erobert wird, wenn Jesus nicht stirbt. Schnackenburg erweitert Bultmanns Argumentation noch:

> Das Wort: «Wir haben keinen König außer dem Kaiser», klingt im Munde von Juden erschreckend. Wie können sie, die Gott als ihren wahren und alleinigen König ansehen, so sprechen? ... Indem die Hohenpriester Jesus als den Messias, den «König Israels» (vgl. 12,13) ablehnen und sich allein zum römischen Kaiser bekennen, geben sie ihre Messiashoffnung preis. Geschichtlich gesehen, haben die Juden, wie z. B. die nach 70 entstandenen Benediktionen des Achtzehngebetes zeigen, weiter um das Kommen des «Davidsprosses» gebetet. Aber die Äußerung der Hohenpriester ist aus der Sicht des Evangelisten formuliert, der nur einen Messias kennt: Jesus, den Sohn Gottes (20,31). Hinter dem furchtbaren Wort der Hohenpriester steht der christliche Vorwurf in der zeitgenössischen Auseinandersetzung mit dem Judentum: Wenn ihr Jesus verwerft, von dem die Schriften Zeugnis ablegen (5,39), über den Mose geschrieben hat (5,46), auf dessen Tag sich Abraham freute (8,56), dann ist es aus mit eurer Hoffnung (5,45).[31]

Bei Brown ist es ein fataler Verzicht auf jeden Messias und auf den Bund mit Gott überhaupt:

> Israel hatte Jahwe stolz als seinen König ausgerufen (Ri 8, 23; 1 Sam 8,7). Seit der Zeit von Natans Verheißung an David (2 Sam 7,11–16) war, laut der Jerusalemer Theologie, das Königtum Gottes sichtbar in der Herrschaft des davidischen Königs, den Er als seinen Sohn annahm (Ps 2, 7). In nachexilischer Zeit war eine Mystik um den einzigen gesalbten König des Hauses Davids, den künftigen Messias, entstanden, der kommen und Gottes Herrschaft auf Erden errichten sollte. Nur ein von Gott Erweckter konnte der König des Gottesvolkes sein – nicht der Perser, kein Ptolemäer, kein Syrer und auch nicht die römischen Oberherren, deren Truppen durch das Land marschierten. «Herr, unser Gott, es beherrschten uns andere Herren als du, doch nur deinen Namen werden wir rühmen» (Jes 26,13). Doch jetzt waren Hunderte von Jahren des Wartens wie weggefegt: «Die Juden» hatten den Halbverrückten von Capri als ihren König proklamiert. In seiner gesamten Schilderung des öffentlichen Lebens Jesu hat das Johannesevangelium ihn

30 Brown, The gospel according to John 864. Im gleichen Sinne: Bultmann, Das Evangelium des Johannes.

31 Schnackenburg, Das Johannesevangelium 308.

als den beschrieben, der jüdische Institutionen, Fasten und Bräuche ersetzt. Jetzt, beim Bruch des Bundes, dem zufolge Gott oder der Messias Israels König war, gelangt die Bewegung des Ersetzens auf einen Höhepunkt, denn «die Juden» haben ihrem Status als Gottesvolk entsagt. Die Szene bei Johannes hat eine ähnliche Wucht wie die in Matthäus 27, 25, wo das ganze Volk ruft: «Sein Blut komme über uns und über unsere Kinder!» Natürlich spiegeln hier beide Evangelien eher eine apologetische Theologie und weniger die Historie wider: Sie stellen das Publikum des Prozesses so dar, dass es seine Stimme einer christlichen Interpretation der Heilsgeschichte aus dem späten 1. Jahrhundert verleiht. Die Tragödie vom Tode Jesu ist so verschärft, als wäre sie durch den Schleier der in den Achtziger- oder Neunzigerjahren herrschenden Feindseligkeit zwischen Kirche und Synagoge gesehen [...]. Und die Tragödie wird sich in den kommenden Jahrhunderten noch weiter verschärfen, da die theologische Darstellung der Kreuzigung bei Matthäus und Johannes immer wieder sowohl als Ansporn wie als Entschuldigung für antijüdischen Hass gedient hat.

Die Zeit, in der diese fatale Absage an den Messias stattfindet, ist der Mittag des Tages vor dem Pessach, genau die Stunde, in der die Priester im Tempelvorhof mit der Schlachtung der Osterlämmer begannen.[32]

Dieser Übergang zur antijüdischen Lektüre nicht nur des Johannesevangeliums, sondern der Mehrheit der Texte des Neuen Testaments kann deutlich machen, wie nicht nur einzelne Textstellen, sondern der Text selbst als Sinnzusammenhang in sein Gegenteil verwandelt wird. Der Text stellt sich auf einmal ganz anders dar und scheint das Gegenteil dessen zu sagen, was in ihm gesagt wurde.

Diese Transformation können wir pointiert darstellen durch die Umkehrung der Bedeutung der Figur Jesu und seiner Gegner. In der ursprünglichen Form ist Jesus das lebendige Subjekt, das auf seinem Recht besteht, sich dem Gesetz gegenüber souverän zu verhalten. Seine Gegner hingegen vertreten den Standpunkt einer formalisierten Gesetzlichkeit und der daraus folgenden Autorität, die als solche als legitim gilt. In der Umkehrung ins Gegenteil wird Jesus zum Vertreter der Gesetzlichkeit und der Autorität, während seine Gegner nun den Standpunkt der Souveränität gegenüber dem Gesetz vertreten, und zwar in der zweischneidigen Form, die wir anhand der Anklage der Hohenpriester analysiert haben, nämlich als Despoten und als Subjekt zugleich.

Man kann historisch nachweisen, dass diese Umkehrung durch die antijüdische Interpretation des Textes geleistet wurde und davon mindestens weiterhin mitgeprägt ist. Geht man der Bedeu-

32 Brown, The gospel according to John 894f.

tung dieser Umkehrung nach, gelangt man zum Ergebnis, dass die antijüdische Lektüre letztlich das historische Vehikel dieser Umkehrung ist und darum auch nur historisch erklärt werden kann. Auch die Neuinterpretation und die darin begründete Umkehrung kann, wenn man strikt vom Text her denkt, auf die antijüdische Lektüre verzichten. Der Text selbst zwingt sie in keiner seiner Interpretationen auf. Letztlich ist nicht einzusehen, warum die eine oder die andere Lektüre als solche antijüdisch sein soll. Weder die Vertretung der Rechte des Menschen als eines lebendigen Subjekts noch die Legitimierung der formalen Gesetzlichkeit durch sich selbst ist als solche «jüdisch», so dass auch ihre Vertreter nicht als solche «jüdisch» genannt werden können, auch wenn sie Juden sind. Ebenfalls die Behauptung, dass solche Positionen – oder zumindest eine davon – sich aus der jüdischen Kulturtradition herleiten, macht sie noch nicht zu «jüdischen» Positionen.

Dies führt zur doppelten Frage, nämlich nach den Gründen dieser Neuinterpretation des Textes, die ihn umkehrt und das Gegenteil seiner ursprünglichen Form aussagen lässt, und zur Frage, warum diese Umkehrung die Form des Antijudaismus annahm. Es sind zwei verschiedene Fragen, denn das eine bedingt offensichtlich nicht notwendig das andere, obwohl beides die gleiche historische Ursache haben kann. So entsteht die Notwendigkeit, nach den historischen Bedingungen zu fragen, die eine solche Lektüre förderten.

Ich gehe davon aus, dass innerhalb des frühen Christentums tatsächlich eine Rebellion des Subjekts stattfand, die zum ersten Mal in der Geschichte den Menschen als Subjekt verstand und eine reelle Gefahr für das Imperium war. Die Christenverfolgungen waren eine Reaktion darauf, denn sie fanden nicht etwa wegen der Frage statt, ob es nur einen einzigen Gott gibt oder eine Vielzahl von Göttern. Gegenüber einem Menschen, der Subjekt wird, war das Imperium und dessen traditionelle Legitimation tatsächlich hilflos. Es handelte sich nicht um eine Revolution, sondern um eine Rebellion, nämlich um eine Rebellion des Subjekts. Die Unterdrückung dieser Rebellion aber konnte nur durch den Rückgriff auf das Christentum durchgesetzt werden, das diese Rebellion des Subjekts hervorgebracht hatte. Dafür aber taugte einzig das ins Gegenteil verkehrte Christentum; es war die wirksamste Instanz, um die Legitimität der Macht wiederherzustellen. Es erklärte das Subjekt, das es in seinen Ursprüngen selbst hervorgebracht hatte, zur Quelle des Bösen und dadurch zum Teufel, der später, seit dem 13. Jahrhundert, den Namen «Luzifer» erhielt. Die Christianisierung des Imperiums war der Brumaire des Christentums. Sie rettete das Imperium, das eine tödliche Wunde trug. Das setzte eine Interpretation der Texte voraus, welche die Transformation ihrer Bedeutung ins Gegenteil implizierte. Die Notwendigkeit jedoch, die Rebellion des Subjekts in einem entsprechenden Gegner zu personifizieren, führte dazu, diese auf die Juden zu projizieren, und damit aber erhält die Neuinterpretation einen antijüdischen Charakter. Es war ein eher jüdisches Christentum, das die Rebellion des Subjekts vorantrieb, und es war das römisch gewordene Christentum, das zur Option des Imperiums wurde, um diese Rebellion zu unterdrücken. Beide Pole aber begründen sich durch den gleichen Text, der für beide der heilige Text ist.

Das Imperium wurde nicht etwa durch das Christentum bekehrt. Es brauchte das römisch gewordene Christentum, um sich gegen das Christentum, das im Ursprung der Rebellion des Subjekts stand, zu verteidigen. Es hatte keine andere Verteidigungsposition. Der Sieg des Christentums war gleichzeitig seine Niederlage.

IV. DIE CHRISTIANISIERUNG DES IMPERIUMS UND DIE IMPERIALISIERUNG DES CHRISTENTUMS

Jesus fürchtet den Glauben an einen Wundertäter oder Wunderheiler, obwohl er selbst Wunder tut. Noch mehr fürchtet er jenen Glauben, der behauptet, dass derjenige, der solche Wunder tut, ein Mensch gewordener Gott ist, vor dem man niederfallen und den man anbeten muss. Es ist jener Glaube, wonach Jesus eine übernatürliche Macht besitzt, die alle anderen nicht haben. Solche Wunder würden dann der Nachweis sein, dass Jesus etwas ist, was sonst keiner ist: Sohn Gottes. Wer ist wie er? Keiner!

Im Evangelium des Lukas sagt Jesus über die Schriftgelehrten: «Wehe euch, ihr baut den Propheten Grabmäler, eure Väter aber haben sie getötet» (Lk 11,47). Jesus fürchtet mit gutem Grund, dass eben dies mit ihm selbst geschehen kann, dass nämlich diejenigen, die ihn töten, ihm ein gigantisches Grabmal bauen werden.

Diejenigen, die ihn töten, sind nicht die «Juden», sondern jene, welche die Sünde begehen, die in Erfüllung des Gesetzes begangen wird. Es können Juden, Römer und auch Christen sein. Es können Liberale sein, auch Kommunisten und Nazis. Es können jene sein, die heute die Globalisierungsstrategie im Namen des Wertgesetzes auferlegen. Stets bauen sie, einige mehr und andere weniger, dieses Grabmal Jesu. Wer baut dieses Grabmal – eines der größten, das in der Geschichte je gebaut wurde? Es sind jene, die die Sünde begehen, die in Erfüllung des Gesetzes geschieht. Es sind nicht Menschen, die die Kreuzigung Jesu wiederholen, wohl aber verfolgen und töten sie jeden, der ihm irgendwie ähnlich sein könnte.

So ist die Christenheit ein großes heiliges Grabmal. Es sind aber nicht Juden, die es bauen. Ganz im Gegenteil, lange Zeit waren es gerade Antisemiten.

Vom Standpunkt der christlichen Orthodoxie aus betrachtet ist das Evangelium des Johannes Häresie. So ist schon die Johannisnacht in der ganzen christlichen Welt die Nacht der Häretiker. Dabei hat sie eine besondere Ironie in sich. Dem Kirchenkalender nach ist es die Nacht des Johannes des Täufers. Aber tatsächlich feiert man in der Johannisnacht einen Johannes, vom dem man annimmt, dass er der Autor des Johannesevangeliums, der Johannesbriefe sowie der Offenbarung des Johannes ist. Das Johannesevangelium ist häretisch in einem ganz bestimmten Sinn. Ganz allgemein kann man sagen, dass für die christliche Orthodoxie alle Evangelien häretisch sind. Aber das Johannesevangelium ist häretischer als alle anderen. Die christliche Orthodoxie erscheint vom 2. Jahrhundert an, gerade in Auseinandersetzung mit diesem Evangelium, das schließlich nur mit Mühe in den Kanon aufgenommen wurde. Dieser Orthodoxie fällt niemals die Frage ein, ob nicht in Wirklichkeit sie eine Häresie sein könnte. Sie beherrscht die Christenheit und urteilt über die Häresien in den Gründungstexten eben dieser Christenheit. Die Häresien, die sie verfolgt, stammen aus diesen Texten. Die Orthodoxie bekämpft sie mit Blut und Feuer. Sie stülpt diese Texte um, so dass sie das Gegenteil aussagen von dem, was sie sagen, obwohl sie den Text als heiligen Text nicht ändern kann. Aber die ursprüngliche Bedeutung dieser Texte erhebt sich ständig aufs Neue gegen die Orthodoxie, die sie immer wieder unterdrücken muss, indem sie zur Häresie erklärt werden.

So entsteht das Christentum, die vielleicht einzige Weltreligion, deren Orthodoxie sich bestimmt durch die Negation ihrer eigenen Ursprünge. Sie definiert sich durch ihre ständige Verteidigung gegen Häresien, die aus der ursprünglichen Bedeutung ihrer eigenen Texte entstehen und aus denen sie selbst als Orthodoxie hervorgeht. Daher die innere Zerrissenheit des Christentums, aber ebenso der Zivilisation des Okzidents, die auf der Basis dieses Christentums entstand. Auch nach der Säkularisierung blieb die Grundsituation dieselbe: Ständig erheben sich neue Orthodoxien und definieren sich durch die Negation ihrer eigenen Ursprünge.

Damit die Christenheit als Orthodoxie entstehen kann, muss sie die christlichen Ursprünge und Texte neu interpretieren. Man hat sie so sehr neu interpretiert, dass schließlich das Johannesevangelium zu einem der bevorzugten Texte der Orthodoxie wurde. Sie hat den Text, der am wenigsten taugt für die Konstituierung der Orthodoxie, zu *dem* orthodoxen Text gemacht, ohne auch nur ein Wort oder Komma zu verändern.

Die christliche Botschaft eignet sich als solche nicht für die Durchführung einer Machtpolitik; ebenso wenig taugt sie zur Legitimierung eines christlichen Imperiums. Sie richtet sich an den Menschen als lebendiges Subjekt, das der Macht gegenübersteht und seine Souveränität als Subjekt behauptet. Damit kann man keine Macht begründen oder legitimieren.

Dies hat die christliche Botschaft mit der Tradition innerhalb der jüdischen Gesellschaft gemein. Wenn man als Vater Abraham hat – diesen Abraham, der seinen Sohn nicht opferte – und als Begründer des Volkes einen Mose, der ein Gesetz gibt, «das zum Leben dient», ist jede Möglichkeit, ein Imperium zu begründen, schon an der Wurzel ausgeschlossen. Man kann ein Land erobern, um dort zu leben, aber nicht ein Imperium gründen. Mit Abraham als Vater und Mose als Gesetzgeber kann Jerusalem nicht so werden wie Athen oder Rom. Es kann kein Imperium gründen, aber die Gründe, die dies unmöglich machen, machen es ihm möglich, alle Imperien zu überleben. Daher kann Jerusalem wichtiger sein als Athen und Rom; aber das, was es wichtiger macht, verhindert gleichzeitig, dass es wie Athen oder Rom wird. Als das Volk Saul als König wollte, kam der Prophet Samuel, um zu erklären, was es bedeutet, einen König zu haben: nämlich Ungerechtigkeit für jene, die einen König haben wollen. Als das Bild eines triumphierenden Messias, des Königs von Israel entsteht, tritt der Prophet Natanael auf, um einen König anzukündigen, der nicht auf einem Pferd, sondern auf einem Esel reitet. Jesus selbst übernimmt dieses Bild und reitet auf einem Esel nach Jerusalem ein, als man ihn zum König machen wollte. In dieser Tradition taucht parallel zum Bild der Herrschaft auch die Kritik an eben dieser Herrschaft auf.

Die christliche Botschaft und das frühe Christentum erben diese Tradition. Da ist nichts, was es fähig machen könnte, eine imperiale Religion zu werden. Die Christen sind Pazifisten. Bis zum Ende des 2. Jahrhunderts legten die römischen Soldaten, wenn sie Christen wurden, die Waffen nieder, auch wenn sie daraufhin getötet wurden. Für die ersten Christen ist Rom das Babylon, dessen despotisches Gesetz ein Gesetz des Todes ist. Sie bilden alternative Gesellschaftsformen und untergraben die römische Gesellschaft. Sie übernehmen die göttlichen Titel des Kaisers für Jesus, um sie auszuhöhlen. Jesus reitet weiterhin auf einem Esel. Und nur weil er auf einem Esel reitet, verdient er die Titel «Sohn Gottes», «Erlöser der Welt» und «Gott» und kann seine Botschaft ein Evangelium sein. Denn auch Evangelium war ursprünglich ein Wort, das für die wichtigen Botschaften des Kaisers an das gesamte Imperium benutzt wurde.

Der Konflikt mit diesem Christentum hat seinen Grund nicht in Fragen der Religions- oder Kultfreiheit, und auch nicht in der Frage von Monotheismus und Polytheismus. Er entsteht, weil das Christentum jetzt ein universales menschliches Subjektsein behauptet, das dem Imperium gegenüber souverän ist. Es tut dies von der Botschaft Abrahams her, der nicht tötete, und einem Gesetz, das für das Leben da ist. Aber es bringt diese Botschaft der Bevölkerung des gesamten Imperiums. Es ist eine Botschaft, welche die Bevölkerung des Imperiums erreichen und überzeugen kann, die aber mit dem Imperium unvereinbar ist – und sie ist es, ohne irgendeine Revolution zu erklären. Sie ist selbst eine Rebellion des Subjekts, die tiefer verankert ist, als es eine Revolution je sein könnte.

Das Imperium reagiert, indem es zwingt, dem Bild des Kaisers Opfer darzubringen und damit diesen als Sohn Gottes, Erlöser der Welt und als Gott zu bestätigen. Der König, der zu Pferd reitet, wendet sich gegen den König auf dem Esel. Ob es einen Gott gibt oder mehrere, ist völlig gleichgültig. Wichtig ist, dass der Kaiser Gott ist. Außerdem sind die Christen keineswegs die einzigen Monotheisten im Imperium. Das Judentum ist «religio licita», und die Platoniker stehen monotheistischen Vorstellungen sehr nahe. Solange die Platoniker weiterhin bereit sind, ihren Gott durch das Bild des Kaisers hindurch zu verehren, gibt es keinen Konflikt. Selbst den Monotheismus der Juden lässt das Imperium in Frieden, da sie keine universale Bekehrung beanspruchen. Das Christentum aber betreibt eine universale Mission, die sich an die gesamte Bevölkerung richtet und sie tatsächlich auch erreicht. Daher untergräbt es das Imperium in seiner Legitimität, ohne dass irgendein Aufstand stattfinden müsste.

Aber dieses Christentum verwandelt sich im Laufe der ersten Jahrhunderte in die Religion des Imperiums. Als Kaiser Konstantin sich zum Christentum bekehrt, behält er den imperialen Titel «Sohn Gottes» weiterhin. Er unternimmt jetzt seine Kriege im Namen des Kreuzes. Er siegt in «hoc signo». Einige Jahrhunderte danach erscheint ein christliches Imperium, das bereits ein universales Imperium sein will. Die universale Mission hat sich in den Anspruch auf ein universales Imperium verwandelt.

Dieses Christentum muss eine fundamentale Verwandlung durchgemacht haben.

2. Die Platonisierung des Christentums durch die Christianisierung des Platonismus

Die antijüdische Neuinterpretation der Texte des Neuen Testaments kann diese Verwandlung nicht erklären, denn sie selbst muss erklärt werden. – Sie ist die andere Seite der Rezeption des griechisch-römischen Denkens durch das Christentum. Das griechisch-römische Denken ist ein Denken vom Gesetz her, und deshalb letztlich von Autorität und Macht aus. Es entsteht aus einem Denken, das um die griechische Polis kreist: Die Mächte, welche die Polis beherrschen, denken sich selbst, ohne das Problem der Herrschaft als einer Herrschaft über andere überhaupt in Betracht zu ziehen.

Die christliche Botschaft aber entsteht aus der jüdischen Tradition heraus, in der das Problem der Herrschaft als Herrschaft über andere ganz zentral ist. Es handelt sich um eine Tradition, in der die Welt durch die Geschichte hindurch verstanden wird; sie sind in den Schriften und den Reden der Propheten und in den Weisheitsbüchern ausgebreitet. Gott handelt dort in der Geschichte. Gott selbst aber wird nicht analysiert. Daher gibt es kein besonders entwickeltes begriffliches Denken und auch keine systematische Philosophie oder Theologie.

Die christliche Botschaft gewinnt im Imperium Präsenz durch eine oft fieberhafte Aktivität der Bekehrung unter den «Heiden». Soweit das Christentum dabei das Imperium durchdringt, gelangt es in Bereiche, die durch die griechisch-römische Kultur geprägt sind und die ihm auf ihre Weise antworten oder es aufnehmen. Es handelt sich um eine äußerst reflexive und verfeinerte Kultur, in der man die Übertragung der Weisheitsliteratur in begriffliches Denken verlangt. Paulus ist der einzige der frühen Vertreter des Christentums, der sich in diesen Begriffen ausdrücken kann. Aber selbst wenn er ein großes Genie ist, kann er auch nicht das gesamte christliche Denken neu formulieren, um Fragen beantworten zu können, die aus dieser Kultur kommen. Je mehr das Christentum in die sozialen Bereiche mit hoher Bildung eindringt, werden seine Vertreter versuchen, ihren christlichen Glauben von der griechisch-römischen Kultur her zu formulieren. Aber damit formen sie nicht nur die christliche Botschaft um, sondern ebenso sehr ihre eigene Auffassung der griechisch-römischen Kulturtradition.

Von Anfang an stößt das Christentum mit der griechisch-römischen Kulturtradition zusammen. Paulus, der bedeutendste Missionar unter der römischen Bevölkerung, unterwirft sich keineswegs einfach dieser Kultur, sondern stellt sich ihr entgegen. Er spricht von ihr als «Weisheit dieser Welt» und stellt sie seiner eigenen Vorstellung vom Gesetz entgegen, die er als «Weisheit Gottes» sieht. In den Anfangskapiteln des ersten Korintherbriefs sagt er, dass die Weisheit dieser Welt Torheit ist vor der Weisheit Gottes, und die Weisheit Gottes als Torheit erscheint vor der Weisheit dieser Welt. Die Apostelgeschichte erzählt von einem Besuch des Paulus in Athen, bei dem er zu den Griechen spricht, um sie zu überzeugen. Er sucht einen Ausgangspunkt für seine Argumentation in der Wirklichkeit Athens, wie er sie erlebt. Aber er knüpft keineswegs an athenische Denktraditionen wie den Platonismus oder die Stoa an, die er mit Sicherheit kennt. Stattdessen hält er seine berühmte Rede über den «unbekannten Gott». Er geht gerade nicht von den bekannten Göttern aus, um dann von seinem Gott zu sprechen. Wäre sein Problem der Monotheismus und Polytheismus, hätte er diesen Einstieg sehr gut von der Philosophie Platons oder der Stoa her finden können, die beide bereits sehr viele Elemente des Monotheismus enthalten. Aber das ist eben nicht das Problem des Paulus, der ein Reich Gottes predigen will, das nicht von dieser Welt ist. Der Monotheismus Platons gibt keine Brücke zu seiner Vorstellung eines Reiches Gottes, das in dieser Welt ist, ohne von dieser Welt zu sein. Daher spricht er vom unbekannten Gott.

Allerdings geht es Paulus dabei in Athen sehr schlecht. Er wird fast einhellig abgelehnt und kehrt nie wieder dorthin zurück.

Dasselbe Problem stellt sich nach Paulus aufs Neue und anders – dies als Ergebnis der Erfolge der paulinischen Mission. Jetzt treten gebildete christliche Personen aus der griechisch-römischen Kulturtradition auf, die die gleiche Frage auf andere Weise angehen. Sie sehen das griechisch-römische Denken nicht mehr als Weisheit dieser Welt, die vom Standpunkt der Weisheit Gottes Torheit ist, sondern sie suchen jetzt in dieser Denktradition eine Art «anima naturaliter christiana». Bereits in der ersten Hälfte des 2. Jahrhunderts schreibt Justinus der Apologet:

> Hat nicht Sokrates den Märtyrertod gefunden wegen seiner so reinen Vorstellung der Göttlichkeit? Er war der Prototyp des leidenden Gerechten, ein wirklicher Typus, wie es einige Gestalten des Alten Testaments sind, die bereits das Kommen Christi anzuzeigen scheinen.[1]

Auf diese Weise wird der Standpunkt des Paulus, der ja von Johannes weitergeführt wird und der dem sehr ähnlich ist, was in der Moderne «Idolatriekritik» heißt, einfach überrollt.

3. Der Tod des Sokrates und der Tod Jesu

Der Tod des Sokrates hat in der Antike den Charakter eines Todes, der die griechische Kultur selbst begründet. Er ist daher auch zur Zeit Jesu in der griechischen und römischen Kultur gegenwärtig. Im Johannesevangelium ist der Tod des Sokrates ebenfalls, wenn auch unausgesprochen, präsent, und zwar als Gegenpol zum Tod Jesu. Der Tod Jesu wird so verstanden, dass er im Vergleich zum Tod des Sokrates eine gegensätzliche Bedeutung hat.

Dies geschieht vor dem Hintergrund von auffallenden Ähnlichkeiten. Beide werden zum Tode verurteilt, wegen Blasphemie. Beide werden von den Vertretern ihrer Nation verurteilt, und beide Male sind diese in sich gespalten, wenn auch die Mehrheit die Verurteilung unterstützt. Beide haben eine lange Lehrtätigkeit in der Öffentlichkeit ausgeübt. Sokrates spricht in seiner letzten Verteidigungsrede zu den «Athenern» so wie Johannes Jesus zu den «Juden» sprechen lässt. Beide rufen tiefe Konflikte hervor, die von ihren Lehren ausgehen, und beide stoßen mit der Interpretation des Gesetzes und der Götter zusammen, wie sie zu ihrer Zeit herrschen. Beide veranstalten vor ihrem Tod ein Treffen mit ihren Jüngern oder Freunden, auf dessen Ende ihr Tod folgt. Sokrates trinkt einen Kelch mit Gift. Jesus spricht von seinem Tod als von einem Kelch,

1 Jäger, Walter: Cristianismo primitivo y paideia griega. Brevarios, Mexiko 1961, S. 46. Nach Jäger vergleicht Justin den göttlichen Logos, wie er in Sokrates und in Jesus Christus erscheint. Er kommt zu dem Ergebnis, dass Sokrates den Griechen zeigte, was Christus, in dem das Wort Fleisch wurde, den Barbaren offenbarte. Vgl. S. 48, Anm. 13.

den er zu trinken hat. Von beiden wird ein Zusammentreffen mit Frauen vor ihrem Tod überliefert. Beide verbinden den Grund für ihre Verurteilung und für die Annahme der Todesstrafe mit der Gesetzlichkeit. Beide interpretieren die menschliche Körperlichkeit vor dem Hintergrund ihres drohenden Todes. Beide sprechen vom ewigen Leben. Beide sprechen letzte Worte, die ihre Position gegenüber dem Tod zusammenfassen. Von beiden wissen wir nur durch die Berichte anderer: im Falle von Jesus durch die Evangelisten, im Falle des Sokrates von Platon.

Aber trotz dieser Gemeinsamkeiten erscheint der eine Tod das Gegenteil des anderen zu sein. Die Grundlage für diesen Gegensatz können wir in der Weise sehen, wie sie den Grund ihres Todes mit dem Gesetz verbinden. Nach dem Johannesevangelium wird Jesus durch das Gesetz zu Recht verurteilt, und in seinem Tod wird das Gesetz erfüllt. Daher dreht sich alles, was von seinem Tod berichtet wird, um den Skandal des Gesetzes. Der Unschuldige wird vom Gesetz zu Recht verurteilt. Die Interpretation des Todes des Sokrates bei Platon hingegen ist konträr dazu. Die Richter beugen des Gesetz, um ihn verurteilen zu können. Es ist nicht das Gesetz, das den unschuldigen Sokrates verurteilt, sondern es sind schlechte Richter, die das Gesetz missbrauchen. Sokrates wiederum erfüllt das Gesetz, indem er sich der Flucht, die möglich wäre, widersetzt. Der Tod des Sokrates bestätigt das Gesetz; der Tod Jesu ist ein Skandal des Gesetzes.

Im Tod Jesu gibt das Gesetz, das für das Leben da ist, den Tod, indem es erfüllt wird. Jene, die ihn verurteilen, unterwerfen sich dem Gesetz – einem Gesetz, das für das Leben gegeben ist, das aber den Tod bringt, wenn es nicht im Namen des Lebens herausgefordert wird. Die Verurteilung des Sokrates dagegen erfolgt, weil sich die Richter nicht dem Gesetz unterwerfen. Am Tod des Sokrates ist das Gesetz unschuldig, die Richter sind schuldig. Im Falle Jesu sind nicht die Richter schuldig, sondern das Gesetz selbst ist schuldig, weil es als Gesetz verstanden wird, das erfüllt wird um seines eigenen Formalismus willen. In beiden Fällen wird also das Gesetz radikal unterschiedlich gesehen. Sokrates behauptet, dass das Gesetz selbst das Leben ist. Jesus besteht darauf, dass das Gesetz da ist für das Leben und dass diese Tatsache das Verhältnis zum Gesetz bestimmen muss. Es muss herausgefordert werden, wenn seine Erfüllung den Tod bringt.

Wenn Sokrates von der Gerechtigkeit spricht, redet er von der Erfüllung des Gesetzes. Es gibt kein Subjekt, das als Instanz über die Erfüllung des Gesetzes urteilen kann. Daher kann es für Sokrates keine Gerechtigkeit geben, die dem Gesetz gegenübersteht, denn das Gesetz ist gerecht. Sokrates diskutiert gar nicht, warum er das Gesetz für gerecht hält, wenn er seine Flucht im Namen des Gesetzes ablehnt. Wenn das Gesetz erfüllt wird, gibt es keine davon verschiedene Gerechtigkeit. Als seine Freunde ihm die Möglichkeit der Flucht anbieten, lehnt er im Namen des Gesetzes ab. Die Richter beugten das Gesetz, um ihn verurteilen zu können. Sokrates erlitt folglich eine Ungerechtigkeit, die darin bestand, dass ihm gegenüber das Gesetz nicht erfüllt wurde. Dennoch beharrt er darauf, dass er auf eine Ungerechtigkeit nicht durch eine neue Ungerechtigkeit, die seine Flucht bedeuten würde, antworten darf: Unter keinen Umständen ist es erlaubt, ungerecht zu sein oder eine Ungerechtigkeit durch eine andere Ungerechtigkeit, Böses durch Böses, zu beantworten.[2] Man muss beachten, dass es hier um das Gesetz geht, nicht um den Menschen. Dem Menschen gegenüber verhält man sich natürlich nach dem Gesetz, das sehr wohl Böses mit Bösem vergilt und dadurch gerecht ist. Das Gesetz verpflichtet Sokrates, sich der Verurteilung zu unterwerfen, ganz gleich, ob die Verurteilung ungerecht ist, was in der Sprache Platons bedeutet, dass sie das Recht missbraucht und nicht erfüllt hat. Die Richter beugten das Recht, aber wenn er flieht, beugt er das Recht ebenfalls, und er befindet sich ebenso im Unrecht wie die Richter. So sagt Sokrates:

> Gesetzt, wir wären willens, von hier davonzulaufen, oder wie man das nennen soll, und da kämen die Gesetze und das Gemeinwesen dieser Stadt, träten uns entgegen und fragten: «Sag uns, Sokrates, was hast du im Sinne? Hat dein jetziges Vorhaben ein anderes Ziel, als uns, die Gesetze, zu vernichten, und mit uns die ganze Stadt, soviel an dir liegt? Oder hältst du es für möglich, dass eine Stadt bestehen bleibt und nicht untergeht, in der Gerichtsurteile keine Geltung haben, in der sie vielmehr von Privatpersonen ihrer Kraft beraubt und über den Haufen geworfen werden?»[3]

Jetzt lässt Sokrates das Gesetz selbst sprechen:

2 Platon: Diálogos. La República o el Estado, Madrid 1972. Diálogo: Critón o del deber, S. 54.
3 Platon: Apologie des Sokrates, Kriton, Stuttgart 1987, S. 49f.

Wie aber, wenn die Gesetze so zu mir sprächen: «Sokrates, ist dies die Übereinstimmung, die wir mit dir erzielt haben, und nicht vielmehr, dass du dich den Urteilen fügen werdest, welche die Stadt ergehen lasse? ... Haben wir dich nicht überhaupt erst hervorgebracht ...»[4]

«Sieh nun zu, Sokrates», würden die Gesetze wohl fortfahren, «ob wir die Wahrheit sagen, wenn wir meinen, dass du Anstalten machst, uns Unrecht zu tun mit dem, was du jetzt tun willst. Denn wir, die wir dich hervorgebracht, aufgezogen und ausgebildet, die wir dir, soviel wir konnten, Anteil an allem Schönen gegeben haben, und ebenso deinen sämtlichen Mitbürgern.[5] ... Und jetzt willst du nicht an unseren Übereinkünften festhalten?»[6]

Hier ist das Gesetz selbst das Leben, und nicht etwa ein Gesetz, das für das Leben ist. Das Gesetz wird zum wahren Subjekt, welches das Leben gibt, das den Menschen aufzieht und ausbildet. Die Mutter, die in Wirklichkeit das alles vor allem leistet, hat nur subsidiäre Funktionen. Das Gesetz ist gleichzeitig die höchste Autorität, gegen die nicht appelliert werden kann. Es ist der Vater, der gleichzeitig Mutter ist. Es ist der platonische Mythos des Urmenschen: Mann und Frau in eins. Das Gesetz unter dem Gesichtspunkt des lebendigen Subjekts zu beurteilen, wäre gerade Rebellion:

Und wenn dem so ist, wie kannst du dann glauben, du stündest mit uns [den Gesetzen], was das Recht betrifft, auf gleichem Fuße, und was wir dir antun wollen, das seist du deinerseits berechtigt uns heimzuzahlen.[7]

Dies wäre Hybris, denn das Gesetz dem Kriterium des Lebens zu unterwerfen, heißt eben, sich mit dem Gesetz auf gleichen Fuß stellen. Es ist besser zu sterben, denn dieser Tod ist ein guter Tod:

Doch jetzt gehst du, wenn du fortgehst, als jemand fort, dem Unrecht geschehen ist, nicht durch uns, die Gesetze, sondern durch Menschen.[8]

Tut Sokrates aber das Gegenteil, so sagen die Gesetze:

... dann werden wir zornig auf dich sein, solange du noch lebst, und auch unsere dortigen Brüder, die Gesetze im Hades, werden dich nicht freund-

4 Ebd. 50.
5 Ebd. 52.
6 Ebd. 53.
7 Ebd. 51.
8 Ebd. 56.

> lich aufnehmen, da sie wissen, dass du versucht hast, uns, soviel an dir lag, zu vernichten.[9]

Sokrates kann nicht rebellieren im Namen des lebendigen Subjekts, weil das Gesetz für ihn das Leben ist. Er kann zum Gesetz nicht auf Distanz gehen, daher stirbt er auf dem Altar des Gesetzes. Für Sokrates kann es auch keine Sünde geben, die in Erfüllung des Gesetzes begangen wird, während Johannes gerade dieser Sünde den Tod Jesu zuschreibt.

Aus diesem Grund erleidet Sokrates, der nicht rebellierte, auch nicht den Tod des Rebellen, den Jesus erleidet. Jesus stirbt, weil er rebellierte. Sokrates stirbt am Schluss seines letzten Zusammentreffens mit den Freunden. Der Gefängniswärter reicht ihm höflich den Schierlingsbecher, und Sokrates trinkt ihn im Gehorsam gegen das Gesetz. Sokrates führt das Urteil selbst aus, und es ist schwierig, seinen Tod von einem Selbstmord zu unterscheiden, denn in Erfüllung des Gesetzes begeht er Selbstmord. Er betrachtet ihn nicht als solchen, weil Gott ihm durch das Gericht den formellen Beschluss zugesandt hat zu sterben:

> Auf diese Weise nun wäre es also wohl nicht unvernünftig, dass man nicht eher sich selbst töten dürfe, als bis der Gott irgendeine Notwendigkeit dazu verfügt hat, wie die jetzt uns gewordene.[10]

Jesus macht aus seinem Abschiedstreffen ein Abschiedsmahl, und er trinkt Wein, keinen Schierlingsbecher. Nach dem Mahl werden andere ihn hinrichten.

Sokrates zeigt keine Furcht vor dem Tod. Er bezeichnet den Tod als seinen Freund und betrachtet ihn als Befreiung:

> Nämlich diejenigen, die sich auf rechte Art mit der Philosophie befassen, mögen wohl, ohne dass es freilich die andern merken, nach gar nichts anderm streben als nur zu sterben und tot zu sein. Ist nun dieses wahr: so wäre es ja wohl wunderlich, wenn sie ihr ganzes Leben hindurch zwar sich um nichts anderes bemühten als um dieses, wenn es nun aber selbst käme, hernach unwillig sein wollten über das, wonach sie so lange gestrebt und sich bemüht haben.[11]
>
> So dass ich eben deshalb nicht so unwillig bin, sondern der frohen Hoff-

9 Ebd. 56f.
10 Platon: Phaidon, Stuttgart 1987, S. 10.
11 Ebd. 13.

nung, dass es etwas gibt für die Verstorbenen, und, wie man ja schon immer gesagt hat, etwas weit Besseres für die Guten als für die Schlechten.[12]

Für Sokrates ist die Seele unsterblich – dies im Unterschied zur Vergänglichkeit des Körpers «verachten, dünkt mich wenigstens, wird es (die Besorgung des Leibes) der wahre Philosoph»[13]. Der Körper versklavt und daher ist der Tod Befreiung. Der Körper behindert die Erkenntnis der Wahrheit, denn die Wahrheit gehört zur Seele:

> Und endlich noch, wenn er uns auch einmal Muße lässt und wir uns anschicken, etwas zu untersuchen: so fällt er uns wieder bei den Untersuchungen selbst beschwerlich, macht uns Unruhe und Störung und verwirrt uns, so dass wir seinetwegen nicht das Wahre sehen können. Sondern es ist uns wirklich ganz klar, dass, wenn wir je etwas rein erkennen wollen, wir uns von ihm losmachen und mit der Seele selbst die Dinge schauen müssen.[14]

Aus christlicher Sicht hingegen ist der Tod nicht Befreiung, sondern Bedrohung und schlechthin die Katastrophe. Der Mensch hat keine ewige Seele, sondern die Seele ist das Lebensprinzip des Körpers. Das ewige Leben ist vollkommenes körperliches Leben und die Seele ist ewig einfach deshalb, weil es der Körper durch die Auferstehung hindurch ist, denn sie ist ja das Lebensprinzip des Körpers. Wenn Jesus über seinen Tod hinaus lebt, geschieht dies nicht durch irgendeine ewige Seele, sondern durch die körperliche Auferstehung. Nur aus der Auferstehung kann ewiges Leben hervorgehen. Daher behindert der Körper auch nicht die Kenntnis der Wahrheit, sondern im körperlichen Leben offenbart sich die Wahrheit. Die Geschichte des Apostels Thomas und seines Glaubens an die Auferstehung Jesu gründet sich hierauf: Die körperliche Evidenz enthüllt die Wahrheit. Der Tod bedroht daher das Leben insgesamt, nicht etwa nur das des Körpers. Wird der Körper zerstört, ist der ganze Mensch einschließlich seiner Seele zerstört und kann nur durch die körperliche Auferstehung wieder zu sich kommen. Daher hat Jesus in den Evangelien Angst vor dem Tod, und er muss diese Angst überwinden. Sokrates ist da ganz anders:

> In der Tat also, o Simmias, trachten die richtig Philosophierenden danach

12 Ebd. 12.
13 Ebd. 14.
14 Ebd. 16f.

> zu sterben, und tot zu sein ist ihnen unter allen Menschen am wenigsten furchtbar.[15]

Für Platon ist der Körper das Gefängnis der Seele, aber für das Christentum ist das Gesetz das Gefängnis des Körpers. – Sokrates jedoch gründet alles auf die Unsterblichkeit der Seele:

> Und solange wir leben, werden wir, wie sich zeigt, nur dann dem Erkennen am nächsten sein, wenn wir, soviel möglich, nichts mit dem Leibe zu schaffen noch gemein haben, was nicht höchst nötig ist, und wenn wir mit seiner Natur uns nicht anfüllen, sondern uns von ihm rein halten, bis der Gott selbst uns befreit. Und so rein der Torheit des Leibes entledigt, werden wir wahrscheinlich mit ebensolchen zusammen sein und durch uns selbst alles Ungetrübte erkennen, und dies ist eben wohl das Wahre. Dem Nichtreinen aber mag Reines zu berühren, wohl nicht vergönnt sein.[16]

Sokrates will keine Klagen hören, denn seine kommende Befreiung vom Körper ist kein Grund zu klagen. Frauen klagen, aber Männer nicht. Sogar Xanthippe, seinc eigene Frau, klagt, und Sokrates lässt sie wegführen:

> Nach einer kleinen Weile kam er dann und hieß uns hineingehen. Als wir nun hineintraten, fanden wir den Sokrates eben entfesselt, und Xanthippe, du kennst sie doch, sein Söhnchen auf dem Arm haltend, saß neben ihm. Als uns Xanthippe nun sah, wehklagte sie und redete allerlei dergleichen, wie die Frauen es pflegen, wie: O Sokrates, nun reden diese deine Freunde zum letzten Male mit dir, und du mit ihnen. Da wendete sich Sokrates zum Kriton und sprach: O Kriton, lass doch jemand diese nach Hause führen. Da führten einige von Kritons Leuten sie heulend und sich übel gebärdend fort. Sokrates aber, auf dem Bette sitzend, zog das Bein an sich und rieb sich den Schenkel mit der Hand, indem er zugleich sagte: Was für ein eigenes Ding, ihr Männer, ist es doch um das, was die Menschen angenehm nennen.[17]

Im Moment seines Todes tut er dasselbe:

> Nachdem er nun gebadet und man seine Kinder zu ihm gebracht hatte – er hatte nämlich zwei kleine Söhne und einen größeren – und die ihm angehörigen Frauen gekommen waren, sprach er mit ihnen in Kritons Beisein, und nachdem er ihnen aufgetragen, was er wollte, hieß er die Weiber und Kinder wieder gehen, er aber kam zu uns. Und es war schon nahe am Untergange der Sonne, denn er war lange drinnen geblieben.[18]

15 Ebd. 18.
16 Platon, Phaidon 17.
17 Ebd. 6f.

Als auch seine Freunde anfangen zu klagen, sagt er:

> Ich habe vorzüglich deswegen die Weiber weggeschickt, dass sie dergleichen nicht begehen mochten; denn ich habe immer gehört, man müsse stille sein, wenn einer stirbt. Also haltet euch ruhig und wacker.[19]

Der Tod Jesu ist wiederum anders. Jesus ist von mehreren Frauen umgeben und versucht zu trösten:

> Es standen aber bei dem Kreuze Jesu seine Mutter und die Schwester seiner Mutter, Maria (die Frau) des Klopas und Maria von Magdala. Als Jesus nun die Mutter und den Jünger, den er liebte, dastehen sah, sagt er zu der Mutter: «Frau, da ist dein Sohn.» Dann sagt er zu dem Jünger: «Da ist deine Mutter.» Und von jener Stunde an nahm der Jünger sie zu sich. (Joh 19,25–27)

Jesus hat Angst vor dem Tod, aber versucht zu trösten. Sokrates hingegen empfängt den Tod als Freund und ersetzt den Trost durch die Beweise seiner Stärke.

Sokrates hält eine Abschiedsrede:

> Dass ich aber schon so lange eine große Rede darüber gehalten habe, dass, wenn ich den Trank genommen habe, ich dann nicht länger bei euch bleiben, sondern fortgehen werde zu irgendwelchen Herrlichkeiten der Seligen … Denn Kriton hat sich verbürgt, ich würde ganz gewiss bleiben, ihr aber verbürgt euch dafür, dass ich ganz gewiss nicht bleiben werde, wenn ich tot bin, sondern mich davonmachen und fort sein werde.[20]

In einer seiner Abschiedsreden hatte Jesus gesagt: «Eine kleine Weile, und ihr seht mich nicht mehr. Und wieder eine kleine Weile, und ihr werdet mich sehen» (Joh 16,16).

Sokrates geht, um nicht zurückzukehren, denn er wird auf der Insel der Seligen sein. Jesus hingegen geht, um zurückzukehren. Dies schließt eine bestimmte Vorstellung vom Übergang der Seele zum Leben nach dem Tod ein. Sokrates erwartet ein letztes Gericht:

> Da nun dieses so ist, so werden, sobald die Verstorbenen an dem Orte angelangt sind, wohin der Dämon jeden bringt, zuerst diejenigen gerichtet, welche schön und heilig gelebt haben und welche nicht. Die nun dafür erkannt werden, einen mittelmäßigen Wandel geführt zu haben, begeben sich zum

18 Ebd. 93.
19 Ebd. 95.
20 Ebd. 92.

> Acheron, besteigen die Fahrzeuge, die es da für sie gibt, und gelangen auf diesen zu dem See. Hier wohnen sie und reinigen sich, büßen ihre Vergehungen ab, wenn einer sich irgendwie vergangen hat, und werden losgesprochen, wie sie auch ebenso für ihre guten Taten den Lohn erlangen, jeglicher nach Verdienst. Deren Zustand aber für unheilbar erkannt wird wegen der Größe ihrer Vergehungen, weil sie häufigen und bedeutenden Raub an den Heiligtümern begangen oder viele ungerechte und gesetzwidrige Mordtaten vollbracht oder anderes, was dem verwandt ist, diese wirft ihr gebührendes Geschick in den Tartaros, aus dem sie nie wieder heraussteigen. Die hingegen zwar heilbare, aber doch große Vergehungen begangen zu haben befunden werden, wie die gegen Vater oder Mutter, im Zorn etwas Gewalttätiges ausgeübt oder die auf diese oder andere Weise Mörder geworden sind, diese müssen zwar auch in den Tartaros stürzen, aber wenn sie hineingestürzt und ein Jahr darin gewesen sind, wirft die Welle sie wieder aus, die Mörder auf der Seite des Kokytos, die aber gegen Vater und Mutter sich versündigt, auf der des Pyriphlegethon. Wenn sie nun, auf diesen fortgetrieben, an den Acherusischen See kommen: so schreien sie da und rufen die, welche von ihnen getötet worden sind oder frevelhaft behandelt. Haben sie sie nun herbeigerufen, so flehen sic und bitten, sie möchten sie in den See aussteigen lassen und sie dort aufnehmen. Wenn sie sie nun überreden, so steigen sie aus, und ihre Übel sind am Ende; wo nicht, so werden sie wieder in den Tartaros getrieben und aus diesem wieder in die Flüsse, und so hört es nicht auf ihnen zu ergehen, bis sie diejenigen überreden, welchen sie unrecht getan haben; denn diese Strafe ist ihnen von den Richtern angeordnet.[21]

Jene, die nicht in den Tartaros geworfen werden, werden gereinigt und schließlich aufs Neue auf der Erde in ihren Körpern geboren werden. Die Philosophen hingegen treten in die ewige Glückseligkeit ein und werden nie wieder in einen Körper zurückkehren:

> Welche nun unter diesen durch Weisheitsliebe sich schon gehörig gereinigt haben, diese leben für alle künftigen Zeiten gänzlich ohne Leiber und kommen in noch schönere Wohnungen als diese, welche weder leicht wären zu beschreiben, noch würde die Zeit für diesmal zureichen.[22]

21 Ebd. 89f.

22 Ebd. 90. Platon nimmt dieses Thema des letzten Gerichts im «Staat» wieder auf: «Als ihn seine Seele verlassen, zog sie mit vielen dahin und kam an einen wunderbaren Ort, wo sich zwei Schlünde in der Erde zeigten, nahe beieinander, und zwei andere am Himmel gegenüber. Dazwischen saßen Richter, die nach ihrer richterlichen Entscheidung den Gerechten befahlen, den Weg zur Rechten und hinauf durch den Himmel zu gehen, nachdem sie ihnen die Zeichen ihres Spruches vorn an die Brust geheftet hatten. Die Ungerechten schickten sie den Weg nach links und unten, auch sie mit den Zeichen all ihrer Taten versehen, aber auf dem Rücken.» Platon: Der Staat, Stuttgart 1958, S. 459f.

Jesus hingegen verspricht eine neue Erde, die diese Erde ist ohne den Tod. – Die letzten Worte des Sokrates zeigen wieder jemanden, der darüber besorgt ist, das Gesetz zu erfüllen:

> Als ihm nun schon der Unterleib fast ganz kalt war, da enthüllte er sich, denn er lag verhüllt, und sagte, und das waren seine letzten Worte: O Kriton, wir sind dem Asklepios einen Hahn schuldig, entrichtet ihm den, und versäumt es ja nicht. – Das soll geschehen, sagte Kriton, sieh aber zu, ob du noch sonst etwas zu sagen hast. Als Kriton dies fragte, antwortete er aber nichts mehr, sondern bald darauf zuckte er, und der Mensch deckte ihn auf; da waren seine Augen gebrochen. Als Kriton das sah, schloss er ihm Mund und Augen.[23]

Er hat seine Schulden bezahlt, folglich hat er das Gesetz erfüllt und ist gerecht. Jesus aber hatte sein ganzes Leben vom Schuldennachlass gesprochen: nicht Schulden zu bezahlen macht gerecht, sondern Schulden nachzulassen.

4. Die Ethik der Räuberbande und die Gerechtigkeit: die vollkommene Polis bei Platon

In seiner Apologie und in den Dialogen Platons bezieht sich Sokrates auf das Gesetz, dessen Erfüllung die Gerechtigkeit sichert, ohne dieses Gesetz weiter zu begründen. Das Gesetz ist gerecht, aber er sagt nicht, warum es gerecht ist.

Im «Staat» (Politeia) entwickelt Platon die These von der Gerechtigkeit des Gesetzes und leitet das Gesetz durch die Vernunft ab. Er spricht aber nicht mehr vom Gesetz oder den Gesetzen, sondern von der Gerechtigkeit der Polis (des Staates oder der Republik, je nachdem, wie «Polis» übersetzt wird; man könnte «Polis» in vielen Kontexten auch als soziales System übersetzen).

Platon wendet ein paradigmatisches Argument an, das sich durch die Geschichte ziehen wird. Es ist das Argument der Ethik der Räuberbande. Es hat eine völlig zentrale Bedeutung in der Ableitung der Ethik bei Platon. Als Argument erscheint es wieder in den Evangelien, bei Augustinus, bei Martin Luther und bei Adam Smith. Platon stellt sich einem geläufigen Argument seiner Zeit:

23 Platon, Phaidon 96.

> Der Ungerechte ist vernünftig und gut, der Gerechte keines davon? Gleicht der Ungerechte auch dem Verständigen und Guten, während der Gerechte ihnen nicht gleicht?[24]

Darauf folgt seine überraschende Frage:

> Erhält nun dieser überlegen gewordene Staat seine Macht ohne Gerechtigkeit oder muss er dazu gerecht sein?
>
> Glaubst du, kann ein Staat, ein Heer, können Räuber oder Diebe oder sonst ein Haufen, die gemeinsam eine ungerechte Tat vorhaben, einen Erfolg haben, wenn sie gegeneinander Unrecht tun?[25]

Hier erscheint die Ethik der Räuberbande. Wenn sie nicht gewisse Normen wahrt, kann selbst die Räuberbande nicht bestehen:

> Die Ungerechtigkeit schafft doch, mein Thrasymachos, Zwistigkeiten, Hass und gegenseitigen Hader, die Gerechtigkeit Eintracht und Freundschaft …
>
> Wenn das Werk der Ungerechtigkeit darin liegt, überall, wo sie ist, Zwietracht zu säen, dann wird sie bei Freien und Sklaven gegenseitigen Streit und Hass bewirken und sie zu gemeinsamer Arbeit unfähig machen, nicht? ... Das ist offenbar ihr Wesen; wen sie [die Ungerechtigkeit] befällt, ob Staat, Volk, Heer oder sonst wen, dem nimmt sie die Fähigkeit zu folgerichtigem Handeln infolge des inneren Zwistes, dann verfeindet sie ihn mit sich selbst und jedem Gegner; auch dem Gerechten.[26]

Hier wird eine Ethik abgeleitet, die im menschlichen, sozialen Handeln immer impliziert ist und die keine Ethik der Zwecke ist. Ganz unabhängig von den Zwecken, die verfolgt werden, unterliegt danach soziales Handeln ethischen Normen, die in diesem Handeln gegenwärtig sein müssen und ohne deren Erfüllung das Handeln seinen Zweck nicht erreichen kann, ganz unabhängig davon, welches der Zweck ist. Platon formuliert hier eine funktionale Ethik der Mittel für Zwecke.[27] Er hat daher auch nicht zwischen erwünschten und unerwünschten, guten und bösen Zwecken zu wählen, sondern zwischen Chaos und Ordnung. Ob es sich um eine Räuberbande, einen Staat, ein Heer oder eine Unternehmung handelt, immer müssen in ihrem Innern bestimmte Normen gelten, damit das Ziel erreicht werden kann, sei dieses nun zu plündern, einen Feind zu besiegen, ein Produkt zu produzieren usw.

24 Platon, Der Staat 115.
25 Ebd. 118.
26 Ebd. 119.

Das Argument ist durchaus überzeugend. Ein Heer will den Feind töten. Aber für diejenigen, die in diesem Heer zusammen kämpfen, gilt das Gebot, unter sich nicht zu töten, andernfalls können sie den Feind nicht töten. Eine Räuberbande ist dazu da zu rauben. Aber unter sich dürfen die Räuber nicht stehlen. Denn so können sie den Zweck, andere zu berauben, nicht erfüllen. Ein Unternehmen will produzieren. Damit es aber produzieren kann, müssen die Mitarbeiter unter sich bestimmte Normen erfüllen, so dass das Produkt entsteht. Der Staat muss bestimmte Normen durchsetzen, damit seine Bürger, jeweils entsprechend ihren Zwecken, die notwendigen Handlungen verwirklichen können.

Diese Ethik nennt Platon Gerechtigkeit, und er fragt dann weiter, wie der Staat geordnet sein muss, damit er diese Zweckerfüllungen möglich macht. Eine Kritik der Werturteile, wie sie Max Weber unternimmt, greift gegenüber dieser platonischen Ethik überhaupt nicht. Platon impliziert ja bereits den Standpunkt, dass wissenschaftlich keine Werturteile gefällt werden können. Platon fällt überhaupt keine Werturteile. Die funktionale Ethik, die er entwickelt, beruht daher nicht auf Werturteilen. Platon kann also schließen:

> Dass nämlich die Gerechten verständiger, tüchtiger und tatkräftiger sind, während die Ungerechten auch miteinander nichts erreichen können – allerdings sagen wir mitunter, ungerechte Leute hätten einmal in gemeinsamer Tat etwas Großes vollbracht, aber da irren wir gründlich! Denn sie würden sich in die Haare geraten, wenn sie durchaus ungerecht wären; vielmehr wohnt in ihnen noch ein Rest Gerechtigkeit, der sie hindert, gegen sich selbst so ungerecht zu verfahren wie gegen Feinde, und durch den sie ihre Tat vollenden; und so gehen sie an das Verbrechen heran, ohne selbst ganze Verbrecher zu sein. Denn wären sie völlig schlecht und ungerecht, dann wären sie zu jeglicher Handlung völlig ungeeignet.[28]
>
> Handel und Wandel einer gerechten Seele und eines gerechten Menschen sind somit gut, der Ungerechte aber lebt schlecht? … Nach deiner Untersuchung offenbar![29]

Die Achse des Arguments ist die Ethik der Räuberbande. Würde das Argument sie nicht einschließen, hätte es keine zwingende Geltung. Als Ethik der Ordnung ist es allerdings eine Ethik, die

27 Zur funktionalen Ethik vgl. Gutiérrez, Germán: Etica funcional y ética de la vida, in: Pasos, San José, Nr. 74, Nov./Dez. 1997.

28 Platon, Der Staat 120.

29 Ebd. 122f.

der Funktionalität des sozialen Handelns untergeordnet ist. Sie kann kein Kalkül sein, sondern ist in allem kalkulierenden Handeln bereits vorausgesetzt. Platon lässt die Frage einer Ethik der Zwecke, also einer Ethik der Werturteile, offen. Er reduziert diese Ethik jedoch auch nicht auf eine formale Ethik, obwohl sie auf Normen zurückgreifen muss. Daher schließt er die Bedürfnisbefriedigung derer mit ein, die in das soziale Handeln eintreten. Auch eine Räuberbande kann nicht funktionieren, wenn die Räuber nicht gegessen haben oder einige gegessen haben und andere nicht. Sie muss in ihrem Innern eine bestimmte Einkommensverteilung sichern, damit alle Räuber zusammen auf Raub ausgehen können. Aber diese Frage der Einkommensverteilung wird bei Platon rein funktional begründet und schließt überhaupt kein Werturteil ein. Auch Soldaten müssen, um in die Schlacht zu ziehen, gesund und gut ernährt sein. Verlangt man also, dass die Soldaten gesund erhalten und gut ernährt werden, dann fällt man kein Werturteil, sondern kann dies im Namen einer rein funktionalen Ethik fordern.

Von diesem Gesichtspunkt aus sieht Platon die Polis und stellt sich dann die Frage, wie die ideale Polis beschaffen sein muss. Auch hier werden nicht etwa Werturteile abgeleitet, um sie dann in die Wirklichkeit umzusetzen, sondern es wird ein Idealtyp konstruiert, der zeigen soll, wie die Polis am besten zu organisieren ist, damit sie es optimal erlaubt, beliebige Zwecke zu erfüllen: «Nun wollen wir in Gedanken einen Staat von Anfang an entstehen lassen.» Hier wird zum ersten Mal ein Idealtyp entwickelt, und er ist sicher nicht idealistischer als jene, die von Max Weber stammen. – Platon beginnt mit den Bedürfnissen:

> Nun wollen wir in Gedanken einen Staat von Anfang an entstehen lassen. Es schafft ihn aber, so glaube ich, unsere eigene Bedürftigkeit! … Das erste und größte Bedürfnis ist die Beschaffung der Nahrung, um bestehen und leben zu können … [30]

Platon entwickelt dann eine ganz außerordentliche Sicht der Arbeitsteilung und der Vorteile der Spezialisierung. Aber nur in einer Polis ist dieses Zusammenwirken möglich. Es ergeben sich Konsequenzen. So entstehen immer neue Bedürfnisse:

30 Ebd. 139.

> Also müssen wir uns vom Gebiet des Nachbarn etwas abtrennen, wenn wir genügend Land für Weide und Acker haben wollen, und die Nachbarn machen es ebenso bei uns, wenn auch sie sich dem endlosen Drang nach Besitz ergeben und die Grenze des Notwendigen überschreiten …
>
> Dann werden wir also Krieg führen …
>
> Noch wollen wir nichts darüber aussagen, ob der Krieg Gutes oder Schlechtes bewirkt, sondern uns begnügen, die Entstehung des Krieges gefunden zu haben aus jener Quelle, aus der zumeist in den Staaten für alle oder für den einzelnen das Unglück kommt, wenn es eintritt.
>
> Da brauchen wir einen Staat, der noch um etliches größer ist, nämlich um ein ganzes Heer, das auszieht, um für den ganzen Besitz und für alle die Menschen, die wir aufzählten, mit den anrückenden Feinden zu kämpfen.[31]

Jetzt wird der Staat selbst zu einer großen Räuberbande. Hierüber spricht Platon nicht weiter. Er fragt viel mehr, wie die Vervollkommnung dieses Staates aussehen kann, der nun einmal das ist, was er ist.

Man bemerkt bei Platon sofort eine große Beunruhigung. Nicht dass der Staat selbst zu einer Räuberbande wird, beunruhigt ihn, sondern die Tendenz des entstehenden Militärapparats, sich selbst in eine Räuberbande zu verwandeln, die diesen Staat ausraubt. Er denkt sich daher eine ideale Situation, in der sich das Heer problemlos dem Staat und seiner Regierung unterordnet.

Die Vorstellungen, die er dabei entwickelt, sind extrem und sogar abenteuerlich. Damit sich die Militärs nicht gegen die Polis selbst richten, entwickelt er eine ideale Situation der Güter- und Frauengemeinschaft. Sie soll das Heilmittel sein gegen die Habsucht von Seiten der Militärs, so dass die ganze Polis ruhig schlafen kann. Ihre Verdienste will er anerkennen durch Ehrenauszeichnungen und Liebeschancen. So kann der Militärapparat in idealer Unterordnung funktionieren:

> Freilich sollten sie gegen die eigenen Leute verträglich sein, nur gegen die Feinde aber grimmig; andernfalls brauchen sie nicht zu warten, bis die Feinde sie vernichten, sondern sie werden es früher selbst machen![32]

Alles dies leitet er vom formalen Kriterium einer perfekten Polis ab. In seinen Ableitungen schließt er auch das kulturelle Leben ein. Er

31 Ebd. 145f.
32 Ebd. 148.

leitet sogar ab, welches die idealen Doktrinen über Gott und die Götter sind, damit der Staat seine Aufgabe ideal lösen kann. Ebenso fragt er, wie denn die Mythen interpretiert werden sollten, damit der Staat perfekt abläuft. Die Frage ist ähnlich wie im Falle der Militärs: Wie müssen die Mythen behandelt werden, damit sie vor allem den militärischen Notwendigkeiten des Staats förderlich sind? – Ganz so sucht er die Lösung für die Beziehungen von Mann und Frau:

> Es gibt also keinen öffentlichen Beruf, der nur für eine Frau oder nur für einen Mann geeignet wäre, sondern die Anlagen sind in beiden Geschlechtern gleich verteilt, und die Frau hat nach ihrer Anlage an allen Berufen Anteil, ebenso der Mann; überall aber ist die Frau schwächer als der Mann ...
>
> Kennst du nun irgendeine menschliche Beschäftigung, in der sich nicht in jeder Hinsicht das männliche Geschlecht dem weiblichen überlegen zeigt? Oder wollen wir Aufhebens machen von der Webkunst, der Koch- und Backkunst, in denen das weibliche Geschlecht etwas versteht? Andernfalls würde es doch weidlich ausgelacht werden![33]

Die Mythen sollen die Vervollkommnung der Polis unterstützen:

> Fürs erste müssen wir die Märchendichter bewachen; ihre guten Schöpfungen lassen wir zu, ihre schlechten scheiden wir aus. Die ausgewählten lassen wir dann den Kindern von Ammen und Müttern erzählen.[34]

Platon fasst zusammen:

> Ebenso wenig wie die Erzählungen von den Kriegen, Anschlägen und Kämpfen der Götter untereinander! ... Sie sind ja überdies gar nicht wahr! Vorausgesetzt, die zukünftigen Wächter unseres Staates sollen darin die höchste Schande erkennen, wenn sie sich untereinander leicht verfeinden. Keineswegs darf man ihnen die Gigantenkämpfe erzählen und ausmalen oder die andern zahlreichen und mannigfachen Feindschaften der Götter und Heroen gegen ihre Verwandten und Freunde. Wenn wir sie [die Wächter] vielmehr überzeugen wollen, dass kein Bürger je dem andern Feind gewesen, solches auch wider heiligen Brauch sei, dann müssen um so mehr Greise und Greisinnen solche Geschichten den Kindern von klein auf erzählen, und ähnliches müssen ihnen dann, wenn sie heranwachsen, die Dichter vorsingen. Erzählungen wie die Fesselung der Hera durch ihren

33 Ebd. 251.
34 Ebd.

Sohn, der Sturz des Hephaistos durch den Vater, als er seiner misshandelten Mutter helfen wollte, Götterkämpfe, wie sie Homer gedichtet hat, sind in unserem Staate nicht zuzulassen, ob sie nun nur sinnbildlich gemeint sind oder wörtlich.[35]

Aus diesem Perfektionskriterium folgt, wie die Götterwelt auszusehen hat:

> Gott ist doch in Wahrheit gut und also auch so darzustellen, nicht? ... Das Gute ist also nicht für alles die Ursache, sondern nur für alles, was sich wohl verhält, am Übel ist es unschuldig?
>
> Da Gott nun gut ist, so ist er nicht an allem schuld, wie die meisten behaupten, vielmehr ist er für die Menschen die Ursache nur von wenigem, an vielem ist er unschuldig. Denn das Gute wird uns viel weniger zuteil als das Schlechte, für das Gute brauchen wir keinen andern Urheber zu suchen als ihn, für das Übel aber alle andern, nur nicht ihn![36]
>
> ... Unannehmbar ist es daher, bedeutende Männer vom Lachen überwältigt darzustellen, noch viel weniger aber Götter.[37]

All das leitet Platon aus dem Gedanken ab, dass die Polis eine Ordnung braucht, die er in idealer Form abstrahieren will. Er kann daher ihre ideale Form entwickeln und so ableiten, wie der Militärapparat, die Kultur und die Religion beschaffen sein müssten, damit sie absolut funktional sind zum Funktionieren der Polis selbst. Alles ist Denken in Funktionen, keineswegs in abstrakt vorgedachten Werten, die an die Realität herangebracht werden. So abstrus das Ergebnis ist, so rational und sogar empirisch die Methode. Von der Ethik ausgehend, die immer die Ethik der Räuberbande einschließt, denkt er die Polis als völlig funktional in allen ihren Äußerungen durchkonstruiert, so dass alle Bereiche dermaßen organisiert sind, dass diese Ethik perfekt durchgesetzt werden kann. Das Ganze ist eine funktional-rationale Konstruktion und keineswegs das Ergebnis irgendwelcher Werturteile Platons.

Platon sieht außerhalb der Polis nur Außenwelt, der gegenüber keine Ethik zur Sprache kommt. Dies entspricht auch der Vision einer Räuberbande. Die Polis ist die Welt, von deren Vervollkommnung sich das Ideal der perfekten Polis ableitet, das er dann das

35 Platon, Der Staat 152f.
36 Ebd. 153f.
37 Ebd. 164f.

Ideal der Gerechtigkeit nennt. Die Gesetze dieser Polis sind daher die gerechten Gesetze:

> Und dies größere Ding schien uns der Staat zu sein, daher gründeten wir den möglichst besten, in der Überzeugung, in einem guten Staat müsse die Gerechtigkeit wohnen.[38]

Hiermit hat Platon den Begriff der Gerechtigkeit als idealer, perfekter Polis, deren Gesetze über allem zu stehen haben.

Platon ist sich natürlich bewusst, dass damit das Problem des Verhältnisses zwischen diesem Ideal der Vervollkommnung und der Wirklichkeit auftaucht. Er fragt sich daher, ob es möglich ist, das Ideal zu verwirklichen, und ob es einen Sinn behält, wenn es nicht zu verwirklichen ist. – Er beginnt damit, von der Nützlichkeit seiner Verwirklichung zu sprechen:

> Somit war unser Vorschlag nicht nur durchführbar, sondern auch für den Staat der allerbeste![39]
>
> … nunmehr nehme ich alles für durchführbar an und will, wenn du erlaubst, die Anordnungen überlegen, die die Herrscher treffen werden, und den großen Vorteil nachweisen, den die Verwirklichung für Staat und Wächter mit sich bringt.[40]

Dann besteht Platon darauf, dass eine solche perfekte Polis vollkommen bleibt, auch wenn sich herausstellen sollte, dass man sie nicht verwirklichen kann:

> Ist deiner Meinung nach ein Maler deshalb weniger tüchtig, weil er zwar das Ideal des schönsten Menschen malen und alles wunderbar darstellen, aber nicht beweisen kann, dass es einen solchen Menschen auch wirklich gibt?
>
> Haben nicht auch wir in einem Gedankenentwurf ein Idealbild des guten Staates gezeichnet? Ist dann deiner Meinung nach unsere Untersuchung weniger gelungen, wenn wir nicht beweisen können, dass ein solcher Staat, wie wir ihn beschrieben, zu verwirklichen ist?[41]

Platon meint sogar:

38 Ebd. 226.
39 Ebd. 253.
40 Ebd. 255.
41 Ebd. 275f.

> Aber vielleicht ist er im Himmel aufgestellt, als ein Beispiel für den, der ihn sehen will und danach sein eigenes Ich ordnet.[42]

Dann betont er, dass die Verwirklichung zumindest nicht unmöglich ist:

> Nunmehr ist also unser Ergebnis: Unsere Vorschläge über die Gesetzgebung sind die besten, sofern sie verwirklicht würden; die Verwirklichung ist schwierig, aber nicht unmöglich.[43]

Folglich beginnt er daran zu denken, ob es nicht Annäherungen an diese Vorstellung von Perfektion gibt:

> Kann man ein Ding genauso verwirklichen, wie man es dargestellt hat, oder bringt es die Natur mit sich, dass die Ausführung weniger als der Gedankenentwurf der Wahrheit nahe kommt, auch wenn dies zunächst überrascht?
>
> Dann zwinge mich nicht zu einem Beweis, dass alle unsere Untersuchungsergebnisse auch in allem verwirklicht werden können; sondern wenn wir einen Staat finden, der unserm Bild so nahe als möglich kommt, dann wollen wir als gefunden annehmen, was du suchst: die Möglichkeit, ihn zu verwirklichen.[44]

Platon diskutiert jetzt die Annäherung im Hinblick auf die Typen der Herrschaft, die er entwickelt. Die Ableitung der Typen ist systematisch und nicht etwa als notwendige historische Folge gedacht. Aber er lässt jeweils einen Typ aus den Tendenzen zur Dekadenz hervorgehen, die der vorhergehende Typ zeigt, so dass eine spätere Interpretation dieser Übergänge als historischer Prozess sehr leicht ist. Die Tendenz zur Dekadenz aber sieht er begründet durch den Drang nach Besitz, der das Notwendige überschreitet. Sein idealer Staat hat deshalb eine Ordnung, die auf ideale Weise diesen Drang zumindest kanalisieren kann. Es geht um das Wertgesetz, das zu seiner Zeit auf dem Vormarsch ist und das er als Ursache aller Dekadenz der Staatsformen ansieht. Mit der Tyrannei bringt es die extremste Dekadenz hervor.

Platon sucht durchaus in jeder Regierungsform nach Möglichkeiten, den Prozess wieder zurückzuführen, so dass auf die Degeneration eine Regeneration folgen kann. Er geht von der Monarchie

42 Platon, Der Staat 431.
43 Ebd. 313.
44 Ebd. 276.

als höchster Form aus, die dem perfekten Staat am nächsten steht, und kommt über die Aristokratie, die Oligarchie und Demokratie schließlich zur Tyrannei.

Die Tyrannei wird damit zum eigentlichen Gegenpol des perfekten Staates, den er in Gedanken gebaut hat. Sie erhält ihrerseits den Charakter des ideal gedachten äußersten Verfalls. Die Tyrannis ist allerdings die Gesetzlosigkeit, so dass sie den entsprechenden Staat nicht entwickeln kann. Es ist der ideal gedachte Verfall des Staates, das Gegenteil von perfekter Ordnung. Daher kreist die Vorstellung der Tyrannis ganz einseitig um die Person des Tyrannen, der gewissermaßen als Verbrecher gedacht wird, welcher dem extrem denkbaren Verbrecher gleicht. Es ergibt sich eine Art platonischer Apokalyptik, die noch nicht geschichtlich gewendet ist. Diesen Tyrannen zeigt Platon, ausgehend von seinen Lastern, die ihn zuerst zum Verbrecher machen:

> Wenn ihm dann das Vermögen des Vaters und der Mutter ausgeht, sich aber in ihm schon ein mächtiger Schwarm von Lüsten angesammelt hat, da wird er zunächst die Mauer eines Hauses untersuchen oder den Mantel eines späten Nachtwandlers, dann aber einen Tempel säubern, nicht?[45]

Von daher wird er zum Tyrannen in Perfektion:

> Nun aber, da er unter der Tyrannenherrschaft des Eros steht und am Tag für immer das Scheusal wird, das er früher nur selten im Traum war, nun schreckt er vor keinem furchtbaren Mord zurück, vor keiner Speise, vor keiner Tat. Sondern der Eros, der nach Tyrannenart in ihm lebt, unter völliger Anarchie und Gesetzlosigkeit, wird als Alleinherrscher den Menschen, den er besetzt hält wie einen Staat, zu jedem Wagnis führen, aus dessen Ertrag er sich selbst und seinen Haufen ernähren kann, jenen Haufen, der teils als Folge der üblen Gesellschaft von außen eingedrungen, teils in seinem Innern von denselben Eigenschaften seines eigenen Wesens entfesselt und befreit wurde. Ist nicht so das Leben eines Menschen solcher Art?[46]

Was er früher als Extrem des Verbrechens nur im Traum sich vorstellte, ist jetzt das, was er in Wirklichkeit ist:

> ... er ist der herrischste von allen ... Wenn die andern freiwillig nachgeben, dann ist es ja gut, wenn aber der Staat nicht mittut, dann wird der Tyrann,

45 Ebd. 405; «untersuchen» und «säubern» sind hier Ausdrücke für «Raub».
46 Platon, Der Staat 405.

> wie er damals Mutter und Vater misshandelte – so jetzt das Vaterland misshandeln, wenn er es vermag, und dazu neue Freunde von außen mitbringen, so wird er das einst so liebe Mutterland – wie die Kreter sagen – und das Vaterland in Knechtschaft halten und hüten. Und damit hat die Leidenschaft eines solchen Menschen ihr Ziel erreicht.[47]

Er ist sozusagen die Perfektion des Bösen, der das mögliche Idealbild des Bösen effektiv erreicht:

> Fassen wir nun ganz kurz den Typ des schlechtesten Menschen zusammen: Es ist derjenige, der in der Wirklichkeit so ist, wie wir ihn im Traumbild geschildert haben.[48]

So kommt Platon zu den beiden extremen Polen der Verwirklichung von Staatsformen:

> Es gibt keinen unglücklicheren Staat als den tyrannischen, keinen glücklicheren als die Königsherrschaft.[49]

Platon sieht gegen diese Degeneration zum negativen Pol nur ein Mittel, von dem er gleichzeitig überzeugt ist, dass es niemals angewendet wird und möglicherweise nicht einmal angewendet werden kann:

> Wenn nicht die Philosophen in den Staaten Könige werden oder die Könige, wie sie heute heißen, und Herrscher echte und gute Philosophen und wenn nicht in eine Hand zusammenfallen politische Macht und Philosophie und wenn nicht die Vielzahl derer, die sich heute auf Grund ihrer Anlage nur der einen der zwei Aufgaben widmen, mit Gewalt davon ferngehalten wird, gibt es, mein Glaukon, kein Ende des Unglücks in den Staaten, ja nicht einmal im ganzen Menschengeschlecht, und unsere Verfassung, die wir nun in Gedanken entworfen haben, wird nicht früher, soweit überhaupt möglich, verwirklicht und das Licht der Sonne erblicken. Dies ist es, was mich schon lange zaudern ließ, da ich sah, wieviel Überraschendes ich da zu sagen hatte. Denn schwer ist die Einsicht, dass kein anderer Staat glücklich werden kann, weder was den einzelnen betrifft noch was das Ganze.[50]

Er zieht sich daher enttäuscht zurück:

47 Ebd. 406.
48 Ebd. 407.
49 Ebd. 408.
50 Ebd. 277.

> Von mir zu sprechen, ist nicht der Rede wert, von meiner göttlichen Stimme; sie wurde ja so gut wie keinem andern früher zuteil. Wer nun zu diesen wenigen gehört und von der Süße und dem Glück dieses Besitzes gekostet und andrerseits die Raserei der breiten Masse zur Genüge erkannt hat – niemand schafft ja eine vernünftige Tat in der Politik; nirgendwo ein Bundesgenosse, mit dem man der Gerechtigkeit helfen könnte, ohne selbst unterzugehen, es ist ja so, als ob ein Mensch unter wilde Tiere fiele; weder will er zusammen mit den andern ein Unrecht tun, noch kann er allein all den Wilden standhalten und würde, ehe er dem Staat oder den Freunden helfen könnte, untergehen ohne Nutzen für sich und die andern – : wenn er dies alles bedenkt, hält er sich ruhig zurück und lebt nur seinem Ziel, indem er wie vor dem tobenden Sturm eines Staubwirbels oder Regenschauers unter ein Dach tritt. Da er die andern voll der Ungesetzlichkeit sieht, ist er zufrieden, wenn er nur selbst unberührt von Ungerechtigkeit und ruchlosen Taten sein Leben hier lebt und aus ihm mit guter Hoffnung ruhig und heiter scheiden kann.[51]

Dieses platonische Gesetzesdenken hat eine ganz ungeheure Kraft entwickelt, und es hat sic bis heute. Es bestimmt heute noch die herrschende Gesetzesauffassung, obwohl doch der Gesichtspunkt, unter dem es von Platon entwickelt wurde, völlig gewechselt hat. Platon denkt von einer Polis aus, in der sich zu seiner Zeit die Warenbeziehungen verallgemeinern und tatsächlich alle überkommenen Sozialstrukturen untergraben werden. All sein Denken ist daher darauf gerichtet, das Gesetz der Polis gegen diese Dekadenz zu stärken und zu verteidigen. Dieses hatte aber tatsächlich keine Aussichten, und Platon, der dies sieht, zieht sich enttäuscht zurück.

Nimmt man diesem Denken allerdings seine gegen das Wertgesetz gerichtete Absicht und stellt das Wertgesetz in das Zentrum, so ist man geradezu in der Moderne und sieht, dass in der Moderne tatsächlich die Grundkategorien des platonischen Denkens reproduziert werden. Das Gesetz aber ist jetzt nicht mehr das Gesetz der Polis, sondern das Wertgesetz. Es kann das Gesetz des Staates sein, wenn man den Staat nun als bürgerlichen Staat sieht, der das Wertgesetz faktisch als sein wahres Grundgesetz hat.

Im «Kriton» zitiert Sokrates, was das Gesetz sagen würde im Fall seiner Flucht. Es stellt sich als das große Subjekt dar, das in einem wahren Pluralis Majestatis sagt: «Wir haben dir das Leben gegeben, Wir haben dich aufgezogen und ausgebildet, Wir haben dir Anteil an allem Schönen geben und ebenso deinen sämtlichen Mitbür-

51 Ebd. 305.

gern.» Diese Aussage bezieht sich auf das Gesetz der Polis. Beziehen wir sie auf das Wertgesetz und damit auf den Markt, so finden wir die gleichen Ausdrücke bei Hayek, Friedman und von Mises, und sie gibt uns das wieder, was in der heutigen Globalisierungsstrategie vom Wertgesetz und den Gesetzen des Marktes ausgesagt wird. Auch dieses Gesetz wird nicht etwa als ein Gesetz vorgestellt, das dem Leben dient, sondern das das Leben ist. Daher ist dieses Gesetz und damit der Markt ebenso Vater und Mutter zugleich und in eins, aber in Wirklichkeit der Vater, der Mutter zu sein beansprucht.

Aber auch Platons Konstruktion der idealen Polis – nämlich die perfekte, vollkommene Polis in Gedanken – ist uns gegenwärtig. Aber sie wird nicht mehr als perfektes Gesetz der Polis konstruiert, sondern als perfekt funktionierendes Wertgesetz. In der Form des bekannten Modells der vollkommenen Konkurrenz nimmt diese Idealkonstruktion denselben Ort ein, wo sich bei Platon die perfekte Polis befindet. Die vollkommene Konkurrenz konstruiert den Idealtyp einer Gesellschaft, die in allen ihren Äußerungen vom Wertgesetz beherrscht ist, und sie ist genauso gewagt und abenteuerlich wie die platonische Konstruktion der idealen Polis. Tatsächlich liegt heute dieses Modell der vollkommenen Konkurrenz noch immer den meisten gegenwärtigen wirtschaftstheoretischen und wirtschaftspolitischen Aussagen zugrunde.

Es entsteht daher auch ein ganz analoges Problem der Annäherung von Wirtschafts- und Sozialordnungen an dieses Idealmodell. Waren es bei Platon die Regierungsformen von der Monarchie über Aristokratie, Oligarchie, Demokratie bis zur Tyrannei, so ist in der Moderne eine ähnliche Degenerationskette entstanden, mit der die Anhänger des Globalisierungsprozesses argumentieren und die vom klassischen Kapitalismus als bisheriger Höchstform der Annäherung an die ideal gedachte Konkurrenz über den interventionistischen oder populistischen Kapitalismus der demokratischen Wohlfahrtsstaaten bis zum Sozialismus als extremem Gegenpol verläuft, welcher der Tyrannei des Platon entspricht. Die auf die Wohlfahrtsstaaten angewendete Demokratiekritik scheint bei Hayek fast eine Kopie der platonischen Demokratiekritik zu sein, mit ihren Tendenzen zum Sozialismus. Der heutige Globalisierungsprozess wird so als Regenerationsprozess interpretiert. In Hayeks Demokratietheorie kommt dann sogar die Philosophenregierung zurück.

Die platonische Gesetzesauffassung hat offensichtlich einen Schematismus zur Interpretation der Wirklichkeit geschaffen, der sich durch unsere ganze Geschichte hindurch erhalten hat oder immer wiederkehrt. Dieser Schematismus ist eine Art kategorialer Rahmen, innerhalb dessen eine bestimmte Erkenntnis der Wirklichkeit hervorgebracht wird und der alle Kritik der platonischen Philosophie überlebt hat. Die außerordentlichen Veränderungen, die dieser Schematismus erfahren hat, haben ihn im Grunde nicht berührt. Sein Ausgangspunkt ist das Gesetz als *das* Leben, wobei «Gesetz» das gesamte, gesetzlich verfasste System der Institutionen einschließt. Der Schematismus, den Platon entwickelte, ergibt sich dann als Konsequenz eben dieses Ausgangspunktes und ist faktisch bereits in diesem Ausgangspunkt impliziert. Das Gesetz kann sich ändern, aber der Schematismus selbst kommt zurück. Platon entwickelt den Schematismus im Hinblick auf ein System von Institutionen unter dem Gesichtspunkt, dass es die Dynamik des Wertgesetzes zu bremsen gilt. Die Moderne hingegen betrachtet das Wertgesetz als das Grundgesetz, welches *das* Leben ist. Dennoch konnte der Schematismus der gleiche bleiben.

Dieser Schematismus ist nicht etwa eine Meinung über die Welt, sondern er geht der Meinungsbildung als kategorialer Rahmen voraus. Die Wirklichkeitserfahrung, die innerhalb eines solchen kategorialen Rahmens gemacht wird, kann daher dem kategorialen Rahmen niemals widersprechen, sondern ihn immer nur bestätigen. Da er vorgegeben ist, wird er stets bestätigt. Für alles andere, was es geben könnte, ist er blind, eben weil die Wirklichkeitsauffassung, die er erlaubt, zirkulär ist. Diese Zirkularität ist jedoch nicht dasselbe wie die Tautologie. Aber weder Argumente noch Verweise auf die Wirklichkeit können diesen Zirkel durchbrechen. Der Ausgangspunkt ist dabei das Gesetz als Formalismus der Gesetzlichkeit.

Diese Gesetzlichkeit als Schematismus der Wirklichkeit existiert nicht etwa, weil Platon darüber reflektiert hat. Sie existiert, und über dieses Existierende hat Platon geschrieben. Sie existiert also auch nicht deshalb, weil jemand Platon gelesen hat. Aber Platon hat sie zum ersten Mal als eine Form der Wirklichkeit aufgezeigt. Wenn man daher zeigen kann, dass dieser Schematismus der Wirklichkeitsauffassung des heutigen Globalisierungsprozesses zugrunde liegt, so geschieht das auch nicht deshalb, weil man Platon gelesen hätte. Die Wirklichkeit ist so gegeben, wenn man sie vom Standpunkt der Gesetzlichkeit als Formalismus aus betrachtet. Sie ist dann wirklich so; sie ist im engeren Sinne Empirie.

Platon geht über eine solche empirische Wirklichkeit nicht hinaus. Als aber später der Zusammenprall mit dem Christentum erfolgt, geht dieses von einer ganz andern Dimension des Wirklichen aus. Es sieht die Wirklichkeit vom Menschen als Subjekt aus. Es erlebt, dass die Gesetzlichkeit nicht einfach eine Norm bedeutet, sondern eine Form, die Welt zu sehen und zu erleben und ihr gegenüber zu handeln. Man wird dann sagen, dass über der Gesetzlichkeit ein Fluch liegt und dass es den Tod bedeutet, sich ihr auszuliefern. Der Mensch als Subjekt erlebt, dass die Gesetzlichkeit ihn einfach überrollt und dass sie in ihrer Konsequenz tödlich ist.

Auch diese christliche Kritik hat einen absolut negativen Herrscher, der ihr Gegenstück zu dem platonischen Begriff des Tyrannen ist. Es ist der Antichrist. Es ist ein Herrscher, der alles der Gesetzlichkeit ausliefert und der gerade dadurch zum absoluten Despoten wird. Er ist der Mann der Ungerechtigkeit, nicht der Gesetzesverletzungen. Die Ungerechtigkeit aber besteht in Verbrechen, die in Erfüllung des Gesetzes begangen werden. Von diesem Antichrist wird gesagt, dass er sich zu Gott macht, aber seine Macht vom Satan hat, wobei der Satan eben der Teufel ist, der zur Sünde überzeugt, die in Erfüllung des Gesetzes begangen wird. Ein bereits zitierter Satz von Anthony de Mello drückt dieses Verhältnis aus: «Zeige mir einen Gesetzesliebhaber, dann zeige ich dir einen schafsköpfigen Tyrannen.»[52]

Einen solchen Satz kann Platon nicht formulieren. Offensichtlich handelt es sich hier nicht um den Tyrannen von Platon, der ein Gesetzeszerstörer ist.

Aus dem Mittelalter kennen wir einige Formulierungen, die dieses Verhältnis zum Gesetz fortführen. So sagte man: «Summa lex, maxima iniustitia». Man könnte übersetzen: äußerste Gesetzlichkeit, höchste Ungerechtigkeit. Die höchste Ungerechtigkeit ist die äußerste Gesetzlichkeit. Ein anderer Satz drückt etwas Ähnliches aus: «Fiat iustitia, pereat mundus». Man kann dies so übersetzen: Die Gerechtigkeit als Gesetzlichkeit möge herrschen, auch wenn die Welt darüber zugrunde geht. Oder zusammengefasst: Die äußerste Gesetzlichkeit ist der Tod der Welt. Dies ist der Antichristus

52 Anthony de Mello: Eine Minute Unsinn, Freiburg 1997 (6. Auflage).

der Offenbarung des Johannes, und das apokalyptische Ende der Welt, das dort beschrieben wird, soll eben diese Bedrohung klar machen. Er ist offensichtlich eine Antwort auf die Konzeption des Tyrannen bei Platon.

Entsprechend ist die Utopie dieses Christentums eine ganz andere als die von Platon. Es ist keineswegs der Traum von der Rückkehr ins Paradies. Es ist der Traum einer neuen Erde, in der es keinen verbotenen Baum mehr gibt, so dass es auch keine Gesetzlichkeit, keinen Staat und keine Warenbeziehungen mehr zu geben braucht. Es ist daher auch die Utopie einer Erde, die diese Erde ist, ohne den Tod.

Von jetzt an gibt es zwei große Linien der Utopie. Auf der einen Seite sind da die Utopien von der Vervollkommnung der Gesetzlichkeit und der Institutionen. Auf der andern Seite die Utopien einer Befreiung der Körpers von der Gesetzlichkeit. Die Utopie des Christentums ist in den ersten Jahrhunderten diejenige der Befreiung des Körpers von der Gesetzlichkeit.

Schon an dieser radikalen Gegensätzlichkeit der Utopien kann man die Radikalität des Konflikts zwischen dem Imperium und diesem Christentum ablesen.

5. Die Begründung der Christenheit durch die Rezeption des Platonismus

Die Philosophie Platons ist von Anfang an im Neuen Testament gegenwärtig. Aber sie ist es vor allem als die Philosophie der anderen Seite. Das Denken des Neuen Testaments widersetzt sich der Philosophie Platons. Es setzt gegen das Denken Platons das lebendige Subjekt, das dem Gesetz gegenüber souverän ist. Wir sahen dies insbesondere anhand der Tatsache, dass man den Tod Jesu, wie er im Johannesevangelium geschildert wird, antithetisch dem Tod Sokrates gegenüberstellen kann. Dasselbe kann man anhand des Denkens Platons hinsichtlich weiterer Elemente der christlichen Botschaft zeigen.

In letzter Instanz beruht der Unterschied, der Gegensatz auf dem Begriff der Sünde, die in Erfüllung des Gesetzes begangen wird. Sie ist das Zentrum der christlichen Botschaft. Damit aber befindet sich der Mensch als lebendiges Subjekt im Zentrum, das als bedürftiges Subjekt das Gesetz herausfordert und ihm gegenüber rebelliert. Das gibt dieser Boschaft einen Ausgangspunkt, der konträr ist zum platonischen. Dieser Ausgangspunkt sind die Unterdrückten und die Ausgebeuteten. Sie erleben täglich die Herrschaft und Ausbeutung, die in Erfüllung des Gesetzes vor sich geht. Ihre Situation der Unterwerfung und Ausbeutung erklärt sich nicht dadurch, dass ihnen gegenüber irgendwelche Gesetze verletzt werden. Die Ausbeuter handeln unter Rückhalt des Gesetzes, der Gerichte und der Polizei. Daher können diejenigen, an die sich diese Botschaft richtet, nur ihre Freiheit als eine Freiheit über die Geltung des Gesetzes hinaus denken. Ihre Freiheit folgt nicht aus dem Gesetz, sondern ist eine Forderung dem Gesetz gegenüber. Sie geht über das Gesetz hinaus. Man könnte hier auch von Gemeinwohl sprechen, aber Jesus spricht in den Evangelien vom Reich Gottes oder sogar vom Himmelreich, das keineswegs jenseits des Todes angesiedelt ist, sondern eine Forderung der Gegenwart ist, wie sie das Jesuswort ausdrückt: Das Himmelreich ist mitten unter euch. Hiervon ausgehend wird das Gesetz herausgefordert. Wenn im Drama von Sartre «Die Gefangenen von Altona» eine der Figuren des Dramas sagt: «Die Hölle ist mitten unter uns», so ist dies nur eine Ergänzung dazu. Ist das Himmelreich nicht unter uns, so ist die Hölle unter uns.

Dies ist der Ausgangspunkt der christlichen Botschaft. Es handelt sich bei diesem Ausgangspunkt nicht um irgendeine beliebige Parteinahme. Es geht um eine objektiv bestehende Situation, die allerdings nur von diesem Ausgangspunkt aus sichtbar wird. Daraus folgt der Begriff des Menschen als eines Subjekts.

Je mehr allerdings das Christentum die Bevölkerung des römischen Imperiums gewinnt, um so mehr gibt es Christen, die diesen Ausgangspunkt der christlichen Botschaft nicht mehr wahrnehmen. Als das Imperium sich unter Konstantin des Christentums bemächtigt, ist dieser Gesichtspunkt aus dem herrschenden Christentum praktisch verschwunden. Augustinus ist bereits ein Aristokrat des Imperiums, der sich zum Christentum bekehrt. Er sieht das Imperium nicht mehr vom Gesichtspunkt der Unterdrückten her, sondern von Ordnung und Gesetzlichkeit aus. Er ist in der Philosophie Platons ausgebildet und bewahrt ihren Ausgangspunkt von der Macht her, die durch die Gesetzlichkeit hindurch ausgeübt wird. Dennoch entwickelt er Gesichtspunkte, die in seinem Platonismus keineswegs enthalten sind. Er behält durchaus die christliche Vorstellung von einem Reich Gottes bei, das über die Gesetzlichkeit hinausgeht, und daher auch die Vorstellung von der Ungerechtigkeit der Gesetzlichkeit. Aber er tut dies so, dass das lebendige Subjekt, welches das Gesetz herausfordert, völlig verschwindet. Das Reich Gottes ist bei Augustinus nicht mehr eine Herausforderung des Gesetzes. Es verwandelt sich in seinen Gottesstaat, der neben den vom Gesetz regierten irdischen Staat tritt. Er entwickelt sich zu einer Hoffnung jenseits der Gesetzlichkeiten des irdischen Staates, innerhalb derer sich das tägliche Leben abspielt. Der Gottesstaat befindet sich keineswegs einfach in einem Himmel «post mortem», sondern ist durchaus auch im gegenwärtigen Leben gegenwärtig. Aber er fordert die Gesetzlichkeit, die dieses tägliche Leben regiert, nicht mehr heraus, sondern beklagt ihre Ungerechtigkeit. Für Augustinus wird der irdische Staat durch seine Gesetzlichkeit keineswegs gerecht, wie dies bei Platon der Anspruch ist. Aber die Ungerechtigkeit wird als das Ergebnis der Sündhaftigkeit des Menschen gesehen, so dass ihm die Herausforderung dieser Ungerechtigkeit durch das lebendige Subjekt als Sünde des Stolzes erscheint. Daher beklagt Augustinus diese Ungerechtigkeit, greift aber nicht ein. Er entwickelt das, was Hegel das «unglückliche Bewusstsein» nennt.

Augustinus analysiert die Ethik des irdischen Staates ganz ähnlich wie Platon, nämlich als Ethik der Räuberbande. Er nennt sie die Ethik des Friedens. Überhaupt sieht er den irdischen Staat als eine Art Räuberbande, und dass er eine Ethik hat, macht ihn nicht gerecht. Aber er macht das Leben möglich. Augustinus geht davon aus, dass selbst eine Räuberbande, wenn sie ihre verbrecherischen Ziele erreichen will, in ihrem Innern Frieden bewahren muss. Daher setzt jeder Krieg, obwohl er ein Krieg ist, immer auch einen gewissen Frieden voraus, den diejenigen bewahren müssen, die den Krieg führen. Es gibt Frieden ohne Krieg, aber es gibt keinen Krieg ohne jeden Frieden. Auch derjenige, der den Krieg will, sucht einen Frieden, allerdings einen Frieden, den er durch den Krieg als Mittel durchsetzen will:

> Friede ist demnach das erwünschte Ende des Krieges. Denn jedermann erstrebt durch Kriegsführung Frieden, keiner durch Friedensschluss den Krieg. Auch die, welche den Frieden, in dem sie leben, stören wollen, hassen ja nicht den Frieden als solchen, sondern wollen nur einen anderen, der

> ihren Wünschen entspricht. Sie wollen also nicht etwa überhaupt keinen Frieden, sondern nur solch einen, wie er ihnen passt.[53]

Die Besiegten unterwerfen sich, um Frieden zu haben, und sei es auch ein schlechter Friede.

> Denn dem siegreichen Teil unterwirft sich der besiegte und zieht Frieden und Wohlstand, mag er noch so kümmerlich sein, der Herrschaft oder auch der Freiheit vor, so dass man diejenigen anstaunt, die lieber tot als Sklaven sein wollen.[54]

Das ist auch die Pax Romana:

> Nun hat gewiss der herrschende Staat es sich angelegen sein lassen, nicht nur sein Joch, sondern auch seine Sprache den unterworfenen Völkern aufzunötigen, und in der so begründeten Friedensgemeinschaft war kein Mangel, sondern sogar Überfluss an Dolmetschern. Das ist schon recht, aber durch wie viele und schreckliche Kriege, durch welche Menschenschlächterei, welches Blutvergießen ward es erreicht! Und als man so weit war, da war das Elend dieser Übel noch immer nicht zu Ende. Denn abgesehen davon, dass es auch jetzt noch auswärtige feindliche Völker gab und gibt, gegen welche immerfort Kriege geführt wurden und geführt werden, hat gerade die Größe des Reiches Kriege schlimmerer Art entfesselt, Bundesgenossen- und Bürgerkriege, von denen das Menschengeschlecht noch jämmerlicher gepeinigt wird, sei es dass man kämpft, um endlich einmal zur Ruhe zu kommen, sei es dass man sich ängstigt, die Kämpfe möchten von neuem ausbrechen.[55]

Das Paradigma dieser Art von Frieden ist der Frieden Babylons, und dieser Frieden ist der Frieden einer Räuberbande, so dass Augustinus jeden Staat in der Perspektive einer Räuberbande sieht. Wenn er diesen Frieden den Frieden Babylons nennt, knüpft Augustinus zweifellos an die Offenbarung des Johannes an. Diese Perspektive der Räuberbande hat sicher auch Platon, aber Platon zieht daraus nicht den Schluss, dass dieser Staat einen ungerechten Frieden verwirklicht. Das aber tut Augustinus. Häufig bezieht er sich daher auf den irdischen Staat voller Verachtung:

53 Aurelius Augustinus, Vom Gottesstaat, Buch 11–22, München 1978, Buch XIX, Kap. 12, S. 547.
54 Ebd., Buch XVIII, Kap. 2, 419.
55 Ebd., Buch XIX, Kap. 7, 541.

Ja auch dann, wenn sie sich im Aufruhr von den andern lossagen, müssen sie doch mit ihren Mitläufern und Mitverschworenen eine Art Frieden wahren, sonst werden sie ihr Ziel nicht erreichen. Sogar die Räuber wollen mit ihren Spießgesellen Frieden haben, um den Frieden der anderen um so grimmiger und erfolgreicher anzugreifen.[56]

Vom Räuber zum König, das scheint ihm der Weg zur Gründung des irdischen Staates:

Und wenn es schließlich auch nur einer ist, so riesenstark und so sehr vor Mitwissern auf der Hut, dass er sich keinem Gefährten anvertraut, sondern sich allein in den Hinterhalt legt und so viel Leute überwältigt, umbringt und ausplündert, wie er eben kann, hält er doch mit denen, die er nicht töten kann, und denen seine Untaten möglichst verborgen bleiben sollen, eine Art schattenhaften Frieden aufrecht. In seinem Hause aber wünscht er sicherlich mit Weib und Kindern und sonstigen Hausgenossen in Frieden zu leben und freut sich ohne Zweifel, wenn sie ihm aufs Wort gehorchen. Denn geschieht das nicht, wird er zornig, schilt und straft und stellt, wenn's nötig ist, mit wilder Gewalt den häuslichen Frieden wieder her, der, wie er wohl weiß, nicht bestehen kann, wenn nicht dem einen Oberhaupt des Hauses, also ihm selber, alles, was sonst noch zur Hausgemeinschaft gehört, sich fügt. Und wenn sich ihm noch viele andere unterwürfen, etwa eine Stadt oder ein Volk, so dass sie ihm ebenso dienstbar wären, wie er zu Hause Dienstbarkeit verlangt, würde er sich nicht mehr als Räuber in Schlupfwinkeln verstecken, sondern als König stolz vor aller Augen einhergehen, aber Gier und Bosheit wären die gleichen geblieben. So wünschen denn alle mit den Ihrigen, die nach ihrem Willen leben sollen, Frieden zu halten. Denn auch die, mit denen sie Krieg führen, wollen sie womöglich zu Ihrigen machen, um ihnen als Untertanen ihre Friedensgesetze aufzuerlegen.[57]

Im Vergleich zum Frieden der Gerechten kann man diesen Frieden Babylons eigentlich gar nicht Frieden nennen, denn der Frieden Gottes ist «Gleichheit mit den anderen unter Gott»:

Da sieht man, wie sündiger Hochmut Gott nachahmt. Denn Gleichheit mit den anderen unter Gott ist ihm verhasst, und statt dessen will er den Genossen an Stelle Gottes seine Herrschaft aufzwingen. Er hasst also den gerechten Frieden Gottes und liebt seinen eigenen ungerechten Frieden. Aber überhaupt keinen Frieden zu lieben, dazu ist er außerstande. Denn keines Menschen Laster ist so wider die Natur, dass es die letzten Spuren der Natur austilgen kann. Freilich verdient es der Friede der Gottlosen, wenn man ihn mit dem Frieden der Gerechten vergleicht, nicht Friede ge-

56 Ebd., Buch XIX, Kap. 12, 547f.
57 Ebd., Buch XIX, Kap. 12, 546.

nannt zu werden, wie jeder einsehen muss, der Rechtes dem Schlechten und Wohlgeordnetes dem Verkehrten vorzuziehen weiß.[58]

Augustinus ist sehr streng in seiner Kritik am irdischen Staat. Wie Platon sieht er ihn ebenfalls durch die Logik des Wertgesetzes bedroht, und es gibt in seinen Schriften Passagen, die fast wörtlich mit den Kritiken übereinstimmt, die Marx in seinen ökonomisch-philosophischen Manuskripten äußert.

Aber Augustinus kann nicht nach der Art Platons eine perfekte Polis oder ein perfektes Imperium entwickeln. Der irdische Staat ist korrupt, und seine Perfektion wäre nicht Vollkommenheit, sondern perfekte Korruption. Es gibt für Augustinus einen perfekten Staat, aber dieser ist der Gottesstaat, der sich jenseits des irdischen Staates befindet. Er ist gegenwärtig in der irdischen Gemeinschaft der Gläubigen, die auf dieser Erde pilgert, und gleichzeitig im himmlischen Gottesstaat. Dieser Gottesstaat verwirklicht bereits den Frieden Gottes, aber dieser kann den Frieden Babylons des irdischen Staates nicht ersetzen. Der Grund ist in der radikalen Sündhaftigkeit der Welt zu suchen, die durch die Erbsünde erklärt wird und die der Gottesstaat auf dieser Erde nicht überwinden kann. Daher kann der Gottesstaat auf dieser Erde nur dadurch existieren, dass er diesen irdischen Staat als seine Grundlage nimmt:

Aller Gebrauch zeitlicher Dinge zielt also im irdischen Staate auf den Genuss irdischen Friedens ab, im himmlischen Staate aber auf den Genuss des ewigen Friedens.[59]

So ist zwar der Gebrauch der für unser sterbliches Leben notwendigen Dinge beiderlei Menschen und Häusern gemeinsam. Aber der Endzweck, zu dem man sie gebraucht, ist bei beiden anders und grundverschieden. Demnach strebt auch der irdische Staat, der nicht im Glauben lebt, nach irdischem Frieden und versteht die Eintracht der Bürger im Befehlen und Gehorchen als gleichmäßige Ausrichtung des menschlichen Wollens auf die zum sterblichen Leben gehörenden Güter. Der himmlische Staat dagegen oder vielmehr der Teil desselben, der noch in dieser vergänglichen Welt auf der Pilgerfahrt sich befindet und im Glauben lebt, bedient sich notwendig auch dieses Friedens, bis das vergängliche Leben selbst, dem solcher Friede not tut, vergeht. Solange er darum im irdischen Staate gleichsam in Gefangenschaft sein Pilgerleben führt, trägt er, bereits getröstet durch die Verheißung der Erlösung und den Empfang des Unterpfandes der Geistes-

58 Ebd., Buch XIX, Kap. 12, 550.
59 Ebd., Buch XIX, Kap. 14, 555.

> gabe, kein Bedenken, den Gesetzen des irdischen Staates, die all das regeln, was der Erhaltung des sterblichen Lebens dient, zu gehorchen. Da ja das sterbliche Leben beiden Staaten gemeinsam ist, kann zwischen ihnen in allen darauf bezüglichen Angelegenheiten Eintracht bestehen.[60]
>
> Dass es [das von Gott entfremdete Volk] ihn [den irdischen Frieden] aber einstweilen in diesem Leben besitze, daran haben auch wir Interesse. Denn solange die beiden Staaten miteinander vermischt sind, bedienen auch wir uns des Friedens Babylons. Zwar wird das Gottesvolk durch den Glauben von Babylon befreit, doch muss es einstweilen noch bei ihm als Pilgrim weilen.[61]

Der Frieden Babylons ist ein schlechter Frieden, aber es ist der einzige, zu dem der irdische Staat Zugang hat. Daher hat er «keine Bedenken, den Gesetzen des irdischen Staates, die all das regeln, was der Erhaltung des sterblichen Lebens dient, zu gehorchen». Beide Staaten gründen sich auf dieser Erde auf die gleiche menschliche Sterblichkeit, und der sterbliche Körper hat Bedürfnisse, so dass der irdische Staat «die zum sterblichen Leben gehörenden Güter» besorgen muss. Um das zu können, hat der Mensch, auch wenn er gleichzeitig zum Staat Gottes gehört, den Gesetzen des irdischen Staates zu gehorchen.

Im Ergebnis bestätigt Augustinus die Gesetze des irdischen Staates mit der gleichen Strenge, wie das Platon getan hatte. Die Gerechtigkeit des irdischen Staates bleibt eine Gerechtigkeit, die durch Erfüllung des Gesetzes erreicht wird, und die Gesetze sind nicht zu hinterfragen. Es handelt sich weiterhin um absolute Gesetze, denen gegenüber kein Subjekt mehr sichtbar wird, das sie herausfordern könnte. Aber gleichzeitig sieht Augustinus diese Gerechtigkeit und diesen Frieden als beklagenswert an, wenn er sie im Licht der Gerechtigkeit und des Friedens im Staat Gottes ansieht. Der irdische Staat zeigt gerade durch seine Unvollkommenheit, dass es einen andern Frieden und eine andere Gerechtigkeit gibt.

Der irdische Staat aber ist so und wird so bleiben. Augustinus macht diese Reflexion anhand der Frage der gerechten Kriege:

> Nur die Ungerechtigkeit der gegnerischen Seite zwingt ja den Weisen zu gerechter Kriegführung. Und diese Ungerechtigkeit muss ein Mensch an

60 Ebd., Buch XIX, Kap. 17, 561.
61 Ebd., Buch XIX, Kap. 26, 580.

Menschen betrauern (auch wenn keine Nötigung zu Kriegen daraus erwächst).[62]

Es gibt gerechte Kriege, aber es ist beklagenswert, dass es sie gibt. Dies hat ein durchaus menschliche Seite, denn Augustinus stellt fest, dass auch gerechte Kriege letztlich nicht gerecht, sondern unvermeidlich sind. Denn so gesehen, sind auch gerechte Kriege keine Kriege, in denen alles erlaubt ist, und auch der gerechte Krieg kann nicht jedes Kriegsmittel rechtfertigen. Aber gleichzeitig ist dies die Klage über ein Leben in einem «Jammertal», in dem die Menschheit wallt. Es verdankt seine Existenz der Erbsünde, in der alle weiteren Sünden ihren Ausgang haben.

Dies alles aber lässt den Menschen als Subjekt völlig verschwinden, obwohl der irdische Staat durchaus als ungerecht gilt. Aber seine Ungerechtigkeit ist zur «Conditio humana» geworden, und es kann keine Auflehnung dagegen geben. Der Mensch als Subjekt wird ersetzt durch den Bezug auf den Staat Gottes. Im Menschen als Subjekt wird ein Jenseits des Gesetzes angesprochen. Aber dieses Jenseits ist diesseitig und eine Transzendenz, die im Innern der Immanenz des Gesetzes angelegt ist und diese herausfordert. Der Staat Gottes hingegen ist ein Jenseits der Gesetze des irdischen Staates, das in die Gesetze des irdischen Staates nicht eingreift und auch nicht eingreifen darf, denn es hängt von der Wirksamkeit dieser Gesetze ab, da auch seine Mitglieder die körperlichen Bedürfnisse sterblicher Menschen haben.

Aber der Mensch als Subjekt, welches das Gesetz im Namen seines körperlichen Lebens herausfordert, verschwindet nicht einfach, sondern erscheint aufs Neue, aber jetzt als Feind sowohl des irdischen Staates als auch des Gottesstaates. Als verurteilter Häretiker bleibt es gegenwärtig, aber es ist in der Form der Negation präsent. Der Staat Gottes ist jenseits des Gesetzes, aber er kämpft gegen den Menschen als Subjekt an der Seite des irdischen Staates. Er kämpft jetzt gegen das Subjekt, das in seinem Ursprung ist.

Diese Umkehrung ist bei Augustinus bereits sehr deutlich. Als Problem ist sie besonders gegenwärtig in seinen Diskussionen über die Körperlichkeit des Menschen. Die Bedeutung des Körpers ist ein Schlüsselproblem in seinem Verhältnis zum Platonismus, aber sie hat die gleiche Relevanz in der Diskussion über den Menschen

62 Ebd., Buch XIX, Kap. 7, 541.

als Subjekt. Das Denken Augustins ist antikörperlich, aber es ist dies im Vergleich zu Platon in einer völlig veränderten Form. Die Antikörperlichkeit ist die Maske, hinter der sich die Negation des Menschen als Subjekt verbirgt.

Die Diskussion über den Ort der Körperlichkeit ist aber gleichzeitig der zentrale Punkt für den Konflikt, den Augustinus mit Platon hat. Die Form, in der Platon den Körper als Gefängnis der Seele darstellt, ist für Augustinus unannehmbar. Bei Platon befreit sich die Seele, indem sie sich vom Körper befreit. Da der Körper das Gefängnis der Seele ist, muss die Seele den Körper verlassen, um frei zu sein. Eine solche Position kann Augustinus nicht vertreten, dafür ist die christliche Botschaft viel zu sehr auf die Körperlichkeit konzentriert. Auf dieser Körperlichkeit aber beruht die Stellungnahme zum Menschen als Subjekt. Das lebendige Subjekt ist im Ursprung des Christentums als bedürftiges Wesen Subjekt – die Bedürftigkeit ist in der Körperlichkeit verankert –, und als solches ist es legitimiert zur Rebellion. Daher kann man dieses Subjekt nur negieren, indem man seine Körperlichkeit negiert.

Für Augustinus scheint dies ein Scheideweg zu sein. Um den Menschen als Subjekt verneinen zu können, muss er seine Körperlichkeit negieren. Aber um Christ sein zu können, muss er die platonische Negierung des Körpers verneinen.

Um beides verneinen zu können – den Menschen als Subjekt und die platonische Negation des Körpers – konzipiert er die Körperlichkeit auf eine völlig neue Weise, die durch die ganze zukünftige Geschichte hindurchgeht und die in ihren Ausformungen die Welt verändert hat. Augustinus behält die platonische Vorstellung von der Unsterblichkeit der Seele bei, verändert aber den platonischen Dualismus von Seele und Körper völlig. Bei Augustinus gibt es diesen Dualismus nicht mehr. Er wird ersetzt durch einen neuen Dualismus, der ein Dualismus der Körperlichkeit ist: Auf der einen Seite befindet sich als negativer Pol die «fleischliche» Körperlichkeit, der begehrliche Körper, der gleichzeitig der sterbliche Körper mit seinen Bedürfnissen ist, der «die zum sterblichen Leben gehörenden Güter» braucht. Sterblichkeit, Fleischlichkeit, Bedürftigkeit und Begehrlichkeit charakterisieren diesen Körper. Auf der andern Seite, als positiver Pol dieses Dualismus, erscheint der «geistige», der spirituelle Körper, der ein Körper ist, der perfekt dem Willen der Seele unterworfen ist, der keine Bedürfnisse und folglich auch keine Begehrlichkeit hat, der alle seine Handlungen der Seele unterwirft, welche also diesen Körper bedingungslos für ihre Ziele einsetzen kann. Die Seele setzt die Ziele, und der Körper verwirklicht sie ohne irgendwelche eigene Reaktionen. Es ist die Herrschaft absoluter Zielstrebigkeit und daher auch der Kalkulierbarkeit.

Der neue Dualismus ist derjenige zwischen spiritueller und begehrlicher Körperlichkeit. Gegen den Menschen als Subjekt setzt Augustinus die begehrliche Körperlichkeit, gegen die platonische Negation des Körpers die geistige Körperlichkeit. Er kann sogar eine Vorstellung von der Befreiung des Körpers entwickeln. Es ist die Befreiung des Körpers von seiner Begehrlichkeit, die ihn in ein reines Instrument der Seele verwandelt und dadurch frei macht. Soweit er körperliche Funktionen unter solchen Bedingungen kennt, werden sie vollzogen, ohne dass ein Genuss mit ihnen verbunden wäre. Dies ist etwa seine Vorstellung von der Sexualität im Paradies, bevor die Menschen daraus vertrieben wurden.

Diese ideale, geistige Körperlichkeit ist für Augustinus die Körperlichkeit im Staat Gottes. Nach dem Tod in der ewigen Seligkeit ist sie vollkommen, aber im Staat Gottes, der auf Erden pilgert, ist sie das Ideal der Vervollkommnung. So wird die ewige Seligkeit ein Ort körperlichen Lebens und ist damit anders als bei Platon, aber sie ist die Vollkommenheit von Körpern ohne Sinnlichkeit und Bedürfnisse und damit ganz anders als die Körperlichkeit, von der aus der Mensch als Subjekt erscheint.

Augustinus stößt damit mit dem Christentum des Volkes zusammen, das auch zu seiner Zeit noch auf dem Erlebnis der Körperlichkeit als Sinnlichkeit beruhte. Dies ist die Körperlichkeit, die tatsächlich in der gesamten christlichen Botschaft vertreten wird. Häufig sagt Jesus: Das Himmelreich ist wie ein Gastmahl. Die Offenbarung des Johannes verspricht eine neue Erde, die keine Rückkehr ins Paradies ist, sondern in der es auf der einen Seite keinen verbotenen Baum mehr gibt, auf der andern Seite aber Überfluss. Augustinus hingegen denkt an die Rückkehr ins Paradies, wobei der Mensch dieses Mal so vollkommen sein wird, dass er keine Früchte vom verbotenen Baum essen wird, weil er keine Begehrlichkeit mehr kennt.

Von den Vorstellungen der neuen Erde aus war es für die Christen der ersten Jahrhunderte leicht, sich diese neue Erde auszumalen. Es gibt viele Zeugnisse dafür. Einige ganz besondere Zeugnisse stammen von der christlichen Gemeinde in Lyon aus dem 2. Jahrhundert. Es ist die Utopie des lebendigen Subjekts. In der Geschichte des Christentums ist sie immer dann zurückgekehrt, wenn man den Menschen aufs Neue als Subjekt sah. So ist sie in Lateinamerika sehr ausgeprägt in den Basisgemeinden der letzten Jahrzehnte präsent, die wieder den Himmel als großes Gastmahl feiern und besingen. Indem sie ihre Subjektivität als lebendige Subjekte betonen, entwickeln sie die Vorstellung des Himmels als eines großen Gastmahls. Man kann solche Vorstellungen sicher entwickeln, ohne den Menschen als Subjekt zu sehen. Aber wenn man den Menschen als Subjekt sieht, entwickelt man notwendigerweise eine solche Vorstellung des guten Lebens.

Dabei ist klar: Wer sich den Himmel als großes Gastmahl vorstellt, wird auf der Erde sein Recht fordern, sein Leben als kleines Gastmahl führen zu können. Die Vorstellung des Himmels ist immer die Vorstellung der Erde unter Bedingungen, die der Mensch auf der Erde als sein Recht vertritt.

Augustinus muss daher gegen dieses Christentum, das im Volk weit verbreitet ist, vorgehen:

> Aber wenn man sagt, die dann Auferstehenden würden ihre Muße mit maßlosen leiblichen Tafelfreuden hinbringen und solche Fülle von Speise und Trank genießen, dass von keinem Maßhalten mehr die Rede wäre, ja ein mehr als unglaubliches Schwelgen anfinge, so können doch nur fleischlich gesinnte Menschen derartiges glauben. Die geistlich Gesinnten pflegen die, welche dieser Meinung huldigen, mit einem griechischen Wort Chiliasten zu nennen. Auf lateinisch würden diese Tausendjährler Milliarier heißen.[63]

Für Augustinus ist Essen etwas, was man tut, um Kalorien einzuführen, so wie es der Sinn der Sexualität ist, Kinder zu zeugen. Er sieht es als einen fleischlichen Akt, durch Begehrlichkeit verunreinigt. Er kann sich nicht vorstellen, dass ein Gastmahl eben auch ein spiritueller Akt ist und gerade nicht auf seinen materiellen Inhalt reduziert werden darf. Die Christen aber, gegen die er sich wendet, verstehen das Gastmahl durchaus spirituell. Augustinus reißt alles auseinander, so dass die Sinnlichkeit das Gegenteil des Spirituellen zu sein scheint. Das Verständnis dieser Sinnlichkeit in ihrer ganzen spirituellen Dimension erscheint in der Tradition des Augustinus

63 Augustinus, Vom Gottesstaat, Buch 11–22, Buch XX, Kap. 7, 600.

als Materialismus. Das Spirituelle wird damit zum Gegensatz des Sinnlichen. Das Spirituelle bedeutet nun die Reduktion auf Zweck-Mittel-Beziehungen, und der sinnliche Genuss verwandelt sich in Begehrlichkeit und letztlich Sündigkeit. Ein ganz krasser Materialismus gilt jetzt für Augustinus als spirituell, und die Vergeistigung der Sinnlichkeit gilt als fleischlich und der Sündigkeit.

Den Platonikern gegenüber stellt Augustinus diesen spirituellen Körper dar, der genau das Gegenteil eines vergeistigten Körpers ist:

> Aber Porphyrius sagt doch, wendet man ein, die Seele müsse, um selig zu werden, alle Leiblichkeit fliehen. Dann nützt es also nichts, dass wir nach unserer Lehre einen unvergänglichen Leib haben werden, wenn die Seele nur durch Flucht vor aller Leiblichkeit selig werden kann.[64]

Augustinus bewahrt den platonischen Begriff der ewigen Seele als wahre Substanz des Menschen, die mit der christlichen Tradition von damals nicht das Geringste zu tun hat. Er sieht den Körper von dieser Seele aus und blickt auf ihn herab. Damit bewirkt er eine völlige Umkehrung des Denkens des Paulus. Bei Paulus ist die Seele die belebende Kraft des Körpers, aber nicht eine eigene Substanz, die eine Beziehung zum Körper als Gegenpol hätte. Bei Augustinus hingegen ist die Seele eine reine Substanz, für die der sinnliche Körper ein Störungselement ist. Er denkt daher einen unsterblichen und unverderblichen Körper, der sich der Seele perfekt unterwirft und ihren Willen tut, so dass der Körper aufhört, das Leben der Seele zu stören. Die Seele ist bei Augustinus wie bei Platon ein Herr, dessen Bestimmung es ist, zu herrschen. Für Platon folgt daraus, dass eine perfekte Herrschaft der Seele über den Körper unmöglich ist. Der Körper ist voller Reaktionen, die das reine Leben der Seele stören. Daher begreift er die Freiheit als Freiheit der Seele vom Körper, der das Gefängnis der Seele ist. Für Augustinus aber folgt daraus, dass der sterbliche Körper tatsächlich dieses Störungsmoment für die Seele ist, aber dass es die Hoffnung gibt auf einen unsterblichen Körper, der ein perfekter Sklave der Seele ist und ihren Willen in allem vollbringt:

> Also muss die Seele, um selig zu werden, nicht etwa alle Leiblichkeit fliehen, sondern einen unvergänglichen Leib empfangen.[65]

64 Ebd., Buch XXII, Kap. 26, 818.
65 Ebd., Buch XXII, Kap. 26, 819.

Daher kann er sagen:

> ... werden dann wohl, wenn das Vollkommene gekommen ist und der vergängliche Leib nicht mehr die Seele beschwert, aber der unvergängliche kein Hindernis mehr darstellt, die Heiligen, um zu schauen, was da zu schauen ist, noch leiblicher Augen bedürfen ... Dann gilt, dass, wie der Geist es nur will, auch der Körper sein wird.[66]

Der Körper greift nicht mehr in das Gesetz der Seele ein, sondern erfüllt es. War für das erste Christentum die Rückkehr ins Paradies mit seinem verbotenen Baum eine Horrorvision, so wird sie bei Augustinus zum wahren Eingang in die Freiheit.

Die Seele ist bei Augustinus der Dompteur einer wilden Bestie, die sterblicher Körper heißt, sie erwartet einen völlig gezähmten, unsterblichen Körper:

> ... sicher aber wird die Bewegung und Haltung wie die Gestalt selbst edel sein, da nichts, was unedel wäre, mehr zu finden sein wird ... und der Geist will nichts, was für Geist oder Leib sich nicht schickte.[67]

Ein solcher Körper, dessen Ideal die vollkommene Unterwerfung unter das Gesetz der Seele ist, kann im Namen seiner sinnlichen Körperlichkeit auch keine Rechte verlangen. Wenn Augustinus daher die Frage diskutiert, ob der Sklave einen Aufstand unternehmen darf gegen seinen Herrn, der ihn versklavt, so antwortet er, dass ein solcher Aufstand nicht erlaubt sei, da er die Folge der Begehrlichkeit und darin also der Sündhaftigkeit wäre:

> Darum sage mir, ob der Sklave, der seinen Herrn ums Leben bringt aus Furcht, von ihm schwer gepeinigt zu werden, nicht auch zu jenen gezählt werden muss, die, obwohl sie töten, doch nicht den Namen eines Mörders verdienen ...
>
> Wie wäre es, wenn du überlegtest, ob nicht der Sklave gerade zum Zwecke der Befriedigung seiner Lüste die Furcht vor dem Herrn loswerden will, bevor du dich zu der Annahme versteigst, ein solches Verbrechen müsse ungestraft bleiben? Denn furchtlos zu leben ist nicht nur der Wunsch der Guten, sondern auch aller Bösen. Der Unterschied besteht bloß darin, dass die Guten danach trachten, indem sie sich von der Liebe zu jenen Dingen abwenden, die in sich die Gefahr des Verlustes bergen, während die Bösen sich gerade um die Sicherung dieser Genüsse bemühen und mit allen Mit-

66 Ebd., Buch XXII, Kap. 29, 825.
67 Ebd., Buch XXII, Kap. 30, 831.

teln das Hindernis bekämpfen, das sie ihnen vorenthalten könnte. Darum ihr lasterhaftes und von Freveln beflecktes Leben, das besser Tod als Leben genannt wird.[68]

Dieses Ideal eines unvergänglichen Körpers ist das Ideal jeder Herrschaft. Es ist ein Körper, der allen Befehlen ohne Widerspruch gehorcht und der nicht einmal das Essen braucht: Es ist ein Arbeiter, der perfekte Arbeit macht, ohne einen Lohn zu verlangen. Es ist nicht die platonische Utopie der perfekten Polis, aber durchaus auf dieser Linie gedacht. Sie schließt die völlige Verneinung des Menschen als Subjekt ein, das von seiner Körperlichkeit und der Befriedigung seiner körperlichen Bedürfnisse lebt. Es handelt sich bei Augustinus um eine Utopie der Gesetzeserfüllung, wobei das Gesetz aus der Zweckmäßigkeit des Handelns folgt.

Dies ist der wirkliche Kern des Gottesstaats bei Augustinus. Er ist nur scheinbar ein Jenseits des Gesetzes. In Wirklichkeit ist er die Idealisierung des Gesetzes in Beziehung zu den wirklichen Gesetzen des irdischen Staates. Es handelt sich um eine Idealisierung, die über die ideale Polis von Platon weit hinausgeht und das ideal gesehene Zweckhandeln zum Ausgang hat. Von daher verspricht Augustinus dem Menschen, wie Gott zu werden:

> Dann werden wir stille sein und erkennen, dass er Gott ist. Wir wollten es aus uns selber sein, als wir von ihm abfielen und auf den Verführer hörten: «Ihr werdet sein wie Gott» und den wahren Gott verließen, der uns zu Göttern gemacht hätte, durch Teilnahme an ihm und nicht durch Abfall von ihm. Wohin sind wir auch ohne ihn gekommen? Ach, umgekommen durch seinen Zorn! Aber aus Gnaden heimgekommen, ja durch noch größere Gnade vollkommen, werden wir ewig stille sein und sehen, dass er Gott ist. Und wenn er selbst alles sein wird in allen, dann werden wir Gottes voll sein.[69]

Augustinus sagt, dass der Mensch Gott wird durch Teilhabe. Es ist eine Weise zu sagen: durch Unterwerfung unter das Gesetz und die Autorität. Dass der Mensch Gott wird dadurch, dass er sich zum Subjekt dem Gesetz gegenüber erhebt, wird als Verführung durch den Teufel gesehen. Es ist die Schlange des Paradieses, die Adam und Eva verführte. Augustinus wischt einfach ein Problem vom Tisch, das die ganze jüdische und christliche Tradition durchzieht.

68 Augustinus, Aurelius: Der freie Wille, Paderborn 1947, S. 12f.
69 Augustinus, Vom Gottesstaat, Buch XXII, Kap. 30, 834.

Denn in der Genesis sagt Gott nach dem Sündenfall: «Siehe, der Mensch ist geworden wie einer von uns, so dass er Gutes und Böses erkennt» (Gen 3,22). Schon hier wird der Mensch göttlich gerade dadurch, dass er von dem verbotenen Baum isst. In dieser Linie erscheint die spätere Entwicklung des Begriffs des Menschen als eines Subjekts, als das der Mensch dem Gesetz gegenüber souverän wird. Hier aber ist der Ursprung des Christentums. Augustinus sagt jedoch von diesem Subjekt, es habe den wahren Gott verlassen. Der Teufel erscheint als derjenige, der den Menschen verführt, Subjekt sein zu wollen. Damit ist natürlich auch die gesamte Vorstellung von der Sünde, die in Erfüllung des Gesetzes begangen wird, als teuflisch erklärt. Und: Der Ursprung des Christentums selbst erscheint jetzt als teuflisch. Augustinus hat sich gegen den Ursprung des Christentums gewandt.

Nun ist der Teufel nicht mehr der Satan, wie er in der christlichen Botschaft auftaucht als derjenige, der zur Sünde verführt, die in Erfüllung des Gesetzes begangen wird. Es ist jetzt jener Teufel, den Bernhard von Clairveaux schließlich «Luzifer» nennen wird und der unter diesem Namen durch die ganze Moderne zieht. Augustinus wendet den Namen «Luzifer» noch nicht auf den Teufel an. «Luzifer» ist die ersten christlichen Jahrhunderte hindurch ein Name für Jesus gewesen und bleibt es offenbar auch für Augustinus. Dass er später ein Teufelsname wird, zeigt nur sehr symbolisch an, dass die Subjektverkündung Jesu jetzt als etwas Teuflisches gesehen wird.

Gerade diese Tatsache aber kann man natürlich nicht ansprechen. Daher geht alles mit einer weitgehenden Neuinterpretation der christlichen Texte Hand in Hand. Die Negation des Subjekts wird auf die Juden projiziert. Sie gelten als Gottesmörder, wobei der ermordete Gott für das Gesetz steht. Diese Argumentation ist bei Augustinus bereits sichtbar, obwohl sie noch nicht die Aggressivität hat, die im Hohen Mittelalter entwickelt wird:

> Denn es wird die Juden an jenem Tag reuen, und zwar auch die, welche den Geist der Gnade und des Erbarmens empfangen haben, dass sie Christus in seinem Leiden verspottet haben. Denn wenn sie ihn bei seinem Kommen in Herrlichkeit erblicken, werden sie erkennen, dass es derselbe ist, den sie einstmals in ihren Vorfahren während seiner Niedrigkeit verlachten. Und auch diese ihre Vorfahren selbst, die diese schreckliche Gottlosigkeit begingen, werden auferstehen und ihn sehen, aber nur noch zum Strafgericht,

> nicht zur Bekehrung ... Aber wie wir zu den Juden sagen: «Ihr habt Christus getötet», obschon ihre Vorfahren das getan haben, werden auch sie darüber trauern, gewissermaßen getan zu haben, was jene taten, von denen sie abstammen. Obwohl sie also, durch Empfang des Geistes der Gnade und des Erbarmens gläubig geworden, nicht mit ihren gottlosen Vorfahren verdammt werden, müssen sie doch trauern, als hätten sie selbst getan, was jene taten. Sie werden also nicht in Schuldbewusstsein trauern, sondern in frommer Liebe.[70]

Auf diese Weise hat Augustinus einen Schematismus ausgearbeitet, der wiederum der ganzen zukünftigen Geschichte bis heute zugrunde liegt. Er wandelt den platonischen Schematismus um und wendet sich jetzt gegen die Rebellion des Subjekts, die das Christentum selbst hervorgebracht hatte. Es ist ein Schematismus der Interpretation und der Legitimation der Macht des Imperiums. Er ist also mit der Existenz des Imperiums verbunden. Tatsächlich wirksam wird er aber erst nach der Wiederbegründung des Imperiums durch Karl den Großen, und er prägt zuerst das Hochmittelalter. Jede Rebellion gegen das Gesetz gilt jetzt als Rebellion gegen Gott, der das Gesetz und die Ordnung des Imperiums ist. Dieses Gesetz als Gesetz des irdischen Staates gilt jetzt absolut, und seine Gerechtigkeit ist ausschließlich Sache des Kaisers und der Könige. Gott ist der oberste König der Könige in Gestalt des Christus als Sohn Gottes, des Christus-Königs, des Erlösers. Als Christus-König trägt er alle Titel des römischen Kaisers, aber er steht weit über allen Kaisern und Königen, die Könige von Gottes Gnaden sind. Es entsteht ein imperiales Christentum, das ein Imperium interpretiert, das sich als universales Imperium sieht und das schließlich auf legitime Weise die Herrschaft über die Erde beansprucht.

Die von Augustinus begründete Ethik des abstrakten Körpers tritt als Ethik des Gottesstaats auf und erweist sich als eine außerordentlich aggressive, innerweltliche Ethik. Sie wird zur Ethik des Mittelalters, die sich gegen alle körperlichen und sinnlichen Reaktionen des Subjekts richtet und auf der Ebene der Gesellschaft die Verfolgung von Hexen und Häretikern begründet. Sie richtet sich nicht einfach gegen die magischen Weltauffassungen, sondern ebenso gegen jede spontane Körperlichkeit. Einer der großen Zusammenstöße ereignet sich mit den gnostischen Bewegungen, die sich vom 11. Jahrhundert an vor allem in Frankreich unter dem Na

70 Ebd., Buch XX, Kap. 30, 669.

men der Katharer herausbilden. Sie bewahren eine Weltauffassung, die sich aus der voraugustinischen platonischen Weltauffassung herleitet. Daher sehen sie die Erlösung der Seele in der Flucht aus dem Körper. Die Inquisitoren erkennen die Katharer durch die Frage, ob sie an die Auferstehung des Fleisches glauben. Ein Katharer kann sie unmöglich bejahen, während die Inquisitoren diese Frage als Auferstehung des abstrakten Körpers im Sinne von Augustinus verstehen. Wie groß der Konflikt zwischen dem augustinischen und dem voraugustinischen Platonismus ist, zeigt die extreme Verfolgung der Katharer. Ganze Provinzen werden ausgerottet. Diese Christenheit ist sicher nicht einfach «Platonismus für das Volk», wie Nietzsche es glaubt. Der Ausdruck passt eher auf die Katharer, deren Gnostizismus ein «Platonismus für das Volk» ist. Was die Christenheit verwirklicht, ist vielmehr ein Platonismus des abstrakten Körpers, der zur Ideologie des Imperiums selbst wird und dem Volk mit Feuer und Blut aufgezwungen wird. Dies führt sogar zu Bewegungen eines nahezu kollektiven Wahnsinns.

Das Grundschema eines abstrakten Körpers, der sich im Kampf mit der konkreten Körperlichkeit befindet, können wir als den Ausgangspunkt der Moderne überhaupt und das christliche Imperium des Hochmittelalters als die Periode der Kulturrevolution auffassen, welche das menschliche Individuum hervorbringt, das diese Moderne tragen konnte. Dieses Individuum sieht jetzt die gesamte körperliche Welt als einen einzigen homogenen Raum an, der dem Handeln seines Willens offen steht, wobei dieser Wille unter dem Imperativ steht, sich die Welt zu unterwerfen. Dieses Individuum kann sich als Subjekt Descartes' fühlen, wo eine «res cogitans» einer «res extensa» gegenübersteht. Damit erst ist die moderne Naturwissenschaft möglich und die Umwandlung des Wertgesetzes in das Grundgesetz, das die gesamte Gesellschaft zu organisieren vermag. Die Aufzwingung des abstrakten Körpers gegenüber der konkreten Körperlichkeit kann in die Herrschaft des Laboratoriums und von auf dem Markt handelnden Unternehmen ausmünden. Die Welt ist zum Objekt geworden, und weiter ist sie nichts. Aber sie ist Objekt eines denkenden Willens, einer säkularisierten ewigen Seele, die einen Körper will, der sich perfekt ihrem Willen unterwirft. Das Objekt ist einfach Materie geworden.

Dem Individuum gegenüber bleibt die konkrete und spontane Körperlichkeit eine Bedrohung, und der Rationalismus ersetzt sie durch den abstrakten Körper. Das entsprechende Denken verneint die Sinnlichkeit und die Sexualität. Im Hochmittelalter erscheint deshalb auch die erste Maschine, die das Paradigma aller Maschinen wird: die Frau als Produzentin von Kindern. Sie geht zusammen mit der Reduktion der Sexualität auf ein Mittel zur Zeugung von Kindern.

Dies ist sicher, wie Max Weber sagt, eine Entzauberung der Welt. Sie ist aber keineswegs das Produkt des Puritanismus des 18. Jahrhunderts. Es ist umgekehrt. Der Puritanismus ist das Produkt einer Entzauberung der Welt, die das Hochmittelalter durchgeführt hat und die von Augustinus formuliert wurde.

Diese Entzauberung der Welt ist sehr verschieden von einer viel früheren Entzauberung, wie sie in der jüdischen Geschichte die Propheten durchführten. Sie war ein Produkt des Gesetzes, das «für das Leben» ist. Sie richtete sich gegen die Idolatrie und führte als Grund der Ablehnung der Idolatrie an, dass diese Götzenverehrung zum Tod führt. Aus ihr entsteht, in Auseinandersetzung mit der Magie, eine Körperlichkeit, die dem Gesetz gegenüber Gerechtigkeit vertritt und in diesem Sinne das Gesetz ausformt. Die Predigt der Propheten ist immer eine Predigt für die Gerechtigkeit, die niemals darauf reduziert werden darf, eine Gesetzesnorm formal zu erfüllen. Sie richtete sich aber gleichzeitig gegen die Idolatrie als etwas, das den Tod bringt. Es ist also die Option für den Schwachen, welche die Welt entsakralisiert, als Folge der Forderung nach Gerechtigkeit. Daher die Verehrung eines Gottes, von dem man kein Bild machen darf. Auf der Linie dieser Körperlichkeit entsteht die Verkündigung des lebendigen Subjekts bei Jesus. Es bleibt aber eine konkrete und sinnliche Körperlichkeit. Eine ähnliche konkrete Körperlichkeit erscheint am Ende des Mittelalters mit den Vertretern der radikalen Reformation im 15. bis 17. Jahrhundert. Sie bestehen auf einer konkreten Körperlichkeit, die unter dem Gebot der Gerechtigkeit steht und die sich sehr wohl von der magischen oder animistischen Körperlichkeit unterscheidet. Aber es gelingt nicht, der Macht gegenüber eine konsistente Position zu entwickeln. Die entsprechenden Bewegungen erleben in allen Fällen eine Niederlage, entweder als Konsequenz ihrer eigenen Entwicklung (Cromwell) oder durch externe Repression (deutsche Bauernkriege). Die Reformation von Luther und Calvin ist bereits eine Gegenreformation gegen diese Bewegungen, die Luther als «Schwärmertum» und

Calvin als «jüdischen Wahn» abtun. Die Entzauberung der Welt, die sich durchsetzt, ist ganz verschieden von dem, was sich diese Bewegungen der radikalen Reformation vorgestellt hatten. Sie ist das Ergebnis der Gegenreformation Luthers und Calvins. Sie tritt auf im Namen der abstrakten Körperlichkeit, die nicht Gerechtigkeit vertritt, sondern formale Gesetzlichkeit. Diese abstrakte Körperlichkeit ist nichts mehr als «res extensa». Sie ist tote Körperlichkeit, auch wenn es sich um lebende Körper handelt. Daher ist es eine Körperlichkeit, in deren Namen man kein einziges Recht geltend machen kann.

Wird der Gesichtspunkt des abstrakten Körpers zum herrschenden Prinzip der gesellschaftlichen Ordnung, wie dies seit dem Übergang zum Kapitalismus der Fall ist, kehrt die Konstruktion der perfekten Gesellschaft zurück, wie sie Platon zuerst in Bezug auf die Polis durchgeführt hatte. Aber sie kehrt zurück in eine Gesellschaft, die das Wertgesetz als Grundgesetz einer universalen Gesellschaft aufgerichtet hat. Die Utopien des 16. und 17. Jahrhunderts sind nur Vorläufer dieses Übergangs. Die Konstruktion kommt mit Macht zurück im Laufe des 19. Jahrhunderts und errichtet jetzt das, was Max Weber «Idealtypen» nennt. Es handelt sich insbesondere um das Modell der vollkommenen Konkurrenz, dem im 20. Jahrhundert das Modell der vollkommenen Planung folgt. Es handelt sich um Modelle, die eine utopische Bedeutung weit über den Rahmen der Wirtschaftswissenschaften hinaus erhalten, wo sie entstehen. So ist das Modell der vollkommenen Konkurrenz auch heute noch grundlegend für diejenigen, die die gegenwärtige Globalisierungsstrategie vorantreiben. Es besitzt übrigens auch viele der grotesken Züge, die schon die ideale Polis von Platon besaß. Platon hatte sie allerdings nur in der Einbildung, heute werden sie in die Wirklichkeit überführt. Damit hat der Platonismus des abstrakten Körpers die Herrschaft über die Welt angetreten und schließt sie in ein «stählernes Gehäuse» ein. Die christliche Form des Platonismus war nur unverzichtbarer Geburtshelfer, heute existiert er ganz ohne sie und hat sich säkularisiert.

Die abstrakte Körperlichkeit kann so das Objekt eines «innerweltlichen Asketismus» werden, dessen Verallgemeinerung nach Meinung Max Webers eine Voraussetzung für das Entstehen des Geistes des Kapitalismus und damit des modernen Kapitalismus selbst ist. Max Weber sieht ihn im Zusammenhang mit dem englischen puritanischen Calvinismus insbesondere des 18. Jahrhunderts. Aber er ist nicht mehr als die Spitze eines Eisbergs. Die Vorbereitung nahm mehr als ein Jahrtausend in Anspruch, an dessen Anfang Augustinus steht. Er ist übrigens der Begründer der Prädestinationstheologie, der Weber eine solch entscheidende Bedeutung für die Entstehung des innerweltlichen Asketismus gibt. Mit dem entstehenden Kapitalismus folgte allerdings auf die Entzauberung der Welt der konkreten Körperlichkeit ihre neue Verzauberung durch den Fetischismus der Ware, des Geldes und des Kapitals. Marx stellt ihm das lebendige Subjekt entgegen, wenn er fordert:

> Die Kritik der Religion endet mit der Lehre, dass der Mensch das höchste Wesen für den Menschen sei, also mit dem kategorischen Imperativ, alle Verhältnisse umzuwerfen, in denen der Mensch ein erniedrigtes, ein geknechtetes, ein verlassenes, ein verächtliches Wesen ist ...[71]

Nicht nur die abstrakte Körperlichkeit hat aufgehört, etwas spezifisch Christliches zu sein, und bestimmt heute eine universale Zivilisation, die sich säkularisiert hat. Auch der Begriff des lebendigen Subjekts ist nichts spezifisch Christliches mehr. Es ist heute ein universales Subjekt, das gegenüber dem Fetischismus und der abstrakten Körperlichkeit, die im totalen Markt Wirklichkeit geworden ist, Gerechtigkeit im Namen einer konkreten Körperlichkeit einfordert. Die abstrakte Körperlichkeit, die aufs Neue verzaubert wurde durch den Fetischismus des Marktes, muss wiederum entzaubert werden, damit die Gesetzlichkeit eine Gesetzlichkeit für das Leben werden kann. Der wieder verzauberten abstrakten Körperlichkeit gegenüber hat sie die konkrete und spontane Körperlichkeit erneut zu heiligen. Dies ist die Aufgabe einer gegenwärtigen Idolatriekritik.

6. *Exkurs: Adam Smith und die Ethik der Räuberbande*

Die Reflexion über die Ethik der Räuberbande durchzieht die gesamte Geschichte des Okzidents. Aber es gibt sie nicht nur im Ok-

71 Marx, Karl: Zur Kritik der Hegelschen Rechtsphilosophie. Einleitung, in: Karl Marx. Die Frühschriften, hrsg. v. Siegfried Landshut, Stuttgart 1971, S. 216.

zident. Schon im 5. Jahrhundert v. Chr. erscheint sie bei chinesischen Denkern, und Tschuang-Tse, der taoistische Philosoph Anfang des 2. Jahrhunderts v. Chr., gibt ihr breiten Raum. Seine Reflexion ist kritisch und mündet in eine Auffassung des Menschen als Subjekt ein, die der christlichen Auffassung im 1. Jahrhundert n. Chr. in vieler Hinsicht analog ist. Im Okzident ist sie bei Platon, Augustinus, Luther und schließlich bei Adam Smith an zentraler Stelle präsent. Sie wird hier jedoch als die zentrale Ethik des sozialen Lebens interpretiert. Sie erscheint als das Paradigma des sozialen Handelns. Die Frage danach, was wohl eine Ethik der Räuberbande von einer Ethik der menschlichen Gesellschaft unterscheiden könnte, ist praktisch inexistent. Sie taucht nur im Ursprung des Christentums und dessen Verständnis des Menschen als Subjekt auf; später wird sie dann wieder unterdrückt werden. Auch wenn Augustinus die Ethik der Räuberbande als die herrschende Ethik beklagt, akzeptiert er sie doch als die absolute Ethik des irdischen Staates, mit dem der Gottesstaat zusammenarbeiten muss, indem er sich in Fragen des irdischen Lebens ihm unterwirft.

Ganz so erscheint die Ethik der Räuberbande bei Adam Smith:

> Indessen kann eine Gesellschaft zwischen solchen Menschen nicht bestehen, die jederzeit bereit sind, einander wechselseitig zu verletzen und zu beleidigen. In dem Augenblick, in dem gegenseitig Schädigung beginnt, in dem Augenblick, in dem wechselseitiger Groll und Gehässigkeit platzgreifen, werden alle Bande der Gesellschaft zerbrochen und all die verschiedenen Glieder, aus denen sie bestand, werden gleichsam durch die Gewalt und den Widerstreit ihrer disharmonierenden Gefühle zerstreut und in alle Richtungen auseinander getrieben. Wenn es eine Gesellschaft zwischen Räubern und Mördern gibt, dann müssen sie, einem ganz alltäglichen Gemeinplatz zufolge, sich wenigstens des Raubens und Mordens untereinander enthalten. Wohlwollen und Wohltätigkeit ist darum für das Bestehen der Gesellschaft weniger wesentlich als Gerechtigkeit. Eine Gesellschaft kann ohne Wohltätigkeit weiter bestehen, wenn auch freilich nicht in einem besonders guten und erfreulichen Zustande, das Überhandnehmen der Ungerechtigkeit dagegen müsste sie ganz und gar zerstören.[72]

Gerechtigkeit wird bei Smith, ganz im platonischen Sinne, als Erfüllung von Gesetzen verstanden. Sind die Gesetze Gesetze der Vernunft – bei Smith: bürgerliche Gesetze – so gibt es kein Prob-

72 Adam Smith, Theorie der ethischen Gefühle, hrsg. v. Walther Eckstein, 2. Aufl., Hamburg 1977, S. 128.

lem der Gerechtigkeit im Hinblick auf die Erfüllung der Gesetze. Nach Smith muss sich die Räuberbande, damit sie funktioniert, in ihrem Innern des Mordens und des Stehlens enthalten. Daraus schließt er, dass die menschliche Gesellschaft dasselbe tun muss. Er behauptet sogar, dass die Räuberbande bestehen kann ohne «Wohltätigkeit». Das ist bei Smith anders als bei Platon. Bei Platon ist die Basis auch der Räuberbande, allen Räubern einen Zugang zur Bedürfnisbefriedigung zu sichern. Smith hingegen sucht die bürgerliche Ethik aus der Ethik der Räuberbande abzuleiten. Er schließt daher, dass auch die menschliche Gesellschaft existieren kann, ohne sich um Probleme der «Wohltätigkeit» zu kümmern. Diese Bedingungen der Möglichkeit einer Räuberbande, wie Smith sie sieht, machen das aus, was er «Gerechtigkeit» nennt, und er benutzt sie, um zu beweisen, dass auch die Gesellschaft einzig diese Bedingungen der Gerechtigkeit voraussetzt:

> Die Wohltätigkeit ist die Verzierung, die das Gebäude verschönt, nicht das Fundament, das es trägt, und darum war es hinreichend, sie dem einzelnen anzuempfehlen, keineswegs jedoch nötig, sie zwingend vorzuschreiben. Gerechtigkeit dagegen ist der Hauptpfeiler, der das ganze Gebäude stützt. Wenn dieser Pfeiler entfernt wird, dann muss der gewaltige, der ungeheure Bau der menschlichen Gesellschaft, jener Bau, den aufzuführen und zu erhalten, in dieser Welt, wenn ich so sagen darf, die besondere Lieblingssorge der Natur gewesen zu sein scheint, in einem Augenblick zusammenstürzen und in Atome zerfallen.[73]

Gerechtigkeit ist also das, was auch im Innern einer Räuberbande als Ethik Gültigkeit hat. Was für Smith die Räuberbande allenfalls von der menschlichen Gesellschaft unterscheidet, ist «Verzierung, die das Gebäude verschönt, nicht das Fundament, das es trägt». Dem entspricht nach Smith die Konstitution des menschlichen Gewissens:

> Darum hat die Natur, um die Beobachtung der Regeln der Gerechtigkeit zu erzwingen, der menschlichen Brust jenes Schuldgefühl eingepflanzt, jene Schrecken des Bewusstseins, Strafe zu verdienen, die der Verletzung der Gerechtigkeit folgen, damit sie die Schutzwächter der Gemeinschaft der Menschen seien – die Schwachen zu schützen, die Ungestümen zu zähmen und die Schuldigen zu züchtigen.[74]

73 Ebd. 128f.
74 Ebd. 129.

Es ist folglich die Ethik der Räuberbande, die – ausgedehnt auf die Gesellschaft – den Schwachen schützt, und ohne sie wären wir «wilde Bestien». Smith sagt dann, dass ohne diese Ethik «... ein Mensch in eine Versammlung von Menschen nicht anders treten würde, wie in die Höhle des Löwen»[75]. Er stellt allerdings nicht die umgekehrte Frage, die unbedingt formuliert werden müsste: Sind wir nicht gerade deshalb die wilden Bestien, die wir sind, weil wir unsere Ethik auf diese Ethik der Räuberbande reduziert haben? Der verwilderte Kapitalismus, in dem wir leben, zwingt uns geradezu zu dieser Fragestellung.

Aber die Ethik der Räuberbande, wie Smith sie sieht, ist nicht einmal als Ethik der Räuberbande besonders realistisch. Auch eine Räuberbande kann ihre Innenethik nicht auf formale Normen, wie nicht zu töten und nicht zu stehlen, begrenzen. Auch die Räuberbande muss sich darum kümmern, dass jeder Räuber einen bestimmten Zugang zur Bedürfnisbefriedigung hat. Daher braucht sie einen «Padrino», der das Problem der «Wohltätigkeit» löst, die in Wirklichkeit die Bedürfnisbefriedigung meint. Der bekannte Film hat dies deutlich gezeigt. Für Platon und Augustinus war noch sehr offensichtlich, dass selbst die Ethik der Räuberbande nicht auf formale Normen begrenzt sein kann, sondern auch hier die Regelung der Bedürfnisbefriedigung die Grundlage darstellt. Genau diese Reflexion schließt Adam Smith einfach aus, da es ihm um die bürgerliche Ethik geht.

Gerade im England des 19. Jahrhunderts wurde dies Problem manifest. Es waren die Militärs, die sich sehr früh über die niedrigen Löhne der englischen Arbeiter beklagten. Sie taten dies, weil ihre Rekruten physisch so schwach waren, dass man sie kaum in die Schlacht schicken konnte. Sie brauchten gesunde und gut genährte Soldaten, damit sie in der Schlacht gewinnen und sterben konnten. Dies zeigt sehr deutlich, dass auch für eine Räuberbande die Lösung der Probleme der «Wohltätigkeit» die Grundlage ist, und keineswegs eine «Verzierung, die das Gebäude verschönt, nicht das Fundament, das es trägt».

Im gegenwärtigen allgemeinen Wirtschaftskrieg tauchen ähnliche Argumente auf, wie sie von den englischen Militärs benutzt wurden. Um in diesem Krieg Wettbewerbsvorteile zu gewinnen, braucht man eine Bevölkerung, die einigermaßen ausgebildet und

75 Ebd.

ernährt ist. Nur so kann man sie in den Krieg um Wettbewerbsvorteile schicken. Dieser Umstand hat denn auch die Weltbank in den letzten Jahren dazu gebracht, eine Politik im erwähnten Sinne zu fordern. Auch die zahlreiche Literatur über die Ethik der Unternehmung gelangt gewöhnlich nicht über diese Ethik der Räuberbande hinaus.

Die Diskussion über das Verhältnis von Staat und Räuberbande geht auch danach weiter. Sie taucht bei Max Weber, Kelsen und Bobbio auf. Aber sie hört auf, eine Diskussion über die Ethik der Räuberbande zu sein. In dieser Hinsicht setzt man allerdings ihre Gleichheit voraus. Man sucht jedoch den Unterschied in der Frage der Legitimität. Der Staat hat Legitimität, während die Räuberbande sie nicht hat. Sie kann aber zum Staat werden, wenn sie diese Legitimität auf einem Territorium erreicht.

Was aber unterscheidet eine menschliche Ethik von der Ethik einer Räuberbande? Doch nur die Anerkennung des Menschen als Subjekt, der ein Recht hat zu leben, ganz unabhängig davon, ob dies zum Vorteil irgendeiner Räuberbande ausschlägt und die Anerkennung der Natur, ganz unabhängig davon, ob eine solche Haltung Dividenden bringt oder nicht.

7. Exkurs: Der Prolog des Johannesevangeliums

Der Prolog des Johannesevangeliums ist so umstritten und so viele Male neu interpretiert worden wie das Evangelium insgesamt. Dies ist bis in die Gegenwart zu beobachten, wo wir bei Goethe, Marx und Nietzsche entsprechende Verweise finden. Die Interpretationen sind von scheinbarer Beliebigkeit, folgen aber dennoch einer Logik, die aufzuzeigen ist.

Der Prolog des Johannesevangeliums ist so geschrieben worden, wie Prologe meistens geschrieben werden. Man schreibt sie, wenn der Haupttext bereits formuliert ist, und setzt sie dann an den Anfang des Schriftstücks. Der Prolog steht am Anfang, aber er ist ein Ergebnis.

Da der Prolog ein Ergebnis des Textes ist und nicht sein Ausgangspunkt, muss er als Teil des Textes gelesen werden. Er hat diesen als Ganzes vor Augen, so ist er in Bezug auf den Text als Ganzes geschrieben. Er fasst also den Text zusammen und kann nicht getrennt vom Text interpretiert und verstanden werden.

Das beginnt schon mit dem ersten Satz: Im Anfang war das Wort (der Logos). Was bedeutet hier «Wort»? Johannes führt es aus: «Alles ist durch es geworden, und ohne es ist nichts geworden. Was geworden ist – in ihm war das Leben, und das Leben war das Licht der Menschen» (Joh 1,3–4). Und er fügt hinzu: «Und das Wort ist Fleisch geworden» (Joh 1,14).

«Im Anfang» bedeutet hier nicht etwa im Anfang der Zeiten. Es bedeutet im Anfang von allem, was geschieht, und dieses ist in jedem Moment im Anfang. «Im Anfang» hat die Bedeutung von Grund oder sogar von Bedingung der Möglichkeit. Es ist ein ständiges «a priori» von allem gemeint. Daher wird nichts, ohne dass es dieses Wort zur Bedingung der Möglichkeit hätte. Wenn dieses Wort Fleisch wird, so wird es Mensch. Es wird aber nicht Gottmensch, sondern Mensch, der unter allen Bedingungen der «Conditio humana» lebt und folglich Mensch ist wie alle andern.

Im historischen Kontext, in dem Johannes schreibt, ist dies eine Provokation. Es ist nicht etwa platonisch gemeint, sondern das Gegenteil des Platonismus und eine Antwort darauf. Wollen wir in der platonischen Tradition von dem sprechen, was «im Anfang» steht, so müssten wir sagen: Im Anfang war das Gesetz (der Nomos). Sokrates sagt dies im «Kriton» sehr klar, wenn er das Gesetz sprechen lässt, das sagt: Wir gaben dir das Leben, wir haben dich aufgezogen, wir haben dich ernährt, wir haben dir Anteil an allem Schönen gegeben. – Hier ist das Gesetz (der Nomos) das Leben. Das Gesetz aber steht dem körperlichen Wesen Mensch gegenüber und kann niemals Mensch sein unter der «Conditio humana». Die Perspektive des Gesetzes ist die Unsterblichkeit der Seele und die Befreiung vom Körper im Tode.

Im Logosbegriff ist bei Platon gerade die Gesetzlichkeit des Logos das Entscheidende. Daraus kann einerseits bei Aristoteles die formale Logik folgen, die das Gesetz des Denkens ist. In der Logosphilosophie der Stoiker und danach in der Gnosis aber wird der Logos die Gesetzlichkeit des Universums selbst, die nicht vom Menschen als Nomos vorgeschrieben werden kann, sondern als Logos gegeben ist.

In diesem Denken kann der Logos nicht körperlicher Mensch werden, sondern der Mensch kann in den Logos nur aufgehen, indem er den Körper verlässt. Dagegen setzt Johannes seinen Logos, der körperlicher Mensch wird und dadurch ist. Dies entspricht seiner Gesetzeskritik, die wir im gesamten Evangelium finden. Der Logos des Johannes ist der Mensch als körperliches Subjekt, das dem Gesetz gegenüber souverän ist.

Die Brücke dazu finden wir gerade in der ersten zentralen Szene mit ihrer Diskussion über die Abstammung von Abraham. Jesus sagt dort: «Warum versteht ihr meine Sprache nicht? Weil ihr mein Wort nicht hören könnt» (Joh 8,43). Hier steht «Wort», wie im Prolog, im Singular, nicht wie meistens im Evangelium im Plural. Wir können dann fragen, was in diesem Kapitel das Wort ist. Wir haben gesehen, dass es die Bestätigung des Lebens durch das Nein zum Töten ist. Damit haben wir das, was Johannes im Prolog sagt: Im Anfang war das Wort, welches das Leben durch das Nein zum Töten bestätigt.

Dies ist für den Platonismus, die Logosphilosophie der Stoa und die Gnosis eine Provokation. Wir haben bereits festgestellt, dass der Prolog noch in anderer Hinsicht provokativ ist, wenn er sagt: «Allen aber, die ihn aufnahmen, gab er die Macht, Söhne Gottes zu werden» (Joh 1,12). Hierin sahen wir eine Provokation der herrschenden Autorität, da Sohn Gottes in dieser Zeit ein herausragender Kaisertitel ist.

Johannes fordert in seinem Prolog das Imperium heraus. Nicht nur die Legitimität seiner Autorität, sondern auch die Grundlagen seiner Kultur. Wenn das Evangelium sich auch direkt an die Gemeinden richtet, so ruft es sie doch gleichzeitig auf zum Widerstand gegen das Imperium, unter dem sie leben, und gibt diesem Widerstand den Rückhalt. Sie sollen sich den Ansprüchen des Imperiums mit Überzeugung gewachsen fühlen.

Es ist verständlich, dass der Prolog sehr bald uminterpretiert wurde. Vor allem der erste Satz erlitt ein wirres Schicksal. Schon im 2. Jahrhundert gab man ihm eine platonische und gnostische Wende. Dies ist einfach zu bewerkstelligen, wenn man ihn vom Rest des Evangeliums loslöst und isoliert interpretiert – das übliche Verfahren. Man geht von einem isolierten Satz aus und liest ihn in der griechisch-römischen Tradition. Davon ausgehend, passt man die Lektüre des Textes an diese vorgeformte Meinung an. Der Text muss verstummen.

Das geschieht in den ersten Jahrhunderten. Der erste Satz des Johannesevangelium erhält zunächst eine gnostische und dann eine neuplatonische Interpretation. Dadurch wird es möglich, Jesus, wie dies in der Philosophie von Plotin geschieht, in einen himmlischen Kaiser und in den einzigen Sohn Gottes zu verwandeln. Oder man sieht ihn als Mittler zwischen Gott und der Welt im Sinne der Philosophie des Philon und im Gegensatz zu der zweiten zentralen Szene in Kapitel 10 des Evangeliums. Die Interpretation wird dann dem Text aufgezwungen, so dass nur das zur Kenntnis genommen wird, was hineinpasst – der Entwicklung entsprechend, die das Christentum in den ersten Jahrhunderten bis zur Christianisierung des Imperiums einschlägt. Der Logos wird in der Folge zu einem andern Wort für Gesetz. Man kann dies noch bei Johannes Paul II. feststellen:

> Dieses Wort ist dasselbe, das «am Anfang ... bei Gott» war, das «Gott» war und «ohne das nichts wurde, was geworden ist»: denn «die Welt ist durch ihn geworden». Dieses Wort ist auch ewiges Gesetz, Ursprung jeden Gesetzes, das die Welt und besonders die menschlichen Akte ordnet.[76]

Damit ist der Logos zum platonischen Gesetz geworden. – Im 19. Jahrhundert taucht die Interpretation dieses ersten Satzes des Johannesevangeliums aufs Neue auf, wenn auch in esoterischer Form. In Goethes «Faust» interpretiert Faust ihn, kurz bevor er den Pakt mit Mephisto abschließt. Dabei kümmert es ihn nicht, was dieser erste Satz des Johannesevangeliums tatsächlich besagt. Aber die Reflexion über diesen Satz führt Faust dazu, den Pakt abzuschließen:

> Geschrieben steht: «Im Anfang war das Wort!»
> Hier stock' ich schon! Wer hilft mir weiter fort?
> Ich kann das Wort so hoch unmöglich schätzen,
> Ich muss es anders übersetzen.
> Wenn ich vom Geiste recht erleuchtet bin.
> Geschrieben steht: Im Anfang war der Sinn.
> Bedenke wohl die erste Zeile, dass deine Feder sich nicht übereile!
> Ist es der Sinn, der alles wirklich schafft?
> Es sollte stehn: Im Anfang war die Kraft!
> Doch, auch indem ich dieses niederschreibe,
> Schon warnt mich was, dass ich dabei nicht bleibe.
> Mir hilft der Geist! Auf einmal seh' ich Rat
> Und schreib' getrost: Im Anfang war die Tat![77]

76 Johannes Paul II: Enzyklika «Dominum et vivificantem», über den Heiligen Geist im Leben der Kirche und der Welt, vom 18. Mai 1986, hrsg. vom Sekretariat der Deutschen Bischofskonferenz, Bonn 1986, Nr. 33.

77 Goethe, Johann Wolfgang: Faust. Der Tragödie erster und zweiter Teil, hrsg. v. Erich Trunz, München, 1989, Zeilen 1224–1235, S. 44.

Marx gibt später ebenfalls eine Interpretation dessen, was die Formulierung «Im Anfang war die Tat» bedeutet:

> In ihrer Verlegenheit denken unsre Warenbesitzer wie Faust. Im Anfang war die Tat. Sie haben daher schon gehandelt, bevor sie gedacht haben. Die Gesetze der Warennatur bestätigen sich im Naturinstinkt der Warenbesitzer. Sie können ihre Waren nur als Werte und darum nur als Waren aufeinander beziehen, indem sie dieselben gegensätzlich auf irgendeine andre Ware als allgemeines Äquivalent beziehen ... Aber nur die gesellschaftliche Tat kann eine bestimmte Ware zum allgemeinen Äquivalent machen. Die gesellschaftliche Aktion aller andren Waren schließt daher eine bestimmte Ware aus, worin sie allseitig ihre Werte darstellen. Dadurch wird die Naturalform dieser Ware gesellschaftlich gültige Äquivalentform. Allgemeines Äquivalent zu sein wird durch den gesellschaftlichen Prozess zur spezifisch gesellschaftlichen Funktion der ausgeschlossenen Ware. So wird sie – Geld.[78]

Wenn Faust die Tat in den Anfang setzt, so behauptet Marx nun, wird dies nichts weiter bedeuten, als das Wertgesetz und damit den Markt in den Anfang zu setzen. «Im Anfang war die Tat» ist jetzt gleichwertig mit «Im Anfang war das Wertgesetz», oder: «Im Anfang war der Markt». Es sagt nichts anderes aus als das.

Der Selbstinterpretation der bürgerlichen Gesellschaft unterliegt genau diese Vorstellung von dem, was «im Anfang» ist. Damit sind wir zur platonischen Bedeutung des Satzes zurückgekehrt. «Im Anfang war das Gesetz (der Nomos)». Das Gesetz hat sich geändert. Bei Platon ist es das Gesetz der Erhaltung der Polis. In der bürgerlichen Gesellschaft hingegen ist es das Wertgesetz. In jedem Falle aber ist «im Anfang» das Gesetz.

Nietzsche reagiert auf die Auseinandersetzungen darüber, was im Anfang war, sarkastisch:

> Historia in nuce. – Die ernsthafteste Parodie, die ich je hörte, ist diese: Im Anfang war der Unsinn, und der Unsinn war, bei Gott! Und Gott... war der Unsinn[79]

Bei Nietzsche bedeutet Unsinn ein Nicht-Sinn und nicht etwa «Quatsch». Wenn der Nicht-Sinn im Anfang war, so war eben im Anfang die Feindschaft und der Kampf. Und das ist Nietzsche.

78 Karl Marx, Das Kapital, I, MEW, Berlin, Bd. 23, S. 101.

79 Nietzsche, Friedrich: Werke in drei Bänden, hrsg. v. Karl Schlechta, München 1982. Menschliches, allzu Menschliches, Bd. I, S. 750.

V. VON DER KRITIK DER UTOPIE ZU IHRER VERNEINUNG

1. Die Entstehung der orthodoxen Christenheit

Das imperiale Christentum entspricht der Christianisierung des Imperiums. Imperium und Christentum können sich miteinander nur identifizieren durch eine wechselseitige Umformung. Das Imperium übernimmt ein Christentum, das die imperiale Macht stützen kann. Das Christentum muss sich in die imperiale Christenheit verwandeln, um das Imperium christianisieren zu können. Damit das Imperium christlich wird, müssen das Imperium und seine Macht das Kriterium werden, aufgrund dessen das Christentum neu interpretiert wird. Die Christenheit entsteht als ein Christentum, das «von dieser Welt» ist. Als Christus reitet Jesus jetzt auf einem Pferd und verabschiedet sich vom Esel. Dieser neue Christus verachtet den Jesus, der auf einem Esel reitet.

Die Macht eines Imperiums braucht erstens eines oder mehrere kultische Opfer, die den Dünger für das Handeln des Imperiums bilden, zweitens ein Gesetz, dessen Geltung von keiner Bezugnahme auf das konkrete menschliche Leben abhängt. Ohne diese Bedingungen gibt es keine imperiale Macht. Das Opfer, welches das Imperium begründet, legitimiert zugleich eine Gesetzlichkeit, deren Geltung völlig unabhängig von Kriterien des konkreten menschlichen Lebens ist.

In dem Ausmaß also, in dem das Christentum die Bekehrung des Imperiums selbst und nicht bloß der Bevölkerung sucht und erreicht, wird die Opferinterpretation des Todes Jesu den ersten Platz einnehmen. Damit kann der Tod Jesu zum Gründungsopfer des Imperiums werden. Vom 3. Jahrhundert an gewinnt die Opferinterpretation an Bedeutung und beherrscht das Christentum vom 11. Jahrhundert an mit der Theologie des Anselm von Canterbury. Der Tod Jesu, der in den ersten Jahrhunderten von Paulus her vor allem als die Zahlung eines Lösegeldes angesehen wurde, das der Satan illegitim, aber mit Gewalt verlangte, gilt jetzt als Bezahlung einer legitimen Schuld bei Gott, dessen ordnende Gerechtigkeit diese Zahlung verlangt.

Die Position gegenüber dem Gesetz entwickelt sich vor diesem Hintergrund auf zwei Ebenen: Auf der einen Seite erscheint das Gesetz der universalen Expansion des Imperiums; es verwandelt die universale christliche Mission in einen universalen Imperialismus im Namen des Glaubens. Die Umwandlung des Christentums impliziert gleichzeitig eine Umwandlung des Imperiums. Als vom 9. Jahrhundert an das christliche Imperium neu errichtet wird, ist dieses mit einem universalen Machtanspruch im Namen des christlichen Glaubens ausgestattet. Das Imperium erhält dadurch eine neue Dimension der Macht. Auch wenn noch nicht der ganze Erdkreis bekannt ist und man nicht einmal weiß, dass die Erde rund ist, zeigt sich im imperialen Habitus bereits ein Anspruch auf die ganze Erde. Ebenso ergeben sich veränderte Hebel bzw. Motivationen der Macht, die ganz neue Dimensionen der menschlichen Aggressivität eröffnen. Das alles spitzt sich in der Theologie des Bernhard von Clairvaux zu, der als Mönch zugleich – vermutlich – der größte Staatsmann des Hochmittelalters ist. Als Kreuzzugsprediger begründet er diese neue Aggressivität des christlichen Imperiums. Er ist ein Heiliger und eine Bestie zugleich. In einer seiner Schriften, die zum Kreuzzug aufrufen, formuliert er:

> Die Ritter Christi aber kämpfen mit gutem Gewissen die Kämpfe des Herrn und fürchten niemals weder eine Sünde, weil sie Feinde erschlagen, noch die eigene Todesgefahr. Denn der Tod, den man für Christus erleidet oder verursacht, trägt keine Schuld an sich und verdient größten Ruhm. Hier nämlich wird für Christus, dort Christus (selbst) erworben. Er nimmt wahrlich den Tod des Feindes als Sühne gern an und bietet sich noch lieber seinem Streiter als Tröster dar. Ein Ritter Christi, sage ich, tötet mit gutem Gewissen, noch ruhiger stirbt er. Wenn er stirbt, nützt er sich selber; wenn er tötet, nützt er Christus. «Denn nicht ohne Grund trägt er das Schwert; er steht im Dienst Gottes und vollstreckt das Urteil an dem, der Böses tut, zum Ruhm aber für die Guten.» (Röm 13,4; 1 Petr 2,14) Ja, wenn er einen Übeltäter umbringt, ist er nicht ein Menschenmörder, sondern sozusagen ein Mörder der Bosheit, und mit Recht wird er als Christi Rächer gegen die Missetäter und als Verteidiger der Christenheit angesehen. Wenn er aber selbst umgebracht wird, ist es klar, dass er nicht untergegangen, sondern ans Ziel gelangt ist. Der Tod, den er verursacht, ist Christi Gewinn; wenn er

ihn erleidet, sein eigener. Der Christ rühmt sich, wenn er einen Ungläubigen tötet, weil Christus zu Ehren kommt.[1]

Der Text ist wichtig, denn er zeigt, dass jede Vorstellung von einer Sünde, die in Erfüllung des Gesetzes begangen wird, verschwunden ist. Es erscheint ein Gesetz der Expansion, und in der Erfüllung dieses Gesetzes ist «Sterben oder Töten um Christi willen» keine verbrecherische Tat. Dieses Gesetz Christi als Gesetz der Expansion des Imperiums ist ein Gesetz des Despoten. Es ist begründet im Opfer, das der Tod Christi ist. Dieser wiederum ist die Schuld aller, die sich der Christianisierung widersetzen. In ihnen erhält daher Christus seine «Rache»; was sie begehen, ist die Sünde der Juden, da sie durch ihren Unglauben Christus aufs Neue kreuzigen. Christus wird zum Rächer seines eigenen Todes, und die Kreuzfahrer führen die Rache aus. So entsteht ein völlig neues allgemeines Feindbild, das dem universalen Anspruch des Imperiums entspricht. Alle, die das Christentum nicht angenommen haben oder nicht annehmen wollen, sind jetzt Feinde Christi, und das Imperium ist die Instanz, die an ihnen Rache übt. Hinter den Feinden Christi erscheint ein universaler Teufel, der in den Juden seine unmittelbaren Verbündeten hat, so dass alle Feinde Christi die Sünde der Juden begehen. Das Imperium wird universal, seine Feinde werden universal, und eine große neue Metaphysik erlaubt es, die Expansion des Imperiums als Gottesdienst und als Kampf gegen den Teufel zu erfahren und zu interpretieren.

Auf der anderen Seite steht die Position dieses Imperiums dem Wertgesetz gegenüber. Das imperiale Christentum sucht nicht die Anwendung des Wertgesetzes, sondern weiterhin seine Kontrolle. Die imperiale Dynamik vollzieht sich nicht durch das Wertgesetz und dessen Universalisierung hindurch, sondern versteht sich als Expansion des Christentums. Der Handel wird als eine eher verächtliche Tätigkeit angesehen, und es gilt, wenn auch häufig bloß formal, das Verbot, auf Kredite Zinsen zu nehmen. Die politische Autorität erhält eine neue Funktion, die vom 12. Jahrhundert an als Gemeinwohl bezeichnet wird. Die Gesellschaft des christlichen Imperiums versteht sich als eine Gesellschaft, die alle einschließt, wenn auch in der Form der Ungleichheit und daher «auf der Basis

1 Bernhard von Clairvaux: Liber ad milites templi. De laude novae militiae, in: Bernhard von Clairvaux: Sämtliche Werke lateinisch/deutsch, hrsg. v. G. B. Winkler, Bd. I, S. 277.

der Standesgemäßheit». Die Autorität ist für dieses Gemeinwohl verantwortlich, und der Arme wird als ein Ort der Gegenwart Gottes angesehen. Die Großzügigkeit des Königs zeigt sich daher in seiner Bereitschaft, den Armen großzügig Almosen zu geben. Aber das Gemeinwohl schließt gleichzeitig den Menschen als jenes bedürftige Subjekt aus, das sich dem Gesetz gegenüber souverän verhält. Der König hat die Pflicht, sich um das Gemeinwohl zu kümmern, aber der Mensch als Subjekt hat keinerlei Recht, dieses einzufordern.

In dieser Begründung des christlichen Imperiums zeigt sich, dass zentrale Vorstellungen der christlichen Botschaft verändert worden sind. Der Tod Christi wird jetzt als ein Opfer angesehen, das wiederum Rache oder Genugtuung fordert. Die Sünde, die in Erfüllung des Gesetzes begangen wird, wurde ersetzt durch ein absolutes Gesetz, das legitim über das menschliche Leben hinweggeht. Der Mensch als Subjekt, das sich dem Gesetz gegenüber souverän verhält, damit es dem Leben dient, ist ersetzt worden durch das Gemeinwohl. Dieses wird vom König verwaltet, der jedem ein standesgemäßes Leben sichern soll, ohne dass der Mensch als Subjekt ein solches einfordern darf.

Diese Begründungsweise des Imperiums zeigt deutlich, dass sich sowohl das Imperium als auch das Christentum grundlegend verändert haben. Weder ist das Imperium das gleiche geblieben, noch das Christentum, das als Christenheit dem Imperium Legitimität verleiht. Eine neue Zivilisation ist entstanden. Es ist wohl unmöglich zu entscheiden, ob das Imperium christlich wurde, weil die Christen es christianisieren wollten, oder ob die Vertreter des Imperiums die Möglichkeiten entdeckten, welche die Christianisierung für eine Neubegründung des Imperiums bot – ob also das Imperium das Christentum brauchte oder das Christentum das Imperium. Dennoch ist sicher, dass nicht die Christen des 1. Jahrhunderts die Christianisierung des Imperiums suchten. Sie waren Vertreter des Volkes, welche die Bevölkerung des Imperiums bekehren wollten, aber keineswegs die Absicht oder auch nur die Chance hatten, das Imperium als Machtzentrum zu christianisieren. Die Christianisierung führen Männer des Imperiums durch, Aristokraten, die sehr wohl in der Lage waren, die neuen Machtquellen zu erkennen, die eine Christianisierung durch die orthodoxe Christenheit bot.

Diese Christenheit musste die christliche Botschaft neu lesen und interpretieren, um sich als Orthodoxie präsentieren zu können. Der Bezug auf die Sünde, die in Erfüllung des Gesetzes begangen wird, verschwand sehr früh. Schon bei Origenes Ende des 2. Jahrhunderts erscheint sie nicht mehr als das zentrale Problem des christlichen Glaubens. Tertulian ist wahrscheinlich der erste Theologe gewesen, der eine reine Opferinterpretation des Todes Christi unternimmt. Und schon die Kirchenväter übertragen die Verantwortung für die Armen auf die Autorität und die private Moral. Als das Imperium christlich wird, übernimmt es ein Christentum, das in einer fundamentalen Veränderung begriffen ist. Das Imperium selbst macht ebenfalls entsprechende Veränderungen durch, so dass aus dem Zusammentreffen beider das spätere christliche Imperium entstehen kann. Von diesem Moment an ist es schwierig, zwischen dem Imperium und dem zur Christenheit gewordenen Christentum zu unterscheiden. Es gibt keine religiösen Probleme mehr, die nicht politisch wären, und es gibt keine politischen Fragen, die nicht religiös wären. Die okzidentale, abendländische Gesellschaft konstituiert sich als christlich geprägte Zivilisation.

Da die Christenheit die Texte der christlichen Botschaft, die als heilige Schriften gelten, nicht ändern kann, muss sie diese so interpretieren, dass sie ihren ursprünglichen Sinn verändern. Sie müssen jetzt eine Christenheit stützen, die sich gegen die Ursprünge des Christentums gestellt hat. In der Neuformulierung dieser Texte entsteht die antijüdische Lektüre, die den aufkommenden Antisemitismus unterstützt. Sie ist ein Ergebnis der Umwandlung des Christentums in die orthodoxe Christenheit. In der Zeit, in der diese Umwandlung vonstatten ging, war der Antijudaismus ein wichtiges und vielleicht sogar entscheidendes Moment zu ihrer Durchsetzung. Die Christenheit wendet sich gegen den Jesus, der an ihrem Anfang steht, projiziert ihn auf die Juden und verfolgt ihn dann in ihnen.

2. Exkurs: Cicero und das Gesetz der Republik kämpfen gegen den Aufstand des Catilina

Das Imperium kämpft gegen seine inneren und äußeren Feinde, um sein Gesetz durchzusetzen. Die Feinde verletzen das Gesetz; das Gesetz stellt sich gegen diese Feinde und denunziert sie als lasterhafte Gesetzesverletzer. Dies ist die Formel, die die Herrschaft aufzwingt. Dennoch gibt es viele unterschiedliche Arten, um diesen Prozess zu verwirklichen. Aus der Sicht des Imperiums ändern sich im Laufe der Geschichte die Feindbilder. Die Christianisierung des Imperiums hat ohne Zweifel eine solche grundlegende Veränderung der Feindbilder zur Folge gehabt.

Es ist daher von entscheidender Bedeutung, eine solche klassische «Realisierung» eines Feindbildes *vor* der Christianisierung aufzuzeigen. Ein solcher Fall ist die Auseinandersetzung Ciceros mit dem Aufstand des Catilina. Cicero ist in dieser Zeit Konsul (63–62 v. Chr.) und hat also bestimmenden Einfluss auf die Auseinandersetzung. Die wichtigsten Quellen sind die Reden Ciceros gegen Catilina und eine Geschichte der Verschwörung, die Sallust etwa 20 Jahre nach dem Aufstand schrieb. Die Reden Ciceros erscheinen im Jahre 60, also drei Jahre nach der Niederschlagung des Aufstands. Es sind keine Protokolle der Reden, sondern nachträgliche Ausarbeitungen, ja Neuformulierungen, die Cicero anbringt – sie können sich zwar nicht beliebig vom tatsächlichen Inhalt der Reden entfernen, aber diese unter einem bestimmten Gesichtspunkt reformulieren.

Dieser Gesichtspunkt ergibt sich aus dem Unwillen, den die extreme Grausamkeit erzeugt hat, womit Cicero auf den Aufstand reagierte. Er ließ in einer einzigen Nacht alle Anhänger des Catilina und die Verdächtigen, die in Rom geblieben waren, ermorden.[2] Nach der Schlacht, welche die Aufständischen verloren, wurden keine Gefangene gemacht, sondern alle, einschließlich der Verwundeten, bis zum letzten Mann getötet. Sallust spricht von dem Hass, den diese Vorgehensweise hervorrief. Wenn Cicero seine Reden gegen Catilina veröffentlicht, sind dies Anklage-Reden. Aber er gibt ihnen einen Inhalt und eine Form, die sie gleichzeitig als seine Verteidigungsreden erscheinen lassen.

Nach Sallust liegt dem Aufstand eine Rebellion der verschuldeten Bauern zugrunde. Sie wurden aufgrund ihrer Verschuldung von ihrem Boden vertrieben; sie zogen dann in die Stadt, wo sie ein neues Proletariat bildeten. Catilina nutzt offenbar diese Situation

2 Sallust berichtet einen extremen Fall von Mord: Es gab mehrere, die nicht zur Verschwörung gehörten, jedoch gleich am Anfang zu Catilina aufbrachen. Unter ihnen befand sich Fulvius, Sohn eines Senators, den der Vater zurückholen und töten ließ. Gaius Sallustius Crispus (Sallust): De coniuratione Catilinae. Die Verschwörung des Catilina, Stuttgart 1987, S. 55–57.

aus, um die Macht zu übernehmen. Er sieht darin eine politische Chance, und es ist keineswegs zwingend, ihn als Sozialreformer anzusehen. Die Möglichkeit aber, einen Aufstand durchzuführen, ergibt sich aus dieser sozialen Situation.

Sallust gibt die Rede des Catilina vor der Schlacht folgendermaßen wieder:

> … wir streiten für das Vaterland, für die Freiheit, für unser Leben, denen scheint es höchst überflüssig, für die Macht weniger zu kämpfen. Um so kühner greift sie an, eingedenk eurer alten Mannhaftigkeit. Es stand euch frei, in höchster Schande in der Verbannung euer Leben zu verbringen, ihr hattet zum Teil nach Verlust eurer Güter in Rom auf fremde Mittel hoffen können. Weil das hässlich und unerträglich für Männer schien, habt ihr beschlossen, diesen Weg zu gehen.[3]

In den vier Reden des Cicero ist sichtbar, wie er das herrschende System gegen die Revolte verteidigt. Er tut dies, indem er den Zusammenstoß zwischen der Herrschaft der Großgrundbesitzer und den verelendeten Bauern als Zusammenprall zwischen der Tugend und dem Laster darstellt. Ihre Verschuldung und den Verlust ihres Landes zeichnet er einfach als Ergebnis ihrer Begehrlichkeit:

> Denn nicht mehr unbedeutend sind die Begierden (*libidines*) dieser Menschen; unmenschlich und unerträglich sind ihre verwegenen Taten; nur an Mord, Brand und Raub denken sie, ihr väterliches Erbe haben sie verschwendet, ihr Hab und Gut verpfändet; das Geld hat sie schon lange verlassen, seit kurzem auch beginnt der Kredit zu schwinden; und doch ist ihre Begierde (*libido*) dieselbe wie in der Zeit des Überflusses.[4]

Tatsächlich ist die Agrarstruktur Italiens seit einigen Jahrzehnten völlig umgeschichtet worden. Die freien Bauern, auf denen die Republik basierte, wurden durch den Schuldenmechanismus ruiniert und enteignet. Riesige Latifundien traten an ihre Stelle. Sie wurden von Sklaven bewirtschaftet, die aus der ganzen damaligen Welt herbeigeschafft wurden. Die Bauern wanderten nach Rom ab, wo sie ein städtisches Proletariat bildeten, das durch eigene Arbeit nicht mehr überleben konnte und daher auf die Verteilung von Überschüssen aus dem imperialen Reichtum angewiesen war. Diese Bedingungen hatten die Republik ausgehöhlt, und in den daraus

3 Sallust: Die Verschwörung des Catilina 97.
4 Cicero, Marcus Tullius: Vier Reden gegen Catilina, Stuttgart 1972, S. 43.

resultierenden Wirren entstanden jene Bewegungen, die eine Rückverteilung des Landes forderten und auf die sich der Aufstand des Catilina stützte.

Cicero stellt sich dem gesellschaftlichen Problem überhaupt nicht, sondern interpretiert es als Folge der Lasterhaftigkeit der Rebellen. Im Namen der Tugend fordert er auf, die Republik zu retten:

> O wie glücklich wird das Gemeinwesen sein, wenn es diesen Unrat aus der Stadt hinausgeworfen hat! Wahrlich, durch die Ausstoßung des einen Catilina scheint es mir erleichtert und wie neu geschaffen. Denn welches Übel oder Verbrechen kann man sich vorstellen oder ausdenken, das Catilina nicht ausgeheckt hatte? Wo lässt sich in ganz Italien ein Giftmischer finden, wo ein Raufbold, wo ein Straßenräuber, wo ein Meuchelmörder, wo ein Verwandtenmörder, wo ein Testamentfälscher, wo ein Gauner, wo ein Schlemmer, wo ein Verschwender, wo ein Ehebrecher, wo ein berüchtigtes Weib, wo ein Verführer der Jugend, wo ein Verführter, wo ein Verkommener, der nicht gesteht, mit Catilina vertrautesten Umgang gepflegt zu haben? Welcher Mord ist in all diesen Jahren ohne ihn, welche frevelhafte Unzucht nicht durch ihn geschehen?
>
> Weiter, welcher Mensch hat jemals eine so große Verführungskunst der Jugend gegenüber besessen wie er? Er, der die einen auf die schändlichste Weise selbst liebte, sich der Liebe anderer auf frevelhafteste Art hingab, anderen Befriedigung ihrer Lüste, wieder anderen die Ermordung ihrer Eltern versprach, indem er sie nicht nur dazu anregte, sondern auch dabei unterstützte … Jeden, nicht nur in Rom, sondern in irgendeinem Winkel ganz Italiens, den schwere Schulden drückten, hat er in diesen unerhörten Verbrecherbund mit aufgenommen.[5]

Diese Beschreibung des Catilina ist offensichtlich ein Konstrukt. Cicero spricht ihm geradezu übermenschliche Fähigkeiten zur Bosheit zu. Er verwandelt ihn in ein Monster, das unbeschränkte Fähigkeiten entwickelt und das sich mit seinen Anhängern «durch das Band des Verbrechens und frevelhafte Gemeinschaft verbunden»[6] hat. Was dieses «Band des Verbrechens» angeblich ist, sagt Sallust:

> Es gab damals Leute, die sagten, Catilina habe nach der Rede, als er die Genossen seines Verbrechens zum Schwur trieb, Menschenblut mit Wein vermischt in Schalen umhergetragen. Danach, als alle nach der Verfluchung davon getrunken hätten, wie es bei feierlichem Opfer zu geschehen

5 Ebd. 41.
6 Ebd. 35.

> pflegt, habe er seinen Plan enthüllt, und er habe das deshalb so gemacht, dass sie um so treuer untereinander wären, wenn der eine des andern Mitwisser bei einem so schweren Verbrechen wäre. Manche meinten, dies wie vieles außerdem sei von denen erfunden worden, die glaubten, der Hass gegen Cicero, der nachmals entstand, werde gemildert durch die Grässlichkeit des Verbrechens derjenigen, die bestraft worden waren. Für uns ist die Sache bei ihrer Bedeutung zu wenig erwiesen.[7]

Schon in seiner ersten Rede geht Cicero auf diesen Hass gegen ihn ein, streitet ihm aber jede Bedeutung ab:

> … so brauchte ich gewiss nicht zu fürchten, dass das Blut dieses Brudermörders in der Folgezeit eine Quelle des Hasses für mich werde. Mag er mir aber dies auch noch so sehr androhen, ich bin immer der Überzeugung gewesen, dass Hass, der durch vorzügliches Handeln ausgelöst wurde, als Ehre, nicht als Hass anzusehen sei.[8]

So wie er Catilina charakterisiert, zeichnet er auch dessen Anhänger:

> … jenes Heer, das sich zusammensetzt aus hoffnungslosen Veteranen, ländlicher Verschwendungssucht, heruntergekommenen Gutsherren und aus denen, die lieber ihre Gerichtstermine versäumen als jenem Heere untreu werden wollten.[9]

So kann Cicero sagen, «dass sie nicht zu den schlechten Bürgern, sondern zu den erbittertsten Feinden zu rechnen sind»[10]:

> ... ich erblicke im Geiste auf dem Grab des Vaterlandes die kläglichen und unbeerdigten Leichenhaufen der Bürger; vor meinen Augen steht der Anblick des wahnsinnigen Cethegus, der in eurem Gemetzel rast.[11]

Cicero nennt sie Müll und Unrat und spricht davon, «dass eine solche Pest ausgespieen und hinausgeworfen»[12] werden muss.

Das Gute dieser Welt sieht Cicero mit allem Schlechten dieser Welt kämpfen, die Tugenden zusammen mit dem Überfluss gegen die Laster gemeinsam mit der Armut:

7 Ebd.
8 Ebd. 31.
9 Ebd. 39.
10 Ebd. 107.
11 Ebd. 103.
12 Ebd. 37.

> Denn auf dieser unserer Seite kämpft Ehrgefühl, dort Frechheit; hier Keuschheit, dort Unzucht; hier Treue, dort Betrug; hier fromme Scheu, dort Frevel; hier Besonnenheit, dort Wahnsinn; hier Ehre, dort Schande; hier Enthaltsamkeit, dort Begierde; kurz: Gerechtigkeit, Mäßigung, Tapferkeit, Klugheit, alle Tugenden, streiten mit Ungerechtigkeit, Verschwendung, Feigheit, Unbesonnenheit, mit allen Lastern; endlich kämpft Überfluss mit Dürftigkeit, die gute Sache mit der schlechten, Vernunft mit Unsinn, schließlich gute Zuversicht mit völliger Hoffnungslosigkeit. Sollten nicht bei einem derartigen Kampf und Streit, auch wenn menschliche Anstrengungen nicht ausreichten, die unsterblichen Götter selbst den Sieg so herrlicher Tugenden über so viele und so große Laster erzwingen?[13]

Damit kämpft Hoffnung gegen Hoffnungslosigkeit. In Wirklichkeit projiziert Cicero auf den Reichtum alle Tugenden und auf die Armut alle Laster. Die unsterblichen Götter können dann nur auf seiner Seite stehen. Von Catilina sagt er jetzt:

> Jetzt aber bedrohst du ganz offen das gesamte Gemeinwesen; die Tempel der unsterblichen Götter, die Häuser der Stadt, das Leben aller Bürger, ja ganz Italien willst du dem Untergang und der Verwüstung weihen.[14]

Catilina ruft «zum gottlosen und frevelhaften Krieg»[15] auf. Ihm antwortet Cicero:

> Oder meinst du nicht, dass dann, wenn Italien durch Krieg verwüstet wird, wenn Städte heimgesucht werden, wenn Häuser in Brand stehen, die Flamme des Unwillens dich verzehren wird?[16]

Retter und Anführer will Cicero sein:

> Und für diesen Krieg, Quiriten, erkläre ich mich öffentlich zu eurem Anführer; ich nehme den Hass der verkommenen Subjekte auf mich. Was noch zu heilen ist, werde ich auf alle nur mögliche Weise heilen; was weggeschnitten werden muss, werde ich nicht zum Verderben des Gemeinwesens stehen lassen. Demnach mögen sie gehen oder Ruhe halten oder, wenn sie in der Stadt und bei derselben Gesinnung bleiben, den verdienten Lohn erwarten.[17]

Er bietet sich nicht nur als Retter, sondern auch als Opfer an:

13 Ebd. 57/59.
14 Ebd. 15.
15 Ebd. 33.
16 Ebd. 29.
17 Ebd. 45.

Wenn jetzt die unsterblichen Götter für mein Konsulat den Ausgang gewollt haben, dass ich euch, Senatoren, und das römische Volk dem erbärmlichsten Gemetzel, eure Frauen und Kinder und die vestalischen Jungfrauen der grausamsten Misshandlung, die Tempel und Heiligtümer, unser aller herrlichstes Vaterland dem hässlichsten Brand und ganz Italien dem Krieg und der Verwüstung entreiße, so soll jedes Geschick, das mir allein zugedacht ist, erduldet werden.[18]

Ach, wie unglückselig ist die Aufgabe, das Gemeinwesen nicht nur zu verwalten, sondern auch zu erhalten![19]

Wieder kommt Cicero auf den Hass zu sprechen, der daraus gegen ihn erwachsen könnte:

Es macht mir nichts aus, Quiriten, den Sturm dieses falschen und unbilligen Hasses über mich ergehen zu lassen, wenn nur von euch die Gefahr dieses schrecklichen und frevelhaften Krieges abgewendet wird.[20]

... ich bin immer der Überzeugung gewesen, dass Hass, der durch vorzügliches Handeln ausgelöst wurde, als Ehre, nicht als Hass anzusehen sei.[21]

So fordert er den Tod aller, die am Aufstand teilgenommen haben. Cicero will das Übel für alle Zeit ausrotten und deshalb auch die Menschen beseitigen, die es hervorgebracht haben:

Wenn nun aus dieser furchtbaren Räuberbande nur dieser eine beseitigt wird, werden wir vielleicht auf eine kurze, unbestimmte Zeit der Sorge und Furcht enthoben scheinen, die Gefahr aber wird bleiben und sich in den Adern und Eingeweiden des Gemeinwesens tief verkapseln. Wie sich Schwerkranke, wenn sie sich in Hitze und Fieber herumwerfen, oft nach einem Trunk eiskalten Wassers zunächst erleichtert fühlen, dann aber viel schwerer und heftiger befallen werden, so wird diese Krankheit, die in unserem Gemeinwesen nistet, durch Catilinas Bestrafung zwar gelindert, aber wenn die anderen am Leben bleiben, um so heftiger sich verschlimmern.[22]

Sein extremes, barbarisches Vorgehen begründet er dadurch, dass er durch Milde und Güte dazu bewogen werde. Er wolle nämlich nicht grausam gegen das Vaterland sein:

Denn so sehr es mir gestattet sei, mit euch ein unversehrtes Gemeinwesen zu genießen, so werde ich nicht durch harten Sinn in diesem Fall zu einem

18 Ebd. 91/93.
19 Ebd. 47.
20 Cicero, Vier Reden gegen Catilina 47/49.
21 Ebd. 31.
22 Ebd. 33.

schärferen Vorgehen bewogen – wer ist denn milder als ich? –, sondern durch einzigartige Güte und Mitleid.[23]

Möget ihr fürchten, denke ich, es möchte scheinen, als hättet ihr bei einem so ungeheuren und unsagbaren Verbrechen zu hart geurteilt: weit mehr ist zu fürchten, dass wir durch eine milde Strafe grausam gegen das Vaterland erscheinen als durch strenges Vorgehen zu hart gegen die erbittertsten Feinde.[24]

Von jenen aber, die seinen Auftrag auszuführen haben, sagt er:

Mir aber [scheint es] gefühllos und eisern, wenn er nicht durch Schmerz und Qual des Schuldigen seine eigene lindert.[25]

Obendrein will Cicero die Anhänger des Catilina auch noch in die ewige Hölle schicken, von der er sagt:

Deshalb haben die Alten angenommen, in der Unterwelt gebe es für die Gottlosen derartige Strafen, damit den Frevlern im Leben irgendein Schreckbild vor Augen stehe; denn sie sahen offensichtlich ein, dass ohne jene Strafen der Tod an sich nicht zu fürchten sei.[26]

Es ist Sache Jupiters, sie zu bestrafen:

Desto größeren Hass und desto schwerere Strafe verdienen nun jene, die nicht bloß in eure Wohnungen und Häuser, sondern auch in die Tempel und Heiligtümer der Götter unheilvolle und frevlerische Feuerbrände zu werfen beabsichtigten.

Wollte ich behaupten, ich hätte mich widersetzt, so würde ich mir zu viel herausnehmen, und es wäre unerträglich. Nein, er, jener Jupiter, hat sich widersetzt, er hat das Kapitol, diese Tempel, die ganze Stadt, euch alle retten wollen.[27]

Daher betet Cicero zu Jupiter, dass er sie alle in die Hölle schicken möge:

Du aber, Jupiter, dessen Tempel unter denselben Auspizien wie diese Stadt von Romulus errichtet worden ist, den wir mit Recht den Schützer dieser Stadt und dieses Reichs nennen, wirst diesen Menschen samt seinen Genossen von deinen und den übrigen Tempeln, von den Häusern und Mau-

23 Ebd. 103.
24 Ebd. 105
25 Ebd. 103.
26 Ebd. 99.
27 Ebd. 83.

ern der Stadt, vom Leben und Eigentum aller Bürger fernhalten und die Widersacher des Guten, die Feinde des Vaterlands, die Räuber Italiens, die sich durch das Band des Verbrechens und frevelhafte Gemeinschaft verbunden haben, mit ewigen Strafen im Leben und im Tode heimsuchen.[28]

Deswegen ruft Cicero zum Dankfest auf:

Daher, Quiriten, da nun ein Dankfest in allen Tempeln beschlossen ist, feiert diese Tage mit euren Frauen und Kindern! Denn schon oft sind den Göttern verdiente und gebührende Ehren erwiesen worden, mit größerem Recht jedoch gewiss nie. Denn ihr seid vor dem grausamsten und erbärmlichsten Untergang bewahrt worden, und zwar ohne Mord, ohne Blutvergießen, ohne Heer, ohne Kampf.[29]

Ihr aber, Quiriten, verehrt, da es bereits Nacht ist, Jupiter, den Beschützer dieser Stadt und eurer selbst, geht in eure Häuser und schützt sie, obwohl die Gefahr bereits abgewendet ist, dennoch ebenso wie in der vorigen Nacht mit Wehr und Wachen! Dass ihr dies nicht länger zu tun braucht und dass ihr in dauerndem Frieden leben könnt, dafür werde ich sorgen.[30]

Cicero bleibt allein zurück, um einen ewigen Kampf gegen niederträchtige Bürger sowie für Gesetz und Tugend zu führen:

… durfte ich den Bestand des Gemeinwesens nicht auf eine kurze, unbestimmte Zeit, sondern für viele Jahrhunderte sichern.[31]

Daher sehe ich, dass ich mir einen ewigen Krieg mit den niederträchtigen Bürgern aufgeladen habe …[32]

Die Götter werden ihn belohnen:

Denn erstens darf ich hoffen, dass alle Götter, die diese Stadt schirmen, mich, so wie ich es verdiene, belohnen werden; dann aber werde ich, wenn etwas passiert, ruhig und gefasst sterben; denn weder kann einen tapferen Mann ein schimpflicher noch einen ehemaligen Konsul ein zu früher, noch einen Weisen ein beklagenswerter Tod treffen.[33]

Über das Ende der letzten Schlacht schreibt Sallust:

Endlich wurde von der ganzen Masse weder im Kampf noch auf der Flucht ein freigeborener Bürger gefangengenommen …[34]

28 Cicero, Vier Reden gegen Catilina 33/35.
29 Ebd. 85.
30 Ebd. 91.
31 Ebd. 45.
32 Ebd. 115.
33 Ebd. 93.
34 Ebd. 101.

Der ewige Krieg, den Cicero versprach, dauerte nicht sehr lange. Nach etwa zwei Jahrzehnten brach die römische Republik zusammen, und aus den folgenden Wirren entstand das römische Kaiserreich. Cicero, der wahrscheinlich indirekt an dem Attentat des Brutus gegen Julius Caesar beteiligt war, wollte offensichtlich noch einmal Gesetz und Tugend verteidigen. Antonius ließ ihn dann seinerseits ermorden.

Der Sieg und die bedenkenlosen Mittel, die Cicero anwandte, retteten nicht die Republik, sondern brachten sie ihrem Zusammenbruch näher. Der Grund für die Krise war nicht einfach das Problem des Mangels republikanischer Tugend, sondern der Zusammenbruch einer Agrarstruktur auf der Basis freier Bauern, worauf die Republik beruhte. Deren Widerstand wurde nun endgültig gebrochen, so dass die Aushöhlung der Republik noch schneller weitergehen konnte. Wenn es überhaupt einen Ausweg gab, hätte nur eine Art Jubeljahr die Republik retten können, nicht aber der Mord an jenen, die um ihre Lebensbedingungen kämpften.

Der Manichäismus, mit dem Cicero sein Vorgehen begründet, ist keineswegs einzigartig. Er findet sich in allen Ideologien und in allen Legitimierungen der Herrschaft, wenn diese auf Forderungen der Beherrschten stößt, die ihre Lebensbedingungen mit dem herrschenden Gesetz konfrontieren. Stets geht es darum, die Verteidigung dieser Lebensbedingungen als einen Ausbruch von Lastern und Ressentiments darzustellen, angesichts dessen sich die Herrschaft als Tugend präsentiert. Diese Betonung der Tugend ist für die Herrschaft unverzichtbar, denn sie kann in einer Auseinandersetzung unmöglich mit ihren Interessen argumentieren. Daher versteckt sie ihre Interessen hinter der Tugend, was ihr außerdem den Vorteil in die Hand gibt, die Interessen derjenigen, die ihre Lebensbedingungen verteidigen, als lasterhaft darzustellen.

In jedem Fall können diejenigen, die ihre Lebensbedingungen verteidigen, dies nur im Namen von Rechten des körperlichen, konkreten Lebens und der sinnlichen Körperlichkeit tun. Sie vertreten nicht einfach materielle Interessen, sondern immer auch die Befreiung des Körpers, welche die materiellen Interessen einschließt. Die Ideologie der Herrschaft aber wird gerade jede Forderung nach Befreiung des körperlichen Lebens zum Vorwand nehmen, davon ein Bild des Lasters zu zeichnen, gegen das die Herrschaft im Namen der Tugend kämpfen kann ... um diese körperliche Freiheit zu unterdrücken. Was vom Standpunkt der Herrschaft aus als Entgegensetzung von Tugend und Laster gesehen wird, erscheint vom Standpunkt der Beherrschten aus als eine Konfrontation zwischen dem Gesetz und der Befreiung des Körpers, zwischen der formalen Erfüllung der Gesetzlichkeit, welche die Interessen der herrschenden Minderheit tarnt, und dem Recht auf das körperliche, freie Leben.

Zugleich hat die Charakterisierung des Feindes, wie sie Cicero abgibt, etwas Provinzielles an sich, wenn wir sie mit derjenigen vergleichen, die das Imperium formuliert, nachdem es sich christianisiert hat. Cicero braucht einen totalen Gegner, wenn er diesen völlig vernichten will. Aber die Beschreibung des Catilina, die an die Zeichnung des Tyrannen bei Platon erinnert, besitzt Elemente des Komischen. Ihm werden Fähigkeiten zur Bosheit zugeschrieben, die er als Mensch nie haben kann. Wenn Catilina verschwunden ist, gibt es auch keinen Feind mehr. Es muss irgendwo wieder ein neuer Feind gesucht und aufgebaut werden, gegen den die Tugend zu verteidigen ist. Die Aggressivität des christlichen Imperiums ist da weit überlegen. Sie muss keine Catilinas erfinden. Sie erfindet glaubhaft eine metaphysische Figur des Bösen, die übermenschlich ist und an jedem Ort zu jeder Zeit anwesend ist. Die wirklichen Feinde können dann als Vertreter dieser zentralen Figur des Bösen denunziert werden. Die Figur eines personifizierten, universalen Bösen ist der Teufel, der später Luzifer genannt wird. Diesem universalen Bösen gegenüber wirkt ein allgemeines Gesetz, dessen Tugend im Namen eines universalen Gottes praktiziert wird. Es ist die Christenheit, die zum ersten Mal ein solch universales Schema der Konfrontation der Herrschaft zur Verfügung stellt. Dies ermöglicht es, eine derart totale Herrschaft durchzusetzen, wie sie für Cicero nicht möglich war.

Es ist auch aus dieser Sicht betrachtet nicht überraschend, dass das Imperium das Christentum übernahm, sobald es sich als eine solche Christenheit präsentierte. Es erhielt so eine neue Dimension der Macht, die durch ihre Säkularisierungen hindurch bis heute wirksam geblieben ist.

Aber der Antisemitismus liegt nicht nur dem christlichen Imperium zugrunde, sondern allen weiteren Imperien bis zum Zweiten Weltkrieg. Da er ein Ort ist für die Legitimation sehr unterschiedlicher Imperien, weist der Antisemitismus eine Geschichte auf, die derjenigen der Imperien entspricht.

Der Antisemitismus des christlichen Imperiums im europäischen Hochmittelalter gründet mittelbar auf der antijüdischen Lektüre der christlichen Botschaft. Es ist ein Antisemitismus, der von der Erde als einem Tal der Tränen ausgeht. Der Jude erscheint hier als derjenige, der sich gegen das Gesetz Christi aufgelehnt hat, im Namen seines mosaischen Gesetzes. Dieses wurde jedoch überwunden durch das Gesetz Christi. Der Jude wird beschuldigt, die Erlösung der ganzen Welt, die durch Jesus geschehen sollte, verhindert zu haben. Wenn die Juden Jesus als Messias angenommen hätten, würden wir uns nicht mehr in diesem Tränental befinden. Die Überwindung aller Übel, wie sie uns durch die Botschaft der neuen Erde versprochen wurde, wäre in diesem Moment geschehen. Daher ist die Tatsache, dass wir weiterhin im Tränental leben, eine Schuld, die aus der Sünde der Juden erwächst. Die Juden sind also letztlich für alle Übel dieser Welt verantwortlich. Indem sie Christus kreuzigten, haben sie die ganze Menschheit gekreuzigt. Sie sind die Kreuziger, die nun ihrerseits gekreuzigt werden sollten. Die Sünde der Juden aber begehen alle, die sich weiterhin nicht dem Kreuz Christi unterwerfen. Alle haben daran Anteil, und gegen alle muss gekämpft werden: in den Kreuzzügen gegen die Araber, welche die heiligen Stätten besetzt halten; im Inneren gegen die Häretiker. Im Innern eines jeden Einzelnen befinden sich noch die körperlichen Instinkte und Begehrlichkeiten. Die Synthese aller dieser Feinde verkörpern jedoch die Juden, die durch die Kreuzigung alles in Gang gesetzt haben. Der Antisemitismus erzeugt also eine allgemeine Aggressivität, die sich gegen die Mächte außerhalb des Imperiums, gegen den Widerstand innerhalb des Imperiums und gegen die Körperlichkeit eines jeden in seinem eigenen Innern richtet.

In ihrer Funktion als Kreuziger werden die Juden vor allem passiv gesehen. Sie werden verfolgt für etwas, was sie angeblich in einer lange vergangenen Zeit getan haben und das seine Nachwirkungen in der Gegenwart hat. Aber immer stärker schiebt dieser Antisemitismus gegenwärtiges Handeln der Juden vor. Zuerst erfolgen die Anklagen der Brunnenvergiftung, der Verantwortung für die große Pest des 14. Jahrhunderts oder irgendwelcher Ritualmorde. Das ist nicht mehr der eher statische Antisemitismus, der das Weiterbestehen des Tals der Tränen durch die vergangene Kreuzigung erklärt. Immer mehr werden die Juden als diejenigen gesehen, die auch in der Gegenwart die Übel produzieren, welche die Menschheit zu erleiden hat. Sie werden jetzt als Handelnde verstanden. Weiterhin sieht man sie als Aufständische gegen das Gesetz Christi. Aber ihre Sünde ist nicht mehr nur eine Sünde der Vergangenheit, sondern eine Sünde, die ebenso in der Gegenwart begangen wird. Damit entstehen neue Linien des Antisemitismus.

Auf der einen Seite handelt es sich um eine sehr spezifische Ausformung des Antisemitismus des Geldes. Sie geht durchaus auf mittelalterliche Vorstellungen des Antisemitismus zurück, worin der Jude als Wucherer erscheint und mit der Figur des Judas verknüpft wird. Aber er nimmt seit dem 16. Jahrhundert eine sehr spezifische und dominante Form an, wie man sie etwa im «Kaufmann von Venedig» von Shakespeare sehen kann. Dieser Antisemitismus entsteht in einer Zeit, als das Gesetz Christi des christlichen Imperiums, das ein Gesetz der universalen Expansion des Christentums nach außen und nach innen ist, durch das Wertgesetz als das dem Imperium zugrunde liegende Grundgesetz abgelöst wird. Jetzt gilt das Wertgesetz selbst als das wahre Gesetz Christi, als das Gesetz, das «our saviour» nach Hobbes gegeben hat und das bei John Locke das Gesetz Gottes ist. Es bleibt ein Gesetz der universalen Expansion, und gleichzeitig ist es eine Säkularisierung des vorangegangenen Gesetzes Christi des Imperiums. Aber seine universale Expansion hat sich von der Expansion des Christentums unabhängig gemacht. Mit diesem Wertgesetz als grundlegendem Gesetz erscheint nun das Problem des guten und des schlechten Geldes. Im Drama von Shakespeare ist der Kaufmann von Venedig der Repräsentant des guten und sauberen Geldes, das christliches Geld ist. Dagegen ist Shylock, der Jude, der Repräsentant des schlechten, schmutzigen und jüdischen Geldes. Mit Hilfe der christlichen Autorität von Venedig siegt das christliche Geld über das jüdische. Es handelt sich um einen Schematismus, der sich durch seine Transformationen hindurch bis heute erhalten hat. In seiner explizit antisemitischen Form besteht er bis zum Zweiten Weltkrieg fort. Der Dualismus von christlichem und jüdischem Geld verwandelt sich in den Dualismus von liberalem, den Marktgesetzen entsprechendem Geld und jüdischem Geld, das aus dem Wucher stammt, bis hin zum Dualismus von arischem und jüdischem Geld. Das jüdische Geld ist immer schmutzig: Der Wucher und die Ausnutzung von Monopolsituationen verbinden sich in ihm. Der andere Pol ist das Geld der sauberen Konkurrenz, das saubere Geld, das ein Produkt der Arbeit ist.[35]

Dieses saubere Geld ist das Geld des Wertgesetzes, von dem man behauptet, dass es eine ebenso automatische Tendenz zum Gleichgewicht im Markt hervorbringt und auf diese Weise selbsttätig das Allgemeininteresse verwirklicht. Dieses Geld zu produzieren ist ein Dienst an der Allgemeinheit. Es handelt sich um ein Wertgesetz, in dem eine «unsichtbare Hand» und eine «Vorsehung» tätig ist, so dass es aus sich heraus die Wohlfahrt für alle hervorbringt. Daher braucht dieses Wertgesetz als Grundgesetz des Imperiums keinen König mehr, der es im Namen des Gemeinwohls zu kontrollieren hätte. Durch den Automatismus seiner eigenen Gesetzeserfüllung dient es stets und notwendig allen; es macht die Formulierung eines besonderen Gemeinwohls überflüssig. Gesetzeserfüllung und Allgemeininteresse stimmen a priori überein, so dass sich eine Herausforderung dieses Gesetzes auch im Namen des Menschen als eines lebendigen Subjekts erübrigt. Shylock und das schmutzige Geld, das jüdisches Geld ist, zerstören diese Harmonie, und man braucht eine Autorität, die sichert, dass nur saube-

35 Diese Unterscheidung finden wir selbst heute noch bei Camdessus, dem früheren Generalsekretär des Weltwährungsfonds: «Überlässt man den Markt also vollständig seinen Mechanismen, ist die Gefahr groß, dass die Schwachen mit Füßen getreten werden – und man muss nicht ins 19. Jahrhundert zurückgehen, um dies zu belegen. In ihrer letzten Logik kann die Preisbildung den Todesstoß bedeuten. ‹30 Denare, und die Sache ist entschieden.› Dies ist keine einzelne Szene aus dem Leben eines judäischen Propheten, es ist eine alltägliche Begebenheit in der Geschichte der Menschheit. Ausgehend von dieser Gleichgültigkeit des Marktes gegenüber der menschlichen Person findet sich rasch die tiefere Ursache für viele Übel der fortschrittlicheren Gesellschaften: Umweltverschmutzungen, Arbeitsunfälle, Zerstörung der Familienbande, gesellschaftliche Ausgrenzung und Arbeitslosigkeit, Korruption, Ungleichheiten usw. Deshalb wissen wir seit langem, dass der Markt kontrolliert und erfahrenen Menschen unterstellt werden muss, damit er frei und zugleich auch gerecht bleibt.» Vgl. Camdessus, Michel: Marché-Royaume. La double appartenance. Documents Episcopats. Bulletin de secrétariat de la conférence des êveques de France, Nr. 12 (Juli/Aug. 1992); deutsch: Markt und Reich Gottes – die doppelte Zugehörigkeit. Vortrag von Michel Camdessus, Exekutivdirektor des Internationalen Währungsfonds. In: Weltkirche 10/1995, 304–314.

res Geld produziert wird. Das Wertgesetz stellt sich auf diese Weise als ein Gesetz vor, das durch seine Erfüllung gerecht macht, über dem also kein Fluch liegt. Gerade deshalb aber treibt es den Despotismus des Gesetzes auf die Spitze.

Auf der andern Seite entsteht eine neue Form des Antisemitismus als Reaktion gegen die Bauernaufstände des 15. bis zum 17. Jahrhunderts. Sehr bald beginnt man damit, diese Rebellionen als «Sünde der Juden» (Luther) oder als «jüdischen Wahn» (Calvin) zu bezeichnen. Dieser Antisemitismus wird jetzt mit dem Mythos des Aufstands Luzifers und seinem Überfall auf den Himmel verbunden. Die aufständischen Bauern werden als Luzifere angesehen, die in «jüdischem Wahn» den Himmel überfallen wollen und die man in die Hölle zurückschicken muss. Diese Vorstellung hat sich bis heute erhalten, denn sie ist das Paradigma zur Interpretation aller Rebellionen und Revolutionen. Es ist die aggressivste Form des Antisemitismus, die zu den mörderischsten Exzessen geführt hat.

Auch hier wird erneut ein Zusammenhang zwischen den modernen Antisemitismen und der antijüdischen Lektüre des Neuen Testaments sichtbar. Der Antisemitismus des Geldes hat fast keine biblischen Bezüge, obwohl man das Bild des Judas und die Tempelreinigung Jesu heranzuziehen pflegt. Der Antisemitismus des «jüdischen Wahns» dagegen bezieht sich sehr direkt auf die Offenbarung des Johannes und den Kampf des Erzengels Michael mit dem Drachen. Was er damit gemeinsam hat, ist freilich nur die Tatsache, dass dieser Mythos das genaue Gegenteil von dem formuliert, was die Offenbarung des Johannes darüber sagt. In der Offenbarung gibt es keinen gefallenen Engel und auch keinen Überfall auf den Himmel. Es gibt einzig einen Aufstand im Himmel gegen die himmlischen Autoritäten. Die Aufständischen werden besiegt und auf die Erde gestürzt. Dort begründet der gestürzte Engel als Satan das Imperium. Einen Engel namens Luzifer gibt es in der Offenbarung überhaupt nicht. Im Luzifer-Mythos ist dies umgekehrt. Da erscheint Luzifer, um die Macht im Himmel durch einen Überfall zu erringen, und wird als gefallener, d. h. der Sünde des Stolzes verfallener Engel in die Hölle gestürzt, von wo aus er zu Rebellionen auf der Erde gegen das Imperium anstiftet. In dieser Form wird der Mythos von Anselm von Canterbury und Bernhard von Clairvaux im Hochmittelalter entwickelt. Bei Augustinus allerdings findet sich bereits ein Vorläufer.

Diese Umkehrung durch den Luzifer-Mythos hat Geschichte gemacht. Sie gehört zu den verheerendsten Formen antisemitischer Verfolgung. Der Mythos wurde bis zum Mythos eines universalen Antihumanismus und Antiutopismus weiterentwickelt, im Speziellen liegt er der antisemitischen Ideologie des Nazismus zugrunde und danach der antikommunistischen Ideologie der Freien Welt, wie sie sich im Kalten Krieg herausbildete.

4. Der antiutopische Antisemitismus: Luther und Calvin

Ich möchte mit einem längeren Zitat beginnen. Darin wird wiederum das, was in der christlichen Botschaft als Sünde bezeichnet wird, die in Erfüllung des Gesetzes begangen wird, als Tugend der Autorität und des Gesetzes gefeiert:

> So soll nu die oberkeit hie getrost fort dringen / vnd mit gutem gewissen dreyn schlahen / weyl sie eyne ader regen kan / Denn hie ist das vorteyl / das die bawren böse gewissen vnd vnrechte sachen haben / vnd wilcher bawr darüber erschlagen wird / mit leyb vnd seele verluren vnd ewig des teuffels ist. Aber die oberkeyt hat eyn gut gewissen vnd rechte sachen / vnd kan zu Gott also sagen mit aller sicherheyt des hertzen. Sihe / meyn Gott / du hasst mich zum Fürsten odder herren gesetzt / daran ich nicht kan zweyfeln / Vnd hasst myr das schwerd befolhen vber die vbeltheter Rom 13. Es ist deyn wort vnd mag nicht liegen / so mus ich selchs ampt / bey verlust deyner gnaden / ausrichten / so ists auch offentlich / das diese bawren vielfalltig für dyr vnd fur der wellt den tod verdienet / vnd myr zu straffen befolhen ...
>
> Also kans denn geschehen / das / wer auff der oberkeyt seyten erschlagen wird / eyn rechter merterer fur Gott sey / so er mit solchem gewissen streyt / wie gesagt ist. Denn er geht ynn Göttlichem wort vnd gehorsam. Widderumb was auff der bawren seytten vmbkompt / eyn ewiger hellebrand ist ... Solch wunderliche zeytten sind itzt / das eyn Fürst den hymel mit blutvergissen verdienen kann / bas denn andere mit beten.[36]

Dieses Zitat ist offensichtlich dem weiter oben zitierten Text von Bernhard von Clairvaux sehr ähnlich. Bernhard entwickelte seine Position in Bezug auf die Kreuzfahrer des 12. Jahrhunderts. Es ist evident, dass Luther sich von Bernhards Text inspirieren lässt und ihn in zentralen Passagen fast wörtlich wiederholt. Aber er verändert

36 Luthers Werke in Auswahl, hrsg. v. Otto Clemen, Berlin 1966, Bd. III: Wider die räuberischen und mörderischen Rotten der Bauern. 1525, S. 72f.

die Richtung des Textes. Während Bernhard sich an die Kreuzfahrer wandte, welche zur Eroberung Jerusalems auszogen, das sich in den Händen der Muslime befand, richtete Luther seinen Text 1525 gegen christliche aufständische Bauern während der Bauernkriege in Deutschland. Der Text von Luther erscheint als eine Wiederholung des Textes von Bernhard unter diesem neuen Gesichtspunkt.

Die Bauern sind Christen und Anhänger der Reformation, wenn auch vor allem der radikalen Reformation von Thomas Müntzer. In ihrer Not wandten sie sich an Luther um Unterstützung, da auch sie ihn als Vater der Reformation ansahen. Der zitierte Text ist die Antwort. Die Bauern hatten sich auf die Bibel berufen. Luther antwortet ihnen:

> Es hilfft auch die bawrn nicht / das sie furgeben / Gene. 1. vud 2. seyen alle ding frey vnd gemeyne geschaffen / vnd das wyr alle gleych getaufft sind. Denn ym newen Testament hellt vnd gillt Moses nicht / Sondern da steht vnser meyster Christus vnd wirfft vns mit leyb vnd gut vnter den Keyser vnd welltlich recht / da er spricht / Gebt dem Keyser / was des Keysers ist. So spricht auch Paulus Ro 12. zu allen getaufften Christen / ... Denn die tauffe macht nicht leyb vnd gut frey / sondern die seelen.[37]

Luther geht auf die antijüdische Bibellektüre zurück, wenn er die Ungültigkeit des mosaischen Gesetzes erklärt und daraus die These folgert, dass Jesus ein neues Gesetz brachte, welches das Gesetz Christi ist. Er schließt dann, dass die Bauern sich gegen das Gesetz Christi erhoben haben und daher die Sünde der Juden begehen. Da sie nicht Körper und Gut unter «den Kaiser und das weltliche Recht» stellen, fallen sie in diese Sünde. Sie wollen ein eigenes Recht setzen: «Denn die Taufe macht nicht Leib und Gut frei, sondern befreit die Seelen.» Luther wirft den Bauern das vor, was man später den «jüdischen Materialismus» nennen wird. Es ist die Sünde des Widerstandes gegen das Imperium und folglich auch gegen das Gesetz Christi.

Calvin übernimmt diese Positionen Luthers, aber er entwickelt sie sehr viel weiter und gibt ihnen eine Form, in der sie uns heute noch modern vorkommen:

> Denn wenn jene Leute hören, wie im Evangelium eine Freiheit verheißen wird, die unter den Menschen keinen König und keine Obrigkeit kennt, sondern allein auf Christus schaut, dann meinen sie, sie könnten von dieser

37 Ebd. 71.

Freiheit keinerlei Frucht erlangen, solange sie noch sehen, dass irgendeine Macht über ihnen steht ... Da es also ein jüdischer Wahn ist, Christi Reich unter den Elementen dieser Welt zu suchen und darin einzuschließen, so wollen wir vielmehr bedenken, was die Schrift deutlich lehrt, nämlich dass die Frucht, die wir aus Christi Wohltat empfangen, geistlich ist, und darauf bedacht sein, diese ganze Freiheit, die uns in ihm verheißen und dargeboten wird, innerhalb ihrer Grenzen zu halten.[38]

Über die Anarchie, welche die Bauern angeblich anstreben, weil sie «keinen König und keine Obrigkeit» wollen, sagt er:

Ich gebe zu: dies alles ist überflüssig, wenn das Reich Gottes, wie es jetzt in uns beschaffen ist, das gegenwärtige Leben auslöscht. Wenn es aber Gottes Wille ist, dass wir, während wir der wahren Heimat zustreben, auf Erden wallen, und wenn unsere Pilgrimschaft ihrem Laufe nach solcher Hilfsmittel bedarf, so gilt, dass die, die sie dem Menschen wegnehmen, ihm sein Menschsein rauben. Denn wenn sie vorschützen, es müsse eben in der Kirche Gottes eine solche Vollkommenheit herrschen, dass für sie die eigene Selbstregierung an Stelle des Gesetzes ausreichend wäre, so beruht diese Vollkommenheit auf ihrer eigenen, törichten Einbildung, da sie in der Gemeinschaft der Menschen niemals zu finden ist.[39]

Nur Folgendes ist möglich:

Jetzt wollen wir nun, dass man begreift, dass es eine entsetzliche Barbarei ist, wenn man daran denkt, sie [die bürgerliche Ordnung] abzuschaffen, ist doch ihr Nutzen unter den Menschen nicht geringer als der von Brot und Wasser, Sonne und Luft, ihre Würde aber noch viel hervorragender. Denn sie dient nicht nur – was jene alle bezwecken – dazu, dass die Menschen atmen, essen, trinken und erwärmt werden; allerdings schließt sie sicher das alles in sich, indem sie ja bewirkt, dass die Menschen miteinander leben, aber trotzdem sage ich, dient sie nicht allein dazu, nein, sie hat auch den Zweck, dass sich Abgötterei, Frevel gegen Gottes Namen, Lästerungen gegen seine Wahrheit und andere Ärgernisse bezüglich der Religion nicht öffentlich erheben und sich unter dem Volk verbreiten, sie hat den Zweck, dass die bürgerliche Ruhe nicht erschüttert wird, dass jeder das Seine unverkürzt und unversehrt behält, dass die Menschen unbeschadet untereinander Handel treiben können und dass Ehrbarkeit und Bescheidenheit unter ihnen gepflegt werden. Kurz, sie dient dazu, dass unter den Christen die öffentliche Gestalt der Religion zutage tritt und unter den Menschen die Menschlichkeit bestehen bleibt.[40]

38 Calvin, Johannes: Unterricht in der christlichen Religion, Institutio Christianae Religionis, hrsg. v. Otto Weber, Neukirchen 1938, Bd. III, Buch I, 20. Kapitel, S. 627.
39 Ebd. 628f.
40 Ebd. 629.

Calvin wirft den Bauern schließlich die Sünde des Stolzes und damit den luziferischen Sturm auf den Himmel vor:

> Nun machen die Leute, die die Anarchie einzuführen trachten, einen Einwand: vorzeiten hätten wohl über das ungeschlachte Volk Könige und Richter geherrscht, heute aber wolle sich mit der Vollkommenheit, die Christus mit seinem Evangelium gebracht hat, doch jene knechtische Art von Regierung durchaus nicht mehr reimen. Damit legen sie nicht nur ihre Unwissenheit, sondern auch ihre teuflische Aufgeblasenheit an den Tag, indem sie sich stolz eine Vollkommenheit anmaßen, von der man nicht den hundertsten Teil an ihnen zu sehen bekommt.[41]

Insgesamt stellt Calvin die bürgerliche Ordnung – Gesetz und Autorität – so dar, dass sie das Leben schlechthin ist. «Denn sie dient nicht nur … dazu, dass die Menschen atmen, essen, trinken und erwärmt werden; allerdings schließt sie sicher das alles in sich, indem sie ja bewirkt, dass die Menschen miteinander leben». Die bürgerliche Ordnung ist schlechterdings das Gesetz, das Leben spendende Gesetz, wie sie es schon bei Sokrates war. Sie ist der Vater, der gleichzeitig Mutter ist und das Leben gibt.

Von den Bauern aber sagt Calvin, dass sie «Christi Reich unter den Elementen dieser Welt suchen und darin einschließen», was eben «jüdischer Wahn» und unmenschliche Barbarei ist. Er wiederholt damit nur, was Luther auch gesagt hatte: Die Taufe macht nicht Leib und Gut frei, sondern nur die Seelen. Auch hier wird abgelehnt, was man später «jüdischen Materialismus» nennt. Dies geschieht gegenüber einer Bauernbewegung, an der wahrscheinlich nicht ein einziger Jude teilgenommen hat. Dennoch gilt sie als «jüdischer Wahn».

Für den Menschen als lebendiges Subjekt ist da natürlich kein Platz. Sein Anspruch wird als «jüdischer Wahn» abgetan. Calvin projiziert in die Bauern den Wunsch nach Anarchie, nämlich «keinen König und keine Obrigkeit» zu haben. Es ist der Wunsch nach einer Vervollkommnung, die unmöglich ist und daher die Ordnung zerstört. Sie ist für ihn das Ergebnis des Stolzes, «teuflische Aufgeblasenheit». So bleibt nur die manichäische Wahl zwischen Ordnung und Chaos. Natürlich ist die Ordnung vorzuziehen. Damit ist der Mensch als Subjekt beseitigt.

41 Ebd. 632.

Calvin sagt uns auch, gegen wen diese Bauern sich erheben. Sie erheben sich gegen Gott, aber nicht nur gegen den Gott im Himmel, sondern ebenso gegen die Autoritäten, die Statthalter Gottes auf Erden sind und mit Recht den Titel «Götter» tragen können:

> Der Herr hat nicht nur bezeugt, dass er das Amt der Obrigkeit billigt und dass es ihm wohlgefällig ist, sondern er hat obendrein auch seine Würde mit den ehrenvollsten Auszeichnungen versehen und sie uns dadurch wunderbar angepriesen. Wenn alle, die ein obrigkeitliches Amt haben, als «Götter» bezeichnet werden (Ex 22,8; Ps 82,1.6), so soll niemand meinen, dieser Bezeichnung wohne nur geringe Bedeutung inne; denn durch sie wird doch angedeutet, dass diese Menschen einen Auftrag von Gott haben, mit göttlicher Autorität ausgestattet sind und überhaupt für Gottes Person eintreten, dessen Statthalterschaft sie gewissermaßen ausüben. Das habe ich mir nicht etwa selbst ausgedacht, sondern es ist Christi Auslegung. «Wenn die Schrift», so sagt er, «die Götter nennt, zu welchen das Wort Gottes geschah ...» (Joh 10,35). Was heißt das anders, als dass ihnen von Gott ein Auftrag zuteil geworden ist, so dass sie in ihrem Amte ihm dienen und, wie es Mose und Josephat zu ihren damaligen Richtern sagten, die sie in den einzelnen Städten Judas einsetzten, «das Gericht nicht den Menschen, sondern Gott» halten sollen (2 Chr 19,6; Deut 1.16.17).[42]

Calvin interpretiert hier die zweite zentrale Szene in Kapitel 10 des Johannesevangeliums, in der es um die Vergöttlichung der Menschen als Söhne oder Kinder Gottes geht. Die Vergöttlichung drückt die Subjektwerdung des Menschen aus. Calvin verändert sie. Jetzt handelt es sich nicht mehr um die Vergöttlichung des Menschen als eines Subjekts und daher um die Vergöttlichung eines jeden Menschen, sondern um die Vergöttlichung von Autorität und Gesetz als Stellvertreter Gottes auf Erden – eine Vergöttlichung, die den Menschen als Subjekt erdrückt. Diese Sicht übernehmen nach Calvin auch Hobbes und Locke. Wenn Hobbes später den Leviathan als Stellvertreter Gottes auf Erden bezeichnet, so schließt seine These an Calvin an.

Die Reflexion Calvins ist völlig neu und findet sich so zuvor meines Wissens nirgendwo in systematischer Form. Vorgänger sind Augustinus, Anselm von Canterbury und Bernhard von Clairvaux. Aber Calvin scheint mir jenen Schematismus zu begründen, der von jetzt an alle Interpretationen von Rebellionen und Revolutionen bis heute bestimmt.

42 Ebd. 630f.

Als Schematismus ist er einfach konstruiert und beruht auf einem absoluten Manichäismus. Der fundamentale Dualismus besteht zwischen Gesetzlichkeit und Rebellion. Die Gesetzlichkeit ist das Leben und daher göttlich. Sie ist nötig aufgrund der Unvollkommenheit des Menschen. Die Rebellion hingegen ist eine Art Sturmangriff auf diesen Himmel der Göttlichkeit, welche die Gesetzlichkeit verkörpert. Sie begeht die Sünde des Stolzes und will eine Vollkommenheit, die nicht von dieser Welt ist. Sie macht den Anschein, für das Leben zu sein, bringt aber nur Zerstörung und Tod. Daher ist in ihr der Teufel.

Die Gesetzlichkeit ist göttlich. Sie will nicht wie Gott sein, sondern sie *ist* wie Gott. Die Rebellion *will* wie Gott sein, aber sie ist es nicht. Sie ist das Gegenteil davon. Sie ist wie der Teufel. Und dieser Teufel heißt Luzifer. In der Rebellion versucht Luzifer, den Himmel zu erstürmen. Im Namen der göttlichen Gesetzlichkeit muss er zusammen mit seinen Anhängern wieder in die Hölle zurückgeschickt werden. Dabei ist festzuhalten, dass Luzifer eine moderne Bezeichnung für den Teufel ist. Er erhält diesen Namen erst im 13. Jahrhundert durch Bernhard von Clairvaux.

Die Gesetzlichkeit ist realistisch, denn sie geht von der Unvollkommenheit des Menschen aus. Sie begründet die Notwendigkeit der Gesetzlichkeit, die der einzig realistische Weg ist zur Vollkommenheit dieses in sich unvollkommenen Wesens Mensch. Die Rebellion hingegen ist unrealistisch und utopisch, da sie die Unvollkommenheit des Menschen leugnet und ohne das Gesetz vollkommen sein will.

Der Schematismus Calvins ist antijüdisch, da er die Ursünde der Kreuzigung Christi in der skizzierten Perspektive interpretiert. Die Juden rebellierten gegen das neue Gesetz Christi, weil sie die Erlösung in den Elementen dieser Welt suchen und darin einschließen. Ob sie dies im Namen des mosaischen Gesetzes tun oder nicht, ist völlig gleichgültig, denn das Festhalten am mosaischen Gesetz ist selbst Rebellion, nachdem das Gesetz Christi auf Erden erschienen ist. Das ist ihr «jüdischer Wahn» und die Sünde der Juden, die sie zur Kreuzigung Christi verleitete. Jede Rebellion und jede Revolution wiederholt diesen «jüdischen Wahn», auch wenn Juden damit überhaupt nichts zu tun haben.

Dies ist der grundlegende Schematismus, wie er bei Calvin systematisiert ist. Er ist antiluziferisch, antiutopisch und antijüdisch.

Je mehr die Moderne fortschreitet, desto stärker wird der Schematismus zum Fundament des Antisemitismus, auch wenn sich die anderen, bereits erwähnten Formen – der christliche Antisemitismus des Tränentals und der Antisemitismus des Geldes – neben ihm halten.

In dieser Sicht wird dann die Vorstellung des Juden als Gottesmörder verständlich. Die Vorstellung selbst ist alt und setzt im 2. Jahrhundert ein. Darauf weist Juan Luis Segundo hin:

> Das schreckliche und unbegründbare Wort «Deizid» (Gottesmord) gehört sicher nicht zum Neuen Testament. Aber der Streit zwischen Christen und Juden, der sich mit der Haltung der ersteren zur Zerstörung Jerusalems im Jahre 70 noch zuspitzt, wird diese Polemik immer erbitterter werden lassen. Schon im Jahrhundert, das auf die Abfassung des Neuen Testaments folgt, spricht Meliton von Sardeis, der im Jahre 190 n. Chr. starb, vom «Gottesmord», vom Deizid.[43]

Aber die Argumentation ist hier noch sehr vereinfacht. Da man Jesus als Gott ansieht und die Juden als diejenigen, die ihn ermordeten, kam das Wort «Gottesmörder» auf. Es wird weiterhin benutzt und erscheint bei Eusebius von Caesarea aufs Neue. Zum zentralen Element aber wird der Vorwurf erst bei Calvin. Er erhält eine präzisere Bedeutung. Die Juden gelten jetzt als Gottesmörder, weil sie gegen die Autorität des Gesetzes rebellierten, die Gott ist. Jede Rebellion ist nun Gottesmord. Der Gottesmord an Jesus mordete die Gesetzlichkeit, diese aber erstand in Christus wieder auf und verwandelte sich in die Rächerin an seinen Mördern. Die Gesetzlichkeit ist zur Rächerin eines Gottesmordes geworden, und sie verfolgt nun aktiv alle Gottesmörder, und alle jene, die sich ihr in den Weg stellen, sind Gottesmörder. Die Gesetzlichkeit muss ihnen gegenüber das letzte Gericht vorwegnehmen und sie zurück in die Hölle schicken. Die Nacht der langen Messer wird jetzt auf eine neue Art zum Gottesdienst.

In dieser Form erhält sich der Schematismus bis ins 19. Jahrhundert, und er wird auf die Englische und die Französische Revolution, aber auch auf den Pariser Aufstand der Kommune angewandt. In den USA wird er vom Ku-Klux-Klan gegen die Sklavenbefrei-

43 Segundo, Juan Luis: El caso Mateo. Los comienzos de una ética judeocristiana, Santander 1994, S. 254.

ung eingesetzt. Aber ebenso dient er als Waffe gegen die Emanzipationsbewegungen von Arbeitern, Frauen und Pazifisten.[44]

Seit dem Ende des 19. Jahrhunderts allerdings ergeben sich zwei radikale Umformulierungen des Schematismus, wie er bei Calvin entwickelt wurde. Es handelt sich freilich um Reformulierungen, welche die Kontinuität wahren. Die erste Umformulierung geht von der Philosophie Nietzsches aus. Sie gelangt über die Ludendorff-Bewegung zum Nazismus und wird zur Grundlage des Antisemitismus der Nazis. Sie formuliert den Schematismus als radikal antiutopischen Antisemitismus. Die zweite Reformulierung geschieht nach dem Zweiten Weltkrieg und geht von der ersten Umformulierung aus. Sie begründet nun einen ebenso radikalen Antiutopismus, verzichtet jedoch auf den Antisemitismus und richtet sich direkt gegen Kommunisten und Utopisten.

5. Der radikal antiutopische Antisemitismus

Der Schematismus, wie ihn Calvin entwirft, ist antiutopisch in einem speziellen Sinne. Gegen die von ihm verurteilte schlechte Utopie der Bauern setzt Calvin seine gute Utopie vom Himmelreich, das nicht auf dieser Erde ist. Er wirft den Bauern nicht vor, das Himmelreich zu wollen, sondern es auf Erden zu wollen. Die Utopie eines Himmelreiches «post mortem» wird von Calvin natürlich nicht bestritten. Daher sagt Calvin, wenn er den Bauern vorwirft, König und Obrigkeit abschaffen zu wollen: «... dies alles ist überflüssig, wenn das Reich Gottes, wie es jetzt in uns beschaffen ist, das gegenwärtige Leben auslöscht»[45]. Denn dann braucht es keine Obrigkeit mehr, weil die Menschen von sich aus gut sind und das Gesetz spontan erfüllen.

Auch mit der Säkularisierung des Himmelreichs zum Allgemeininteresse, das durch die unsichtbare Hand des Marktes auto-

44 So wurde der Marxismus auch noch nach dem Zweiten Weltkrieg im Rahmen dieses Schematismus interpretiert. Höffner sagt: «Die marxistische Endzeitlehre ist eine innerweltliche Heilsverheißung. Karl Marx hat das Schicksal des jüdischen Volkes – die Knechtung in Ägypten und den Aufbruch ins gelobte Land – sowie die alttestamentliche Erwartung des messianischen Heils säkularisiert und in unsere Zeit, in die Zeit nach Jesus Christus verlagert – eine umstürzende Verkürzung und Nachäffung des der ganzen Menschheit in Jesus Christus geschenkten Heils. Der Marxismus ist ein Anti-Evangelium.» (Höffner, Josef: Christliche Gesellschaftslehre, Kevelaer 1975, S. 171f.)

45 Calvin, Unterricht in der christlichen Religion 628.

matisch verwirklicht wird, bleibt diese gute Utopie erhalten, und sie wird gegen die schlechte Utopie der Sozialisten eingesetzt, die im Markt intervenieren wollen. Im Namen dieser säkularisierten guten Utopie kann der Schematismus von Calvin also ohne Probleme weiter operieren. Die schlechte Utopie kann weiterhin als «jüdischer Wahn» denunziert werden. Die Juden bleiben Gottesmörder, weil sie die jeweils realistische Form des Zugangs zur guten Utopie, welche die Gesetzlichkeit verkörpert und welche göttlich ist, verneinen und dagegen die schlechte Utopie ihres Stolzes setzen.

Seit der zweiten Hälfte des 19. Jahrhunderts entsteht jedoch eine Antiutopie, die viel radikaler ist. Nicht nur die aufständischen Bauern sitzen jetzt auf der Anklagebank, sondern Calvin und Adam Smith ebenso. Jede Utopie sitzt auf der Anklagebank. Der Antiutopismus wird zum *universalen* Antiutopismus.

Daraus kann der Schluss gezogen werden: Sie alle unterliegen dem «jüdischen Wahn». Jede Utopie ist jüdisch; die des jüdischen Messianismus, des christlichen Himmelreichs, des liberalen Allgemeininteresses, des Kommunismus oder des Anarchismus. Ihre gegenseitigen Anklagen wegen des von ihnen vertretenen Utopismus sind selbst jüdisch. Sogar ihr Antisemitismus ist jüdisch. Der Schematismus, wie er von Calvin entwickelt wurde, wendet sich jetzt gegen ihn selbst.

So entsteht ein radikal neuer Antisemitismus, der vom Nazismus übernommen wird. Er entdeckt den «jüdischen Bolschewismus», die «jüdische Wallstreet», das jüdische Christentum. Die Utopie wird nun in all ihren Formen verneint. Aber jede Utopie ist in ihrer Wurzel jüdisch. Der jüdische Wahn ist jetzt die ganze Welt.

Calvin verneinte die Befreiungsutopie der aufständischen Bauern im Namen seiner Utopie von der Göttlichkeit der Autorität als Weg zum Heil. Er argumentiert in den Grenzen, welche die Existenz der Christenheit selbst setzt und die daher auch Grenzen ihrer Orthodoxie sind. Eine christliche Orthodoxie kann natürlich antisemitisch sein, aber radikal antiutopisch darf sie nicht sein. Auch für die Orthodoxie ist die Grenze zum radikalen und universalen Antiutopismus unüberschreitbar.

Der universale Antiutopismus überschreitet daher die Grenzen der orthodoxen Christenheit in all ihren Formen, selbst in ihren säkularisierten Formen des Liberalismus und des Sozialismus. Eine ganze Zivilisation wird verneint, nicht irgendeine ihrer Äußerungen. Als Antisemitismus hat er die bisher extremsten Formen des Vernichtungsdenkens hervorgebracht, die alles in den Schatten stellt, was frühere Gestalten des Antisemitismus angerichtet hatten.[46] Es ist der Antisemitismus, der glaubt, die Juden ausrotten zu müssen, damit jede Utopie ihre Wurzeln verliert.[47]

Dieser universale Antiutopismus ist gleichzeitig universaler Antihumanismus. Daraus geht auch seine Vorstellung der Gesellschaft hervor, die zu verwirklichen ist. Es ist eine Gesellschaft, deren Grundgesetz mit dem Willen zur Macht ohne jede Begrenzung durch Utopien gegeben ist. Es ist eine Gesellschaft, in der es niemand mehr wagen soll, von Utopien auch nur zu träumen. Eine Gesellschaft allerdings, die dies eben als Erlösung verspricht – die Erlösung von allen Utopien. Sie erhält damit selbst einen utopischen Charakter, obwohl sie Antiutopie ist. Es ist die Utopie, die von einer Gesellschaft träumt, in der es keine Utopien mehr gibt. Diese Gesellschaft kann sich deshalb einen durchaus magischen Charakter geben. Im Nazismus sprach man vom «tausendjährigen Reich». Es ist die Negation des tausendjährigen Reiches der Offenbarung des Johannes, die darin den Charakter einer radikalen utopischen Antiutopie annimmt.

Dieses Denken ist weiterhin antiluziferisch. Luzifer ist der Dämon, der im Namen von Utopien den Himmel stürmen will und den es in die Hölle zu schicken gilt. Die Utopie selbst ist das Zei-

46 Hitler selbst betont dies. Vgl. Adolf Hitler, Brief an Adolf Gemlich, vom 16. September 1919 in: Sämtliche Aufzeichnungen, hrsg. v. E. Jäckel, S. 89: «Der Antisemitismus aus rein gefühlsmäßigen Gründen wird seinen letzten Ausdruck finden in der Form von Pogromen. Der Antisemitismus der Vernunft jedoch muss führen zur planmäßigen gesetzlichen Bekämpfung und Beseitigung der Vorrechte der Juden, die er zum Unterschied der anderen zwischen uns lebenden Fremden besitzt (Fremdengesetzgebung). Sein letztes Ziel aber muss unverrückbar die Entfernung der Juden überhaupt sein.»

47 Hitler drückt es so aus: «Bei uns ist der Jude gekommen. Er hat die bestialische Idee gebracht, dass das Leben seine Fortsetzung im Jenseits findet: Man kann das Leben im Diesseits ausrotten, weil es im Jenseits weiterblüht ... Unter dem Motto Religion hat der Jude die Unduldsamkeit dahin gebracht, wo vorher nichts als Toleranz, wahre Religion war ... Der gleiche Jude, der damals das Christentum in die antike Welt eingeschmuggelt und diese wunderbare Sache umgebracht hat, er hat nun wieder einen schwachen Punkt gefunden: das angeschlagene Gewissen unserer Mitwelt ... Ein Friede kann nur kommen über eine natürliche Ordnung. Die Ordnung setzt voraus, dass die Nationen sich so ineinander fügen, dass die Befähigten führen. Der Unterlegene erhält damit mehr, als er aus eigenem würde erreichen können. Durch das Judentum wird diese Ordnung zerstört. Der Bestie, der Niedertracht, der Dummheit verhilft es zum Sieg ... Wir dürfen deshalb nicht sagen, dass der Bolschewismus schon überwunden ist. Je gründlicher aber die Juden herausgeworfen werden, desto rascher ist die Gefahr beseitigt. Der Jude ist ein Katalysator, an dem sich die Brennstoffe entzünden.» Aus: Picker, Henry: Hitlers Tischgespräche, Berlin, 1989, S. 106f.

chen des Dämonischen und Teuflischen; sie ist luziferisch und jüdisch:

> Im russischen Bolschewismus haben wir den im zwanzigsten Jahrhundert unternommenen Versuch des Judentums zu erblicken, sich die Weltherrschaft anzueignen, genau so, wie es in anderen Zeitperioden durch andere, wenn auch innerlich verwandte Vorgänge dem gleichen Ziele zuzustreben suchte. Sein Streben liegt zutiefst begründet in seinem Wesen ... Somit geht er seinen verhängnisvollen Weg weiter, solange, bis ihm eine andere Kraft entgegentritt und in gewaltigem Ringen den Himmelsstürmer wieder zum Luzifer zurückwirft.[48]
>
> Es ist wohl so, wie Du einmal geschrieben hast: man kann den Juden nur verstehen, wenn man weiß, wohin es ihn letzten Endes drängt. Über die Weltherrschaft hinaus, zur *Vernichtung* der Welt. Er glaubt, die ganze Menschheit unterkriegen zu müssen, um ihr, wie er sich einredet, das Paradies auf Erden verschaffen zu können ... Während er sich vorspiegelt, die Menschheit hochzubringen, peinigt er sie in die Verzweiflung, in den Wahnsinn, in den Untergang hinein. Wenn ihm nicht Halt geboten wird, vernichtet er sie ... Einen mit aller Gewalt vernichten zu müssen, gleichzeitig aber zu ahnen, dass das rettungslos zum eigenen Untergang führt, darin liegt's. Wenn Du willst: die Tragik des Luzifer.[49]

In diesem universalen Antiutopismus ändert sich jetzt der Ort des Gottesmordes. Die Juden werden nicht mehr als Gottesmörder angesehen. Der Gottesmord wird zum Ideal, insofern die Utopie als das Produkt des jüdischen Gottes als eines universalen Gottes angesehen wird. Die Juden sind – im Gegenteil – dafür verantwortlich, dass es diesen Gott, aus dem sich jede Utopie herleitet, überhaupt gibt. Der Gottesmord erhält einen Ehrenplatz, den sollen jedoch nicht die Juden einnehmen.

Nietzsche unternimmt diese Umkehrung:

> «Wohin ist Gott?» rief er, «ich will es euch sagen! *Wir haben ihn getötet* – ihr und ich! Wir alle sind seine Mörder! ... Es gab nie eine größere Tat – und wer nur immer nach uns geboren wird, gehört um dieser Tat willen in eine höhere Geschichte, als alle Geschichte bisher war!» ... Dies ungeheure Ereignis ist noch unterwegs und wandert – ... Man erzählt noch, dass der tolle

48 Hitler, Adolf: Mein Kampf S. 751.

49 Dietrich Eckart «Tischgespräche» von 1922/23 unter dem Titel herausgegeben: Der Bolschewismus von Moses bis Lenin – Zwiegespräche zwischen Adolf Hitler und mir, Hohenreichen-Verlag, München 1924 (zit. nach Heer, Friedrich: Gottes erste Liebe. Die Juden im Spannungsfeld der Geschichte, Frankfurt–Berlin 1986, S. 371).

Mensch desselbigen Tages in verschiedene Kirchen eingedrungen sei und darin sein *Requiem aeternam deo* angestimmt habe.[50]

Damit gereicht es den Juden zur Schande, Gott erfunden und eingeführt zu haben. Aus der Behauptung, jede Utopie sei jüdisch, folgt denn die andere, dass der jüdische, universal gewordene Gott der Begründer aller Utopie ist. Ihn zu töten, wird so zum größten Ereignis der Geschichte der Menschheit; denn sein Tod schließt den Tod der Utopie mit ein. Es sind diese neuen Antisemiten, welche die Ehre in Anspruch nehmen, Gott getötet zu haben.

Neben diesem Antisemitismus der universalen Antiutopie überleben im Nazismus durchaus die Argumente der früheren Antisemitismen. Aber sie überleben als zweitrangige Elemente. In den Volksmassen bleiben die Argumente des christlichen Antisemitismus bestehen; sie begründen die unerhörte Passivität der Christen angesichts des Schicksals der Juden. Der Antisemitismus des arischen Geldes gegen das jüdische Geld dient vor allem dazu, die Plünderung des jüdischen Besitzes zu rechtfertigen. Aber das Zentrum des Antisemitismus ist der antiluziferische Antisemitismus des universalen Antiutopismus geworden. Und das Projekt von Auschwitz ist es, den Mord Gottes zu besiegeln, keineswegs, die Gottesmörder zu verfolgen.[51] Der Antisemitismus der Nazis schließt an Nietzsche an, auch wenn dieser niemals eine derartige Konsequenz bejaht hätte.

Die Welle des Antisemitismus in den Zwanzigerjahren des 20. Jahrhunderts ist eine der ideologischen Antworten der bürgerlichen Gesellschaft auf die Herausforderung durch die russische Revolution von 1917. Es war die massivste und auch effizienteste Antwort. Sie will Gott und alle seine Utopien ermorden, um ein für alle Mal sämtliche zukünftigen Rebellionen und Revolutionen zu un-

50 Nietzsche, Friedrich: Die fröhliche Wissenschaft, Nr.125, in: Nietzsche, Friedrich: Werke in drei Bänden, hrsg. v. Karl Schlechta, München 1982, Bd. II, S. 127f.

51 So sieht es auch Elie Wiesel: «Nie werde ich diese Nacht vergessen, die erste Nacht im Lager, die aus meinem Leben eine siebenmal verriegelte Nacht gemacht hat. Nie werde ich diesen Rauch vergessen. Nie werde ich die kleinen Gesichter der Kinder vergessen, deren Körper vor meinen Augen als Spiralen zum blauen Himmel aufstiegen. Nie werde ich die Flammen vergessen, die meinen Glauben für immer verzehrten. Nie werde ich das nächtliche Schweigen vergessen, das mich in alle Ewigkeit um die Lust am Leben gebracht hat. Nie werde ich die Augenblicke vergessen, die meinen Gott und meine Seele mordeten, und meine Träume, die das Antlitz der Wüste annahmen.» Zit. nach Ellis, Marc H.: Zwischen Hoffnung und Verrat. Schritte auf dem Weg einer jüdischen Theologie der Befreiung, Luzern 1992, S. 16.

terdrücken. Diese Welle des Antisemitismus äußert sich am extremsten in Deutschland, sie ist aber keineswegs auf Deutschland beschränkt, sondern überschwemmt durchaus auch Europa und die USA. Als der Sozialismus schließlich zusammenbrach, sprach man nicht mehr davon, dass dieser Antisemitismus eine entscheidende Waffe der bürgerlichen Gesellschaft gewesen sei.

6. Der Verzicht des Antiutopismus auf den Antisemitismus

Die Schrecken, die der deutsche Antisemitismus unter den Nazis mit seinem Versuch der Ausrottung des jüdischen Volkes hinterließ, führten in der westlichen Welt zu einem Umdenken in Bezug auf den Antisemitismus. Sehr schnell verschwindet der Hinweis auf die Juden als Feinde des Imperiums. Jetzt galt der Bolschewismus nicht mehr als «jüdischer Bolschewismus». Der Feind konnte nicht mehr Jude sein.

Dies entspricht einer sich völlig verändernden Weltsituation. Die Entkolonialisierung der Welt zwang zu neuen Beziehungen mit der sogenannten Dritten Welt. Man brauchte eine weltweite Ideologie mit einem Feind, der auch in nicht-okzidentalen Kulturen Aussagekraft besaß. Für die unabhängig werdenden Länder Asiens und Afrikas sowie für ihre herrschenden Klassen aber konnte eine antisemitische Ideologie nichts aussagen, da der Antisemitismus viel zu sehr mit der christlich-okzidentalen Kultur verknüpft ist. Solange diese Länder kolonialisiert waren, spielte das keine Rolle. Aber jetzt wurde es notwendig, die herrschenden Klassen dieser Länder in eine Weltideologie zu integrieren. Auch von dieser Seite her verlor der Antisemitismus seine Bedeutung.

Hierfür gab es bereits einen bedeutenden Vorgänger. Als sich die Sowjetunion in den Dreißigerjahren als imperialer Staat konstituierte, brauchte sie einen allgemeinen Nenner, der die Widerständischen als Feinde aufbauen konnte. Die externen Widerstände konnte sie unter den Feindbegriff des Faschismus bringen. Für die inneren Widerstände aber genügte der Faschismus als Feindbild nicht.

Für die Sowjetunion aber war es unmöglich, diesen inneren Feind als Juden zu bestimmen, obwohl es eine lange Tradition des Antisemitismus in vielen ihrer Teile gab. Die bürgerliche Welt unternahm ihre Kampagnen gegen die Sowjetunion im Namen des «jüdischen Bolschewismus». Schon früher wurden die sozialistischen Bewegungen als «jüdisch» verschrieen. Die Propaganda gegen den Sozialismus arbeitete in der ganzen damaligen Welt mit dem Feindbild des Juden, das sie auf die sozialistischen Bewegungen projizierte. Dies war so insbesondere in Deutschland, Frankreich, England und den USA. Der Sozialismus galt als «jüdischer Wahn». Angesichts einer solchen Situation gab es in den sozialistischen Bewegungen wenig Platz für die Entwicklung antisemitischer Strömungen. Als in der deutschen Sozialdemokratie mit Dühring eine solche Tendenz auftrat, stellte Engels sich ihr entgegen und marginalisierte sie. Etwas Ähnliches geschah in der französischen Arbeiterbewegung.

Aber auch die Opposition in der Sowjetunion mobilisierte antisemitische Sympathisanten. Für die sowjetische Regierung war deshalb der Antisemitismus eine Position der Opposition, und sie reagierte häufig sehr scharf dagegen. Poliakov sagt darüber:

> ... dass in diesen Jahren der Zwangsindustrialisierung und der Kollektivierung judenfeindliches Verhalten und entsprechende Ausdrücke dem neuen *homo sovieticus* fast genauso gefährlich erschienen wie die sogenannten antirevolutionären Aktivitäten. Westliche Fachleute haben die Zeichen für den neuen russischen Judenhass aufgezählt: Schimpfworte, Schikanen, öffentliche «Erziehungs»-Prozesse (zum Beispiel gab es zwischen Januar und September 1928 in Moskau 38 Prozesse wegen des Vergehens des Antisemitismus).[52]

Die Sowjetunion suchte ein Feindbild, das gerade den inneren Gegner treffen konnte, durfte dabei jedoch unmöglich auf den Antisemitismus zurückgreifen. So schuf man das Feindbild des Trotzkisten. Man hat oft auf die Ähnlichkeit hingewiesen zwischen diesem Feindbild des Trotzkisten und dem antisemitischen Feindbild des Juden. Tatsächlich erfüllte es die Funktion, die in den bürgerlichen Gesellschaften der gleichen Zeit das Feindbild des Juden erfüllte. Dies wurde besonders klar während der Säuberungen der

52 Poliakov, Léon: Geschichte des Antisemitismus. Am Vorabend des Holocaust, Bd. VIII, Frankfurt a. M. 1988, S. 195. – 1931 sagt Stalin, dass der Antisemitismus eine «Spur von Kannibalismus sei». In: Interview mit der Jüdischen Telegrafenagentur vom Nov. 1931, das 1936 in der «Prawda» veröffentlicht wurde. 1941 erschien in Moskau ein Buch von V. Struve: Der faschistische Antisemitismus – eine Spur des Kannibalismus. Vgl. Poliakov, Bd. VIII, 196.

Dreißigerjahre, als von einer trotzkistischen Weltverschwörung die Rede war, die mit der Propaganda der Verschwörung der Weisen von Sion in Deutschland und in anderen Ländern vergleichbar war. Aber das Feindbild war eben nicht antisemitisch. Es war wahrscheinlich das erste Mal, dass im Okzident ein Imperium erscheint, das als Feindbild nicht das Bild des Juden benutzt.

Etwas Analoges geschieht im bürgerlichen Westen nach dem Zweiten Weltkrieg, dies unter dem Eindruck der Schrecken der Judenvernichtung im Imperium der Nazis. Schon während dieses Krieges verschwanden die antisemitischen Legitimationen. Die Sowjetunion wurde nicht mehr als «jüdischer Bolschewismus» betrachtet. Nach dem Zweiten Weltkrieg wurde das Bild der Sowjetunion sogar ins Gegenteil umfunktioniert. Sie wurde jetzt als «antisemitischer Bolschewismus» dargestellt, obwohl sich dort das Verhältnis zu den Juden im Vergleich zu früher kaum geändert hatte. Was sich geändert hatte, war die Bedeutung des Wortes «antisemitisch». Plötzlich betrachtete die imperiale bürgerliche Welt den Antisemitismus als Feind und nicht mehr, wie früher, als Freund. Folglich musste die Sowjetunion als antisemitisch dargestellt werden. Dennoch konnte der Antisemitismus als Feind den Feind nicht ersetzen, der vorher der Jude gewesen war. Daher wurde nun der universale Antiutopismus, wie er mit dem Nazismus aufgetaucht war, zur neuen Ideologie des Imperiums umfunktioniert. Er wurde nun gegen die Utopisten direkt gerichtet, ohne den Umweg über die Juden zu machen, und benannte den Kommunisten als den wahren Repräsentanten des Utopismus.

Dies ist wieder eine radikale Transformation des antiutopischen Schematismus, die zugleich – erneut – in Kontinuität geschieht. Wir können sie anhand einiger zentraler Zitate von Popper aufzeigen. Wir verstehen Popper als den herausragenden Repräsentanten der Ideologie der Freien Welt nach dem Zweiten Weltkrieg, welche die Ideologie des Kalten Krieges bestimmte. Bevor ich Popper zitiere, werde ich kurz ein Zitat des Antisemitismus Hitlers wiederholen:

> [Der Jude] glaubt, die ganze Menschheit unterkriegen zu müssen, um ihr, wie er sich einredet, das Paradies auf Erden verschaffen zu können ... Während er sich vorspiegelt, die Menschheit hochzubringen, peinigt er sie in die Verzweiflung, in den Wahnsinn, in den Untergang hinein ... Wenn Du willst: die Tragik des Luzifer.

Es gibt zahlreiche ähnliche Anspielungen bei Hitler und bei Goebbels. Wir können diesem Zitat eine zentrale Passage von Popper entgegenstellen, welche die Ideologie der Freien Welt seit dem Beginn des Kalten Krieges bestimmt:

> Die Hybris, die uns versuchen lässt, das Himmelreich auf Erden zu verwirklichen, verführt uns dazu, unsere gute Erde in eine Hölle zu verwandeln – eine Hölle, wie sie nur Menschen für ihre Mitmenschen verwirklichen können.[53]

Die Tendenz zu einem universalen Antiutopismus kommt in einem andern Zitat noch stärker zum Ausdruck:

> Wir alle haben das sichere Gefühl, dass jedermann in der schönen, der vollkommenen Gemeinschaft unserer Träume glücklich sein würde. Und zweifellos wäre eine Welt, in der wir uns alle lieben, der Himmel auf Erden. Aber ... der Versuch, den Himmel auf Erden einzurichten, produziert stets die Hölle. Dieser Versuch führt zu religiösen Kriegen und zur Rettung der Seelen durch die Inquisition.[54]

Das Zitat von Hitler verwandelt sich in den Antiutopismus Poppers. Wir müssen bloß das Wort «Jude» durch das Wort «Utopist» ersetzen. Die Struktur des Arguments aber bleibt dieselbe. Der Antisemitismus ist verschwunden, obwohl die Kontinuität des Schematismus erhalten bleibt.

Bei Popper beginnt dieser Antiutopismus mit einem pointierten Antikommunismus, ohne den Inhalt seiner Sprache als universalen Antiutopismus herauszustellen. Zu Beginn der Fünfzigerjahre stellt er sich sogar als Sozialdemokrat vor, der für Interventionen in den Markt als «Stückwerk-Technologie» eintritt. Aber im Laufe der Jahrzehnte bis hin zu den Achtzigerjahren entwickelt sich daraus immer klarer ein universaler Antiutopismus, der stets auch ein universaler Antihumanismus ist. Nach dem Ende des Kalten Krieges verbindet sich die Strategie der Globalisierung zusehends direkter mit einer universalen Verneinung der Utopie, und das Projekt ist jetzt dasjenige eines Kampfes um die Macht in globalen Märkten, der keine Beschränkungen mehr duldet. Die Konkurrenz wurde zum Wirtschaftskrieg unter dem Banner des universalen Antiutopismus und Antihumanismus.

53 Popper, Karl: Das Elend des Historizismus, Tübingen 1974, S. VIII.
54 Popper, Karl: Die offene Gesellschaft und ihre Feinde, München, 1975, Bd. II, S. 292.

Die universale Verneinung der Utopie im Nazismus stieß mit vier Grundpositionen zusammen, die als Gegensatz zum Nazismus galten. Es waren der Sozialismus, der liberale Kapitalismus, das Christentum und das Judentum, das als die eigentliche Wurzel der ersten drei betrachtet wurde. Die universale Verneinung der Utopie, wie sie durch die Strategie der Globalisierung entwickelt wurde, sieht sich direkt mit zwei Grundpositionen konfrontiert, dem Sozialismus und dem liberalen «interventionistischen» Kapitalismus. Ein gleicher Zusammenstoß mit Judentum und Christentum entsteht indessen nicht. Stattdessen resultiert eine allgemeine Negation jedes Humanismus, unabhängig von seiner religiösen oder säkularen Herkunft. Der heftige Zusammenstoß mit der Theologie der Befreiung in Lateinamerika ist nur einer dieser Fälle. Aber nach dem Zusammenbruch des Sozialismus hat diese universale Negation keine spezifische soziale Zielgruppe gefunden, wie es vorher die Juden, die Kommunisten oder die Trotzkisten waren.

Die bisher konsistenteste Mythologie dieses Zusammenstoßes hat der Reaganismus entwickelt. Als Präsident der USA formulierte Reagan erneut die Vorstellung einer universalen Verschwörung, die das Zentrum ihres «Reiches des Bösen» im Kreml besaß. Obwohl der Kommunismus als Zentrum der Verschwörung galt, handelte es sich nicht um eine spezifisch antikommunistische Ideologie. Das «Reich des Bösen», das Reagan schuf, schloss den liberalen, interventionistischen Kapitalismus und all die verschiedenen Humanismen ein, soweit sie Widerstände gegenüber der Strategie der Globalisierung hervorbrachten. Es wohnte sogar im Innern eines jeden Menschen. Dagegen stellte Reagan die «leuchtende Stadt auf dem Berge», die ihr Zentrum in den USA hatte, genauer, in einem völlig weißen Haus. Das Ganze ist ein Wortspiel, das sich auf das tausendjährige Reich der Johannesapokalypse bezieht. Die Anspielung wurde gerade in den USA von der Bevölkerung sofort verstanden. Sie stammt aus dem christlichen Fundamentalismus, der in den USA weit verbreitet ist.

Die Ähnlichkeit mit den vorangegangenen Weltverschwörungen des Antisemitismus und des Trotzkismus der Stalinzeit ist unverkennbar. Wenn sich jetzt die USA als das neue tausendjährige Reich darstellen, so verrät Reagan eine tiefe Kontinuität, die tatsächlich existiert. Es ist wiederum nicht das tausendjährige Reich der Apokalypse des Johannes, die den Traum von einer erlösten

Welt artikuliert. Es ist im Gegenteil, erneut, der Traum von einer Welt, in der es niemand mehr wagt, von erlösten Welten zu träumen.

Der Zusammenbruch des Sozialismus ließ Reagans Konstruktion teilweise obsolet werden. Der Kreml taugt nicht mehr als das Zentrum des Reiches des Bösen. Das System befindet sich daher auf der Suche nach einer neuen sozialen Gruppe, die dieses Reich des Bösen für die Zukunft verkörpern könnte.

Die Bezugnahme auf das Judentum als Quelle aller Utopie ist aber keineswegs verschwunden. Sie überlebt auf die merkwürdigste Weise. So sagt etwa Steiner:

> In den diversen Schattierungen von messianischem Sozialismus und im Marxismus kommt jenes utopistische Gedankengut zum Ausdruck, mit dem der Judaismus ... unsere Zivilisation erpresste. Marxismus ist in seinem Kern ein ungeduldig gewordener Judaismus. Der Messias hat zu lange gebraucht, zu kommen oder – genauer – nicht zu kommen. Das Reich der Gerechtigkeit muss vom Menschen selbst begründet werden, auf dieser Erde, hier und jetzt. Liebe muss gegen Liebe eingetauscht werden, Gerechtigkeit gegen Gerechtigkeit, predigt Karl Marx in seinen Manuskripten aus dem Jahre 1848, wobei er ganz offensichtlich die Ausdrucksweise der Psalmen und der Bücher der Propheten aufnimmt. In dem egalitaristischen Programm des Kommunismus, in der Ökonomie der Finalität, wie sie in der marxistisch-leninistischen Doktrin entworfen wird, gibt es wenig, nach dem Amos nicht schon unerbittlich verlangt, wenn er Gottes Verfluchung der Reichen und Gottes Abscheu vor Besitz verkündet. Wo der Marxismus obsiegte, sogar und vor allem in seinen brutaleren Formen, vollzog er jene Rache der Wüste an der Stadt, die im Buch Amos und in anderen prophetisch-apokalyptischen Aussagen über soziale Vergeltung so lautstark angekündigt wird. (Man braucht wohl kaum darauf hinzuweisen, dass die gegenwärtige Krise und der abzusehende Zusammenbruch marxistischer messianischer Immanenz sich zutiefst auf das Geschick und die Zukunft des Judaismus auswirken wird.)[55]

Es fällt mir schwer, einen Hinweis wie denjenigen von Steiner zu verstehen. Hitler hatte vom Juden und seinem Messianismus gesagt: «... peinigt er [die Menschheit] in die Verzweiflung, in den Wahnsinn»; Steiner spricht davon, dass mit diesem Messianismus «der Judaismus ... unsere Zivilisation erpresste». Ich meine, dass der «Judaismus» in beiden Fällen gleich eingeschätzt wird, nämlich beide Male als Geißel der Menschheit. Beide beziehen diese Behaup-

55 Steiner, George: Der Garten des Archimedes, München 1996, S. 298f.

tung natürlich aus der gleichen Quelle, die bei Nietzsche zu suchen ist.[56] Steiner muss damit zu einem geradezu tragischen Ergebnis kommen: Hitler hatte recht, obwohl er sich in den Mitteln irrte.

Aber damit kommen wir wieder auf die Kontinuität zurück, die zwischen den Ergebnissen des Nazismus und unserer heutigen Freien Welt besteht. Den Krieg haben die Nazis verloren, vermutlich nicht aber der Nazismus. Dies erklärt dann auch, dass viele der Denker, welche die Nazis als Klassiker der Kultur oder als direkte Mitarbeiter integriert hatten, für uns heute genauso Klassiker geblieben sind. Die gilt vor allem für Nietzsche, Carl Schmitt und Heidegger. Wenn wir die antisemitischen Passagen ihrer Schriften überlesen oder neu einordnen, wie dies Steiner tut, haben sie ihre Gültigkeit völlig bewahrt.

Aber die Geißel der Menschheit ist nicht dieser jüdische Messianismus und die daraus hervorgegangene Forderung nach dem Menschen als Subjekt. Diese Forderung ist eine Botschaft der Befreiung, und sie ist von denen, die sie annahmen, auch immer so empfunden worden. Die Geißel der Menschheit ist die aggressive Verneinung des Menschen als Subjekt, die als Negation natürlich mit der Botschaft der Befreiung in Verbindung steht. Als Geißel wird die befreiende Botschaft von Autorität und Gesetzlichkeit empfunden, und die heutigen Globalisierer empfinden sie natürlich auch so. Die Negation wiederum ist die Ideologie der Sünde, die heute in Erfüllung des Gesetzes begangen wird. Streitet man den Menschen heute diese Botschaft und diese Hoffnung ab, so verneint man jede Möglichkeit, den Katastrophen entgegenzutreten, die sich als Ergebnis der Strategie der Globalisierung ankündigen.

Wenn Steiner davon spricht, dass der Zusammenbruch der «messianischen Immanenz sich zutiefst auf das Geschick und die Zukunft des Judaismus auswirken wird», verspricht er uns das, wovon schon Nietzsche träumte: aus dem Gott Jahwe wieder jenen

56 Diese Position Steiners taucht schon früher auf. Poliakov zitiert Dr. Oscar Levy, den englischen Übersetzer von Nietzsche, der im Namen der Juden folgendes Schuldbekenntnis ablegt: «Wir haben das Gehabe von Rettern der Welt angenommen und haben uns sogar gebrüstet, dieser den ‹Retter› der Welt gegeben zu haben – wir sind heute nur noch die Verführer der Welt, ihre Zerstörer, ihre Brandstifter, ihre Henker ... Wir haben versprochen, euch in ein neues Paradies zu führen, und haben schließlich nur darin Erfolg gehabt, euch in eine neue Hölle zu geleiten.» (Vorwort zum Buch von Pitt-Rivers, George: The World Signification of the Russian Revolution, London 1920, Vorwort von Dr. Oscar Levy, S. X–XI., zitiert bei Poliakov, Bd. VIII, 83). Auch hier ist die Quelle natürlich Nietzsche.

Heidengott zu machen, der er vor der Entstehung des jüdischen Messianismus schon war.[57]

Steiner setzt nicht bei solchen Analysen an. Aber man versteht, warum er die Gründe der Schoah im Johannesevangelium sucht, anstatt das zu analysieren, was bei uns und heute geschieht.

Der antiutopische Schematismus, wie er von Calvin begründet wurde, ist durch die skizzierten Transformationen hindurch zur Geißel des 20. Jahrhunderts geworden und hat sich als aggressive Macht auch für die Zukunft installiert. Er ist die gegen jede Menschlichkeit galoppierende Gesetzlichkeit. Er ist die Standarte der apokalyptischen Reiter unserer Zeit.

7. Exkurs: Die Ersetzung des Antisemitismus in der Lehre von Papst Johannes Paul II.

Nicht nur die okzidentale Kultur im Allgemeinen verabschiedete sich nach dem Zweiten Weltkrieg von der Legitimation der Macht durch den Antisemitismus. Etwas Analoges geschah im Christentum. Es entsteht sogar ein allgemeines Schuldgefühl gegenüber dem Antisemitismus, ebenso taucht die Frage nach seinen Gründen auf.

In der Struktur der Argumentation wird das antisemitische Bild des Juden nun direkt durch den Marxisten ersetzt – und nicht etwa durch den Utopisten. Es fällt auf, dass Johannes Paul II. nicht den antiutopischen Schematismus übernimmt, sondern vom christlichen Antisemitismus des Mittelalters ausgeht, wo der Jude Kreuziger Christi ist. Die Struktur der Argumentation bleibt dieselbe, aber an die Stelle des Juden tritt der Marxist. Ich will kurz darstellen, wie der Papst in seiner Enzyklika «Dominum et vivificantem» argumentiert, die im Jahre 1986 erschien.[58]

57 «Dann, wenn die Juden auf solche Edelsteine und goldene Gefäße als ihr Werk hinzuweisen haben, wie sie die europäischen Völker kürzerer und weniger tiefer Erfahrung nicht hervorzubringen vermögen und vermochten, wenn Israel seine ewige Rache in eine ewige Segnung Europas verwandelt haben wird: dann wird jener siebente Tag wieder einmal da sein, an dem der alte Judengott sich seiner selber, seiner Schöpfung und seines auserwählten Volkes *freuen* darf, – und wir alle, alle wollen uns mit ihm freuen!» (Morgenröte. Gedanken über die moralischen Vorurteile, § 205, in: Schlechta, Bd. I, 1154.) – So wird der alte Judengott wieder zum Heidengott, denn der Verzicht auf die ewige Rache ist die Art Nietzsches, vom Messianismus und der Utopie zu sprechen. Dies ist die Version der Bekehrung der Juden, wie sie Nietzsche vorschlägt und auch Steiner anbietet.

58 Johannes Paul II: Enzyklika «Dominum et vivificantem», über den Heiligen Geist im Le-

Johannes Paul II. analysiert darin die Kreuzigung Jesu und die Sünde der Kreuziger. Er beginnt mit der Diskussion dieser Sünde:

> Wenn Jesus andererseits jedoch erklärt, dass diese Sünde darin besteht, dass «sie nicht an ihn glauben», so scheint dieser Umfang sich auf diejenigen zu *beschränken*, die die messianische Sendung des Menschensohnes verworfen und ihn zum Kreuzestod verurteilt haben. (Nr. 29)

Soweit die Bezugnahme des Papstes auf die historische Tatsache der Kreuzigung. Ihr ist die Erklärung beigefügt, dass Jesus als Menschensohn gekreuzigt wurde, weil man seine messianische Sendung ablehnte und nicht an ihn glaubte. Der Papst erläutert nicht weiter, wer Jesus verurteilt hat, sondern betont ganz generell, dass es diejenigen waren, die nicht an ihn glaubten. Ob es Juden waren oder nicht, ist für den Papst irrelevant geworden. Juden oder Römer: Was sie auszeichnet, ist die Tatsache, dass sie nicht an Jesus glaubten. Er erklärt auch nicht, warum es eine Sünde sein sollte, nicht an Jesus zu glauben. Dieser Sünde der Kreuzigung gibt der Papst anschließend eine universale Bedeutung:

> Aber es ist offenkundig, dass dieser mehr «eingeschränkte» und geschichtlich festgelegte Umfang der Bedeutung von Sünde schließlich universale Ausmaße annimmt aufgrund der *Universalität der Erlösung*, die durch das Kreuz vollbracht worden ist. Die Offenbarung des Geheimnisses der Erlösung eröffnet den Weg zu einem Verständnis, in dem *jede Sünde*, wo und wann auch immer sie begangen wurde, auf das Kreuz Christi bezogen wird – und so indirekt auch auf die Sünde jener, die «nicht an ihn geglaubt haben», indem sie Jesus Christus zum Tod am Kreuz verurteilt haben. (Nr. 29)

Die Enzyklika sieht die Sünde derer, die in einem geschichtlichen Moment Jesus zum Kreuzestod verurteilten, als eine universale Sünde an. In ihr sind alle in der Welt je begangenen Sünden als Teilnahme an der Kreuzigung eingeschrieben. «... nicht an ihn geglaubt haben» – das ist die Wurzel aller Sünden in Vergangenheit, Gegenwart und Zukunft. In Christus leidet Gott, der von seinen Geschöpfen abgelehnt wurde, weil sie nicht an ihn geglaubt haben.

Das Nicht-Glauben führt zur Kreuzigung, die daher die Schuld aller Sünder ist. Alle Sünden der Menschheit entstehen aus diesem

ben der Kirche und der Welt, vom 18. Mai 1986, hrsg. vom Sekretariat der Deutschen Bischofskonferenz, Bonn 1986.

Unglauben, der zum menschlichen Anspruch auf Autonomie führt und dazu, über Gut und Böse entscheiden zu wollen:

> Dem nach dem Bild Gottes geschaffenen Menschen gibt der Heilige Geist als Geschenk das *Gewissen*, damit darin das Bild sein Modell getreu widerspiegeln kann, das Weisheit und Ewiges Gesetz zugleich ist, die Quelle der sittlichen Ordnung im Menschen und in der Welt. Der «Ungehorsam» als ursprüngliche Dimension der Sünde bedeutet die *Zurückweisung dieser Quelle* wegen des Anspruchs des Menschen, selbst autonome und alleinige Quelle für die Bestimmung von Gut und Böse zu werden. (Nr. 36)

Die Sünde der Kreuzigung folgt also aus dem Widerstand gegen den Heiligen Geist. Die Widerständischen kreuzigen Jesus und begehen die Sünde wider den Heiligen Geist, für die es keine Vergebung gibt. Sie erheben sich gegen den, der «Weisheit und ewiges Gesetz zugleich ist, die Quelle der sittlichen Ordnung im Menschen und in der Welt». Die Sünde besteht letztlich in der Rebellion gegen das «ewige Gesetz» und die «moralische Ordnung».

Man spürt, dass die Bilder, mit denen der Papst arbeitet, aus der mittelalterlichen Christenheit stammen. Ganz in dieser Art verurteilte das mittelalterliche Imperium seine Feinde, und die Christenheit schuf die entsprechenden Bilder. Es gibt dort eine göttliche Autorität, die das ewige Gesetz repräsentiert und der gegenüber jeder Akt der Rebellion eine Teilnahme an der Kreuzigung Christi ist. Jede Sünde aber, die hier ausschließlich als Gesetzesübertretung verstanden wird, ist Teilnahme an dieser Rebellion. Selbst das Kind, das in Nachbars Garten Äpfel klaut, schlägt einen Nagel in den leidenden Körper Jesu.

Es ist klar, dass diese Vorstellungen keineswegs so modern klingen wie die Verurteilung der Bauernaufstände durch Calvin. Calvin gehört zur modernen Christenheit, während Johannes Paul II. in der Bilderwelt des christlichen Imperiums lebt. Seine Bilder sind viel statischer. Er legitimiert eine absolute Autorität und ein ewiges Gesetz, wobei er, nach Art des Mittelalters, unterstellt, dass diese Autorität dem Gemeinwohl verpflichtet ist. Seine Bilder enthalten einen Humanismus, der bei Calvin verschwunden ist, obwohl auch der Papst kein Subjekt zulässt, welches das Gemeinwohl einfordern könnte.

Es wird sichtbar, dass die Struktur der Argumentation der mittelalterlichen Legitimierung von Autorität und Gesetz entspricht.

Aber im Mittelalter verband sich dieses Argument ganz eng mit dem Antisemitismus. Da waren es typischerweise die Juden, von denen man sagte, dass sie die Haltung der Rebellion einnahmen. Ebenso sichtbar ist, dass der Papst der traditionellen Argumentation diesen antisemitischen Zug wegnimmt, obwohl diese die Struktur beibehält. Jetzt ist die Sünde der Rebellion gegen das ewige Gesetz eine Sünde derer, die nicht glauben. Pilatus und die Hohenpriester begehen die Sünde, nicht zu glauben, und es ist völlig gleichgültig, ob sie Juden oder Römer sind. Jude zu sein, das ist kein Teil der Argumentation mehr, und deshalb erwähnt der Papst es auch nicht.

Der Papst sagt uns aber, wer diejenigen sind, die heute nicht glauben:

> Der Widerstand gegen den Heiligen Geist, den der heilige Paulus in der *inneren und subjektiven Dimension* als Spannung, Kampf und Auflehnung im menschlichen Herzen unterstreicht, findet leider in den verschiedenen Geschichtsepochen und besonders in unserer modernen Zeit auch ihre *äußere Dimension*, indem er sich als Inhalt der Kultur und der Zivilisation, als *philosophisches System*, *als Ideologie*, als Aktions- und Bildungsprogramm für das menschliche Verhalten konkretisiert. Dieser Widerstand findet seinen höchsten Ausdruck im *Materialismus*, sei es in seiner theoretischen Form, als Gedankensystem, sei es in seiner praktischen Form, als Methode der Interpretation und Bewertung der Tatsachen sowie als Programm eines entsprechenden Verhaltens. Das System, das diese Denkweise, Ideologie und Praxis am meisten entwickelt und zu den äußersten praktischen Konsequenzen geführt hat, ist der dialektische und historische Materialismus, der noch immer als die Lebenssubstanz des Marxismus gilt. (Nr. 56)

Diejenigen, die gegenwärtig diese Sünde wiederholen, sind nicht etwa die Juden, sondern diejenigen, die heute nicht glauben. Das aber sind die Marxisten. So stellt der Papst an den Ort der Kreuziger – dort, wo bis zum Zweiten Weltkrieg die Juden standen – die Marxisten und damit eben die Kommunisten. Er hat nicht darauf verzichtet, Kreuziger zu benennen, und er verzichtet auch nicht darauf, sie zu verfolgen. Aber die Kommunisten sind als Kreuziger an die Stelle derer getreten, die vorher als die Kreuziger galten. Unsere Vorfahren haben sich nicht darin geirrt, die Kreuziger zu verfolgen und diese schließlich zu kreuzigen. Sie irrten sich aber darin, dass sie die Juden für die Kreuziger hielten. In Wirklichkeit sind es die Kommunisten. Tatsächlich: In Lateinamerika sind die

Pogrome der letzten Jahrzehnte Kommunistenpogrome. Nicht die Pogrome hören auf, aber es sind andere, die sie erleiden.

Diese Umorientierung der antisemitischen Argumentation des christlichen Imperiums zeigt doch sehr deutlich, dass die antijüdische Interpretation der Passionsgeschichte nicht einmal in der orthodoxen Uminterpretation des Neuen Testaments aus dem Text folgt. Der Text zwingt überhaupt nicht zu einer antijüdischen Lektüre, und die angeführte Interpretation des Papstes beweist es ebenfalls. Um so mehr drängt sich die Frage auf, warum man die Passionsgeschichte in dem einen oder anderen Sinn interpretiert. Ich glaube, dass sie beim gegenwärtigen Papst leicht zu beantworten ist. Der Jude gehört nicht mehr zum Feindbild des Imperiums. Wenn aber die Christenheit dem Imperium dienen will, muss sie an die Stelle der antisemitischen Lektüre eine antikommunistische setzen lassen. Früher war es genau umgekehrt. Der Jude als Feindbild gab ein geeignetes Legitimationsobjekt des Imperiums ab, und die Christenheit hat es geliefert. Der Text ist nicht entscheidend, er ist in dieser Hinsicht offen. Allerdings ergibt sich sehr wohl die Frage, ob der Antisemitismus nicht schon vorher ein Antikommunismus war und ob jener gerade deswegen Bedeutung erhalten konnte, weil es noch keine Kommunisten gab.

Der Papst tritt also nicht in die Argumentation des antiutopischen Schematismus ein, wie wir sie bei Calvin aufgezeigt hatten. Dahinter steht ein Problem. Es ist das im Mittelalter vor allem seit Thomas von Aquin entstandene Denken des Gemeinwohls. Der antiutopische Schematismus besitzt keinen Gemeinwohl-Begriff, der dem «irdischen Staat» gegenübertritt und die Schranken bestimmt, seien diese auch noch so schwach. Er tut dies vor allem nicht in der Form des universalen Antiutopismus. Dies alles führt zu Schwierigkeiten mit der heutigen Strategie der Globalisierung, die jedes Gemeinwohl-Denken verneint.

Das Gemeinwohl-Denken ist ein Humanismus, der vom konkreten Menschen ausgeht. Es ist in der heutigen Christenheit sehr tief verwurzelt. Trotz aller Tendenzen, es zu schwächen oder auch aufzugeben, bleibt es eine Schranke hinsichtlich einer Übernahme der Ideologie der Globalisierung. Die Christenheit ist nur sehr beschränkt für einen universalen Antiutopismus und einen universalen Antihumanismus zu gewinnen. Sie ist durchaus antikommunistisch, behält aber gegenüber dem universalen Antihumanismus eine Reserve, die aus der Tradition des Gemeinwohl-Denkens kommt. Ich bin überzeugt, dass das eine nicht überschreitbare Grenze ist und dass die heutige Christenheit deshalb die Tendenz in sich trägt, Konflikte mit der Strategie der Globalisierung zu schaffen.

Tatsächlich ist der christliche Konservatismus unvereinbar mit den Positionen eines universalen Antiutopismus und Antihumanismus. Der gegenwärtige Papst spricht sogar von seiner Enzyklika «Laborem exercens» an von der notwendigen «Subjektivität der Gesellschaft». Dies impliziert bei ihm keineswegs die Position des konkreten Menschen als Subjekt, und er billigt dem Menschen überhaupt nicht das Recht auf Rebellion oder Widerstand im Namen seines konkreten Lebens zu. Aber es werden seine Reserven dem universalen Antihumanismus gegenüber offenbar. Der Papst versteht das Subjekt letztlich wieder als Objekt der Autorität, welche die Instanz ist, dieses Subjekt zu verwirklichen. Damit aber sind wir wieder bei dem mittelalterlichen Gemeinwohl-Begriff angelangt, wonach die Autorität die Pflicht hat, das Gemeinwohl zu achten, der Mensch aber nicht das Recht hat, dieses Recht notfalls durch Widerstand einzuklagen.

8. Die universale Verneinung der Utopie und die Kritik der utopischen Vernunft

Das Imperium sieht seine Feinde, aber es sieht nicht sich selbst. Es denunziert die Utopien, aber es sieht nicht die Utopien, die sein Inneres ausmachen. Vor allem sieht es nicht die Utopien, mit denen das auf Gesetzlichkeit reduzierte Handeln sich schmückt.

Paulus ist vermutlich der erste, der etwas erkennt von der Utopie dieses Handelns, das auf Gesetzlichkeit reduziert ist. Im Evangelium des Johannes wird das Argument dann wieder aufgenommen. Paulus formuliert seine Kritik im Zusammenhang mit der These, dass eine Gesetzlichkeit, die durch Erfüllung des Gesetzes gerecht werden will, sowohl den Einzelnen wie auch die Gesamtheit zum Tode führt. Er sagt: «Gibt sich doch der Satan selber das Ansehen eines Lichtengels» (2 Kor 11,14).

Satan ist bei Paulus der Teufel, der durch die Erfüllung des Gesetzes hindurch handelt. Die Gesetzlichkeit, die durch Erfüllung des Gesetzes gerecht sein will, bringt den Tod, aber gibt sich das Ansehen eines Lichtengels. Indem sie durch Erfüllung des Gesetzes gerecht werden will, verspricht sie den Himmel, aber sie führt zum Tod. Daher kann Paulus sagen, dass über ihr ein Fluch liegt. Die Position des Paulus ist keine antiutopische Position. Im Gegenteil, es ist wahrscheinlich das erste Mal, dass ein Denker unserer Geschichte eine Kritik der utopischen Vernunft zu entwickeln beginnt. Paulus sucht den realistischen Weg zur Befreiung. Er sieht ihn in einem Verhältnis zur Gesetzlichkeit, wo der Mensch als Subjekt ein legitimer Rebell gegenüber der Gesetzlichkeit ist, damit das Gesetz ein Gesetz für das Leben wird.

Das Versprechen der Befreiung, welches das Imperium im Namen der Erfüllung seines Gesetzes abgibt, ändert sich natürlich mit der Geschichte eben dieses Imperiums. Aber in jeder seiner geschichtlichen Epochen verspricht das Imperium eine Befreiung durch die Erfüllung des Gesetzes. Es gibt sich das Aussehen eines Lichtengels, womit es seine imperiale Utopie begründet.

Das christliche Imperium des Mittelalters verspricht die Befreiung für den Himmel als Ergebnis der Erfüllung des Gesetzes auf der Erde. Noch bis vor Kurzem antwortete der katholische Katechismus auf die Frage «Wozu sind wir au Erden?»: «Um den Willen Gottes zu tun und dadurch in den Himmel zu kommen». Der Wille Gottes ist hier ganz einfach die Gesetzlichkeit des Imperiums, ausgedrückt in moralischen Regeln für den Einzelnen. Dies schafft auf der Erde den Tod und in der Gesellschaft des Mittelalters die Todesmystik.

Das liberale Imperium hatte – und hat manchmal heute noch – eine besondere Art, die Befreiung durch die Erfüllung des Gesetzes zu versprechen. Adam Smith formulierte auf klassische Weise diese Utopie des Liberalismus. Indem das Wertgesetz erfüllt wird, wird das Allgemeininteresse verwirklicht. Danach gibt es eine unsichtbare Hand, die diese Harmonie schafft. Es ist der utopische Himmel der Liberalen, in dessen Namen Jahrhunderte hindurch die Hölle auf der gesamten Erde verwirklicht wurde. Denen, die sie verwirklichten, ging es dabei gut, und sie glaubten wirklich, im Himmel zu sein. Sie sind wie die Teufel in der christlichen Hölle des Mittelalters: Sie foltern alle Welt, aber niemand darf sie foltern. Man kann das steinerne Lachen dieser Teufel noch auf manchen Malereien der Hölle aus dem Mittelalter sehen.

Der sowjetische Sozialismus baute einen utopischen Himmel auf, der demjenigen des Liberalismus sehr ähnlich war. Er wurde ebenfalls versprochen als Ergebnis der Erfüllung einer anderen Version des Wertgesetzes, die diesmal als Kriterium nicht den Gewinn, sondern die wirtschaftliche Wachstumsrate hatte, wie sie in der Sowjetunion eingeführt wurde. Sie versprach ihre eigene Version der Verwirklichung des Allgemeininteresses durch die Erfüllung eben dieses Gesetzes: Man nannte es den Übergang zum Kommunismus. Auch hier ließ die Hölle nicht auf sich warten.

Das deutsche Imperium der Nazis versprach keine als Allgemeininteresse vorgestellte Utopie mehr, obwohl es Befreiung verkündete. Aber es versprach die Befreiung von allen Utopien, was seine antiutopische Utopie war. Es sind der Wille zur Macht und der Krieg, die zur Utopie gemacht werden.

In dieselbe Richtung argumentiert heute das Imperium, das auf der Strategie der Globalisierung aufbaut. Die Befreiung wird als Befreiung von allen Utopien und allen Humanismen angeboten, und die Utopie bleibt diejenige des Endes aller Utopien. Der Kampf um die Macht wird nun durch das weltweit durchgesetzte Wertgesetz vermittelt und beansprucht nur noch vereinzelt die Verwirklichung irgendeines Allgemeininteresses. Auch hier wird bloß der Krieg versprochen, aber es ist der Wirtschaftskrieg, dem die heißen Kriege untergeordnet sind. Genauso gibt sich das Imperium als Lichtengel, der jetzt als Marktmagie erscheint. Auch die Akteure gegenwärtiger Kriege, wie sie etwa gegen den Irak geführt wurden, geben sich diesen Anschein von Lichtengeln. Die Länder werden im Namen von Menschenrechten vernichtet. Es droht das tödlichste aller Imperien Wirklichkeit zu werden, durch den Ausschluss immer größerer Teile der Weltbevölkerung und durch die Zerstörung der Umwelt, die nun die Existenz der Erde selbst bedroht. Der hier versprochene Himmel bedroht mit seinem universalen Antihumanismus die Menschheit selbst.

Dies sind die Befreiungsakte, die als Ergebnis der Erfüllung des Gesetzes versprochen werden. Das Imperium aber nimmt seine eigenen utopischen Konstruktionen nicht wahr. Es sieht ebenso wenig die Zerstörungen, die es anrichtet. Es sieht immer nur die jeweils anderen «Imperien» und schöpft aus diesem Anblick neue Kräfte, um seinen eigenen Prozess der Zerstörung weiterzuführen. Das liberale Imperium nahm immer sehr gut die Zerstörungen zur Kenntnis, die der sowjetische Sozialismus anrichtete. Seine eigenen hingegen sah es einfach nicht. Beim sowjetischen Sozialismus war es genau umgekehrt. Das Imperium der Nazis und das heutige Imperium der Strategie der Globalisierung sehen die Zerstörungen, die andere Imperien unter dem Banner ihrer jeweiligen Utopien angerichtet haben. Aber sie sehen nie sich selbst. Da sie sich als Überwindung dessen betrachten, was sie auf die anderen projizieren, scheinen die Zerstörungen, die sie anrichten, notwendige Heilungsprozesse zu sein, in die niemand eingreifen darf.

Wir haben dies im Kosovo-Krieg gesehen. Das Problem war nicht Milosevic; er war nur *ein* Problem. Die Verbrechen, die er begangen hat, wurden von der übrigen Welt als Verbrechen angesehen. Es gibt Gerichte, die ihn verurteilen werden, wenn ihm diese Verbrechen nachgewiesen werden.

Das wirkliche Problem sind die NATO-Staaten. Nicht nur, weil sie wie die Berseker über ein Land hergefallen sind und Zerstörungen bzw. – wie sie zynisch formulierten – «Kollateralschäden angerichtet haben, die auch die Zivilbevölkerung betraf. Sie sind ebenso weltweit in die gleichen Verbrechen verwickelt, die sie Milosevic anlasten, entweder direkt oder indirekt durch ihre Förderung. Die Strategie der Kombination von Militär und paramilitärischen Mörderverbänden ist bei Milosevic dieselbe, wie sie die USA in der Operation «Phönix» in Vietnam anwandten und dann durch Militärberater in der ganzen Welt verbreiteten. Heute wird eine solche Operation «Kosovo» in Kolumbien durchgeführt: Dank rund 1000 Militärberatern aus den USA und massiven Waffenlieferungen wurden bereits über eine Millionen Flüchtlinge erzeugt. Selbst die Bundeswehr plant, ihre Militärstrategie auf diese Art Krieg auszurichten. Auch die ethnischen Säuberungen sind in den NATO-Ländern tägliches Brot, obwohl sie dort als Ausländerproblem abgehandelt werden.

Diejenigen, die Milosevic anklagen, sind die Komplizen der Verbrechen, über die sie urteilen. Aber das ist unsichtbar. Es gibt keine öffentliche Meinung hierüber, und es gibt keine Gerichte, vor denen man Anklage erheben könnte. Alle diese Verbrechen geschehen in Erfüllung des Gesetzes, und sie geben sich überzeugend den Anschein eines Lichtengels, dieser Utopie des Imperiums selbst, die alles zerstört.

Es gibt allerdings eine Richtung, in der das Imperium die Tatsache erkennt, dass Utopien Gewalt implizieren können. Dies geschieht hinsichtlich möglicher Volksbewegungen und ihrer Rebellionen. Hier taucht sofort die Behauptung auf, dass Utopien tödlich sind. Je mehr man auf diese Bewegungen die Gewalt projiziert, um so stärker kann man die Despotie des Gesetzes und seiner Erfüllung ohne Gnade durchsetzen.

Das Argument haben wir bei der Analyse des antiutopischen Schematismus bei Calvin gesehen, als dieser behauptete, die Bauern wollten weder «König noch Obrigkeit». Man sagt, dass Florian Geyer, einer der Ritter, die sich auf die Seite der Bauern stellten, auf seinen Schild die Inschrift eingraviert hatte: «nulla crux, nulla corona». Möglicherweise bildete die Inschrift den Ausgangspunkt Calvins, und er verwandelte den Text in ein «weder König noch Obrigkeit».

Das Argument Calvins hat etwas Merkwürdiges an sich. Die Unabhängigkeit der Schweiz und ihre Demokratie sind das Ergebnis eines erfolgreichen Bauernaufstandes gegen das österreichische Imperium, wovon die Schweiz ein Teil war. Der Rütlischwur ist der Schwur eines siegreichen Bauernaufstandes. Auch Calvin und die Demokratie in Genf waren nur möglich gewesen als Folge dieses Sieges. Aber Calvin erträgt den Bauernaufstand in Deutschland nicht.

Für Deutschland war die Niederlage des Bauernaufstandes eine Katastrophe. Nach dieser Niederlage verwandelte Deutschland sich in das autoritäre Land, das es zumindest bis zum Zweiten Weltkrieg blieb. Wo ähnliche Bauernaufstände siegreich waren, wie in der Tschechoslowakei und im 17. Jahrhundert in England, hielten zahlreiche demokratische Traditionen Einzug. Aus dem Sieg von Bauernaufständen dieser Zeit sind Demokratien hervorgegangen, aus ihrer Niederlage hingegen niemals.

Aber die antiutopische Kritik weist ein durchaus gültiges Element auf, das in späteren Aufständen wirksam wurde und einer der Gründe für die weitere Entwicklung des antiutopischen Schematismus ist. Tatsächlich liegt nicht nur ein Fluch über dem Gesetz, wenn es die Befreiung im Namen seiner Erfüllung verspricht. Ganz offensichtlich liegt der gleiche Fluch über den Versuchen, das Gesetz abzuschaffen, und er führt zu analogen Konsequenzen. Der Fluch, der über dem Gesetz liegt, hat einen Januskopf. Er liegt über der Erfüllung des Gesetzes, und er liegt über dem Versuch seiner Abschaffung. In beiden Fällen führt er zur Unterdrückung des Menschen als Subjekt mit seiner Legitimität, sich dem Gesetz gegenüber frei zu verhalten. Der Wille zur Abschaffung des Gesetzes ist in negativer Form die Wiederholung des Versuchs, in Erfüllung des Gesetzes gerecht zu werden. Beide Male wird der Ausweg vom Gesetz her gesucht und nicht vom Menschen als Subjekt. Auch ohne Gesetz kann der Mensch nicht leben, obwohl er nicht vom Gesetz leben kann. Daher artikuliert sich heute eine Kritik der utopischen Vernunft gegen diesen beiden gegensätzlichen Formen der Befreiung im Namen des Gesetzes.[59]

Aber eine solche Kritik der utopischen Vernunft darf eben niemals in die Antiutopie einmünden. Es geht darum, ein realistisches Verhältnis zur Gesetzlichkeit und ihrer Erfüllung zu finden. Dieses kann nur vom Menschen als Subjekt her bestimmt werden. Er verhält sich als lebendiges und bedürftiges körperliches Wesen dem Gesetz gegenüber souverän, damit dieses als Gesetz wirken kann, das für das Leben ist. Die Freiheit liegt immer darin, dass das Gesetz zu einem Gesetz für das Leben wird, was es durch den Formalismus der Gesetzlichkeit niemals sein kann. Die Utopie dieser Freiheit, die solch ein Verhältnis zum Gesetz nun utopisch inspirieren kann, ist die Utopie vom Löwen, der friedlich neben dem Schaf weidet. Es ist die Utopie von dieser Erde ohne den Tod. In christlichen Termini ist es nicht die Rückkehr in ein verlorenes Paradies mit seinem verbotenen Baum, sondern es ist die neue Erde, die eine Welt ist, in der es keinen verbotenen Baum mehr gibt.

59 Vgl. Hinkelammert, Franz J.: Kritik der utopischen Vernunft, Luzern–Mainz 1994, S. 280ff.

VI. ZUR KRITIK DES ZYNISCHEN KAPITALISMUS – DIE IDEOLOGIEKRITIK UND DIE KRITIK DES NIHILISMUS

Marx und Engels beginnen das Kommunistische Manifest mit folgenden Worten:

> Ein Gespenst geht um in Europa – das Gespenst des Kommunismus. Alle Mächte des alten Europa haben sich zu einer heiligen Hetzjagd gegen dies Gespenst verbündet, der Papst und der Zar, Metternich und Guizot, französische Radikale und deutsche Polizisten.[1]

Der Text sagt auch, unter welchem Gesichtspunkt es sich um ein Gespenst handelt, nämlich dem der Mächte des alten Europas. Es sind der Papst und der Zar, Metternich und Guizot, französische Radikale und deutsche Polizisten. Sie sehen ein Gespenst in jenen, die sich im Bund der Kommunisten zusammengeschlossen haben und die ihre Menschenrechte, die Bedingungen der Möglichkeit allen menschlichen Lebens, gegenüber einem System einfordern, das sie zerstört. In den Augen der Mächte sind sie ein Gespenst, das in Europa und später in der ganzen Welt umgeht. Sie rennen hinter dem Gespenst her, um es zum Verschwinden zu bringen.

Nietzsche antwortet auf die Sätze von Marx und Engels mit Worten, die ähnlich berühmt geworden sind. Sie erscheinen in der Ausgabe seiner Schriften aus dem Nachlaß, die nach seinem Tode unter dem Titel «Der Wille zur Macht» veröffentlicht wurden. Sie finden sich zu Beginn des Ersten Buches dieser Ausgabe:

> Der Nihilismus steht vor der Tür: woher kommt uns dieser unheimlichste aller Gäste? – Ausgangspunkt: es ist ein Irrtum, auf «soziale Notstände» oder «physiologische Entartungen» oder gar auf Korruption hinzuweisen als Ursache des Nihilismus. Es ist die honetteste, mitfühlendste Zeit. Not, seelische, leibliche, intellektuelle Not ist an sich durchaus nicht vermögend, Nihilismus (d. h. die radikalste Ablehnung von Wert, Sinn, Wünschbarkeit) hervorzubringen. Diese Nöte erlauben immer noch ganz verschiedene

1 Karl Marx / Friedrich Engels: Das kommunistische Manifest. MEW, Bd. 4, S. 461.

Ausdeutungen. Sondern: in einer ganz bestimmten Ausdeutung, in der christlich-moralischen, steckt der Nihilismus.[2]

Jetzt taucht ein unheimlicher Gast auf, der ebenfalls als Gespenst erscheint. Dieses Gespenst nennt Nietzsche den Nihilismus, und er charakterisiert ihn als radikale Ablehnung von Wert, Sinn und Wünschen. Als seine Ursache sieht Nietzsche die christlich-moralische Ausdeutung, die den Notsituationen der Zeit gegeben wird. Die Vorstellungen, die Nietzsche zu diesem Ergebnis führen, sind eigentlich einfach. Er stellt die Heuchelei und die Verlogenheit heraus, die jede Moral durchdringt, die aber, gemäß Nietzsche, im Christentum ihren Gipfel erreicht. Gleichzeitig entwickelt diese christliche Moral einen Wert, in dessen Konsequenz jede Moral (und jeder Wert) aufgelöst wird: die Wahrhaftigkeit. Die Tugend der Wahrhaftigkeit bringt jede Moral an ihr Ende, denn die Heuchelei gehört wesentlich zu aller Moral.

Benutzt man die Worte Nietzsches, dann ist das Gespenst des Kommunismus die Rebellion im Namen der Werte. Die Niederlage dieses Gespenstes des Kommunismus aber lässt ein anderes Gespenst erscheinen, nämlich jenen unheimlichen Gast, den Nihilismus, als die radikale Ablehnung eines jeden Wertes, Sinnes und Wunsches. Für wen aber ist dieser Gast unheimlich? Wieder handelt es sich um einen Gesichtspunkt, unter dem der Nihilismus als Gespenst erscheint. Es ist der Gesichtspunkt einer «seelischen, leiblichen, intellektuellen Not», unter welchem der Nihilismus als unheimlicher Gast erscheint, obwohl er nicht aus ihm erklärbar ist. Es ist der Gesichtspunkt der Niedergetretenen, unter dem der Nihilismus als der unheimliche Gast, eben als Gespenst, auftaucht. Diejenigen, die unter dem Gesichtspunkt der Macht als das Gespenst des Kommunismus erscheinen – sobald sie sich zur Verteidigung ihres Lebens gegen die Macht erheben – erfahren jetzt, nach ihrer Niederlage, den Nihilismus als den unheimlichen Gast, der als Gespenst Europa und die Welt erdrückt.[3]

2 Nietzsche, Friedrich: Werke in drei Bänden, hrsg. v. Karl Schlechta, München 1982, Bd. III, S. 881.

3 Vgl. Derrida, Jacques: Spectres de Marx. L'Etat de la dette, le travail du deuil et la nouvelle Internationale. Derrida sieht in seiner Analyse des Gespenstes, das nach Marx umgeht, nur dessen Vorläufer und findet ihn bei Hamlet. Die Frage jedoch ist, was mit dem Gespenst danach und bis heute geschehen ist. Dies aber ist unverständlich ohne den «unheimlichen Gast» von Nietzsche. Derrida nimmt Nietzsches Antwort nicht einmal zur Kenntnis.

Im Folgenden möchte ich das Kommen dieses unheimlichen Gastes analysieren, dessen Namen «Nihilismus» lautet. Ich möchte mich über den Nihilismus und über mögliche Antworten äussern. Denn der unheimliche Gast steht nicht mehr vor der Tür, er ist bereits eingetreten. Aber um diesen Nihilismus aufzuzeigen, möchte ich bei der vorangegangenen ideologischen Argumentation und der darauf antwortenden Ideologiekritik ansetzen. Denn das Aufkommen des Nihilismus beseitigt die Möglichkeit einer ideologischen Positionierung.

1. Der utopische Kapitalismus

Ich möchte in die Problematik mit zwei paradigmatischen Texten einführen. Der erste Text ist ein ideologischer Text, der sich in die Tradition des utopischen Kapitalismus einschreibt:

> Eine menschenwürdige Existenz setzt die Überwindung von wirtschaftlicher und sozialer Not voraus, bedingt Verfügbarkeit über die notwendigen Güter des Lebens und sichere Arbeitsplätze. Das marktwirtschaftliche System leistet all dies dank seiner hohen Effizienz. Motor der Marktwirtschaft ist der Wettbewerb. Seine Funktion begrenzt sich jedoch nicht auf die Herbeiführung wirtschaftlicher Dynamik. Es «zähmt das Privateigentum», ist das «genialste Entmachtungsinstrument», wie Franz Böhm sagte. Das marktwirtschaftliche System setzt auf Eigennutz. Aber es ist die List des Systems, die dazu führt, dass Eigennutz, der auf Wettbewerb trifft, sich zum Wohle der Gemeinschaft auswirkt. Wettbewerb fordert nicht den – wie es Otto Schlecht sagte – «moralischen Übermenschen». Schon durchschnittliche Moral reicht aus.[4]

Der Text stammt von Lambsdorff, einem liberalen Politiker der Bundesrepublik. Er hat drei Charakteristiken. Zum Ersten ist er falsch. Dass Eigennutz, der auf Wettbewerb trifft, sich zum Gemeinwohl auswirkt, ist als universale Regel falsch, obwohl es dafür Beispiele geben kann. Zum Zweiten ist er ideologisch. Die Behauptung, dass Eigennutz, der auf Wettbewerb trifft, das Gemeinwohl verwirklicht, ist eine Sakralisierung von Produktionsverhältnissen, wenn es sich auch um eine säkularisierte Sakralisierung

4 Lambsdorff, Otto Graf: Gezähmtes Eigentum. Für den Vorsitzenden der Freien Demokraten ist die soziale Marktwirtschaft die moralischste aller Wirtschaftsformen. In: Wirtschaftswoche, Nr. 45, 1. Nov. 1991, S. 104f.

handelt. Diese Art von Sakralisierung konstituiert geradezu den utopischen Kapitalismus. Zum Dritten kann man annehmen, dass er heuchlerisch ist. Man darf unterstellen, Lambsdorff wisse, dass die Behauptung falsch ist, halte sie aber aufrecht, um die Sakralisierung der herrschenden Produktionsverhältnisse zu erzeugen. Der Text ist also falsch, ideologisch und heuchlerisch.

Dennoch kann man mit Habermas sagen, dass der Text ein «Vernunftpotenzial» hat. Dieses besteht darin, dass er den Wettbewerb auf den Begriff des Allgemeininteresses bezieht. Man kann ihn daher immanent kritisieren, indem man den Begriff des Allgemeininteresses aktiviert und unter diesem Gesichtspunkt die Grenzen und die zerstörerischen Tendenzen des Wettbewerbs aufzeigt. Trotz der Kritik bleibt dann ein bestimmter, rationaler Konsens erhalten. Die Kritik setzt ihn sogar voraus:

> Damit erinnern Horkheimer und Adorno an die Figur der Marxschen Ideologiekritik, die davon ausging, dass das in den «bürgerlichen Idealen» ausgesprochene und im «objektiven Sinn der Institutionen» angelegte Vernunftpotenzial ein doppeltes Gesicht zeigt: einerseits verleiht es den Ideologien der herrschenden Klasse das trügerische Aussehen von überzeugenden Theorien, andererseits bietet es den Ansatzpunkt für eine immanent ansetzende Kritik an diesen Gebilden, die zum allgemeinen Interesse erheben, was tatsächlich nur dem dominierenden Teil der Gesellschaft dient.[5]

Im vorher zitierten Text des liberalen Politikers Lambsdorff drückt sich das «Vernunftpotenzial» in der Beziehung aus, die er zwischen der Konkurrenz und dem Allgemeininteresse – das er als das «Wohl der Gemeinschaft» ausdrückt – herstellt. Daher ist eine immanente Kritik dadurch möglich, dass man dieses Allgemeininteresse herausstellt. So kann man zeigen, dass es Grenzen der integrativen Kraft des Wettberwerbs gibt. Deren Nichtbeachtung führt zu den bekannten zerstörerischen Tendenzen, die sich aus der Logik der Konkurrenz selbst ergeben. Diese Ideologiekritik findet in einem Urteilsrahmen statt, der beiden Positionen gemeinsam ist und der durch die Bezugnahme auf ein Allgemeininteresse hergestellt wird. Die Ideologiekritik setzt daher einen ganz bestimmten und rationalen Konsens zwischen den sich kritisierenden Positionen voraus.

In diesem Sinne stellt sich die bürgerliche Denktradition in einem Raum dar, von dem aus die Ideologiekritik vorgenommen

5 Habermas, Jürgen: Der philosophische Diskurs der Moderne, Frankfurt a. M. 1991, S. 142.

wird. Dieser Raum ist durch den Begriff des Allgemeininteresses vorgegeben. Er bezieht sich auf ein Interesse, das über das Einzelinteresse hinausgeht und nicht a priori mit ihm identisch ist. Dies gilt, obwohl in der bürgerlichen Tradition ein Automatismus behauptet wird, der beide verbindet und dann letztlich identifiziert: der Marktautomatismus mit seiner «unsichtbaren Hand» oder die «List der Vernunft». Diese wird vorgestellt wie eine Jakobsleiter, auf der man direkt von der Erde in den Himmel aufsteigt. Daher kann man, im Anschluss an Polanyi, von diesem Kapitalismus als einem utopischen Kapitalismus sprechen. Der sowjetische Sozialismus baute eine ganz ähnliche Jakobsleiter. Er behauptete einen ebenfalls automatischen Übergang vom Sozialismus zum Kommunismus, der sich aus der Maximierung der wirtschaftlichen Wachstumsraten ergeben sollte. Der Kommunismus war der entsprechende Begriff für das Allgemeininteresse. Daher konnte man dieselbe Ideologiekritik, die Marx gegen den Kapitalismus gerichtet hatte, in durchaus analoger Form gegen die Ideologie des sowjetischen Sozialismus richten.

Damit besitzen wir einen Hintergrund für die weitere Diskussion, worin denn die ideologische Argumentation und die ihr entsprechende Ideologiekritik besteht. Dabei ist jeweils ein Allgemeininteresse vorausgesetzt, welches über das direkte Nutzenkalkül der Einzelinteressen hinausweist. Die Ideologiekritik diskutiert das rationale Verhältnis dieses Kalküls zum Allgemeininteresse.

2. Der nihilistische Kapitalismus

Wir setzen neben den Text von Lambsdorff einen zweiten, ebenfalls paradigmatischen Text, der aus einem Buch von Alvin Toffler stammt (Machtbeben. Wissen, Wohlstand und Macht im 21. Jahrhundert). Dieser Text ist nicht im gleichen Sinne ideologisch, wie wir dies in Bezug auf den utopischen Kapitalismus analysiert haben; er ist eher zynisch:

> Das ist die schnelle Wirtschaft von morgen. Diese immer weiter aufdrehende, dynamische Wertschöpfungsmaschine [neue Wohlstandsmaschine – «new wealth-machine»] ist die Quelle wirtschaftlichen Fortschritts. Mithin auch die Quelle großer Macht. Wer den Anschluss an sie nicht hat, wird von der Zukunft ausgeschlossen.

Ebenso aber nimmt sich das Schicksal vieler heutiger Entwicklungsländer aus.

Wie nun das Hauptwertschöpfungssystem [Hauptsystem zur Produktion von Wohlstand – «main system for producing wealth»] der Welt auf Touren kommt, müssen Länder, die etwas verkaufen wollen, mit den Kaufwilligen Schritt halten. Langsame Volkswirtschaften werden also entweder ihre Nervenreaktionen beschleunigen müssen, oder aber sie gehen vieler Aufträge und Investitionen verlustig oder werden ganz aus dem Rennen geworfen.[6]

Das neue Wirtschaftsgebot (Der neue wirtschaftliche Imperativ – «new economic imperative») ist klar: Entweder müssen die Entwicklungsländer ihre Technik so ausbauen, dass sie mit dem Welttempo Schritt halten können, oder sie verlieren ganz brutal ihre Märkte, werden zu Verkehrsopfern (Gefallenen – «casualties)» des Beschleunigungseffekts.[7] – «A ‹great wall› separates the fast from the slow, and that wall is rising higher with each passing day.» («Eine ‹große Mauer› trennt die Schnellen von den Langsamen, und diese Mauer wird mit jedem Tag, der vorübergeht, höher.»)[8]

Offensichtlich formuliert Toffler geradezu das Gegenteil von dem, was Lambsdorff in seinem Text behauptet. Nach Toffler schafft der Wettbewerb eine «Wohlstandsmaschine», die durch den ihr immanenten Beschleunigungseffekt ausgrenzt und diejenigen, die im Wettbewerb nicht bestehen können, aus dem Rennen wirft, ohne dass sie eine Chance hätten, wieder einen Platz zu finden. Sie sind die «casualties», nicht die «Verkehrsopfer, sondern die Gefallenen – der sich selbst beschleunigenden Beschleunigung». Toffler lässt jede Bezugnahme auf irgendein Allgemeininteresse bleiben und spricht dem Markt keinerlei Tendenz zum Wohl der Gemeinschaft oder gar zum Gemeinwohl zu.

Auch dieser Text hat wieder drei Merkmale. Zum Ersten ist er richtig, während der Text von Lambsdorff etwas Falsches behauptet. Zum Zweiten sakralisiert er ebenfalls die herrschenden Produktionsverhältnisse, aber er tut es nicht durch Verweis auf irgendein Wohl der Gemeinschaft oder ein Allgemeininteresse. Er tut es ganz einfach durch die Zelebrierung der Geschwindigkeit und der

6 Toffler, Alvin: Machtbeben. Wissen, Wohlstand und Macht im 21. Jahrhundert, Düsseldorf 1990, S. 477f (Kapitel: Die Schnellen und die Langsamen).

7 Ebd. 481.

8 Toffler, Alvin: Tofflers next shock. A dramatic «powershift» is coming, and all nations face one inescapable rule – survival of the fastest. In: World Monitor, Nov. 1990, S. 41.

Beschleunigung. Es ist Nietzsches Ruf: «Auf die Schiffe, ihr Philosophen!» Es ist die Beschleunigung als kategorischer Imperativ. Zum Dritten ist der Text nicht heuchlerisch, sondern ehrlich. Er sagt, was geschieht. Er ist richtig, er sakralisiert und er ist ehrlich. Aber der Text von Toffler ist zynisch.

Um diesen Zynismus geht es. Man kann ihm nicht ideologiekritisch begegnen. Da ist kein «Vernunftpotenzial», das «den Ideologien der herrschenden Klasse das trügerische Aussehen von überzeugenden Theorien» verleiht. Und es bietet sich kein «Ansatzpunkt für eine immanent ansetzende Kritik an diesen Gebilden, die zum allgemeinen Interesse erheben, was tatsächlich nur dem dominierenden Teil der Gesellschaft dient». Er wäre das, was Habermas sucht, und er wäre das, was tatsächlich der Ideologiekritik unterliegt.

Im Sinne von Habermas ist das, was Toffler sagt, eben keine Ideologie. Toffler erhebt nichts zu einem «allgemeinen Interesse», was man in der Tradition des aufklärerischen Rationalismus so bezeichnen könnte. Er sagt, was wirklich stattfindet.

Es ist sogar etwas Überraschendes in diesem Text. Was Toffler sagt, ist weitgehend das, was bereits die Dependenztheorie in den Sechziger- und Siebzigerjahren behauptet hat. Was das hier ausgesprochene – nach meiner Ansicht richtige – Sachurteil angeht, stimmen beide grundsätzlich überein.

Aber die Dependenztheorie ist nicht zynisch. Warum ist dieselbe Aussage zynisch, wenn Toffler sie formuliert? Außerdem behauptete alle Welt, die Dependenztheorie sei nicht einmal wissenschaftlich, was man aber von Meinungen, wie Toffler sie hier wiedergibt, keineswegs sagt.

Tatsächlich geht die Dependenztheorie aus der Ideologiekritik hervor. Gegenüber Behauptungen, wie derjenigen, die wir bei Lambsdorff zitiert haben, bestand sie in den Sechziger- und Siebziger Jahren darauf, dass das Kalkül des Eigeninteresses, wenn es auf den Wettbewerb trifft, nicht das Wohl der Gemeinschaft – das Allgemeininteresse – verwirklicht, sondern dieses gerade verletzt. Da die herrschende Theorie jene von Lambsdorff war, verfiel die Dependenztheorie dem «anathema sit». Sie galt sehr schnell als widerlegt und «tot», ein Dogma, das ja heute noch weitgehend herrscht. Das Ergebnis der Dependenztheorie widerlegte die herrschende ende Ideologie, die dieses Allgemeininteresse zur Grundlage hatte und es mit dem Wettbewerb identifizierte. Daher schlug sie zurück. Sie schlug zurück als Ideologie des utopischen Kapitalismus, die einen Konsens teilte, wonach die Wirtschaft ein Allgemeininteresse zu verwirklichen habe. Die Dependenztheorie aber war «kritisch», weil sie im Rahmen dieses Konsenses über das Allgemeininteresse die herrschende Identifizierung von Eigeninteresse und Allgemeininteresse widerlegte. Sie tat dies durch ein Sachurteil. Aber innerhalb dieses Konsenses – des Vernunftanspruches – verwandelte sich das Sachurteil in Kritik, ohne aufzuhören, ein Sachurteil zu sein.

Die Ideologie des utopischen Kapitalismus musste dieses Sachurteil natürlich ablehnen, wenn sie überleben wollte. Wenn dieses Sachurteil sich aber so überzeugend durchsetzt, dass man es nicht mehr ablehnen kann, obwohl man den Kapitalismus als «non plus ultra» weiterhin behaupten will? Dann muss man die Utopie des Kapitalismus fallen lassen, wonach der Kapitalismus ein Allgemeininteresse (das Gemeinwohl) verwirklicht.

Genau das ist in den Achtziger- und Neunzigerjahren geschehen. Sachaussagen, wie diejenigen der Dependenztheorie, widersprechen nun keinem Vernunftanspruch des Kapitalismus mehr – einfach deshalb, weil dieser keinen Vernunftanspruch mehr stellt. Sie drücken ja nur deshalb Kritik aus, weil ein Vernunftanspruch gestellt worden ist. Wird er nicht mehr gestellt, werden die Sachaussagen selbst zu Normen und drücken ein Sollen aus. Wenn der Kapitalismus ausgrenzt und zerstört, dann wird jetzt daraus ein Sollen geschlossen. Danach soll der Kapitalismus ausgrenzen und zerstören. Er wird als «schöpferische Zerstörung» gefeiert, und zwar im Kontext der Behauptung, dass es keine Alternative gibt.

Jetzt kann man sagen, was der Kapitalismus ist, ohne dass diese Aussagen irgendeinen kritischen Inhalt hätten. Was man über den Kapitalismus sagt, ist richtig, und es ist ehrlich. Da ist keine Heuchelei. Aber das, was *ist*, ist das, was sein *soll*. Außerhalb dessen, was ist, kann es kein Sollen mehr geben.

So kann man die grundlegenden Sachurteile der Dependenztheorie vereinnahmen. Aber man erreicht dies dadurch, dass der utopische Kapitalismus in den verwilderten, zynischen Kapitalismus verwandelt wird. Der Kapitalismus verzichtet auf sein «menschliches Antlitz», damit keinerlei Sachurteile ihn noch kritisieren können. Folglich kann er sie übernehmen und braucht sie nicht zu bestreiten.

Er hat die Umwertung der Werte vollzogen. Daher die Sakralisierung durch die sich selbst beschleunigende Beschleunigung, dieses scheinbare Abenteuer des menschlichen Wissens. Stellt sich dieser Marsch als Nibelungenmarsch in den Tod heraus, folgt ja nur, dass man diesen Marsch tun soll. An die Stelle der Utopie tritt der Heroismus des kollektiven Selbstmords der Menschheit und damit deren Tod. Der Tod wird zur Utopie. Damit niemand mehr die Hölle im Namen des Paradieses auf Erden schaffen kann, marschiert man mit offenen Augen in die Hölle. Man ist realistisch.

Angesichts dessen ist die klassische Ideologiekritik völlig hilflos. Wenn der Anspruch der Tod ist und der Kapitalismus als ein tödliches System aufgewiesen wird, dann ist er ein System, das seinem Anspruch perfekt genügt. Er ist jetzt ein «Sein zum Tode». Dieser Anspruch ist kein Vernunftanspruch, und deshalb auch eröffnet er kein Vernunftpotenzial. Das System hat sich tautologisiert und eröffnet keinerlei Möglichkeit für eine immanente Kritik.

3. Die zerstörerische Wahrhaftigkeit

Was auftaucht, ist eine neue Sprache. Karl Krauß weist sie in seinem Werk «Die letzten Tage der Menschheit» schon am Anfang des 20. Jahrhunderts nach. Es ist die Sprache, die sagt, was ist, die daraus ableitet, was man soll, und die ganz ehrlich aussagt, was man tut und tun wird. Man sagt jetzt, was man wirklich tut, und nicht mehr das Gegenteil davon. Man heuchelt nicht mehr. Daher feiert man die Bosheit, die man verwirklicht.

Diese Art, das zu sagen, was man tut, erschien in wirklich großem Stil zum ersten Mal mit dem Nazismus. Hitler sagte offen und ehrlich so ziemlich alles, was er zu tun plante. Er meinte es auch so. Für die damaligen Politiker war das völlig überraschend. Folglich glaubte man ihm nicht und suchte hinter dem, was er sagte, seine wahre Absicht. Aber er hatte das gesagt, was er wollte. Er war «ehrlich», so wie Toffler ehrlich ist. Wenn es um Bosheit geht, ist die Heuchelei der Ehrlichkeit weit vorzuziehen ...

Tatsächlich, die klassische Ideologiekritik kann hier keine Lösung mehr bieten. Der Konsens über das Allgemeininteresse, der ihr zugrunde liegt, ist aufgelöst. Diese Auflösung der Aufklärung aber scheint doch wohl in der Aufklärung selbst zu liegen. Sie liegt in ihrem Humanismus des abstrakten Menschen, der ein Pendant zur Religion des abstrakten Menschen ist. Wenn Habermas das Projekt der Aufklärung als ein unvollendetes Projekt bezeichnet, kann man daran viele Zweifel haben. Jedenfalls scheint doch wohl eine Rückkehr zum Konsens über das Allgemeininteresse, wie es die Diskursethik von Apel und Habermas versucht, ganz grundlos. Die Unvollendetheit der Aufklärung liegt schon in ihrem Beginn beim Humanismus des abstrakten Menschen.

Dies führt immer wieder zur Notwendigkeit, nicht vom abstrakten Allgemeininteresse her – dem Humanismus des abstrakten Menschen – zu denken, sondern von der Wirklichkeit als konkreter Lebensbedingung des Menschen, die jeder Formulierung eines abstrakten Allgemeininteresses (ideale Marktsituation, ideale Kommunikationsgemeinschaft usw.) vorausgehen muss. Diese Wirklichkeit kann dann die herrschende Tautologisierung des zynischen Systems enthüllen. Aber eben nur enthüllen, nicht etwa widerlegen. Tautologien kann man nicht widerlegen, dies ist das Problem.

Was Toffler mit der Vereinnahmung der Sachurteile tut, die der Dependenztheorie zugrunde liegen, unternehmen andere mit anderen Thesen der kritischen Theorie. In der heute herrschenden Theorie des internationalen Handels hat man die – ganz offensichtlich ideologische – Theorie der komparativen Kosten von Ricardo verlassen. Die Theorie Ricardos ist eine Theorie der gegenseitigen Vorteile, die zu beweisen versucht, dass es in der Logik des internationalen Handels liegt, zum Vorteil eines jeden Teilnehmers auszuschlagen. Dieser Theorie zufolge kann niemand verlieren, wenn er in den internationalen Handel eintritt, ganz gleich, wie die Kosten in der Ausgangslage aussehen. Die schlechtest mögliche Alternative für die Beteiligten ist, dass sie keinen Vorteil haben und andere den gesamten Vorteil auf sich konzentrieren. Aber verlieren kann niemand. Bereits Rosa Luxemburg kritisierte diese Theorie, indem sie darauf hinwies, dass der internationale Handel nicht auf gegenseitigen Vorteilen beruht, sondern auf Wettbewerbsvorteilen. Daher interpretierte sie den internationalen Handel als Wirtschaftskrieg, der sich ständig mit dem Krieg der Waffen verbündet. Im Kontext eines Konsenses über das Allgemeininteresse bedeutete dies eine Kritik des Kapitalismus, die von bürgerlicher Seite entsprechend zurückgewiesen wurde. Die heute herrschende Theorie des internationalen Handels, wie sie Michel Porter vertritt, stimmt allerdings weitgehend mit den Sachurteilen überein, die der Kritik von Rosa Luxemburg zugrunde liegen. Sie gründet auf der heute allgemein akzeptierten These, wonach die Marktwirtschaft ein Wirtschaftskrieg ist. In diesem «business is war» geht es darum, Wettbewerbsvorteile zu haben. Die Reflexion über komparative Vorteile fällt weg. Unter Ökonomen ist es daher heute üblich, sich selbst als Militärberater in einem Wirtschaftskrieg vorzustellen, und die Theorie von Porter ist nichts weiter als ein dafür geschriebenes Kriegshandbuch. Aber die grundlegenden Sachurteile von Rosa Luxemburg und Michel Porter sind die gleichen. Dennoch wird daraus bei Rosa Luxemburg eine Kritik des Kapitalismus, während sie bei Porter zu einer Theorie des zynischen Kapitalismus verarbeitet werden. Rosa Luxemburg schloss aus diesen Sachurteilen auf die Notwendigkeit einer Transformation dieser Kriegswirtschaft in eine Friedenswirtschaft. Porter hingegen sagt uns, dass die Marktwirtschaft Krieg ist und dass sie dies folglich zu sein hat. Daher schließt er die Möglichkeit von Alternativen aus. Seine Position wird zynisch.

Was Toffler mit der Vereinnahmung der Dependenztheorie und Porter mit der Theorie des internationalen Handels von Rosa Luxemburg unternehmen, wollen andere Autoren mit der Theorie von Marx tun. Dies geschieht insbesondere mit der Marxschen Fetischismustheorie. In einem Buch von Boltz und Bosshart[9] wird sie als Sachaussage übernommen und als zynische Theorie weitergeführt. Marx hatte die Ware als Fetisch analysiert und den Markt als Götzendienst. Diese Aussagen bei Marx sind Sachaussagen. Die Vertreter des utopischen Kapitalismus diskutierten seine Thesen nicht einmal. Sie erklärten die Fetischismustheorie für Metaphysik. Daher verengten sie den Begriff der Sachaussagen auf Zweck-Mittel-Urteile, wie dies am deutlichsten bei Max Weber geschieht.

Nun ist dieser Marktfetischismus heute viel besser sichtbar als zur Zeit von Marx. Boltz und Bosshart übernehmen die Aussagen von Marx. Bei Marx allerdings haben sie eine kritische Bedeutung, da Marx den Bezugspunkt des Allgemeininteresses teilt, allerdings auch umformt. Er wird bei Marx zur konkreten Wirklichkeit des konkreten Menschen, die durch den Markt gefährdet wird. Auch hier nehmen Boltz und Bossart ihre Umwertung der Werte vor. Sie

9 Vgl. Bolz, Norbert und Bosshart, David: Kult-Marketing. Die neuen Götter des Marktes, Düsseldorf 1995.

übernehmen die Fetischismustheorie als Sachaussage, drehen sie aber um, um sie zu vereinnahmen. Danach ist der Markt ein Fetisch, aber er ist es eben. Daher ist er keine Götzendienst, wie Marx meinte, sondern ein Gottesdienst, wie Boltz und Bosshart glauben. Da er es ist, soll er es auch sein. Außerdem kann die Ware nur Fetisch sein, und eine Abschaffung der Warenbeziehungen hat sich als unmöglich erwiesen. Na, und? So kann die Fetischismustheorie als zynischer Kapitalismus weitergeführt werden. Dasselbe kann man natürlich mit anderen Marxschen Theorien machen. Ausbeutung? Na, und? Der Kapitalismus ist zerstörerisch für Mensch und Natur? Na, und? Warum eigentlich nicht, wenn doch die Welt so ist?

Diese Umwandlung von kritischen Sachurteilen in zynische Urteile ist nicht neu. Es gibt ein Jesuswort, dem es genau so ergangen ist: «Wer hat, dem wird gegeben werden. Wer nicht hat, dem wird auch noch genommen, was er hat.» Es ist ein kritisches, sogar ironisches Urteil darüber, wie die Welt ist, aber nicht sein sollte. Nimmt man dem Wort diese kritisch-ironische Bedeutung, verwandelt es sich in ein zynisches Urteil, und es ist auch in der Geschichte des Christentums häufig so eingesetzt worden. Die Ironie verwandelt sich in Sarkasmus.[10]

4. Die Etappen des Systems der Moderne

Wir können, ausgehend von der Aufklärung, drei Etappen der Entwicklung des System-Denkens unterscheiden:

1) Das utopische System behauptet, dass das System eine automatische Tendenz zum Gleichgewicht im Sinne einer Verwirklichung des Allgemeininteresses besitzt (utopischer Kapitalismus, parallel dazu der historische Sozialismus als utopischer Sozialismus).

2) Die Sachaussagen der kritischen Theorie enthüllen die Utopie des Allgemeininteresses als Illusion und drängen von daher zur Transformation: Es folgt die Verwandlung des Gemeininteresses in die Forderung nach der Achtung vor der konkreten Wirklichkeit des konkreten Menschen.

10 Diese Analyse wurde von Kuno Füssel unternommen anlässlich eines Seminars im Jahr 1994, an dem ich teilnahm.

3) Das nihilistische System ist ein Produkt des zynischen Denkens. Es nimmt im Hinblick auf die kritische Theorie die Umwertung der Werte vor und erklärt den Verzicht auf den Gehalt des utopischen Systems und seiner Transformation. Darüber hinaus wandelt es die Sachurteile der kritischen Theorie um. Es entsteht der zynische Kapitalismus mit seiner Mystik der Beschleunigung um der Beschleunigung willen sowie der Mystik des Kampfes und des Todes.

Pointierend kann man diese drei Etappen um Adam Smith, Marx und Nietzsche gruppieren. Aufklärung, Kritik der Aufklärung in der Kontinuität der Aufklärung, Anti-Aufklärung. Ist die Ideologiekritik an der Aufklärung vor allem ironisch (Marx), so ist die Anti-Aufklärung vor allem sarkastisch (Nietzsche). Die Etappen geschehen nicht notwendig nacheinander, sondern gehen durchaus ineinander über. Aber es besteht kein Zweifel, dass heute wieder das zynische System herrscht, so wie dies während des Faschismus in den Dreißiger- und Vierzigerjahren der Fall war.

5. Die Negation der Wirklichkeit im nihilistischen Kapitalismus

Das zynische System ist tautologisch, so dass es im Wesen nicht kritisierbar ist. Aber dies führt zur Frage, wie denn dem Zynismus überhaupt geantwortet werden kann, wenn die Ideologiekritik ihre Schärfe verloren hat.[11]

Tatsächlich können wir nur aufzeigen, womit es sich tautologisiert. Tautologien kann man nicht widerlegen, sondern nur enthüllen. Das System tautologisiert sich, indem es kritische Sachaussagen übernimmt und sie zynisch interpretiert. Das aber setzt voraus, dass die Wirklichkeit als Instanz der Kritik grundsätzlich überspielt wird. Jeder Hinweis auf die Wirklichkeit als konkrete Lebensbedingung des Menschen muss vom zynischen System neutralisiert werden. Gerade dies kann man aufzeigen. Man kann den Vorgang aber nicht im Namen der Werte des Systems kritisieren, da dieses alle Werte als utopisch eliminiert hat. Die Kritik ist daher nicht

11 Vgl. Sloterdijk, Peter: Kritik der zynischen Vernunft, Frankfurt a. M. 1983. Sloterdijk allerdings spricht bloß über die Zyniker in der Gesellschaft, während es uns um die Tatsache geht, dass ein Gesellschaftssystem entstanden ist, das sich anscheinend nur noch durch Zynismus legitimieren kann. Während es Zyniker immer gegeben hat, ist das zynische System der Gegenwart etwas Neues. Der Nazismus ist sein Vorläufer.

Ideologiekritik. Sie ist Systemkritik, Tautologiekritik, Zynismuskritik, Kritik der Todesmystik.

Noch einmal: Im Zentrum der Tautologisierung des Systems steht die Negation der Wirklichkeit als konkrete Lebensbedingung des Menschen.

6. Die Aushöhlung des utopischen Kapitalismus durch den neoliberalen Populismus

Das wichtigste Mittel zur Tautologisierung des Systems ist die Negation der Wirklichkeit als Bedingung der Möglichkeit konkreten menschlichen Lebens. Der utopische Kapitalismus hat diese Wirklichkeit nicht negiert, allerdings bloß indirekt anerkannt. Er setzte bereits zwischen System und Wirklichkeit den Automatismus des Marktes mit seiner angeblichen Tendenz zum Gleichgewicht einer unsichtbaren Hand. Man braucht sich danach um die Wirklichkeit nicht zu kümmern, weil der Automatismus des Marktes eine Harmonie von Eigeninteresse und Gesamtinteresse erzeugt. Ja, häufig taucht sogar die Behauptung auf, dass man sich um die Wirklichkeit nicht kümmern darf, um die selbstheilenden Kräfte des Marktes nicht außer Kraft zu setzen. Einen analogen Effekt erreicht der historische Sozialismus durch seine Behauptung einer automatischen Tendenz zum Kommunismus.

Der zynische Kapitalismus höhlt diese Gleichgewichtstendenzen derartig aus, dass aus ihnen keine Kritik mehr folgen kann. Dies geschieht mittels einer bestimmten Methode, die es erlaubt, deutlich zwischen dem neoklassischen und dem neoliberalen Denken zu unterscheiden.

Die Gleichgewichtsutopie wird vom neoliberalen Populismus beibehalten. Dies gilt insbesondere für die Schule von Chicago, etwa für Hayek oder Friedman. Aber die Gründe dafür, dass der Markt in der Wirklichkeit die Gleichgewichtstendenz nicht oder nur sehr partiell aufweist, werden jetzt anders bestimmt. In der neoklassischen Tradition galt dieser Sachverhalt als ein Ergebnis der Unvollkommenheiten des Marktes, die der Markt nicht selbst überwinden kann. Folglich sah man bestimmte Interventionen des Staates in den Markt als notwendig an, um die Gleichgewichtstendenzen zu unterstützen. In Deutschland und der Schweiz waren es gerade die so genannten Ordo-Liberalen (Eucken, Röpke), die diese Position einnahmen und damit den theoretischen Rahmen für die Wirtschaftspolitik der Nachkriegszeit setzten. In diesen Theorien dient die Gleichgewichtsutopie der liberalen Tradition zur Begründung von Interventionen in den Markt. Die Utopie behält ein «Vernunftpotenzial», das Ausgangspunkt einer Kritik sein kann.

Der Neoliberalismus hingegen tautologisiert diese Gleichgewichtsutopie vollkommen. Ungleichgewichte des Marktes werden nicht mehr durch Unvollkommenheiten des Marktes erklärt, die zu korrigieren sind. Die gesamte Theorie der unvollkommenen Märkte, die zuvor eine entscheidende Rolle gespielt hat, wird fallen gelassen oder an den Rand gedrängt. Der Neoliberalismus stellt den Markt nun als «societas perfecta» dar. Daher gibt es keine Unvollkommenheiten des Marktes mehr, sondern nur noch Unvollkommenheiten der Menschen, die sich dem Markt gegenüber verhalten. Damit findet eine völlige Umkehrung des Verhältnisses zum Markt statt. Denn die Unvollkommenheiten der Menschen, die den Markt als «societas perfecta» stören, sind gerade das, was in der Sicht der Neoklassiker die Unvollkommenheiten des Marktes waren und die durch Intervention in den Markt ausgeglichen werden mussten. Aus neoliberaler Sicht allerdings wird diese Position der vorangegangenen neoklassischen Liberalen als Ursache dafür genommen, dass der Markt als «societas perfecta» nicht so vollkommen funktioniert, wie es seinem Wesen entspricht. Am Beginn des Neoliberalismus steht die Tatsache, dass er die Interventionen in den Markt als Ursache für die Defizite des Funktionierens des Marktes ansieht.

So aber wird der Markt zum totalen Markt und der Kapitalismus zum «totalen Kapitalismus» (Milton Friedman nennt ihn so). Daraus entsteht die Aktionsformel: Der Markt wird perfekt dadurch, dass man alle Interventionen in den Markt unterdrückt. Als «societas perfecta» kann sich der Markt nur erweisen, wenn alle Interventionen in den Markt beseitigt werden. Bei den Neoklassikern war das anders. Dort wurde der Markt dadurch perfekt oder zumindest perfekter, dass man entsprechend in den Markt intervenierte. Die Marktutopie der Neoklassiker behielt dadurch einen bestimmten Wirklichkeitsbezug, dessen Konsequenz der Reformkapitalismus war. Der Neoliberalismus schneidet diesen Wirklichkeitsbezug ab und ersetzt ihn durch eine aggressive Totalisierung des Marktes. Die daraus hervorgehende Utopie des neoliberalen Populismus hat daher überhaupt kein «Vernunftpotenzial» mehr. Ihr fehlt jeder vernünftige Kern.

Damit entsteht eine Art von «verfluchter Dialektik». Man verspricht weiterhin, was die liberale Utopie stets versprochen hatte; aber man verspricht es als Ergebnis des Verzichtes auf alle konkreten Schritte, die in die Richtung dieser Utopie führen. Die Interventionen in den Markt, die vorher als Schritte interpretiert wurden, die Marktutopie angesichts unvollkommener Märkte möglich zu machen, können nun als die Ursachen der Störungen eines Marktes dargestellt werden, der in seiner Essenz als «societas perfecta» gilt.

Die Konstruktion des Marktes als «societas perfecta» utopisiert den Markt weiterhin, aber sie tautologisiert diese Utopie jetzt vollkommen. Das Argument geht weiterhin von einer Sicht «sub specie competentiae perfectae» aus. Dies gilt auch für Hayek, trotz seiner Kritik am Modell der vollkommenen Konkurrenz. Wenn man also von der Arbeitslosigkeit spricht, analysiert man von der so genannten vollkommenen Konkurrenz aus: Gäbe es vollkommene Konkurrenz, würde es auch Vollbeschäftigung geben, denn der Markt ist eine «societas perfecta». Folglich geht man auf die Suche nach Marktstörungen, welche die Arbeitslosigkeit hervorbringen, weil sie eine Totalisierung des Marktes bis zu seiner Perfektion verhindern. Daher findet man die Ursachen der Unterbeschäftigung sehr schnell. Es sind die Vollbeschäftigungspolitik der Fünfziger- und Sechzigerjahre, die Mindestlöhne, die Zahlungen der Arbeitslosenversicherung, die Existenz von Gewerkschaften und von Staaten, welche das «Monopol», der Gewerkschaften legalisieren. Umgekehrt sichert man die Vollbeschäftigung dadurch, dass man jede Vollbeschäftigungspolitik, aber auch die Mindestlöhne und die Zahlung von Arbeitslosenunterstützung und die Legalisierung der Gewerkschaften abschafft. Gegenüber der Armut wiederholt sich das Argument. Wäre der Markt perfekt, gäbe es keine Armut. Daraus kann man ableiten, dass es Marktstörungen gibt, deren Ergebnis die Verarmungsprozesse sind. Der Neoliberale wird diese Marktstörungen schnell finden. Es sind die progressiven Steuern und ganz allgemein die Politik der Einkommensumverteilung. Will man also keine Armut, muss man die Politik der Umverteilung der Einkommen abschaffen und gerade die hohen Einkommen fördern. Denn dies führt zu einer solchen Dynamisierung der Wirtschaft, dass in ihrer Folge die Arbeitslosigkeit und die Armut minimal werden.

Es überrascht nicht, dass auch die Umweltprobleme häufig als Folge der Politik des Umweltschutzes erklärt werden. Wäre die ganze Natur privatisiert, würden die Gesundungskräfte des Marktes dafür sorgen, dass Umweltzerstörung nicht mehr rentabel wäre. Diese Argumente der «verfluchten Dialektik» wiederholen sich auf anderen Gebieten. Während der Rebellion in den Ghettos von Los Angeles im Jahre 1992 erklärte ein Vertreter der US-Regierung in Washington, dass die Ursachen dieser Rebellion in der staatlichen Wohlfahrtspolitik der Sechziger- und Siebzigerjahre zu suchen seien. Ganz so erklärt man das Bevölkerungswachstum als Folge staatlicher Interventionen über das öffentliche Gesundheitssystem.

Auf diese Weise wird die Utopie verheißen als das Ergebnis der Abschaffung aller Strukturen zum Schutze des menschlichen Lebens und der Natur: Minimallöhne, Gewerkschaften, Beschäftigungspolitik, Unterstützung von Arbeitslosen und Armen, Maßnahmen des Umweltschutzes, alle sozialen Programme und die öffentlichen Gesundheitsdienste müssen verschwinden. Die Abschaffung von all dem kommt einem Atomkrieg gleich. Mit offenen Augen marschieren sie in die Hölle, aber sie versprechen, dass wir dadurch in den Himmel gelangen. Es ist die Vorstellung jedes Extremismus, die hier herrscht: Je schlechter, um so besser. Wo hingegen die neoliberale Politik selbst gescheitert ist, kritisiert man, dass diese Politik nicht bis zu jenem Extrem durchgeführt werden konnte, das die Handbücher vorsehen. Noch mehr Neoliberalismus gilt dann als die richtige Lösung.

So ist der neoliberale Populismus. Heute spielt er eine wichtige Rolle für die Propaganda zugunsten der Globalisierungspolitik, und er wird insbesondere in den Wahlkämpfen benutzt. Man kann alle Utopien der Vergangenheit wieder aufwärmen und zugleich ihren Inhalt versprechen – als Ergebnis der Zerstörung und Tautologisierung eben dieser Utopien. Der Anti-Utopismus ist selbst utopisch geworden.

Der neoliberale Populismus steht am Beginn einer Politik, die man gegenwärtig Politik der Globalisierung nennt. Er ist allerdings immer stärker zur Fassade eben dieser Politik geworden. Als solche

Fassade ist dieser Populismus allerdings breit gegenwärtig. Internationaler Währungsfonds und Weltbank vertreten ihn in ihren öffentlichen Verlautbarungen; in Zeiten von Wahlkämpfen streichen ihn fast alle Regierungen heraus. Ein Meister dieser Fassadenpropaganda ist der gegenwärtige Präsident von Brasilien, Cardoso. Vor ihm war es Reagan. In der Schweiz ist es Herr Schwarz, Redakteur der Neuen Zürcher Zeitung.[12]

Aber hinter der populistischen Fassade tritt der Nihilismus des zynischen Kapitalismus hervor: der unheimliche Gast. Er verzichtet auf alle Gleichgewichtstendenzen und erklärt einfach den Wirtschaftskrieg. Was allerdings die Konsequenzen für die tatsächliche Politik der Globalisierung betrifft, stimmt die Orientierung des neoliberalen Populismus völlig mit derjenigen des zynischen Kapitalismus überein. Sie teilen beide den gleichen Nihilismus und damit die gleiche Negation der Wirklichkeit.

7. Die virtuelle Wirklichkeit

Der nihilistische Kapitalismus erreicht seine offene Negation der Wirklichkeit, indem er ihre Relevanz schlechterdings leugnet. Sie scheint sich in Luft aufgelöst zu haben. An ihre Stelle tritt eine «wahre» Wirklichkeit, welche die virtuelle Wirklichkeit ist. Danach ist unsere wirkliche, konkrete Wirklichkeit nur scheinbar. Alles andere und vor allem die Gebrauchswerte haben dem entsprechend ihre Bedeutung verloren. Sie verwandeln sich in Gespenster, während die Virtualität das Reale ist. Damit aber tritt aufs Neue der unheimliche Gast auf.

Die wirkliche Wirklichkeit ist nicht mehr ein Kriterium für die Beurteilung des Systems. Dieses produziert nun scheinbar die Wirklichkeit als virtuelle Wirklichkeit. Es gibt keinen Bezugspunkt mehr, der außerhalb des Systems läge und auf den man sich kritisch beziehen könnte. So tautologisiert sich das System. Es ist alles, auch die Wirklichkeit selbst. Damit totalisiert sich das System. Es wird zu dem, was Nietzsche den «aktiven Nihilismus»

12 Vgl. Baader, Roland (Hg.): Wider die Wohlfahrtsdiktatur. Zehn liberale Stimmen. Reihe: Freiheitsdenker der Gegenwart, Resch / Gräfelfing 1995. Finanziert von Firma G. A. Müller GmbH & Co. KG, Waghäusel; Inhaber Heinz Heiler. Dieses Buch basiert vollständig auf diesen Grundthesen des neoliberalen Populismus.

nennt. Man hat letztlich sogar ein virtuelles Maskottchen, Tamagochi, erfunden. Es ist ein virtuelles Hündchen, das sich in einer elektronischen Maschine gegenwärtig macht, ohne irgendeine andere Existenz zu haben. Es verlangt, dass man sich um es kümmert. Es verlangt Speise und Trank, und man bedient es, indem man jeweils bestimmte Knöpfe drückt. Tamagochi verlangt auch Zärtlichkeiten, die man über einen anderen Knopf vermittelt. Will der Besitzer ausgehen, braucht er einen Baby-Sitter, der die Knöpfe während seiner Abwesenheit drückt. Wird Tamagochi nicht rechtzeitig bedient, stirbt es, und die Maschine ist gelähmt. Auf diese Weise wird die Beziehung zu einem Lebewesen virtuell gelebt, ohne dass irgendeine wirkliche Wirklichkeit außerhalb des Apparats nötig wäre. Diese Strategie kann man natürlich weiter ausdehnen, so etwa auf den tropischen Regenwald und auch auf die virtuelle Produktion anderer Menschen, welche die konkrete Wirklichkeit ersetzt und zur Scheinwirklichkeit macht.

Diese Tautologisierung ist leicht durchschaubar. Aber jeder Nachweis eines Widerspruchs zwischen dem System und den Lebensbedingungen des Menschen kann durch neue Tautologisierungen wieder aus der Welt geschafft werden. Das System braucht nie zu antworten und antwortet daher auch nicht. Stattdessen tautologisiert es sich immer mehr.

Eine Kritik des Systems ist nur möglich durch den Verweis auf die Zerstörung der Lebensbedingungen des Menschen, die es vorantreibt. Diese Kritik aber kann nur die Enthüllung der Tautologisierung des Systems sein. Allerdings: Je offensichtlicher der Zerstörungsprozess wird, um so stärker muss das System das Geschäft seiner Apologie betreiben. Dazu muss es den Tautologisierungsprozess weiterführen. Es muss ihn also begründen.

Durch Argumente kann es ihn nicht begründen. Das System ist tödlich, und es kann schwer das Gegenteil behaupten. Daher stützt es den Tautologisierungsprozess ab durch seine Mystik des Todes. Hierin liegt die Quelle dieser Mystik, die heute die gesamte Kultur des Okzidents beherrscht. Sie stützt die Tautologisierung des Systems ab, so dass das Argument der Lebensbedingungen unrealistisch erscheint. Der Tod tritt an die Stelle der Utopie. Hatte man früher gesagt, dass derjenige, der den Himmel auf Erden will, die Hölle auf Erden schafft, so marschiert man jetzt, wie es schon die Nazis taten, mit offenen Augen in die Hölle. Dabei hat die virtuelle Realität eine analoge Funktion zum tausendjährigen Reich der Nazis.

Es ist offensichtlich, dass in dieser Situation die Ideologiekritik keine Antwort mehr geben kann. Sie setzt eben einen Konsens über ein Allgemeininteresse voraus, der inzwischen aufgelöst wurde. Deshalb ist auch der Humanismus des abstrakten Menschen, wie er aus der Aufklärung hervorgegangen ist, aufgelöst. Der Versuch, dieses Allgemeininteresse wieder zu beleben, wie es die Diskursethik versucht, würde bloß diesen Prozess aufs Neue beginnen, um dann auf denselben Auflösungsprozess zurückzuführen.

Aber mit der Ankunft des nihilistischen Systems endet nicht nur die Ideologiekritik – und damit die Aufklärung –, die im Ausgang vom utopischen System aus möglich ist. Ebenso endet jene Grenze der Systemlogik, die sich daraus ableitete, dass das System einem Allgemeininteresse verpflichtet war. Da der Automatismus des Systems, der Marktautomatismus oder der Planautomatismus, nicht einfach zur Verwirklichung des Allgemeininteresses führt, funktioniert das utopische Versprechen als rationaler Bezugspunkt für den Widerstand gegen das System. Das System kann sich nur zeitweise absolut setzen bzw. totalisieren. Es trägt in sich selbst Elemente, die seinen absoluten Charakter bestreiten. Das nihilistische System hingegen besitzt in sich keine Grenze für seine Totalisierung. Es verspricht einfach die beschleunigte Beschleunigung und sonst nichts. Dieses Versprechen aber hält es ein, geschehe, was immer geschehen möge. Und wenn diese Beschleunigung zum Tod der Menschheit führt, dann ist dem eben so. Die Todesmystik kann so selbst das Äußerste legitimieren. Es gibt überhaupt keine immanente Grenze für solch eine Entwicklung der Macht. Im utopischen System stellte gerade das Versprechen einer unmöglichen Utopie eine solche Grenze dar.

Auf diese Weise ergibt es sich, dass die nihilistische Position zur adäquaten Position wird, welche die gegenwärtige Politik der Exklusion großer Bevölkerungsteile sowie der Zerstörung der Natur zu begründen vermag. In seiner Wirklichkeitsvorstellung schließt das nihilistische System die Bevölkerung als ganze oder die Natur als Lebensbedingung schlechthin nicht ein, und es kann sie daher auch nicht berücksichtigen. In dem daraus folgenden Denken lässt sich eine Politik der Inklusion der gesamten Bevölkerung nicht einmal formulieren, geschweige denn konzipieren. Vom Gesichtspunkt des nihilistischen Systems aus kann man einer solchen Politik der Inklusion nicht einmal einen Sinn abgewinnen. Aber was man nicht denken kann, kann man auch nicht verwirklichen.

Die Kritik des Nihilismus ist nur durch die Analyse der Bedingungen der Möglichkeit menschlichen Lebens möglich. Gerade eine solche Analyse der Bedingungen der Möglichkeit menschlichen Lebens hat die Aufklärung nicht vorgenommen; sie beginnt erst mit dem Marxschen Denken. Man kann Marx daher nicht einfach auf die Ideologiekritik zuspitzen, wenn man nicht hinzufügt, dass er die Ideologiekritik durch eine solche Analyse unterfüttert. Es ist gerade diese Analyse, die weiterzuführen ist und die jeder Analyse abstrakter Allgemeininteressen vorangehen muss (letztere setzt bei der Vorstellung von Idealsituationen an, wie der Vorstellung der idealen Marktsituation in der Theorie des vollkommenen Wettbewerbs, der idealen Planungssituation in den Theorien der vollkommenen Planung oder der idealen Kommunikationsgemeinschaft in der Diskursethik von Apel und Habermas).

Da aber eine solche Analyse der Bedingungen der Möglichkeit menschlichen Lebens nur die Tautologisierung des nihilistischen Systems enthüllen und nicht wiederlegen kann, setzt sie die Hoffnung voraus, dass die Menschheit der Todesmystik letztlich die Zustimmung versagen wird. Ohne diese Hoffnung ist Nihilismuskritik als Systemkritik nicht möglich. Sie gibt aber keine Sicherheit. Die Menschheit kann sich zum Nibelungenmarsch entscheiden, um an König Etzels Hof zu sterben. Es gibt eine Option, die zu den Bedingungen der Möglichkeit menschlichen Lebens selbst gehört, die Option für das menschliche Leben, welche sich der häufig durchaus attraktiven Option für den Tod widersetzt.

8. Eine Art Ergebnis

Es entsteht ein neues Problem, das in den letzten Jahrzehnten nicht die geringste Rolle gespielt hat. Es ist die Frage nach der Wirklichkeit des Wirklichen. Die Tautologisierung des Systems und die Ersetzung der Wirklichkeit durch die virtuelle Realität lassen hellhörig werden angesichts eines Prozesses des Denkens, worin in einer langen Entwicklung die Wirklichkeit tatsächlich zum Verschwinden gekommen ist. Es steigt die Frage auf, wie man sich eigentlich der Wirklichkeit des Wirklichen vergewissern kann. Das alte Problem, was denn nun der Unterschied von Traum und Wirklichkeit ist, kommt jetzt als Frage nach dem Unterschied von virtueller Realität und Wirklichkeit wieder hoch.

Heute geht in Europa das Gespenst der Niederlage des Kommunismus um; in deren Nachgang ist der unheimliche Gast gekommen, der zur Zeit Nietzsches vor der Tür stand, sie aber jetzt durchschritten hat. Dieser unheimliche Gast muss die Wirklichkeit selbst zerstören, damit aus der Niederlage des Gespenstes des Kommunismus dessen endgültiges Verschwinden folgt. Aber der unheimliche Gast muss entdecken, dass das Gespenst des Kommunismus gar kein Gespenst ist, sondern die konkrete Wirklichkeit selbst, die gespenstisch erscheint für den, der sie leugnet.

In diesem Sinne sagt uns Jean Baudrillard:

> Der Skandal unserer Zeit besteht nicht im Attentat auf die moralischen Werte, sondern auf das Realitätsprinzip selbst.[13]

Wenn Baudrillard vom Realitätsprinzip spricht, meint er in Wirklichkeit das Prinzip der virtuellen Realität. Tatsächlich dreht es sich nicht einfach um moralische Werte. Denn alle moralischen Werte werden vom Realitätsprinzip aus und in seinem Rahmen konstituiert, und sie können nur zerstört werden dadurch, dass man das Realitätsprinzip selbst zerstört. Baudrillard selbst aber hat das Realitätsprinzip durch das Prinzip der virtuellen Realität ersetzt und damit zerstört. Genau diese Zerstörung des Realitätsprinzips feiert er als Realitätsprinzip. Er muss daher jeden Widerstand gegen diese von ihm selbst geteilte Zerstörung als Attentat auf das Realitätsprinzip und folglich als Skandal unserer Zeit denunzieren. Hinter diesem Skandal wird Baudrillard wieder das Gespenst des Kommunismus erkennen, das in Europa und in der Welt umgeht.

13 Zitiert aus einem Vortrag von Baudrillard nach Vargas Llosa, Mario: La hora de los charlatanes. La Nación, 24. Aug. 1997.

VII. DIE WIEDERKEHR DES VERDRÄNGTEN LEBENDIGEN SUBJEKTS

Das Subjekt ist der Andere, der gleichzeitig in mir ist, und der Andere, in dem gleichzeitig ich bin. Deshalb ist das Subjekt nicht das Individuum und auch keine Substanz der individuellen Existenz. Als Subjekt ist der Mensch bereits in Beziehung zum Anderen, bevor er in die Beziehung zu diesem Anderen explizit eintritt. Um mit Levinas zu sprechen: Das Subjekt ist im Antlitz des Anderen, so wie der Andere in meinem Antlitz ist. Es entsteht nicht durch den Anderen, sondern es entdeckt sich darin, indem es sagt: Töte mich nicht. Oder indem es antwortet: Ich werde dich nicht töten. Daher fordert das Subjekt das Gesetz heraus. Es schlägt nicht ein anderes Gesetz vor, obwohl diese Anerkennung auch Änderungen des Gesetzes mit sich bringt. Aber es ist nicht dem Gesetz unterworfen, sondern geht ihm voraus als Beziehung zum Anderen – eine Beziehung, die allen Beziehungen vorausgeht. Das Gesetz objektiviert das Subjekt, daher muss sich dieses als ein solches zurückgewinnen.

Der Mensch als Subjekt ist solidarisch, aber die Solidarität erschöpft sich nicht in der Subjektivität. Die Solidarität ist eine Antwort auf das Subjekt, welches den Anderen als lebendiges, körperliches Subjekt anerkennt, dessen Antlitz vor ihm auftaucht. Aber auch Solidarität verwandelt sich in «Gesetz». Jeder Akt objektiviert das Subjekt, und dieses muss durch die subjektive Beziehung zurückgewonnen werden. Kein einziger Akt *ist* das Subjekt, sondern jeder Akt wendet sich in seinem Ergebnis gegen das Subjekt. Daher kann es kein Bild des Subjekts geben, so wie es kein Bild Gottes geben kann. Das Individuum hingegen *ist* eine objektivierte Beziehung zum Anderen, die durch den Austausch und den Markt objektiviert ist. Da dies seine Beziehung zum Anderen ist, kann sich das Individuum als «individuell» empfinden und seine Beziehungen zum Anderen seinem Interessenkalkül unterwerfen. Daher fordert der Mensch als Subjekt sich selbst als Individuum heraus. Er fordert dieses heraus, indem er das Antlitz des Anderen erkennt und ihm antwortet; indem er nicht tötet. Das Subjekt ist dieses Nein zum Töten.

Es handelt sich also nicht einfach um die Anerkennung des Anderen. Auch das Individuum erkennt den Anderen an, selbst wenn es das Gegenteil glaubt. Aber es erkennt ihn als Individuum an, das dem Gesetz unterworfen ist. Es erkennt ihn folglich als Eigentümer an und nicht als Subjekt. Auch wenn es sonst kein Eigentum besitzt, erkennt es den Anderen als Eigentümer seines Körpers und seiner Arbeitskraft an. Es kann den Anderen auch nach der Art Nietzsches anerkennen, nämlich als Feind, mit dem es den Kampf bis auf den Tod führt, welcher in der Umarmung als letztem Akt des Sterbens endet. Der Mensch als Subjekt hingegen erkennt den Anderen an als einen Menschen, der nicht getötet werden darf. Er antwortet auf das Antlitz des Anderen, das sagt: Töte mich nicht. Vieles ist möglich, aber unmöglich ist es, zu töten. Das Töten aber ist in jedem Akt enthalten, der zu seinem Tod führt. Daher entsteht vom Menschen als Subjekt her die Gerechtigkeit dem Gesetz gegenüber. Er erkennt den Anderen als Subjekt an; nicht einfach als Individuum oder als Feind, mit dem er bis auf den Tod kämpft.

1. Der Andere als Eigentümer

Es geht nicht einfach um die Anerkennung des Anderen. Alle modernen Ideologien gründen sich auf der Anerkennung des Anderen. Marx zeigt die Art der Anerkennung des Anderen als Eigentümer – eine Anerkennung, die der liberalen Ideologie zugrunde liegt:

> Die Waren können nicht selbst zu Markte gehn und sich nicht selbst umtauschen. Wir müssen uns also nach ihren Hütern umsehn, den Warenbesitzern. Die Waren sind Dinge und daher widerstandslos gegen den Menschen. Wenn sie nicht willig, kann er Gewalt brauchen, in andren Worten, sie nehmen. Um diese Dinge als Waren aufeinander zu beziehn, müssen die Warenhüter sich zueinander als Personen verhalten, deren Willen in jenen Dingen haust, so dass der eine nur mit dem Willen des andren, also jeder vermittelst eines, beiden gemeinsamen Willensakts sich die fremde Ware aneignet, indem er die eigene veräußert. Sie müssen sich daher wechselseitig als Privateigentümer anerkennen. Dies Rechtsverhältnis, dessen Form der Vertrag ist, ob nun legal entwickelt oder nicht, ist ein Willensverhältnis, worin sich das ökonomische Verhältnis widerspiegelt. Der Inhalt dieses Rechts- oder Willensverhältnisses ist durch das ökonomische Verhältnis

selbst gegeben. Die Personen existieren hier nur füreinander als Repräsentanten von Ware und daher als Warenbesitzer.[1]

Hier wird eine gegenseitige Anerkennung zwischen Menschen beschrieben, die sich wechselseitig als Eigentümer, nicht als lebendige Subjekte anerkennen. Sie ersetzen das lebendige Subjekt durch ihr Sein als Eigentümer. Dieses Sein als Eigentümer besteht darin, dass sie sich «zueinander als Personen verhalten, deren Willen in jenen Dingen haust». Ihr Wille haust nicht im Menschen als Subjekt, sondern in Objekten, deren Eigentümer sie sind. Die Verfügung über die Objekte und die Beziehung zwischen den Objekten bestimmt also den Willen. Diese Objekte sind nicht notwendig materielle Dinge. Es könnte auch die Hautfarbe des Anderen oder seine Nationalität sein. Es kann sich auch um den Anderen als Akteur handeln, der eine bestimmte Funktion erfüllt. Immer ist der Andere als Eigentümer Individuum, und dieses sein Sein als Individuum ersetzt den Menschen als Subjekt und erstickt es. Indem der Wille in den Objekten haust, lässt sich der Wille durch die Logik der Objekte bestimmen und wird daher durch die Macht bestimmt, die der Besitz der Objekte verleiht. Es bleibt kein Raum für die Anerkennung des Anderen als lebendiges Subjekt. Dieser Verfügungslogik entspricht die kapitalistische Gesellschaft.

Das Subjekt wird verneint, aber es verschwindet nicht. Daher beansprucht die Gesellschaft, die das Subjekt über den Eigentümer verneint, die Verwirklichung eines Allgemeininteresses. Die klassische Wirtschaftstheorie drückt es durch die unsichtbare Hand aus: Diese garantiert angeblich durch einen institutionellen Automatismus hindurch, dass die Verneinung des Subjekts in Wirklichkeit als Dienst an eben diesem Subjekt erscheint. Die Verneinung des Subjekts ist eine Umkehrung, aber das Subjekt verschwindet nicht, sondern ist zum Objekt geworden. Daher ist der klassische Kapitalismus utopisch. Er interveniert sogar in den Marktmechanismus, allerdings ohne je das lebendige Subjekt als Quelle aller Legitimität anzuerkennen. Diese Weise der Intervention tritt an die Stelle dessen, was im christlichen Imperium die Gnade des Königs und sein Einsatz für das Gemeinwohl war. Die Strategie der Globalisierung hebt dann diese Instanz wieder auf.[2]

1 Karl Marx, Das Kapital, Erster Band, MEW, Berlin, Bd. 23, S. 99f.

2 «Wenn man auch an den König appellieren kann, so kann man es nicht gegen ihn, als Prinzip. Er spendet seine Unterstützung und seine Hilfe, wem er will und wann er will.

2. Der Andere als Feind im Kampf bis auf den Tod

Diese Anerkennung des Anderen, die seine Anerkennung als lebendiges Subjekt verneint, kann aber bis zu dem Extrem getrieben werden, wo das Subjekt nicht mehr in ein Objekt verwandelt wird, sondern in einem schwarzen Loch zum Verschwinden gebracht wird. Dies geschieht in den Denkvorstellungen, die das Aufkommen des Faschismus und des Nazismus der Zwanziger- und Dreißigerjahre begleiten. Auch dieses Denken spricht von der Anerkennung des Anderen. Aber es ist nicht mehr die Anerkennung des Anderen als Eigentümer, sondern als Feind, mit dem man bis auf den Tod kämpft. Nietzsche führt dieses Denken ein:

> *Nicht* Zufriedenheit, sondern Macht; *nicht* Friede überhaupt, sondern Krieg ...
>
> Die Vergeistigung der Sinnlichkeit heißt *Liebe*: sie ist ein großer Triumph über das Christentum. Ein andrer Triumph ist unsere Vergeistigung der *Feindschaft*. Sie besteht darin, dass man tief den Wert begreift, Feinde zu haben ... Man hat auf das *große* Leben verzichtet, wenn man auf den Krieg verzichtet ...[3]
>
> Die Schwachen und Missratenen sollen zugrunde gehn: erster Satz *unsrer* Menschenliebe. Und man soll ihnen noch dazu helfen.[4]
>
> Nichts ist ungesunder, inmitten unserer ungesunden Modernität, als das christliche Mitleid. *Hier* Arzt sein, *hier* unerbittlich sein, *hier* das Messer führen – das gehört zu *uns*, das ist *unsre* Art Menschenliebe, damit sind *wir* Philosophen, wir Hyperboreer![5]
>
> Im Gegenteil, angreifen ist bei mir ein Beweis des Wohlwollens, unter Umständen der Dankbarkeit.[6]

Das ‹Bon plaisir› ist eines der Attribute der Gnade. Die Monarchie in ihrer theokratischen Gestalt ist eine Regierungsform, die über die Gerechtigkeit die Gnade stellen will, ihr stets das letzte Wort lassend.» Camus, Albert: Der Mensch in der Revolte, Reinbek bei Hamburg 1969, S. 93. An die Stelle der Gnade des Königs tritt jetzt das absolute Gesetz: «Die Religion der Vernunft richtet natürlicherweise die Republik der Gesetze ein. Der Gesamtwille spricht sich in Gesetzen aus, die von seinen Vertretern kodifiziert werden ... ‹Das Volk macht die Revolution, der Gesetzgeber die Republik.› Die ‹unsterblichen, gleichmütigen, vor menschlicher Verwegenheit geschützten› Einrichtungen werden ihrerseits das Leben aller lenken, mit allgemeiner Zustimmung und ohne möglichen Widerspruch, da alle, indem sie den Gesetzen gehorchen, sich selbst gehorchen. ‹Außerhalb der Gesetze›, sagt Saint-Just, ‹ist alles unfruchtbar, tot.› Da haben wir die römische, form- und gesetzverliebte Republik. Man kennt die Vorliebe Saint-Justs und seiner Zeitgenossen für die römische Antike.» Ebd. 100f.

3 Nietzsche, Götzen-Dämmerung. Moral als Widernatur, Nr. 3. In: Nietzsche, Friedrich: Werke in drei Bänden, hrsg. v. Karl Schlechta, München 1982, Bd. II, 966/f.

4 Nietzsche, Der Antichrist. Fluch auf das Christentum, Nr. 2, Bd. II., 1165f.

5 Nietzsche, Der Antichrist, Bd. II, 1169.

6 Nietzsche, Ecce homo, Bd. II, 1079.

> Auf tausend Brücken und Stegen sollen sie sich drängen zur Zukunft, und immer mehr Krieg und Ungleichheit soll zwischen sie gesetzt sein: so lässt mich meine große Liebe reden!
>
> Erfinder von Bildern und Gespenstern sollen sie werden in ihren Feindschaften, und mit ihren Bildern und Gespenstern sollen sie noch gegeneinander den höchsten Kampf kämpfen! …
>
> Also sicher und schön lasst uns auch Feinde sein, meine Freunde! Göttlich wollen wir *wider* einander streben![7]

Hier geschieht die Anerkennung des Anderen durch den Kampf bis auf den Tod. Dieser Kampf wird gesehen als «Vergeistigung der Feindschaft», als Akt der «Liebe», der ein Sieg über das Christentum ist. «Göttlich» ist es, «wider einander zu streben». Aber diese Anerkennung des Anderen durch den Kampf bis auf den Tod hat Feinde, mit denen man diesen Kampf keineswegs kämpft. Es handelt sich um diejenigen, die diese Anerkennung des Anderen durch den Kampf bis auf den Tod verneinen. Mit diesen kämpft man nicht, man vernichtet sie. Sie sind die Träger der Schwäche, der Rache und des Ressentiments. Sie sind die Feinde dieser Liebe, die sich im Kampf bis auf den Tod ausdrückt. Das Verhältnis zu ihnen ist keine göttliche Feindschaft unter Freunden. Für dieses Verhältnis schafft Nietzsche ein Wort, das Geschichte gemacht hat. Er sagt, dass es sich um eine Aufgabe der «Sanitätspolizei»[8], d. h. der «Kammerjäger», handelt. Ihnen gebührt die Vernichtung ohne Schwäche, ohne Rache und ohne Ressentiment. Damit die göttliche Feindschaft sein kann, müssen die Feinde dieser göttlichen Feindschaft – die «Schlechtweggekommenen» und ihre «Priester» – vernichtet werden. Sie verschwinden nicht einmal in einer ewigen Hölle, sondern ganz einfach in einem schwarzen Loch. Sicher, Nietzsche kämpft – mit der Feder. Wenn diesen Kampf aber Leute kämpfen, die Maschinengewehre oder große transnationale Konzerne besitzen, sieht alles ganz anders aus.

Die Mystik der göttlichen Feindschaft, die Liebe ist und in der man bis auf den Tod kämpft, begleitet das Entstehen des Faschismus und drückt sehr gut dessen Todesmystik aus. Ernst Jünger arbeitet sie in den Zwanzigerjahren unvergleichlich aus. Die Todesmystik kam aber nach dem Zweiten Weltkrieg zurück. Im

7 Also sprach Zarathustra. Zweiter Teil. Von den Taranteln, Bd. II, 357–359

8 Nietzsche, Götzen-Dämmerung. Die «Verbesserer» der Menschheit, Nr. 3, Bd. II, 980f.

gegenwärtigen Kapitalismus der universalen Antiutopie und des universalen Antihumanismus ist sie wieder sehr passend.

Sie erscheint, wie auch in den Zwanzigerjahren, vor allem in der Literatur. Die Kurzgeschichte von Jorge Luis Borges «El último tango» (Der letzte Tango) führt uns in diese Atmosphäre noch mit hoher Kunst ein. Aber auch der folgender Kitsch von Mario Vargas Llosa, immerhin Träger des Friedenspreises des deutschen Buchhandels, gehört dazu:

> Rufino kriecht auf Gall zu, ganz langsam. Wird er ihn erreichen? Er stößt sich mit den Ellbogen voran, mit den Knien, reibt das Gesicht über den Lehm, wie ein Wurm, und Gall treibt ihn an, indem er das Messer bewegt. «Sache der Männer», denkt Jurema: «Die Schuld wird auf mich fallen.» Rufino erreicht Gall, der ihm das Messer einrammen will, während die Schnabeltasse ihn ins Gesicht trifft. Aber der Schlag verliert seine Kraft, sobald er berührt wird, denn Rufino fehlt bereits die Energie, oder er ist schon entmutigt. Die Hand bleibt bei Gall im Gesicht, eine Art von Zärtlichkeit. Gall schlägt ihn ebenfalls, einmal, zweimal, und seine Hand ruht auf seinem Kopf. Beide ringen, umarmt vom Tod, und sehen sich an. Jurema hat den Eindruck dass die beiden Gesichter, Millimeter eines vom andern entfernt, sich zulächeln.[9]

Das also ist aus dem Kampf bis auf den Tod geworden, als höchstem Ausdruck der Liebe.[10] Es ist der Humanismus des Kampfes bis auf den Tod, der die Verneinung jedes Humanismus und seiner Träger bedeutet. Diese Erkenntnis lässt Cioran, einen der Gurus aus der Klasse der «Executives», über den kollektiven Selbstmord der Menschheit sinnieren:

9 Vargas Llosa, Mario: La guerra del fin del mundo, Barcelona 1981, S. 293f.

10 In diesem Reigen des Tötens aus Liebe fehlt selbst Papst Johannes Paul II. nicht: «Im Alten Testament spricht man mehrmals vom ‹Feuer des Himmels›, das die von den Menschen dargebrachten Opfer verzehrte. In analoger Weise kann man sagen, dass der Heilige Geist *‹Feuer vom Himmel› ist, das in der Tiefe des Kreuzesgeheimnisses wirkt.* Vom Vater ausgehend, lenkt er das Opfer des Sohnes zum Vater hin, indem er es in die *göttliche Wirklichkeit der trinitarischen Gemeinschaft* einbringt ... Der Heilige Geist als Liebe und Gnadengeschenk *versenkt sich gewissermaßen in die Herzmitte jenes Opfers*, das am Kreuz dargeboten wird. Mit Bezug auf die biblische Tradition können wir sagen: *Er verzehrt dieses Opfer mit dem Feuer der Liebe*, die den Sohn mit dem Vater in der trinitarischen Gemeinschaft vereint. Und weil das Kreuzesopfer ein eigener Akt Christi ist, *‹empfängt›* auch er den *Heiligen Geist.*» Johannes Paul II: Enzyklika «Dominum et vivificantem», über den Heiligen Geist im Leben der Kirche und der Welt, vom 18. Mai 1986, hrsg. vom Sekretariat der Deutschen Bischofskonferenz, Bonn 1986, Nr. 41. – Wenn das aus Liebe geschieht, was würde denn der Hass tun? Würde er Christus gerade nicht töten? Das wäre dann der Fall des Masochisten, der zum Sadisten sagt: Schlag mich, quäl mich ... und der Sadist antwortet: Nein!

> Da die Katastrophe die einzige Lösung ist, ist es gerechtfertigt, sich zu fragen, ob es nicht im Interesse der Menschheit ist, sich jetzt auszulöschen, anstatt sich mit Warten zu erschöpfen und zu erschlaffen, indem sie sich einer langwierigen Agonie aussetzt, in der sie jeden Ehrgeiz verlieren könnte, sogar denjenigen, zu verschwinden.[11]

Die Anerkennung des Anderen durch den Kampf bis auf den Tod hat durchaus eine andere Seite: die Vernichtung jener, die sich dieser Anerkennung widersetzen, sowie jener, die diesen Kampf nicht aufnehmen können. Der Kampf bis auf den Tod vernichtet diejenigen, die ein Hindernis für diesen Kampf sind. Der Kampf bis auf den Tod selbst kämpft um sein Leben, das darin besteht, in diesem Kampf bis auf den Tod zu bestehen. Die Herren kämpfen unter sich, und sie säubern das Feld von allen Gegnern ihres Kampfes.

Einer der hervorragendsten Analytiker der Gewalt in der modernen Gesellschaft ist sicher René Girard.[12] Er analysiert die verschiedenen Opfermechanismen, vom Mechanismus des Sündenbocks bis zu den Verfolgungsmechanismen, die mit dem Aufkommen der Gesetzlichkeit in der griechischen Gesellschaft auftauchen und sich über das römische Imperium, das christliche Imperium des Mittelalters und die späteren liberalen Imperien fortentwickeln. Girard weist auch auf die Veränderung hin, die im 20. Jahrhundert mit der Wende zum universalen Antihumanismus geschieht. Ich werde versuchen, seine Analyse in Bezug auf die Vernichtungsmechanismen zu erweitern.

Der Unterschied zwischen den Verfolgungstexten früherer Epochen und den Vernichtungstexten, die das 20. Jahrhundert auszeichnen, ist offensichtlich. Wir haben die Verfolgungstexte von Cicero, Bernhard von Clairvaux und Luther bereits analysiert. Ihr Feindbild ist in der Antike vor allem der Vatermörder, im christlichen Imperium ist es der Jude als Kreuziger und später als Gottesmörder, der – da Gott der Vater ist – ein metaphysischer Vatermörder ist. Aber die Vernichtungstexte des 20. Jahrhunderts begründen ein völlig anderes Denken, das die früheren Verfolgungstexte in ihrer Unmenschlichkeit immer noch als «menschlich» erscheinen

11 Die elegische Viper. Zum Tode des großen Apokalyptikers Emile M. Cioran: Thomas Assheuer, in: Frankfurter Rundschau, vom 21. Juni 1995.

12 Vor allem in: El misterio de nuestro mundo. Claves para una interpretación antropológica. Diálogos con J. M. Oughouruan y G. Lefort, Salamanca 1982, S. 146ff.

lässt. Die Verfolgung ersetzt den Menschen als Subjekt; die Vernichtung läßt den Menschen als Subjekt einfach verschwinden.

Nietzsche ist der erste Denker unserer Zeit, der Grundstrukturen solcher Vernichtungstexte entwickelt, einschließlich seiner Vorstellung der «Sanitätspolizei». Aber er stellte sich sicher nicht vor, in welcher Form dies alles Wirklichkeit werden könnte. Die Vernichtungspolitik hingegen wird zum ersten Mal von der deutschen Gesellschaft der Nazizeit in den Dreißiger- und Vierzigerjahren hervorgebracht. Hitler weist schon sehr früh auf den Unterschied zwischen Verfolgung und Vernichtung hin. In einem Brief an Adolf Gremlich vom 16. November 1919 zeigt er dies auf:

> Der Antisemitismus aus rein gefühlsmäßigen Gründen wird seinen letzten Ausdruck finden in der Form von Pogromen. Der Antisemitismus der Vernunft jedoch muss führen zur planmäßigen gesetzlichen Bekämpfung und Beseitigung der Vorrechte der Juden, die er zum Unterschied der anderen zwischen uns lebenden Fremden besitzt (Fremdengesetzgebung). Sein letztes Ziel aber muss unverrückbar die Entfernung der Juden überhaupt sein.[13]

Himmler formuliert in einer seiner Posener Reden die daraus resultierende Vernichtungsstrategie:

> Der Satz «Die Juden müssen ausgerottet werden» mit seinen wenigen Worten, meine Herren, ist leicht ausgesprochen. Für den, der durchführen muss, was er fordert, ist es das Allerhärteste und Schwerste, was es gibt ...[14]
>
> Es trat an uns die Frage heran: Wie ist es mit den Frauen und Kindern? – Ich habe mich entschlossen, auch hier eine ganz klare Lösung zu finden. Ich hielt mich nämlich nicht für berechtigt, die Männer auszurotten – sprich also, umzubringen oder umbringen zu lassen – und die Rächer in Gestalt der Kinder für unsere Söhne und Enkel groß werden zu lassen. Es musste der schwere Entschluss gefasst werden, dieses Volk von der Erde verschwinden zu lassen. Für die Organisation, die den Auftrag durchführen musste, war es der schwerste, den wir bisher hatten. Er ist durchgeführt worden, ohne dass – wie ich glaube sagen zu können – unsere Männer und unsere Führer einen Schaden an Geist und Seele erlitten hätten. Diese Gefahr lag sehr nahe. Der Weg zwischen den beiden hier bestehenden Möglichkeiten, entweder zu roh zu werden, herzlos zu werden und menschli-

13 Adolf Hitler, Brief an Adolf Gemlich, vom 16. Sept. 1919, in: Sämtliche Aufzeichnungen, hrsg. von E. Jäckel, S. 89. Zitiert nach: Detlev Claussen: Vom Judenhass zum Antisemitismus. Materialien einer verleugneten Geschichte, Darmstadt 1987, S. 46.

14 Himmler, Heinrich: Rede vor den Reichs- und Gauleitern in Posen am 6. Okt. 1943. In: Geheimreden 1933 bis 1945 und andere Ansprachen, hrsg. von Bradley F. Smith und Agnes F. Peterson. Einführung von Joachim C. Fest, S. 169.

ches Leben nicht mehr zu achten oder weich zu werden und durchzudrehen bis zu Nervenzusammenbrüchen – der Weg zwischen dieser Scylla und Charybdis ist entsetzlich schmal.[15]

Hier wird einfach eine Vernichtung kalkuliert. Über die Opfer wird nicht einmal gesprochen. Da ist überhaupt kein Rachegefühl, kein Aufruf zur Grausamkeit. Die Opfer werden nicht einmal in die Hölle verwünscht. Sie werden überhaupt nicht verwünscht. Sie verschwinden einfach. Daher kann Himmler von dieser Vernichtung als einer «Entlausung» sprechen. Er verhält sich zu den Opfern tatsächlich so, wie sich ein Kammerjäger zu den Wanzen verhält. Alle Rache ist in gefühllose Energie einer kalkulierten Vernichtung übergegangen. Hingegen stellt sich der Täter als Opfer seiner Aktion dar, als derjenige, der eine heilige Pflicht erfüllt und sich dafür opfert.

Die besondere Psychologie des Täters stellt Hannah Arendt dar, wenn sie über den Eichmann-Prozess berichtet:

> ... als er plötzlich mit großem Nachdruck beteuerte, sein Leben lang den Moralvorschriften Kants gefolgt zu sein, und vor allem im Sinne des kantischen Pflichtbegriffs gehandelt zu haben.[16]
>
> Keine Ausnahmen, keine Kompromisse – das war der Beweis dafür, dass er stets gegen die «Neigung» – Gefühle oder Interessen – der Pflicht gefolgt war.[17]
>
> ... dass nicht sein Fanatismus Eichmann zu seinem kompromisslosen Verhalten im letzten Kriegsjahr getrieben hat, sondern sein Gewissen.[18]

Die Vernichtungsaktion ist zur Gewissenssache geworden. Es ist ein verkehrtes Gewissen, das sich meldet, wenn man in der Vernichtungsaktion Schwäche zeigt. Die Vernichtungsaktion selbst wird zum Gewissensfall, ihre Effizienz wird zum Kriterium von Gut und Böse. Das Gewissen hat sich umgedreht. Aber es ist das Effizienzkriterium selbst, das es umgedreht hat. Es wird vorstellig, wenn eine menschliche Regung aufkommt. Es schlägt daher auch, wenn man zu roh oder herzlos wird. Man quält nicht, man eliminiert. Man hat daher auch keine Rachegefühle, denn selbst Rachegefühle zeigen eine Schwäche an; auch sie sind eine menschliche

15 Ebd. 169f.
16 Arendt, Hannah: Eichmann in Jerusalem. Ein Bericht von der Banalität des Bösen, München Zürich 1986, S. 174.
17 Ebd. 176.
18 Ebd. 185.

Regung, die unterdrückt werden muss, um ihrer Transformation zur Effizienz willen. Alles Menschliche wird sublimiert durch die Idee der Vernichtung.

Die kalkulierende Vernichtung lässt die Verfolgungstexte weit hinter sich. Die Verfolgungstexte setzen Himmel und Hölle in Bewegung, um den Mördern ein gutes Gewissen zu verleihen. Die Vernichtungstexte dagegen machen aus dem Mord einen effizient zu leistenden Dienst an der Sache. Die Vernichtungstexte zeigen einfach die Konsequenz des universalen Antihumanismus an. Die Entscheidung über Leben und Tod wird zu einer Entscheidung über den technischen Ablauf einer Handlung. Es kann kein Argument mehr geben, um einzugreifen: Was effizient ist, ist auch notwendig. Daran führt kein Weg vorbei.

Die Vernichtungsaktion der Nazis hatte in diesem Licht etwas sehr Irrationales. Die Ziele selbst, wie etwa die Vernichtung der Juden, sind nicht zweckrational, sondern rein mythisch begründet. Die Handlungsabfolge wiederum ist völlig zweckrationalen Kalkülen unterworfen, aber es gibt keinen irgendwie empirisch ableitbaren Zweck, aus dem diese Vernichtungsaktion folgen würde.

Der Vernichtungsdiskurs fand nach dem Zweiten Weltkrieg durchaus seine Fortsetzung. Nun leitet er auch seine Ziele zweckrational ab. Insofern ergibt sich in der Kontinuität durchaus eine Transformation. Der Vernichtungsdiskurs wird zur Sozialtechnik.

Diese Veränderung äußert sich in einem Ausdruck, der die Kammerjäger ablöst. Es geht jetzt um das «Ausmerzen eines Krebsgeschwürs». Man muss Krebsgeschwüre beseitigen oder kranke Glieder des Volkskörpers amputieren. Der Ausdruck erschien offenbar zum ersten Male 1965 zur Kennzeichnung eines Massakers in Indonesien, wo General Suharto ein Krebsgeschwür ausmerzte. Der Ausdruck wiederholte sich vielfach. In Chile erschien er mit dem Militärputsch von Pinochet 1973. In den Achtzigerjahren bot sich Präsident Reagan als Chirurg an, um Krebsgeschwüre wegzuschneiden. Ein großes Krebsgeschwür waren die Sandinisten in Nicaragua, gegen die Reagan den mörderischen Krieg der Contras organisierte. Bush hingegen meinte im Hinblick auf die Luftangriffe gegen Libyen, die Ghaddafi töten sollten, es gehe darum, einen «tollwütigen Hund» totzuschlagen.

Das Vernichtungsdenken hat das Verfolgungsdenken an den Rand gedrängt. Es sind Vernichtungstexte, die heute die massiven

Menschenrechtsverletzungen begründen. Aber die Ziele werden immer mehr mit Hilfe der Sozialtechnik begründet. Die Globalisierungsstrategie, die Menschheit und Natur zerstört, gilt als ein Produkt der Markttechnik und wird als solche zur Technik der Vernichtung. Die letzten großen Kriege gegen den Irak und gegen Serbien wurden technisch begründet, als zweckrationale Mittel zur Sicherung der Menschenrechte. Große Todesfabriken wurden in Gang gesetzt, und der Ruf nach Menschenrechten wird – sobald er dem zweckrationalen Kalkül unterworfen wird – zum Schmiermittel für das Funktionieren dieser Todesfabriken. Die Sozialtechnik nimmt die Gestalt der Gesetzlichkeit an; in ihrem Namen finden die großen Vernichtungsaktionen statt. Auch die Foltersysteme, wie sie in Lateinamerika vor allem in den Siebziger- und Achtzigerjahren funktionierten, wurden durch Sozialtechnik begründet und fanden als solche weitgehende Zustimmung und sogar Unterstützung in allen entscheidenden Ländern. Als der Kosovo-Krieg begann, besuchte Margret Thatcher Pinochet und feierte seinen Staatsterrorismus als Sozialtechnik, welche Chile die Demokratie zurückgab.

Das Vernichtungsdenken ist allgegenwärtig geworden. Aber die Vernichtung tritt immer als Konsequenz eines instrumentellen, zweckrationalen Kalküls auf. Ein Text von Cousteau mag dies illustrieren. Auf der einen Seite beabsichtigt er eine Warnung, aber auf der andern Seite kündigt er die unvermeidbare Vernichtung als Folge einer ehernen Rationalität an:

> Wir wollen das Leiden und die Krankheit beseitigen? Die Idee ist schön, aber sie schlägt vielleicht auf lange Sicht nicht zum Besten aus. Es ist wahrscheinlich, dass wir damit die Zukunft unserer Gattung belasten. Es ist schrecklich, das zu sagen. Es ist notwendig die Weltbevölkerung zu stabilisieren, und dazu muss man 350 000 Menschen pro Tag beseitigen. Es ist so schrecklich, dass man es nicht einmal sagen sollte. Aber es ist die Gesamtheit der Situation, in der wir uns befinden, die beklagenswert ist.[19]

Die Vernichtung wird zum Gebot der instrumentellen, zweckrationalen Vernunft selbst, indem wir uns ihr unterwerfen. Als Gesetz sagt diese Vernunft: «fiat iustitia, pereat mundus».

19 Jacques-Yves Cousteau, Le courrier de l'Unesco, 11/1991, Paris, S. 13, zitiert nach: Hein, Wolfgang: El fin del Estado-Nación y el Nuevo Orden Mundial. Las instituciones políticas en perspectiva. In: Nueva Sociedad, Nr. 132, Juli/August 1994, S. 116.

3. Der Andere als lebendiges Subjekt

In dieser Situation kehrt das verdrängte Subjekt als lebendiges und bedürftiges Subjekt zurück, mit seinem legitimen Recht auf Rebellion. Dies zeigt bereits Walter Benjamin:

> Marx sagt, die Revolutionen sind die Lokomotiven der Weltgeschichte. Aber vielleicht ist dem gänzlich anders. Vielleicht sind die Revolutionen der Griff des in diesem Zug reisenden Menschengeschlechts nach der Notbremse.[20]

Das gesamte Denken von Camus ist dieser Wiederkehr des verdrängten Subjekts gewidmet. Levinas gelingt es, die Frage meisterhaft zu formulieren:

> Das Antlitz entzieht sich dem Besitz, meinem Vermögen ... Das Antlitz spricht mit mir und fordert mich dadurch zu einer Beziehung auf, die kein gemeinsame Maß hat mit einem Vermögen, das ausgeübt wird ... Und doch eröffnet sich diese neue Dimension in der sinnlichen Erscheinung des Antlitzes ... Die Tiefe, die sich in dieser Sinnlichkeit eröffnet, verändert das eigentliche Wesen des Könnens; es kann von nun an nicht mehr erfassen, aber es kann töten ... Nur der Mord zielt auf die vollständige Verneinung ... Töten ist nicht Beherrschen, sondern Vernichten, der absolute Verzicht auf das Verstehen. Der Mord übt Macht aus über das, was der Macht entkommt ... Die Andersheit, die sich im Antlitz ausdrückt, liefert die einzig mögliche «Materie» für die totale Negation ... Der Andere ist das einzige Seiende, das ich kann töten wollen ... Die Unendlichkeit seiner Transzendenz ... die stärker ist als der Mord, widersteht uns schon in seinem Antlitz, ist sein Antlitz, ist der ursprüngliche *Ausdruck*, ist das erste Wort: «Du wirst keinen Mord begehen.»[21]

20 Benjamin, Walter: Notizen und Vorarbeiten zu den Thesen über den Begriff der Geschichte. Gesammelte Schriften, hrsg. von R. Tiedemann und H. Schweppenhäuser, Frankfurt a. M. 1974, Bd.1, 3, S. 1232, zitiert nach Türcke, Christoph: Der tolle Mensch. Nietzsche und der Wahnsinn der Vernunft, Frankfurt a. M. 1989. S. 176. Walter Benjamin verallgemeinert diese Einsicht: «Bekanntlich soll es einen Automaten gegeben haben, der so konstruiert gewesen sei, dass er jeden Zug eines Schachspielers mit einem Gegenzuge erwidert habe, der ihm den Gewinn der Partie sicherte. Eine Puppe in türkischer Tracht, eine Wasserpfeife im Munde, saß vor dem Brett, das auf einem geräumigen Tisch aufruhte. Durch ein System von Spiegeln wurde die Illusion erweckt, dieser Tisch sei von allen Seiten durchsichtig. In Wahrheit saß ein buckliger Zwerg darin, der ein Meister im Schachspiel war und die Hand der Puppe an Schnüren lenkte. Zu dieser Apparatur kann man sich ein Gegenstück in der Philosophie vorstellen. Gewinnen soll immer die Puppe, die man ‹historischen Materialismus› nennt. Sie kann es ohne Weiteres mit jedem aufnehmen, wenn sie die Theologie in ihren Dienst nimmt, die heute bekanntlich klein und hässlich ist und sich ohnehin nicht darf blicken lassen.» Benjamin, Walter: Ein Lesebuch, hrsg. von Mi-

Es ist dieses lebendige Subjekt, das gleichzeitig als körperliches Subjekt ein bedürftiges Subjekt ist:

> In der Nähe wird ein Gebot vernehmbar, das gleichsam aus einer unvordenklichen Vergangenheit kommt: die niemals Gegenwart war, die in keiner Freiheit begonnen hat. Diese Weise des Nächsten heißt Gesicht. Das Gesicht des Nächsten bedeutet mir eine unabweisbare Verantwortung, die jeder freien Zustimmung, jedem Pakt, jedem Vertrag vorausgeht.[22]
>
> Die «Vision» des Antlitzes als eines Antlitzes ist ... eine gewisse Form des ökonomischen Lebens. Eine menschliche oder zwischenmenschliche Beziehung vermag sich nicht außerhalb der Ökonomie abzuspielen, man kann ein Antlitz nicht mit leeren Händen und geschlossenem Haus ansprechen ... Die Möglichkeit, sich dem Anderen zu öffnen, ist ebenso wesentlich für das Wesen des Hauses wie die geschlossenen Fenster und Türen.[23]

Das Subjekt steht dem Gesetz gegenüber, und es wird zum Subjekt, indem es sich dem Gesetz gegenüber verhält. Es besteht auf seinem Leben gegenüber einem Gesetz, dessen Geltung durchaus eine Bedingung der Möglichkeit seines Lebens ist. Die Verneinung des Gesetzes selbst würde das Subjekt auch zerstören – ganz so, wie es zerstört wird, wenn es in der Erfüllung des Gesetzes seine Befreiung sucht. Das lebendige Subjekt ist nicht nur die Anerkennung des Anderen als lebendiges Subjekt, sondern impliziert gleichzeitig die Beziehung zum Gesetz als unvermeidbarer Vermittlung des menschlichen Lebens selbst. Als lebendiges Subjekt muss der Mensch das Gesetz im gleichen Akt bestätigen, worin er es herausfordert und dem Unterscheidungskriterium seines Lebens unterwirft. In diesem Sinne ist es bei Levinas das Dritte, durch das die Menschheit in der Beziehung zum Anderen gegenwärtig ist, auch wenn der Mensch rebelliert.[24]

chael Opitz, Frankfurt a. M. 1996, S. 665. – Dieser bucklige Zwerg, das ist das Subjekt, um das es geht.

21 Levinas, Emmanuel: Totalität und Unendlichkeit. Versuch über die Exteriorität, Freiburg–München 1987, S. 283–285.

22 Levinas, Emmanuel: Jenseits des Seins oder anders als Sein geschieht, Freiburg–München 1992, S. 198f.

23 Levinas, Totalität a.a.O. 250f.

24 Levinas sagt dies auf folgende Weise: «Das menschliche Ich setzt sich in der Brüderlichkeit: Dass alle Menschen Brüder seien ist keine Zutat zum Menschen wie eine moralische Errungenschaft, sondern macht seine Selbstheit aus ... Die Beziehung mit dem Antlitz in der Brüderlichkeit, in der der Andere seinerseits als solidarisch mit allen anderen erscheint, konstituiert die soziale Ordnung, die Beziehung eines jeden Dialogs mit dem Dritten; kraft dieser Beziehung umfasst das Wir ... den Gegensatz des Von-Angesicht-zu-Angesicht, und lässt das Erotische in ein soziales Leben einmünden; das soziale Leben ist ganz

Es handelt sich um ein Gesetz, das nur dann erfüllt wird, wenn es einen Menschen als Subjekt gibt, der es herausfordert und seinem Leben als Unterscheidungskriterium unterwirft. Es ist ein Gesetz für das Leben, das sich jedoch in ein Gesetz zum Tod verwandelt, sobald der Mensch sich ihm unterwirft. Hier ist die Figur Jesu paradigmatisch. Jesus verletzt das Gesetz. Aber er legitimiert seine Gesetzesverletzungen, indem er sagt, das Gesetz sei nur erfüllbar als Gesetz für das Leben. Er besteht häufig darauf, dass er das Gesetz nicht abschaffen, sondern erfüllen will. Dennoch: Man kann es nicht erfüllen, wenn man nicht das Kriterium des Lebens hat, das darüber entscheidet, wann es zu verletzen ist. Daher ist das soziale Leben ein Leben, das durch Gesetze bestimmt wird; es braucht aber ebensosehr Kriterien, wann es verletzt werden muss.

Wenn das Antlitz des Anderen sagt: «Töte mich nicht», bittet es, als lebendiges Subjekt anerkannt zu werden. Durch die Antwort: «Ich werde dich nicht töten», erkennen sich beide als lebendige Subjekte an. Als solche bestehen sie darauf: «Wir werden uns nicht töten.» Dieser elementaren Situation liegt dic Solidarität zugrunde. Sie ist die Antwort: «Wir werden uns nicht töten.» Sie bezieht sich dann auf die Menschheit selbst: «Wir alle zusammen werden uns nicht gegenseitig töten.» Alle sind wir Subjekt, und wir werden das, was wir sind, nur dann, wenn wir uns gegenseitig nicht töten. Hierin liegt die Verwirklichung des Menschen als Subjekt.

Was wir sind und was wir durch diese Selbstverwirklichung werden, besteht darin, lebendiges Subjekt zu sein. Dieses Subjekt ist der Ursprung der Menschheit. Am Anfang steht kein «Gründungsmord» – weder der Vatermord von Freud noch die Ermordung des Sündenbocks von Girard. Am Anfang steht vielmehr ein Mord, der nicht begangen wurde. Nicht zu töten, das ist der Anfang der Menschheit, nicht nur in der Zeit, sondern zu jedem Moment. Die Menschheit wird nicht mit Kain geboren, der seinen Bruder Abel

Bedeuten und Anstand, es umgreift sogar die Struktur der Familie.» Levinas, Totalität a.a.O. 405. – «In dem Maße, in dem das Antlitz des Anderen uns mit dem Dritten in Beziehung setzt, nimmt der metaphysische Bezug von mir zum Anderen die Form des Wir an, zielt er auf den Staat, die Institutionen, die Gesetze, die die Quelle der Universalität sind. Wird aber die Politik sich selbst überlassen, so trägt sie eine Tyrannei in sich. Sie deformiert das Ich und den Anderen, die sie hervorgerufen haben; denn sie urteilt über sie nach den universalen Regeln und eben damit wie in ihrer Abwesenheit ... Die Metaphysik führt uns also zurück zum Vollzug des Ich als Einzigkeit; dieser Vollzug weist dem Werk des Staates seine Stellung und seine Gestalt an. Levinas, Totalität, 435f.

tötet. Sie wird geboren mit Abraham, der seinen Sohn Isaak nicht opfert und daher nicht tötet.

Die Geschichte ist nicht die Verneinung eines Mordes, sie ist die Ablehnung eines Nicht-Mordes. In Bezug auf das Individuum handelt es sich um die Verweigerung des Selbstmords, denn aller Mord ist Selbstmord. Das Nicht-Töten ist das Fundament aller Geschichte. Aber die Geschichte wird dadurch gemacht, dass im Namen der Macht und des Gesetzes Morde begangen werden. Diese verdecken das Fundament, welches das Nein zum Töten ist. Die Menschheit verneint ihr Fundament, indem sie irgendwelche grundlegenden Morde begeht: Sokrates, Caesar, Jesus ... Auf diese Weise kaschiert sie, dass das Nein zum Töten das Fundament und der Anfang ist. In der Geschichte von Abraham und seiner Weigerung, Isaak zu töten, erhält sich die Erinnerung an das Fundament in Gestalt einer historischen Erinnerung. Aber auch sie wurde verstümmelt. Selbst dieses Nein zum Opfer wurde als wahres Opfer interpretiert. Man versteht dann den Glauben des Abraham als seine Bereitschaft, seinen Sohn zu töten, während Gott sich mit diesem «guten Willen zur Tötung» begnügte und Abraham als Belohnung dafür das Leben Isaaks schenkte. Auch da ist sichtbar, dass diese Interpretation das Fundament versteckt, um einen grundlegenden Mord erzeugen zu können.

Das Fundament aber schließt das Nein zum Töten ein. Freud konstruiert für die jüdische Geschichte einen konstitutiven Mord, den er mit der Hypothese begründet, dass Mose in der Wüste durch die von ihm angeführten Israeliten ermordet wurde. Freud erwähnt Abraham fast nie, den Mythos vom Nicht-Opfer des Isaak erwähnt er nicht einmal. Tatsächlich kann er ihn in sein Interpretationsschema auch nicht einordnen, und daher wird er ihm gegenüber blind. Freud interpretiert die Propheten als die Wiederkehr einer unterdrückten Erinnerung an einen konstitutiven Mord, welcher der «Vatermord» an Mose ist. Aber ganz unabhängig davon, ob dieser Mord an Mose stattgefunden hat oder nicht, bleibt doch die andere Alternative, wonach die Propheten gerade einen verdrängten Nicht-Mord, nämlich das Nein zum Töten Abrahams, wiederkehren lassen. Nicht die Reue über einen Mord ist so der Ausgangspunkt, sondern die Reue darüber, das Nein zum Töten des Abrahams aufgegeben zu haben. Es ist dann die Bestätigung des Nein zum Töten gegenüber einem konstitutiven Mord.

Girard entdeckt das Fundament des Christentums in einem Nein zum Menschenopfer. Aber dieses Nein ist bei Girard ein Ergebnis der Geschichte, nicht ihr Anfang. Auch Girard schreibt dem Nicht-Opfer Abrahams keine besondere, grundlegende Bedeutung zu. Aber es geht gerade darum, dieses Nicht-Opfer als Fundament wiederzuentdecken. Denn alles Neue, das in der Geschichte auftaucht, ist in diesen Ursprüngen bereits enthalten. Das Neue, das nicht in den Ursprüngen enthalten ist, mündet einfach nur in das ein, was Walter Benjamin «die ewige Wiederkehr des Neuen» nennt.

Damit kehren wir zu Ödipus zurück. Explizit sagt der Mythos nach der Schilderung des Sophokles, Ödipus habe seinen Vater ermordet, ohne zu wissen, dass dieser sein Vater war. Daraus resultiert die Katastrophe des Ödipus, als er erfährt, dass Laios, der König von Theben, den er erschlagen hatte, sein Vater war und Iokaste, die Frau des Laios, mit der er sich verheiratet hatte, seine Mutter war.

Aber implizit sagt der Mythos etwas ganz anderes. Ohne es zu wissen, zerstört Freud selbst diesen Mythos. Dies ergibt sich aus der Analyse, die er zum Mythos des Mose durchführt. Er zeigt, dass Mose dem verborgenen Sinn des Mythos nach ein Ägypter gewesen sein muss und nicht, wie der Mythos behauptet, ein Israelit gewesen sein kann. Freud findet das Argument dazu in einer Untersuchung über die Struktur der archaischen Mythen des Heros.[25] Nach den Ergebnissen dieser Untersuchung geht der archaische Heros immer aus zwei Familien hervor. Stets ist die zweite Familie diejenige, aus der er wirklich hervorgegangen ist, während die erste Familie jene Vorfahren hervorbringt, die den Heros legitimieren. Daher ist die zweite Familie des Mythos die wirkliche Familie, während die erste Familie einen mythischen Ursprung hat. Dem Mythos nach aber hat Mose in der ersten Familie jüdische Eltern, während die zweite Familie, aus der er hervorgeht, aus dem Haus des Pharao stammt. Hieraus schließt Freud, dass Mose wirklich ein Ägypter gewesen sein muss, dem der Mythos aus Gründen der Legitimation eine jüdische Abstammung zusprach.

Freud bemerkte nicht: Wenn man die Analyse auf den Mythos des Ödipus anwendet, beweist sie, dass Laios, der König von Theben, den Ödipus erschlug, nicht sein Vater gewesen sein kann. Und auch Iokaste, mit der er sich verheiratete, kann nicht seine Mutter

25 Freud, Der Mann Moses und die monotheistische Religion, Frankfur a. M. 1980, S. 25–134.

sein. Dem Mythos des Ödipus nach gehörte Laios, der angebliche Vater des Ödipus, zur ersten Familie. In seiner zweiten Familie hingegen war der Vater des Ödipus der König Polybos von Korinth. Folgt man der Ableitung von Freud und Rank, so ergibt sich, dass Laios nicht der wirkliche Vater des Ödipus gewesen sein kann, sondern dass der Mythos ihm aus Legitimationsgründen Laios als Vater zuschreibt. Am wahrscheinlichsten ist, dass Kreon diesen Mythos schuf, um das Königtum von Theben legitim übernehmen zu können. Kreon ist der Bruder von Iokaste, der Frau des Ödipus. Er ist der Usurpator, der den legitimen König Ödipus stürzt und der die erste Familie des Ödipus erfindet, wonach dieser der Sohn des Laios ist. Auf diese Weise entzieht Kreon dem Ödipus die Legitimation, denn dieser hat Laios erschlagen. Ödipus verliert die Legitimation jedoch nur, wenn Laios sein Vater war. Kreon hat Erfolg und schreibt die Geschichte, die zur geltenden Wahrheit wird. Kreon arbeitet dabei wahrscheinlich mit dem Hellseher zusammen, der das Gerücht in die Welt setzt, dass Laios der wirkliche Vater des Ödipus ist. Kreon übernimmt die Anklage und tritt als der legitime Verteidiger des Gesetzes in Erscheinung.

Ödipus ist ein Mörder, da er Laios erschlug; er ist jedoch kein Vatermörder, weil Laios nicht sein Vater war. Aber er ermordete Laios; es gab jemanden, der den Mord in einen Vatermord umwandelte. Dieser zerstört Ödipus dadurch, dass er glaubhaft behauptet, Laios sei der Vater gewesen, und es gelingt ihm, Ödipus selbst zu überzeugen, dass dem so war.

So ist das Problem des Ödipus nicht der Mord, sondern der Vatermord. Dem Mythos nach wäre der Mord an Laios unbedeutend, wenn Laios nicht der Vater des Ödipus gewesen wäre. Nicht der Mord ist das Böse, das Böse ist der Vatermord. Aber implizit zeigt der Mythos, dass Ödipus durch den Mord zerstört wurde, obwohl es nicht ein Vatermord war. Denn auf der Basis dieses Mordes konnte der Mythos geschaffen werden, dass es ein Vatermordes gewesen sei.

Ödipus ist ein Mörder. Aber die Tatsache, dass er dies ist, wird versteckt durch die Erfindung eines Vatermords. Dieser ist zu rächen durch die Zerstörung des Sohnes, der ihn angeblich ermordet hat. Dadurch, dass man ihm den Vatermord zuschreibt, versteckt man den Mord. Indem Kreon Ödipus den Vatermord zuschreibt, wird er zum Richter im Namen des Gesetzes, der das Gesetz erfüllt.

Ödipus wird nicht verurteilt wegen des Mordes, den er begangen hat, sondern wegen eines Mordes, den er nicht begangen hat, den man ihm aber zuschreibt und von dem er glaubt, dass er ihn begangen hat. Kreon ist der wahre Mörder, der gleichzeitig ein Lügner ist, obwohl er Ödipus nicht ermordet, sondern in die Selbstzerstörung treibt. Der Mythos selbst versteckt diese Tatsachen, aber er kann die Spuren nicht völlig verwischen.

Freud entdeckt diese Perspektive seiner eigenen Analyse nicht. Aber genau um diese Perspektive geht es. Es geht um ein Fundament, das darin besteht, dass da ein Vater ist, der seinen Sohn nicht getötet hat, und ein Sohn, der seinen Vater nicht getötet hat, aber fest davon überzeugt ist, ihn getötet zu haben. Nur wenn er sich bewusst wird, dass es um den Mord geht, den er tatsächlich begangen hat, kann er davon frei werden, zu glauben, er habe seinen Vater ermordet, ohne jedoch diesen Mord begangen zu haben.[26]

Dieses Bewusstsein bringt den Schrei des Subjekts hervor. Hier kommt die Bestätigung des Lebens durch das Nein zum Töten zurück. Es handelt sich um die Wiederkehr des verdrängten Subjekts, des Neins zum Tötens, das als größtes mögliches Verbrechen verfolgt und mit dem Tod geahndet wurde. Mit ihm wurde auch jeglicher Humanismus, jegliche Utopie, jegliche Hoffnung verurteilt. Alle Verstecke des Subjekts sind entdeckt worden, seine Käfige wurden gestürmt, um es zu töten. Das Subjekt muss heute seine Gegenwart bekennen. Es muss schreien.

Das Johannesevangelium erzählt die Geschichte des Subjekts. Es erzählte die Geschichte, bevor sie stattfand. Es entdeckte den Ursprung, der im Ziel liegt. Das Evangelium konnte die Geschichte erzählen, weil auch die Geschichte der Moderne schon in ihren Ursprüngen als Möglichkeit enthalten ist. Diese Ursprünge aber kommen jetzt zurück.

26 Vgl. Hinkelammert, Franz: Der Glaube Abrahams und der Ödipus des Westens. Opfermythen im christlichen Abendland, Münster 1989, S. 212f, Anm. 12.

VIII. MORD IST SELBSTMORD: SOLLEN WIR DEN AST ABSÄGEN, AUF DEM WIR SITZEN?

Man erzählt vom König Pyrrhus, einem König der griechischen Antike, dass er nach einer gewonnenen Schlacht ausrief: Noch ein solcher Sieg und ich bin verloren.

Wir leben heute in einem System, das 1989 seinen ersten Pyrrhussieg erfocht. Das System sucht einen zweiten Sieg. Es geht um den Sieg über allen menschlichen Widerstand dem System gegenüber. Wenn das System diesen Sieg erringt, so wird es sein zweiter Pyrrhussieg sein – und damit sein Ende. Aber eben nicht nur das Ende des Systems, sondern auch das Ende der Menschheit.

Dennoch besteht das System in seinem Rausch darauf, den zweiten Pyrrhussieg zu erfechten.

1. Die Globalisierung als Verantwortung für den Globus

Heute hat sich das Wort «Globalisierung» in ein Modewort verwandelt. Aber das ist kein Grund, auf dieses Wort einfach zu verzichten. Denn tatsächlich leben wir in einem neuen Kontext der Globalisierung, der sich in den vergangenen 50 Jahren entwickelt hat. Denn Globalisierung heißt ja nichts weiter, als dass die Welt ein Globus ist und es immer stärker wird.

Seit langem weiß man, dass die Erde rund ist. Das wusste bereits Kopernikus, und Kolumbus zog aus der astronomischen Erkenntnis des Kopernikus Konsequenzen, welche die Welt veränderten. Hiermit beginnt die aktive Globalisierung der Welt. Als ihr Ergebnis wurde die Erde runder – weit mehr, als dies für Kopernikus der Fall war. Alle weitere Geschichte kann man als eine Geschichte von Globalisierungen schreiben, welche die Welt immer runder machten, indem sie ständig neue Dimensionen dieser Rundheit aufzeigten.

Als Alexander der Große sein Imperium eroberte, sagte man von ihm, dass er mit jedem Land nur eine neue Grenze eroberte. Als

Prozess gesehen war die Eroberung ein Vorgang, der eine schlechte Unendlichkeit verfolgte, weil er sie nie erreichen konnte. Die Erde schien unendlich zu sein, ohne jede Möglichkeit oder Vorstellung, sie irgendwann völlig erobern zu können. Als aber die Erde als rund wahrgenommen wurde, schien ihre Eroberung auf einmal möglich. Daher verwandelte sich die Erde selbst – und nicht nur zusätzliche Länder – in das zu erobernde Objekt. Es erscheint die Vorstellung ihrer kompletten Eroberung. Bereits im 16. Jahrhundert sagte der spanische König voller Stolz, er beherrsche ein Reich, in dem die Sonne nicht untergeht. Der Prozess der Kolonialisierung bezog sich auf die ganze Erde; sie wurde als solche Objekt der Konquistadoren. Das 18. und das 19. Jahrhundert sind die Jahrhunderte des Wettlaufs der europäischen Kolonialmächte um die Kolonialisierung des gesamten Erdballs. Ihre Weltkarte wies weiße Flecken auf, welche die Eroberung zu beseitigen hatte. Ende des 19. Jahrhunderts war die Erdkugel erobert oder beherrscht und unter einer Handvoll von Kolonialländern aufgeteilt, die im Vergleich zur Größe der kolonialisierten Länder sehr klein waren.

Man eroberte jetzt nicht mehr mit jedem Land eine neue Grenze, denn es gab keine neuen, nicht eroberten Länder mehr. Die Erde war aufgeteilt. Aber es gab mehrere Kolonialmächte. Diese mussten jetzt einander überfallen, wenn sie neue Länder erobern wollten. Es begann der Kampf um den eroberten Schatz. Das aber bedeutete den Kampf um die Macht über die gesamte Erde. Gelang es einer Macht, alle anderen hinauszudrängen, so konnte sie die Beherrscherin der Welt werden. Die folgenden Kriege erhalten deshalb den Charakter von Weltkriegen. Sie finden statt, damit eine Macht die Herrschaft über die Welt antreten kann. Es sind Weltkriege, obwohl sie in Europa stattfinden; die Kriege werden zwischen den Kolonialmächten geführt, welche die Welt beherrschen. Die Erde, die bisher Objekt für die Eroberung war, wird nun zum Streitobjekt zwischen den Kolonialmächten selbst.

Die Eroberung hat als ihre «conditio sine qua non» das Wissen darüber, dass die Erde rund ist. Dieses Wissen bedeutet nun viel mehr als die ihm zugrunde liegende astronomische Kenntnis.

Allerdings wurde das Wort «Globalisierung» bisher eher beiläufig benutzt. In unserer Zeit bezeichnet es eine neue Etappe im Hinblick auf diese Kugelgestalt der Erde, die sich von den früheren Phasen unterscheidet. Wir werden uns heute auf eine neue Weise dieser Kugelgestalt bewusst; sie drängt sich unserem Bewusstsein förmlich auf.

Die neue Erfahrung der Rundheit der Erde setzte im Jahre 1945 ein, als Ergebnis des Zweiten Weltkriegs. Sie zwang sich auf mit der Explosion der ersten Atombombe. Es war die erste globale Waffe, ihre weitere Benutzung bedrohte die Existenz des menschlichen Lebens auf dieser Erde. Sobald mehrere Atommächte entstanden waren, gab es keinen Zweifel mehr, dass sich die Erde in ihrer Beziehung zur Menschheit radikal verändert hatte. Wenn die Menschheit ihre Handlungsweisen nicht veränderte, konnte sie ihr Leben auf der Erde nicht mehr sichern. Der Globus selbst war bedroht.

In diesem Moment begann ein neues Bewusstsein von der Globalität des menschlichen Lebens und der Existenz des Planeten, der jetzt selbst globalisiert worden war. Wollte die Menschheit weiter existieren, musste sie eine Verantwortung übernehmen, von der sie bis dahin kaum geträumt hatte. Es war die Verantwortung für die Erde. Diese Verantwortung ergab sich nicht nur als eine ethische Verantwortung, sondern ebensosehr als Bedingung der Möglichkeit alles zukünftigen Lebens auf der Erde. Die ethische Forderung und die Bedingung der Möglichkeit des menschlichen Lebens schmolzen zu einer einzigen Forderung zusammen. Das Ethische und das Nützliche hatten sich vereinigt – trotz aller positivistischer Denktradition, die beide Elemente seit langem sorgsam zu trennen versucht hatte.

In einem bestimmten Sinne blieb die Bedrohung durch die Atombombe als globale Waffe der Alltäglichkeit des menschlichen Handelns doch noch fremd. Alles hatte durchaus den Anschein, dass man weiter so leben könnte wie bisher, wenn es gelang, die Anwendung der Bombe durch Maßnahmen zu verhindern, die Sache der Politik der betreffenden Staaten waren. Aber die Globalisierung der Erde – also ihre zunehmende Verwandlung in einen Globus – klopfte aufs Neue an die Pforten. Dieses Mal handelte es sich um den Bericht des Club of Rome über die Grenzen des Wachstums, der im Jahre 1972 an die Öffentlichkeit gelangte. Die Grenzen des Wachstums drückten in neuer Weise die Rundheit der Welt aus, ihren Charakter, Globus zu sein. Aber dieses Mal kam die Bedrohung nicht durch irgendein spezifisches Instrument, das man scheinbar durch externe Mittel kontrollieren konnte, sondern ergab sich aus dem alltäglichen Handeln aller Menschen. Alles menschliche Handeln, von den Unternehmen über den Staat bis zum Verhalten eines jeden einzelnen Menschen in seiner Alltäglichkeit war nun mit eingeschlossen. Erneut wurde die Verantwortung für den Globus offensichtlich, dieses Mal auf eine weit intensivere Weise. Jetzt musste die Menschheit eine Antwort geben auf die alltäglichen Wirkungen ihres eigenen Handelns. Die Kanalisierung des menschlichen Handelns durch das Nutzenkalkül und durch die Maximierung der Gewinne auf den Märkten wurde nun fraglich. Alle diese Handlungsweisen mussten unter dem Gesichtspunkt der Bedingung der Möglichkeit menschlichen Lebens einer Kritik unterzogen werden. Aber diese Kritik war gleichzeitig und notwendigerweise eine Kritik auch von einem ethischen Gesichtspunkt her. Erneut vereinten sich das Nützliche und das Ethische in einer einzigen Forderung.

Es entstanden natürlich sehr viel mehr Erfahrungen mit dieser neuen Rundheit der Erde, etwa die Erfahrung, dass auch der Vermehrung der Menschheit Grenzen gesetzt waren. In den Achtzigerjahren des 20. Jahrhunderts war allerdings eine neue Form jener Gefahr präsent, die sich aus der Globalisierung der Erde ergab. Jetzt ging es um die Biotechnologie. Das Leben selbst in seinen abstrakten Bauteilen wurde zum Objekt eines neuen menschlichen Handelns. Es entstand die gleiche Bedrohung des Globus, und sie artikulierte sich als Forderung nach der menschlichen Verantwortung für diesen Globus. Aber die Bedrohung stand nun in direktem Zusammenhang mit den Methoden der empirischen Wissenschaft. Die inzwischen traditionell gewordene erfahrungswissenschaftliche Methode besteht in der Reduktion der Realität, wodurch diese den quantitativen mathematischen Methoden zugänglich wird. Auf die Grundelemente des Lebens angewandt, bringt die Methode selbst eine neue Bedrohung für die Wirklichkeit hervor. Schon die Entwicklung dieses Wissens schafft Bedrohungen. Dies alles führt dazu, dass jetzt nicht nur die (ökonomische) Verwertung des Wissens in Frage gestellt wird, sondern die Methode der empirischen Wissenschaften selbst. Die Verantwortung des Menschen für die runde Erde, den Globus, meint nun die Verantwortung gegenüber den Wirkungen der Methoden der empirischen Wissenschaften.

Als Folge all dieser globalen Katastrophendrohungen entsteht eine neue Bedrohung; eine allgemeine Krise des menschlichen Zusammenlebens. Die zunehmende Ausgrenzung großer Bevölkerungsteile führt gegenüber den Ausgegrenzten zu einer unvermeidlichen Brutalisierung. Die Brutalisierung der menschlichen Beziehungen aber verallgemeinert sich. Sie erzeugt eine zunehmende Brutalisierung der sozialen Beziehungen aller – insbesondere bei jenen, die die anderen ausgrenzen und die insofern noch in das gesellschaftliche Leben einbezogen sind. Es entwickelte sich nicht etwa eine einfache Polarisierung zwischen den Integrierten und den Ausgegrenzten, wobei erstere weiterhin ein menschliches Zusammenleben pflegen, während letztere diese Menschlichkeit verlieren. Das menschliche Zusammenleben wird insgesamt unmenschlich und erleidet eine allgemeine Brutalisierung. Der Pol der Integrierten verliert seine Fähigkeit zu einem menschlichen Zusammenleben vielleicht noch stärker als der Pol der Ausgegrenzten. Der Zusammenbruch der menschlichen Beziehungen aber stellt die Möglichkeit des menschlichen Zusammenlebens selbst in Frage. Es ist die bisher wohl letzte globale Bedrohung. Sie könnte auch die gefährlichste sein, da sie zur Unfähigkeit führt, Widerstand gegenüber den Folgen der übrigen globalen Bedrohungen zu verwirklichen. Daraus entsteht die Verantwortung für die Fähigkeit zu menschlichem Zusammenleben.

In all diesen Gestalten zwingt sich uns die Verantwortung für eine globalisierte Wirklichkeit gleichsam auf, obwohl sich die Verantwortung keineswegs automatisch ergibt. Unsere Gegenwart ist eher durch die Ablehnung oder die Umgehung dieser Verantwortung gekennzeichnet. Dennoch handelt es sich um eine Verantwortung, der gegenüber es keine Neutralität gibt. Wenn uns ein Freund, der auf Reisen geht, ein Wertobjekt zur Aufbewahrung gibt, können wir eine solche Verantwortung mit guten Gründen ablehnen. Der Freund muss sich dann einen anderen suchen, der die Verantwortung zu übernehmen in der Lage ist. In diesem Fall ist unsere Haltung keineswegs verantwortungslos, sondern kann sogar der Ausdruck von Verantwortlichkeit sein. Aber unsere Verantwortung für die Bedingungen der Möglichkeit des menschlichen Lebens ist anders. Wir sind verantwortlich, auch wenn wir es nicht wollen, selbst wenn wir es nicht können. Lehnen wir die Verantwortung ab, werden wir sie nicht los; wir sind dann ganz einfach verantwortungslos. Wir können zwischen Verantwortung und Verantwortungslosigkeit wählen, aber wir entkommen der Wahl nicht.

Entweder machen wir uns verantwortlich für den Globus, oder wir nehmen teil an seiner Zerstörung.

Dies zeigt, dass sich alles menschliche Leben auf eine neue Weise globalisiert hat, wie dies in der menschlichen Geschichte noch nie der Fall gewesen ist. Die Menschheit kann nur noch weiterleben, wenn sie die Verantwortung für den Globus übernimmt. Dieses Bewusstsein ist gegenwärtig im Leben eines jeden Einzelnen, solange er weiß, dass er in einer Kontinuität von menschlichen Generationen lebt. Damit wir, unsere Kinder und unsere Kindeskinder leben können, müssen wir diese Verantwortung übernehmen. Wir leben ein globalisiertes Leben, ob wir wollen oder nicht.

Wir können deshalb die Globalisierung der Wirklichkeit folgendermaßen zusammenzufassen: Mord ist Selbstmord. Der Mord des Anderen hört auf, ein Ausweg zu sein. Wer durch den Mord des Anderen zu gewinnen glaubt, der verliert.

Aber diese neue Situation anzunehmen, ist keineswegs ein Sachzwang. Obwohl nun Mord Selbstmord ist, bleibt natürlich der Selbstmord möglich. Er verbirgt sich hinter dem Argument des Nutzenkalküls, welches das Argument des Zynikers ist. Es ist das wohl am weitesten verbreitete Argument: «Warum soll ich verzichten? In der Lebenszeit, die mir wahrscheinlich bleibt, kann ich weitermachen, ohne die Konsequenzen selbst zu tragen.» Hier entspringt die heute so verbreitete Mystik des kollektiven Selbstmords der Menschheit.

Aber wenn ich mich als Teil der Menschheit oder als Subjekt einer Reihe von menschlichen Generationen verstehe, ist dieser zynische Ausweg der Verantwortungslosigkeit verschlossen. Dann muss ich die Verantwortung übernehmen. Ethik und Nützlichkeit vereinigen sich und stehen damit im Widerspruch zum Nutzenkalkül.

2. Der Markt und die Methode der Erfahrungswissenschaft: die globalisierte Verantwortungslosigkeit

Der Prozess der Globalisierung der Welt, wie wir ihn bisher beschrieben haben, ist ein Prozess, der in der wirklichen Welt abläuft. Wenn diese Globalisierung auch durch das menschliche Handeln erzeugt worden ist, so ist sie doch in der Wirklichkeit selbst gegenwärtig, so wie sie dem Menschen gegenübertritt. Sie tritt dem

Menschen gegenüber als Bedingung der Möglichkeit seines Lebens. Der Mensch ist selbst in dieser Wirklichkeit gegenwärtig, weil sie die Bedingung der Möglichkeit seines Lebens ist. Geht diese Wirklichkeit zugrunde, geht der Mensch zugrunde. Nach einem Wort von Humberto Maturana lebt der Mensch «Autopoiesis» mit dieser ihm äußeren Wirklichkeit.

Neben die politische Eroberung des Globus ist eine andere Eroberung getreten, die sich auf die einzelnen Komponenten der Erde bezog. Sie wurde gerade von den Erfahrungswissenschaften und der darauf begründeten Technik verwirklicht. Sowohl das Handeln im Markt wie auch die geltende Methode der Erfahrungswissenschaften besitzen diese Orientierung. Ihre Effizienz besteht aber in der Abstraktion von der Globalisierung der Wirklichkeit. Markt und Laboratorium abstrahieren von der Globalität des menschlichen Lebens, um ihr Handeln durchsetzen zu können. Sie abstrahieren davon, dass die Erde rund ist, und sie abstrahieren von der Tatsache, dass der Planet ein Globus ist. Außerdem können sie ihr Handeln – sei dieses nun ein Agieren im Markt oder wissenschaftliche Forschung – nur dadurch verwirklichen, dass sie die Welt unter dem Gesichtspunkt einer Zweck-Mittel-Relation beurteilen, wobei sie Zwecke und Mittel als gegebene Teile ihre Handelns kalkulieren. Das Subjekt der erfahrungswissenschaftlichen Methode ist ein Beobachter – eine «res cogitans» gegenüber einer «res extensa» –, und das Subjekt des Markthandelns ist ein Akteur, der auf das Nutzenkalkül auf der Basis von spezifischen Zwecken reduziert ist. Daraus resultieren Theorien, in denen es keinen Ort gibt für eine Orientierung an den Bedingungen der Möglichkeit des menschlichen Lebens. Sie kommt überhaupt nicht vor, sie gilt sogar weitgehend als unwissenschaftlich.

Dies ist auch der Grund, warum im gegenwärtig herrschenden Sprachgebrauch nur über die Globalisierung der Märkte und ihres Effizienzkriteriums gesprochen wird, wobei eben die Effizienz ausschließlich unter dem Gesichtspunkt eines Zweck-Mittel-Kalküls gesehen wird. Die herrschende Methode der empirischen Wissenschaften passt völlig zu diesem Verständnis der Globalisierung. Die Methode kann – schon von ihrem Selbstverständnis her, aber ohne dass eine solche Absicht gegeben sein muss – nur kommerziell verwendbare Resultate liefern. Andere Kenntnisse gibt sie nicht her; denn ihre Methode erlaubt es nicht, diese überhaupt als

Erkenntnis zu verstehen. Sie besteht in der Abstraktion von der Globalisierung der wirklichen Welt, und daher entgeht ihr sogar das Wissen über diese Globalisierung der Welt. Die heute wohl bekannteste Theorie des rationalen Handelns ist der Ansatz von Max Weber, der solche Kenntnisse einfach als «Werturteile» abtut, welche die Wissenschaft nicht abgeben kann und daher auch nicht abgeben darf.

Wenn aber die Effizienz von Markt und Laboratorium auf der Abstraktion von der Globalisierung der wirklichen Welt beruht, warum spricht man dann heute so sehr von der Globalisierung? – Es gibt einen anderen Aspekt der Globalisierung, der hierbei im Mittelpunkt steht und von dem wir noch nicht gesprochen haben. Dieser Aspekt wird einseitig herausgestellt, wenn von der Globalisierung der Märkte gesprochen wird. Es handelt sich um die Globalisierung der Informationen, der Kalküle und des Transports, aus der die Verfügbarkeit des gesamten Globus resultiert. In diesem Sinne spricht man vom «planetarischen Dorf». Informationen und Kalküle haben eine praktisch unendliche Geschwindigkeit erhalten; sie sind unmittelbar geworden, und von jedem Ort des Planeten aus kann man jeden anderen Ort in weniger als einem Tag erreichen. Der Globus ist verfügbar geworden.

Diese absolute Globalisierung ist benutzt worden, um globale Märkte, insbesondere globale Finanzmärkte, durchzusetzen. Für die multinationalen Unternehmen wurde es möglich, Netze sozialer Arbeitsteilung weltweit zu planen und global darüber zu verfügen. So hat die Ausnutzung dieser globalen Möglichkeiten zu einer Wirtschaftspolitik geführt, die den Namen Politik der Globalisierung erhielt. Globalisierung heißt dann, den Globus effektiv verfügbar zu machen und alle Hindernisse politischer oder kultureller Art aus dem Weg zu räumen. In Lateinamerika ist es eine Politik, die vielfach als neoliberale Politik bezeichnet wird oder als Politik der strukturellen Anpassung. Dabei geht es um Bedingungen, die durch die Politik einiger Länder allen anderen aufgezwungen werden und die das Funktionieren einer solchen globalisierten Wirtschaft sichern sollen.

Kehren wir nun zu unserer vorangegangenen Analyse des realen Globalisierungsprozesses zurück, so müssen wir erneut darauf bestehen, dass ein solcher Prozess der Globalisierung der Märkte die Abstraktion von dieser realen Globalisierung voraussetzt. Er sieht davon ab und muss auch davon absehen. Daher überrollt die Globalisierung der Märkte eine global gewordene wirkliche Welt, mit der sie absolut unvereinbar ist. In Wirklichkeit bedeutet die Globalisierung der Märkte ihre Totalisierung. Eine globalisierte Welt wird einem an reinen Zweck-Mittel-Kalkülen orientiertem Markthandeln unterworfen. Dieses entpuppt sich damit als die vielleicht größte Gefahr für das Überleben der Menschheit.

Die Tatsache selbst, dass Informationen und Kalküle unmittelbar geworden sind, erzwingt als solche keineswegs diese Totalisierung der Märkte, obwohl sie die Bedingung für ihre Möglichkeit ist. Es sind bestimmte Mächte, die diese Politik aufzwingen. Keineswegs ist dies von vornherein durch die Techniken der Kommunikation determiniert.

3. Die Zerreißprobe als Grenze

Sowohl die erfahrungswissenschaftliche Methode als auch das Zweck-Mittel-Handeln können nur eingesetzt werden, weil die Handelnden von der Globalisierung der wirklichen Welt abstrahieren. Deshalb abstrahieren sie auch von den Risiken, die aus dieser Globalisierung erwachsen. Selbst wenn von der Globalisierung der Märkte gesprochen wird, ist es eine Abstraktion von der Globalisierung der Wirklichkeit selbst.

Indem man aber von der Globalisierung der Wirklichkeit abstrahiert, werden die Effekte und die Risiken unsichtbar gemacht, die daraus entspringen. Sie scheinen, soweit sie überhaupt wahrgenommen werden, unwichtig zu sein, und sie werden zum Verschwinden gebracht mit dem Verweis auf die leeren Versprechen eines unendlichen technischen Fortschritts. Daher scheint es keinen sichtbaren Grund zu geben, die technische Entwicklung zu begrenzen oder an der kommerziellen Anwendung ihrer Ergebnisse zu zweifeln. Das Markthandeln und die traditionell gewordene wissenschaftliche Methode vereinigen sich. Es ist die Vereinigung von Markt und Laboratorium.

Daraus folgt das Prinzip: Was effizient ist, ist auch notwendig. Was man machen kann, das soll man auch machen. Da eine Reflexion über die reine Zweck-Mittel-Beziehung hinaus erfolgreich unterdrückt wird, scheint es keine relevanten Grenzen für das

Zweck-Mittel-Handeln zu geben. Die Mystik des Fortschritts bringt alle Grenzen zum Verschwinden, und sie wird zur wichtigsten Trägerin des Mythos der Effizienz. Die notwendige Ethik des Gemeinwohls wird durch das Kalkül selbst ersetzt, das die Grenzen der Belastbarkeit antestet.

Die Effizienz beschreibt nun die Grenzen der Belastbarkeit, und alles Handeln muss bis zur Grenze der Belastbarkeit getrieben werden – damit alles, was möglich ist, auch verwirklicht wird. Die gesamte Welt des Menschen wird diesem Effizienzdenken und der Habsucht zur Ausnutzung allen Wissens bis an die Grenzen der Belastbarkeit unterworfen.

Der Grundsatz lautet: Was effizient ist, ist auch notwendig und gut. Außerdem kann man nicht wissen, was man kann, wenn man dasjenige nicht tut, von dem man wissen will, ob man es kann. Wenn man nicht über das Zweck-Mittel-Handeln hinausdenkt, werden kaum Grenzen des Handelns sichtbar. Die Fortschrittsmystik vermag alle Grenzen auszulöschen.

Dennoch werden immer auch Grenzen sichtbar. Vom Standpunkt der Effizienz des Marktes aus gesehen erscheint jede Forderung nach Berücksichtigung dieser Grenzen als Marktverzerrung. Sie werden daher in der Logik des Marktes als reine «Interruptoren» der Flüssigkeit des Marktverkehrs aufgefasst, und die Theorie der rationalen Erwartungen (Robert Lucas, Sargent) nimmt sie ausschließlich als solche zur Kenntnis.

Tatsächlich werden die Grenzen der Belastbarkeit für die Logik des Marktes nur sichtbar, wenn menschlicher Widerstand entsteht und wenn sich solche Widerstandsbewegungen jenem Prozess der Zerstörung entgegen stellen, der sich aus der Totalisierung des Zweck-Mittel-Handelns ergibt. Das effizienzgeleitete Handeln entdeckt diese Grenzen nicht. Daher ist der Widerstand, von der Marktlogik her gesehen, das Ergebnis von Irrationalitäten jener, welche die Notwendigkeiten rationalen Handelns nicht einzusehen vermögen. Er wird dann als das Ergebnis eines bösem Willens, von Neid und von «Populismus» verstanden. Die Logik des Marktes lässt sich umgekehrt von der Utopie einer Marktsituation leiten, in der alle «Marktverzerrungen» und alle «Interruptoren», die das Funktionieren des freien Marktes behindern, beseitigt sind. Der totale Markt erscheint in dieser Utopie als das Maximum wirtschaftlicher Rationalität.

Obwohl das Zweck-Mittel-Handeln keine Grenzen der Belastbarkeit anerkennt, ergeben sich solche Grenzen als Ergebnis des Widerstands der Betroffenen. Aus diesem Grund wird vom Zweck-Mittel-Handeln aus ein Kriterium entwickelt, wonach man versucht, das Handeln bis zur Grenze der Belastbarkeit auszudehnen. Alles Handeln soll bis zur Grenze der Belastbarkeit getrieben werden, damit die Grenze des Möglichen bis zum Maximum ausgedehnt werden kann. Alles menschliche Denken und Handeln wird dieser Art des Effizienzdenkens und der Ausnutzung der Grenzen des Möglichen unterworfen.

Die Vereinigung von Markt und Laboratorium bringt damit eine alles totalisierende Macht hervor, die sich den Globus unterwirft. Ihre Prinzipien treten auf allen Handlungsebenen auf. – Der französische General Massis, der die militärischen Operationen während des Algerienkrieges leitete, sagte einmal: «Die Folter ist effizient, folglich ist sie notwendig.» Von der Effizienz geht der General über zur Notwendigkeit. Eine solche Effizienz ist nur möglich, weil man bis an die Grenze des Möglichen vorstößt. Die Folter ist nur effizient, wenn sie den Gefolterten bis zur Grenze des Erträglichen treibt.

Es ist wie bei einer Materialzerreißprobe. Man treibt sie bis an die Grenze der Belastbarkeit. Allerdings kennt man die Grenze erst, wenn das Material gerissen ist.

Dies ist das Problem solcher Zerreißproben. Man kennt die Grenze niemals «ex ante». Reißt das Material, weiß man, dass man die Grenze der Belastbarkeit überschritten hat, man kennt die Grenze also «ex post». Man weiß jetzt, bis zu welchem Punkt man das Material belasten kann.

Im Fall der Folter aber ist es anders. Überschreitet man die Grenze, ist der Gefolterte tot. Die Grenze der Belastbarkeit kann man aber nur kennen, indem man sie überschreitet. Dieses Wissen allerdings kann man – im Unterschied zur Materialzerreißprobe – nicht mehr anwenden.

Die Effizienz aber braucht diesen Begriff der Grenze, und sie bestätigt die Vorstellung, den Versuch bis zur Grenze zu treiben. Die Vorstellung der Folter ist bereits an der Wiege der Erfahrungswissenschaften zu finden. Vor mehr als 300 Jahren kündigte Francis Bacon die Naturwissenschaften mit dieser Vorstellung an: Man muss die Natur auf die Folter spannen, bis sie ihre Geheimnisse preisgibt. Er fasste die Naturwissenschaften als ununterbrochene Vivisektion der Natur auf. Wie General Massis hätte auch Bacon sagen können: Die Folter ist effizient, folglich ist sie notwendig.

Bacon reagiert auf diese Weise auf den spanischen Großinquisitor Torquemada, der sich Ende des 15. Jahrhunderts folgende Frage stellte: Ist es erlaubt, einen Häretiker *nicht* zu foltern? Und er gab die Antwort: Es ist nicht erlaubt, ihn nicht zu foltern; würde man ihn nicht foltern, so würde man ihn der letzten Chance berauben, seine ewige Seele zu retten. Der Häretiker hat das Recht, gefoltert zu werden. Bacon säkularisiert die Position Torquemadas, indem er an die Stelle der ewigen Seele den unendlichen technischen Fortschritt setzt. So wird sichtbar, dass die Inquisition die Kulturrevolution war, aus der die Moderne hervorging.

Auch Kant ist Teil dieser Tradition, die durch Bacon formuliert wurde. In der Vorrede zur zweiten Auflage der Kritik der reinen Vernunft sagt er:

> Die Vernunft muss mit ihren Prinzipien, nach denen allein übereinkommende Erscheinungen für Gesetze gelten können, in einer Hand, und mit dem Experiment, das sie nach jenen ausdachte, in der anderen, an die Natur gehen, zwar um von ihr belehrt zu werden, aber nicht in der Qualität eines Schülers, der sich alles vorsagen lässt, was der Lehrer will, sondern eines bestallten Richters, der die Zeugen nötigt, auf die Fragen zu antworten, die er ihnen vorlegt.[1]

Natürlich sieht Bacon die Folterbank für die Natur als Altar, auf dem die höchsten Träume der Menschheit verwirklicht werden könnnen. Damit hatte er den Kreislauf von Folter, Effizienz und Grenze der Belastbarkeit etabliert. Dieser Kreislauf enthüllt die Geheimnisse, die der Mensch kennen muss. Als Nutzenkalkül ist er im modernen Bewusstsein, in unseren Erfahrungswissenschaften und in unseren Theorien gegenwärtig. Die Vivisektion ist ihr Grundprinzip.

Es scheint sich ein Konsens anzubahnen, wonach die Folter an der Natur auf den Menschen ausgedehnt werden soll. Vor Jahren schrieb der damalige niedersächsische Ministerpräsident Albrecht

1 Kant, Immanuel: Kritik der reinen Vernunft. Vorrede zur zweiten Auflage (1787), Hamburg 1976, S. 18. Nötigung schließt in der Sprache des 18. Jahrhunderts Folter ein. Dieser Sinn bleibt heute – beschränkt – erhalten im Begriff der «Nötigungshaft», zu der ein Richter den Zeugen verurteilen kann, sofern er nicht aussagt.

ein Buch, worin er darlegte, es könne Situationen geben – etwa die lebensbedrohende Erpressung durch gefasste Terroristen –, in denen die Folter gerechtfertigt werden kann.

Vor kurzer Zeit veröffentlichte die Tageszeitung «El País» folgende Nachricht[2]:

> Sollte er es bisher noch nicht getan haben, so wird jetzt der israelische Geheimdienst damit beginnen, auf ganz legale Weise einen palästinensischen Studenten zu foltern, indem er, unter anderen Methoden, gewaltsamen elektrischen Schocks ausgesetzt wird, wie sie vor einem Jahr den Tod eines palästinensischen politischen Gefangenen verursachten. Er wird dies unter dem vollen Schutz des israelischen Rechts tun, nachdem der oberste Gerichtshof eine frühere Entscheidung rückgängig gemacht hat und jetzt die Dienste für Innere Sicherheit («Shin Bet») ermächtigt, «einen gemäßigten physischen Druck» im Verhör von Mohammed Abdel Aziz Hamdan auszuüben, der terroristischer Aktivitäten angeklagt ist.

Die Zeitung kommentiert:

> «Gemäßigter physischer Druck» ist nichts weiter als ein Euphemismus für die Folter, die in Israel praktiziert wird ...

Seit Bacon ist dies die Grundorientierung des Okzidents: Es gilt, die Folter bis zu dem Punkt zu treiben, an dem das Geheimnis preisgegeben wird – Inquisition gegenüber der Natur und schließlich gegenüber jedem Objekt der Erkenntnis und des Handelns.

Aber dieses Prinzip der Belastung bis an die Grenze der Belastbarkeit macht sich überall breit. Lester Thurow wendet es auf die sozialen Beziehungen an:

> Man könne durchaus behaupten, schreibt Lester Thurow, Ökonom am Massachusetts Institute of Technology (MIT), dass Amerikas Kapitalisten ihren Arbeitern den Klassenkrieg erklärten – und sie haben ihn gewonnen.[3]

Auf die Frage eines Journalisten: «Was wird Ihrer Ansicht nach in einer modernen globalisierten Wirtschaft geschehen?», antwortet Thurow:

2 El País, 16. Nov. 1996, S. 8.
3 Zitiert nach Martin, Hans-Peter und Schumann, Harald: Die Globalisierungsfalle. Der Angriff auf Demokratie und Wohlstand, Reinbek bei Hamburg 1996, S. 167.

> Wir testen das System. Wie tief können die Löhne fallen, wie hoch kann die Arbeitslosenquote steigen, ehe das System bricht. Ich glaube, dass die Menschen sich immer mehr zurückziehen ...
>
> Ich bin überzeugt, dass der Mensch in der Regel erst dann die Notwendigkeit einsieht, Dinge zu ändern, wenn er in eine Krise gerät.[4]

Es ist die Materialzerreißprobe, nun angewandt auf die zwischenmenschlichen Beziehungen. Es wird nicht einfach das System getestet, sondern die Menschlichkeit als solche. Darauf folgt die Frage eines Journalisten: «Wie viel Markt hält die Demokratie aus?» Und eine Zeitschrift fragt: «Wie viel Sport ertragen die Alpen?» Alles wird gefoltert, alles wird der Zerreißprobe ausgesetzt: die Natur, die zwischenmenschlichen Beziehungen, das Leben und der Mensch selbst. Das Nutzenkalkül erfasst alles, und in seiner Konsequenz zerstört es alles.

Aber das Nutzenkalkül will das Glück aller Menschen. Der chilenische General Humberto Gordon, Chef der chilenischen Geheimpolizei und Verantwortlicher für die Folterkammern des Regimes, sagte 1983: «Die Nationale Sicherheit ist wie die Liebe: es gibt nie genug davon.»[5]

Was herauskommt, ist das Orwellsche Liebesministerium. Und es ist offensichtlich die Rückkehr des Torquemada, aber in einer unendlich erweiterten Form.

Wenn wir alles bis an die Grenze und bis zur Zerreißprobe treiben, kennen wir die Grenze erst, wenn wir sie überschritten haben. Erst wenn der Gefolterte stirbt, wissen wir, dass wir die Grenze erreicht haben. Wir wissen es aber nur deshalb, weil wir sie überschritten haben. Wenn die zwischenmenschlichen Beziehungen zusammenbrechen, wissen wir, dass wir die Grenze der Belastbarkeit überschritten haben, und wir wissen deshalb, wo sie war. Wenn die Natur zerstört ist, wissen wir, dass wir zu weit gegangen sind. Aber vorher wissen wir nicht, wie weit wir gehen können. Haben wir jedoch die Grenze überschritten, können wir nicht mehr oder nur noch mit den größten Schwierigkeiten und Kosten wieder zurück. Wir kennen dann zwar die Grenze der Belastbarkeit, aber dieses Wissen nützt uns nichts mehr. Es ist unnütz, weil niemand die Toten wieder auferwecken kann.

4 Spiegel, Nr. 40, 1996, S. 146.
5 El Mercurio, Santiago de Chile, 4. Dez. 1983.

Hat man die Grenze der Belastbarkeit überschritten, gibt es keine Wiederkehr mehr. Dennis Meadow, der den Bericht des Club of Rome über die «Grenzen des Wachstums» koordinierte, antwortete in einem Interview auf die Frage, ob er heute wieder eine solche Untersuchung durchführen möchte, die ein ähnliches Echo haben würde:

> Ich habe mich lange genug als globaler Evangelist versucht und dabei gelernt, dass ich die Welt nicht verändern kann. Außerdem verhält sich die Menschheit wie ein Selbstmörder, und es hat keinen Sinn mehr, mit einem Selbstmörder zu argumentieren, wenn er bereits aus dem Fenster gesprungen ist.[6]

Hat man allerdings diese Grenze ohne Wiederkehr und Umkehr überschritten, so kann man auch weitermachen. Jenseits dieser Grenze ist es gleichgültig, ob ich weitermache oder den Prozess stoppe. Dennoch: Auch diese Grenze ohne Wiederkehr ist so wenig kalkulierbar wie die Belastbarkeitsgrenze. Nur der Zusammenbruch selbst ist der Beweis. Daher lässt sich das Problem folgendermaßen umschreiben: Indem wir unsere Welt bis an die Grenze belasten, bringen wir die Tendenz hervor, diese Grenzen zu überschreiten. Das aber ist der kollektive Selbstmord der Menschheit. Das Nutzenkalkül verschlingt alle.

Aus diesem Grund ist es nützlich, das Nutzenkalkül in seine Grenzen zu verweisen. Verantwortlichkeit ist nützlich, wenn sie sich der Totalisierung des Nutzenkalküls widersetzt. Sie ist nützlich, gleichzeitig ist sie auch eine Forderung der Ethik. Nützlichkeit und Ethik erscheinen in einer gemeinsamen Dimension. Diese Dimension ist zugleich die Dimension der Globalisierung der realen Welt, in der Mord Selbstmord ist. Diese Dimension des Nützlichen wird jedoch durch das Nutzenkalkül unsichtbar gemacht.

Ernesto Sábato, der in Argentinien nach der Periode des Staatsterrorismus im Namen der Nationalen Sicherheit die Kommission über die Verschwundenen leitete, schrieb im Vorwort zum Bericht «Nunca más» (Nie wieder!):

> ... anlässlich der Entführung von Aldo Moro schlug ein Mitglied des Geheimdienstes dem General Della Chiesa vor, einen der Verhafteten, der viel zu wissen schien, zu foltern. Della Chiesa antwortete: «Italien kann es sich

6 Spiegel, Nr. 29, 1989.

leisten, Aldo Moro zu verlieren. Aber es kann sich nicht leisten, die Folter einzuführen.»

Wir wissen inzwischen, dass General Della Chiesa log. Als er seine Aussage machte, waren seine Sicherheitsdienste dabei, die Gefangenen zu foltern. Aber er sagte dennoch die Wahrheit. Die Wahrheit kann lügen, und die Lüge kann die Wahrheit sagen.

Ralf Dahrendorf sagt etwas Ähnliches, allerdings ohne die Lüge des Generals:

> Vor Jahren schrieb der damalige niedersächsische Ministerpräsident Albrecht ein Buch, in dem er unter schrecklichen Verrenkungen darlegte, dass es Situationen geben kann – zum Beispiel lebensbedrohende Erpressung durch gefasste Terroristen –, in denen die Folter gerechtfertigt werden kann. Dieser Denkfehler ist gefährlich. Zu rechtfertigen ist Folter nie, selbst dann nicht, wenn sie in extremis nötig scheint. Manchmal, ganz selten, muss das nicht zu Rechtfertigende getan werden; es bleibt indes immer ungerechtfertigt.[7]

Nur in dieser Richtung kann man hoffen, eine Antwort zu finden. Es ist nützlich, nicht zu foltern, obwohl man dann die Information vielleicht nicht erhält, die durch die Folter erpressbar wäre. Es ist nützlich, lebendige zwischenmenschliche Beziehungen zu erhalten, auch wenn die Gewinnrate sinkt. Es ist nützlich, die Natur zu erhalten, auch wenn daraufhin die Wachstumsraten niedriger ausfallen. Das zu tun, was nützlich ist, ist aber ebenso eine ethische Forderung. Die Ethik ist nützlich, aber gerade durch ein Nutzenkalkül nicht fassbar. Sie ist nützlich, und genau deshalb befindet sie sich in einem Gegensatz zum Nutzenkalkül und zur Nutzenmaximierung. Verantwortlichkeit gründet in der Ethik.

Diese Position hat allerdings eine Grundvoraussetzung, nämlich die Anerkennung des Anderen als Subjekt über jeden Nutzenkalkül hinaus. Dabei geht es nicht nur um die Anerkennung des anderen Menschen, sondern ebenso um die Anerkennung eines jeden Naturwesens, das um uns herum existiert. Es ist notwendig, das Nutzenkalkül zu relativieren, wenn wir die Bedingungen der Möglichkeit menschlichen Lebens sichern wollen.

Die Kultur der Sicherheit, von der heute so viel gesprochen wird, kann ohne diese Anerkennung des Anderen nicht entstehen. Die

7 In: Literatur Rundschau, S. 13. In: Frankfurter Rundschau, 2. Okt. 1996.

Angst ist ein schlechter Führer. Sie führt keineswegs automatisch zur Option für die Sicherheit. Viel wahrscheinlicher ist es, dass sie in die Mystik des kollektiven Selbstmords der Menschheit führt, zum Marsch der Nibelungen.

Wir müssen uns auf dieser Anerkennung des Andern basieren, über jedes Nutzenkalkül hinaus. Das aber ist gleichzeitig nützlich und verantwortlich. Nur hierauf lassen sich Menschenrechte begründen. Dass die Natur anerkannt wird und ein Recht darauf hat, nicht zerstört zu werden, auch das ist ein Menschenrecht.

4. Die Ethik des Gemeinwohls

So münden unsere Überlegungen in die Notwendigkeit einer Ethik des Gemeinwohls ein. – Es handelt sich nicht um eine metaphysische oder aprioristische Ethik. Es geht vielmehr um eine Ethik, deren Notwendigkeit zu einer täglichen Erfahrung geworden ist. Indem sich die Warenbeziehungen totalisieren, entstehen Störungen der Lebensmöglichkeiten von Mensch und Natur, die dieses Leben selbst gefährden. Diese Bedrohung erfahren wir. Wir erleben den Sachverhalt: Der Mensch ist ein Naturwesen, das notwendige Bedürfnisse hat, welche nicht als Konsumneigungen erfasst werden können. Die Befriedigung notwendiger Bedürfnisse ist eine Bedingung, die über Leben und Tod entscheidet. Die sich totalisierenden Warenbeziehungen jedoch können nicht zwischen Leben und Tod entscheiden. Sie werden zu großen Dampfwalzen und zerstören jedes Leben, das sich auf dem Weg befindet, den sie wählen. Sie gehen über alles menschliche und kreatürliche Leben hinweg, ohne jedes Kriterium der Unterscheidung. Nur derjenige kann sich retten, der es fertig bringt, sich außerhalb der Fahrbahn dieser Dampfwalzen aufzuhalten.

Die Dampfwalze des Marktes fasst jeden Widerstand als «Marktverzerrung» (Störfaktor) oder «Interruptor» für die Logik und das Expansionsbedürfnis des Marktes auf. Je besser es gelingt, diese Störfaktoren – diesen Widerstand – zu beseitigen, um so besser funktioniert der Markt, aber um so größer wird auch die Bedrohung für das Leben des Menschen und der Natur. Je mehr der Markt diese Störfaktoren beseitigt, um so stärker verwandelt er sich selbst in einen Störfaktor für das Leben von Mensch und Natur.

Tatsächlich kann der Markt die Notwendigkeiten des Lebens von Mensch und Natur – die Bedingungen der Möglichkeit menschlichen Lebens – nur als Störfaktoren des Marktes zur Kenntnis nehmen. Vom Standpunkt der Betroffenen aus kann diese Dampfwalze des Marktes hingegen nur als Störfaktor für das menschliche und sonstige natürliche Leben wahrgenommen werden.

Die Ethik des Gemeinwohls entsteht aus den Erfahrungen jener, in deren Leben – betreffe dies nun das Leben der Menschen oder der Natur – der totalisierte Markt Störungen und Brüche anrichtet. Dies bedeutet natürlich: Würden die totalisierten Warenbeziehungen sich nicht als Störfaktoren und Verzerrungen für das Leben von Mensch und Natur erweisen, wäre eine Ethik des Gemeinwohls überflüssig; die Marktethik wäre als Ethik ausreichend. Wären diese Warenbeziehungen nicht Störfaktoren für das Leben von Mensch und Natur, dann wäre dieses Leben durch die einfache Trägheitsbewegung des Marktes gesichert und man brauchte sich darum ebenso wenig zu kümmern, wie ein gesunder Mensch seinen Herzschlag ignoriert. Das Bewusstsein davon, dass der Mensch ein Naturwesen ist, wäre überflüssig. Tatsächlich sprechen die neoklassischen Wirtschaftswissenschaftler, wenn sie dem Markt eine «Tendenz zum Gleichgewicht» unterstellen, von einer solchen utopischen Idealisierung.

Aus diesem Grund folgt die Notwendigkeit einer Ethik des Gemeinwohls aus der Erfahrung. Sie ist nicht das Produkt einer aprioristischen Ableitung aus irgendeiner menschlichen Natur und deren Wesen. Wir machen die Erfahrung, dass die totalisierten Warenbeziehungen Störfaktoren für das menschliche Leben darstellen und daher das Gemeinwohl verletzen. Eben die Erfahrung dieser Störungen lässt die Vorstellung des Gemeinwohls entstehen, sobald Widerstand aufkommt. Daher entspricht das Gemeinwohl der Erfahrung jener, deren Leben von Störungen und Verzerrungen betroffen ist, welche durch den Markt hervorgebracht werden. Wer hingegen nicht betroffen ist oder es nicht zu sein glaubt, der empfindet nicht die geringste Notwendigkeit, auf eine Ethik des Gemeinwohls zurückzugreifen. Er kann sagen: Das Geschäft geht gut, warum von einer Krise sprechen? Es handelt sich allerdings nicht einfach um Optionen, sondern um die Fähigkeit, Erfahrungen zu machen oder die Erfahrungen anderer zu verstehen.

Das Gemeinwohl, in dessen Namen sich die Ethik des Gemeinwohls artikuliert, hat historischen Charakter. In dem Maße, wie die Störungen sich ändern, welche die Warenbeziehungen hervorrufen, wechseln auch die Forderungen, die aus dem Gemeinwohl ableitbar sind. Es geht also nicht um eine apriorische, statische Essenz, die bereits vorher weiß, was die Gesellschaft zu tun hat. Dies geschieht, zumindest der geläufigen Interpretation nach, in der Ethik des Gemeinwohls, wie sie in der aristotelisch-thomistischen Tradition entwickelt wurde. Danach leitet diese Tradition ein Gemeinwohl ab, das jeder menschlichen Gesellschaft vorhergeht, und sie glaubt, ein Naturrecht bestimmen zu können, das für alle Zeiten und für alle menschlichen Gesellschaften gilt und das allem positiven Recht vorgeordnet ist. Das Gemeinwohl scheint dann ein absolutes Wissen zu sein, das anzuwenden ist. Die in der Gegenwart entstehende Ethik des Gemeinwohls geht umgekehrt vor. Das menschliche Leben, das durch die Verzerrungen bedroht ist, die der sich totalisierende Markt hervorbringt, kann sich nur verteidigen durch Forderungen, die aus dem Widerstand gegen diese Störfaktoren des Marktes folgen. Solche Forderungen stellen in jedem Moment das Gemeinwohl dar, das sich zusammen mit den Verzerrungen gegen das das menschliche Leben entwickelt, welche der Markt hervorbringt.

Es handelt sich also um ein Ergebnis, das aus der Erfahrung stammt, nicht um die Ableitung aus irgendwelchen Wesenheiten des Menschen. Man kann allerdings umgekehrt auf solche Essenzen bzw. Wesenheiten schließen. Da die Erfahrung zur Notwendigkeit führt, dem System des Marktes ein Gemeinwohl entgegenzustellen, kann man folgern, dass der Mensch als Naturwesen dem Markt notwendig vorhergeht. Aber dies ist eine Schlussfolgerung und keineswegs ein Ausgangspunkt, aus dem das Gemeinwohl ableitbar wäre.

Wir stehen tatsächlich einem sozialen System gegenüber, das seine eigene Ethik besitzt. Sein Kern ist das Marktsystem mit der Marktethik. Die Marktethik formt sich um Werte wie die Einhaltung von Verträgen und die Achtung vor dem Eigentum. Sie weitet sich aus zu einer Ethik des sozialen Systems durch den Wert der Wettbewerbsfähigkeit als oberstem Wert aller Systemäußerungen. Die Wettbewerbsfähigkeit als oberster Wert wiederum bestimmt, was in allen Gesellschaftsbereichen als effizient bewertet wird. Es entsteht ein äußerst dynamisches System, innerhalb dessen die Wettbewerbsfähigkeit die Beziehungen zwischen allen seinen Elementen bestimmt, welch letztere zu Unternehmen in Wettbewerbsbeziehungen reduziert werden. Dieser Wettbewerb ist ein Kampf. Es geht darum, der Wettbewerbsfähigste zu sein, was sowohl durch die Steigerung der eigenen Effizienz als auch durch die Obstruktion gegenüber der Effizienz der anderen erreichbar ist.

Mit dem obersten Wert der Wettbewerbsfähigkeit als Grundnorm unseres gegenwärtigen Systems gelingt es, alle gesellschaftlichen Werte oder Kriterien einem einzigen Wert zu unterwerfen. Dieser bestimmt die Wahlentscheidung zwischen den verschiedenen Werten. Es handelt sich um ein synthetisches Kriterium, das alle Gesellschaftsbereiche umfasst: Es vermag die Kultur, die Demokratie, die Kommunikation, die soziale Organisation und die Wirtschaft zu bestimmen und zu hierarchisieren. Im Verlauf der Globalisierungsstrategie wird jede Gesellschaft der Welt dieser Grundnorm unterworfen. Indem sie in alle Lebensformen der Gesellschaft eindringt, bringt sie eine Weltgesellschaft hervor, für die – frei nach Hegel – gilt: Der Weltmarkt ist das Weltgericht.

Es handelt sich hierbei um eine funktionale Ethik, die der heutigen Totalisierung des Marktes entspricht. Diese Ethik stellt hohe Forderungen und fordert Opfer. Sie geht über den Verlierer hinweg und lässt ihn liegen. Es ist eine Ethik, welche diejenigen belohnt, die aufgrund ihrer Erfolge Auserwählte sind, und sie verurteilt die Verlierer. Es ist die Ethik des Willens zur Macht.

Es handelt sich um eine funktionale Ethik, die in der Logik des Systems selbst impliziert ist. Es ist nicht etwa eine Ethik, auf die das System zurückgreift oder die es übernimmt. Eine solche Sichtweise setzt voraus, dass es ein soziales System ohne Ethik gibt. Dieses würde dann a posteriori auf eine Ethik zurückgreifen, die funktional zu sein scheint. Im Gegenteil: Jede Institution und daher auch jedes System besteht aus institutionalisierten Normen. Ja, das System ist nichts weiter als die Institutionalisierung seiner eigenen Grundnorm. Man kann nicht unterscheiden zwischen dem System und seinen ethischen Werten, denn das System ist die Institutionalisierung von Werten. Daher darf man von der funktionalen Ethik des Systems nur in dem Sinne sprechen, dass diese im System institutionalisierte funktionale Ethik Funktionen erhält und ausübt, von deren Ergebnis her sie bewertet werden kann. Diese Funktionen haben Konsequenzen für den Menschen und sein Leben, und von diesen Folgen her können sie bewertet werden. Deshalb ist die Bewertung der Konsequenzen eines sozialen Systems notwendigerweise eine Bewertung jener Werte, die als Normen im System institutionalisiert sind.

In dieser Weise besitzt auch der Markt eine funktionale Ethik, die durch die Normen der Vertragserfüllung und der Achtung für das Eigentum charakterisiert ist. Auch hier konstituieren die Normen den Markt. Es gibt nicht etwa einen Markt, der diese Normen a posteriori übernimmt. Wenn diese Normen nicht institutionalisiert sind, gibt es auch keinen Markt. Die Normen sind als Markt institutionalisiert, und als Markt üben sie bestimmte Funktionen aus, von deren Konsequenzen her wir sie dann bewerten können. Der Markt ist also nicht etwa «wertneutral», sondern ist selbst institutionalisierter Wert. Wertneutralität gegenüber dem Markt kann allenfalls die Forderung nach einem objektiven Urteil «sine ira et studio» über den Markt bedeuten. Darüber hinaus hat sie nicht einmal einen Sinn. Wenn wir über die Konsequenzen des Marktes urteilen, bewerten wir Werte, und wir bewerten sie in Bezug auf die Funktionen, die sie ausüben. Es sind Urteile über Werte, ohne die überhaupt keine wissenschaftliche Aussagen über das soziale System oder über das Funktionieren des Marktes möglich sind.

Alle Institutionen – Staat, Markt, Ehe – sind nichts weiter als institutionalisierte Werte in der Gestalt von Normen. Als soziales System existieren sie, soweit diese Institutionen in eine Grundnorm eingebettet sind, die in ihnen allen institutionalisiert ist. Deshalb kann man vom sozialen System auch sprechen als dem Gesetz, als dem Nomos, der Gesellschaft. Dieses Gesetz ist nicht etwa die Menge aller gültigen Gesetze, sondern die institutionalisierte Grundnorm, die mehr oder weniger konsistent wiederum in diesen Gesetzen institutionalisiert ist. Daher kann man im Namen des Gesetzes gegen bestimmte Gesetze protestieren. In der Antike spricht man, wenn man sich auf das soziale System bezieht, vom Gesetz («nomos»), von der Polis oder sogar von der «Welt».

Im Kontext solch funktionaler Ethiken taucht so etwas wie das Gemeinwohl gar nicht auf. Stattdessen wird durchaus mit Begriffen wie dem Allgemeininteresse oder dem öffentlichen Wohl operiert. Es handelt sich dabei um Konzepte, die nur auf andere Weise die Logik des Systems und damit die im System institutionalisierten Werte als absolute Werte, als Werte an sich, ausdrücken. Daher setzen diese Begriffe voraus, dass das System – wenn es seiner Logik im Sinne einer reinen Trägheitsbewegung überlassen wird – ein Allgemeininteresse oder irgendein öffentliches Wohl verwirklicht. Denn solche Ausdrücke werden als die im System institutionalisierten Werte einfach als Werte, die sie sind, festgeschrieben und damit für unveränderlich erklärt. In der Konsequenz impliziert diese Festschreibung des Systems die Negation jedes Gemeinwohls.

Damit kehren wir zur Analyse des Systems zurück, das uns gegenwärtig beherrscht und das durch das Projekt der Globalisierung gekennzeichnet ist. Das Projekt der Globalisierung bezeichnet eine Strategie der Akkumulation des Kapitals, das besser gekennzeichnet wäre als Projekt der Totalisierung des Marktes und seiner Logik (der Marktgesetze). Innerhalb dieser Strategie wird der Markt vom Gesichtspunkt der weltweiten Unternehmen aus gesehen, und das Projekt ist darauf ausgerichtet, alle Märkte weitgehend für die Operationen der weltweiten Unternehmungen zu verflüssigen. Diese weltweiten Unternehmen drängen auf die Verwirklichung des Projekts, und sie können es in dem Maß aufzwingen, als es ihnen gelingt, die Unterstützung der Staaten zu gewinnen. Es handelt sich keineswegs um die Totalisierung irgendeines idealen Marktes. Interpretiert man das Projekt der Globalisierung unter diesem Gesichtspunkt, ist es völlig inkonsistent. Vielmehr geht es um ein Projekt der Verflüssigung der Märkte als ein Feld, auf dem die weltweiten Unternehmen operieren. Als solches ist das Projekt konsistent. Es dient dazu, das Schlachtfeld vorzubereiten, auf dem die weltweiten Unternehmen ihren Wirtschaftskrieg führen. Daher kann das Projekt im Namen des Kampfes gegen die «Marktverzerrung» oder die «Interruptoren» (Störfaktoren) auf dem Markt geführt werden. Alles, was sich der Verflüssigung der Märkte entgegenstellt, wird als Störfaktor im Markt angesehen. Obwohl die weltweiten Unternehmen unter sich einen Wirtschaftskrieg führen, haben sie ein gemeinsames Interesse daran, ihn auf einem Schlachtfeld zu führen, das geeignet ist.

Auf diese Weise gewinnt das Projekt der Globalisierung seine Konsistenz. Alle Funktionen des Staates, die sich auf die Organisation einer nationalen Wirtschaftsentwicklung, auf die Sicherung einer sozialen Infrastruktur oder auf die Sicherung eines Erziehungs- und Gesundheitssystems mit allgemeinem Anspruch beziehen, erscheinen nun als Störfaktoren des Marktes. Ebenso gelten als Störfaktoren des Marktes alle Maßnahmen zur Sicherung einer lebensfähigen natürlichen Umwelt, ebenso die Verteidigung des Lebensniveaus der Bevölkerung. Auch die Volksorganisationen, einschließlich der Gewerkschaften, sind Störfaktoren des Marktes, und man möchte sie durch eine Zivilgesellschaft ersetzen, welche als «Transmissionsriemen» des Systems fungieren soll. Der Staat als solcher wird keineswegs als Störfaktor für den Markt angesehen, außer für den Fall, dass er Funktionen zur Sicherung einer nationalen wirtschaftlichen oder sozialen Entwicklung übernimmt. Für die Förderung des Projekts der Globalisierung hingegen hat er eine entscheidende Bedeutung. Daher meint die so genannte «Verschlankung» des Staates vor allem seine Umstrukturierung, die ihn zum Förderer des Projekts der Globalisierung und zur Quelle von Subventionen für die weltweiten Unternehmen macht. Es sind unerhörte Subventionssummen, denen man den Namen «incentives» gibt. Dieser Staat gilt als Minimalstaat, auch wenn er ein Maximalstaat ist.

So erscheint die Gesamtheit der Bedingungen der Möglichkeit menschlichen Lebens unter dem Gesichtspunkt dieses Projekts der Globalisierung als Störfaktor des Marktes. Gerade die Forderungen, die der Naturkreislauf des menschlichen Lebens stellt – der Stoffwechsel zwischen dem Menschen als Naturwesen und der ihn umgebenden Natur, in der sich das menschliche Leben vollzieht –, werden als Störfaktoren des Marktes sichtbar. Aus diesem Grund wird der Markt zu jener Dampfwalze, die über die Bedingungen der Möglichkeit menschlichen Lebens und seiner Reproduktion hinwegrollt. Das System ist ein Dinosaurier, der zwar zerstören, aber nicht überleben kann. Die Erde ist sein «Jurassic Parc», wo die Dinosaurier nach dem Hurrikan der Globalisierung alle «Störfaktoren» beseitigt haben und wo der «tirannosaurus rex» das Heft übernommen hat; es gibt aber keinen Helikopter, mit dessen Hilfe die Gefährdeten entkommen könnten.

Die Totalisierung des Marktes schließt nicht nur den «Imperialismus der Ökonomen» ein, von dem Gordon Tullock voller Stolz spricht. Sie integriert vielmehr den Imperialismus einer globalisierten Wirtschaft, die alle Dimensionen des menschlichen Lebens, die menschliche Seele eingeschlossen, beansprucht. Damit wird die Totalisierung des Marktes zu einer Totalisierung des sozialen Systems durch den Markt weitergetrieben. Das gesamte System stellt sich jetzt gegen die Bedingungen der Möglichkeit des menschlichen Lebens; es bekämpft sie einfach als Störfaktoren des Marktes und als «Interruptoren» seiner Verflüssigung. Das System ist damit völlig autoreferenziell geworden. Rein tautologisch sichert es sich ab, und es ist unfähig, jene «Autopoiesis» durchzuführen, von der Maturana spricht und die eine strukturelle Synchronisierung mit der Umwelt des Systems voraussetzt. Das System lehnt gerade diese strukturelle Zusammenschaltung ab, da sie den Eingriff in seine Logik voraussetzt.[8] Das System tut dies im Namen seiner Effizienz, die damit tödlich wird. Der Dinosaurier drängt nach vorn und feiert sogar seinen Tod im Namen seiner Effizienz. Das System sägt den Ast ab, auf dem es sitzt, und es zeigt seinen Stolz über die Geschwindigkeit und Effizienz, mit der es dabei vorgeht.

Mit anderen Worten: Unter dem Gesichtspunkt der Verflüssigung der Märkte und ihrer Durchlässigkeit taucht genau das als Störfaktor auf, was vom Gesichtspunkt der Logik des menschlichen Lebens die Bedingungen der Möglichkeit eben dieses Lebens sind. Sie wiederum werden durch den sich totalisierenden Markt behindert. Das bedeutet keineswegs, dass alles, was als Störfaktor des Marktes angesehen wird, die Bedingungen der Möglichkeit des menschlichen Lebens betrifft. Ebenso wenig bedeutet es, dass die Bedingungen der Möglichkeit des menschlichen Lebens immer und überall durch die Logik des Marktes zerstört werden. Da der Markt kein Kriterium der Unterscheidung besitzt, ist er orientierungslos, so dass sich diese Zerstörung als ein «nicht-intentionaler Effekt» seiner Totalisierung ergibt. Indem er die Tatsache leugnet, dass diese Bedingungen der Möglichkeit des menschlichen Lebens in letzter Instanz über die Existenz des Systems selbst entscheiden, zerstört er sich selbst, auch wenn er dies nicht will.

Dies ist der Ausgangspunkt einer Ethik des Gemeinwohls heute. Sie geht von der Entdeckung aus, dass die Bedingungen der Möglichkeit des menschlichen Lebens als Störfaktoren des Marktes erscheinen, wenn man sie unter dem Gesichtspunkt der Totalisierung des Marktes betrachtet. Daraus folgt, dass der Markt sich in einen Störfaktor für die Bedingungen der Möglichkeit des menschlichen Lebens verwandelt, wenn er sich totalisiert. Was wir hier über den

8 Luhmann bringt Autoreferenzialität und Autopoiesis ständig durcheinander, wie ihm Maturana völlig zu Recht vorwirft.

Markt sagen, können wir auch ganz generell über das Nutzenkalkül oder das Kalkül des Eigeninteresses sagen. Daher entsteht eine Konfliktsituation zwischen dem Projekt der Totalisierung des Marktes und dem Gemeinwohl als einem ethischen Begriff, der die Notwendigkeit ausdrückt, die Bedingungen der Möglichkeit des menschlichen Lebens zu sichern.

Hier enthüllt sich die Todesfalle der Warenbeziehungen. Sie sind unvermeidlich als Bedingung einer möglichen Ordnung des wirtschaftlichen Handelns in einer komplexen Welt wie der unseren. Man könnte ohne sie das menschliche Leben und die Bedingungen seiner Möglichkeit nicht sichern. Sobald man sie aber totalisiert, zerstören sie in ihrer Logik dieses selbe menschliche Leben, das ohne sie nicht möglich wäre. Sie sind deshalb nicht einfach «gut», sondern unvermeidlich. Die Todesfalle ist in jeder Institutionalität impliziert. Daher finden wir dieselbe Todesfalle im Staat. Auch der Staat ist unvermeidlich, wenn wir die Bedingungen der Möglichkeit des menschlichen Lebens sichern wollen. Dennoch zerstört seine Totalisierung eben dieses menschliche Leben, für dessen Sicherung er nötig ist. Dasselbe geschieht mit der Institution Ehe – nur um die anarchistische Trinität der Institutionen vollständig aufzuzählen: Staat, Markt, Ehe. In dieser Todesfalle der Institutionalität versteckt sich der okzidentale Manichäismus. Er bestimmt das Unvermeidliche als notwendig und das Notwendige als gut: Was notwendig ist, ist auch gut. Wenn es aber gut ist, ist seine Totalisierung das Beste. Und alles, was nicht gut ist, erscheint dann als vermeidlich und kann abgeschafft werden. Die Gebrochenheit der «conditio humana» kommt nicht zum Ausdruck. Die Institutionalität wird in eine «societas perfecta» verwandelt, und im Namen der «societas perfecta» entsteht die totalitäre Gesellschaft. Als man entdeckte, dass die Totalisierung des Staates zum Totalitarismus führt, strebte man nicht etwa eine Position an, die alle Totalisierungen vermeidet, sondern man suchte eine andere Institution, deren Totalisierung gut ist – eine Totalisierung, die frei macht. So ging man vom Staat zum Markt über. Da die Totalisierung des Staates zum Totalitarismus führte, totalisierte man den Markt im Glauben, jetzt den Totalitarismus völlig zu überwinden. Der totale Markt sollte das Mittel sein gegen jeden Totalitarismus. Aber gerade dieser totale Antitotalitarismus hat zum gegenwärtigen Totalitarismus des Marktes geführt. Indem das System völlig gegen alle seine Störfaktoren vorgeht, wird es zum totalitären System. Je totaler es diesen Kampf kämpft, um so totalitärer wird es.

Diese Todesfalle der Institutionalität erinnert an die paulinische Theologie der Gesetzeskritik. Paulus entdeckte zu seiner Zeit die Todesfalle des Gesetzes, die heute als Todesfalle der Institutionalität auftaucht. Paulus spricht von einem Gesetz Gottes, das für das Leben gegeben wurde und ohne das der Mensch nicht leben kann. Daher kommt für ihn auch alle Autorität von Gott selbst. Aber Paulus entdeckt gleichzeitig, dass dieses Gesetz, das für das Leben gegeben wurde, sich in ein Instrument des Todes verwandelt, sobald der Mensch die Gerechtigkeit in der Erfüllung des Gesetzes sucht. In der Terminologie von Paulus gilt diese Entdeckung auch für das Gesetz Gottes, das auf dem Sinai gegeben wurde. Daraus folgt für ihn, dass dies erst recht für jedes Gesetz gelten muss. Jedes Gesetz bringt den Tod, wenn man die Gerechtigkeit in seiner Erfüllung sucht, obwohl eben dieses Gesetz nötig ist, um leben zu können. Paulus macht diese Erfahrung mit dem römischen Recht, aber als Pharisäer ebenso mit dem mosaischen Gesetz. Daraus schließt er, dass es kein Gesetz gibt oder geben kann, das durch seine Erfüllung die Gerechtigkeit garantiert. Paulus spricht vom «Fluch», der auf jedem Gesetz liegt. Wir machen heute diese Erfahrung wieder. Der Fluch, der auf dem Gesetz liegt, ist die Todesfalle des Gesetzes, die wir heute als Todesfalle jeder Institutionalität erfahren. Man kann ohne das Gesetz nicht leben, aber man kann nicht leben, wenn man dieses Gesetz totalisiert.

Vor diesem Hintergrund ist die Ethik des Gemeinwohls zu situieren. Es ist eine Ethik, die in der gegenwärtig herrschenden Methodologie der Erfahrungswissenschaften keinen Platz hat. Diese Ethik des Gemeinwohls ist eine notwendige, nicht eine optionale Ethik. Der heute allgemein übliche Begriff der Ethik hingegen sieht nur optionale Ethiken vor, die sogar als Geschmacksurteile gelten. Dies aber bedeutet, dass derjenige, der keine solche Ethik hat, eben ohne Ethik lebt, und dass eine Gesellschaft, die keine Ethik hat, eben ohne sie existiert. Die Ethik des Gemeinwohls ist jedoch eine notwendige Ethik, d. h. eine Ethik, ohne die menschliches Leben nicht möglich ist. Wird sie nicht zumindest in einem bestimmten Grad verwirklicht, verschlingt das System – als der Dinosaurier, der es ist – alles und schließlich sich selbst. Als notwendige und nicht optionale Ethik kann diese daher als eine Ethik des Gemeinwohls bezeichnet werden. Sie setzt freilich eine Option voraus, die aber ebenfalls notwendig ist. Es ist die Option für ein menschliches Leben, das seine Bedingungen der Möglichkeit einfordert; diese schließen auch die äußere Natur ein. Daraus aber folgt eine Option für die Institutionalität als Dimension der Bedingungen der Möglichkeit eben dieses menschlichen Lebens. Die Institutionalität ist unvermeidlich, denn sie ist die indirekte Bedingung der Möglichkeit menschlichen Lebens. Aber sie ist notwendig nur in dem Maße, als sie für dieses menschliche Leben erforderlich ist. Daraus wiederum geht hervor, dass die Ethik des Gemeinwohls selbst zu den Bedingungen der Möglichkeit menschlichen Lebens gehört.

Die Ethik des Gemeinwohls entsteht daher im Konflikt mit dem System und seiner Logik, da sie in keiner Weise aus dem Nutzenkalkül oder dem Kalkül des Eigeninteresses ableitbar ist. Je stärker das menschliche Handeln dem Nutzenkalkül unterworfen wird, um so mehr wird das Gemeinwohl zerstört. Die Verletzung des Gemeinwohls ist das Ergebnis der Verallgemeinerung des Nutzenkalküls. Daher kann man das Gemeinwohl auch nicht als Nutzenkalkül auf lange Sicht ausdrücken. Es geht über jedes Nutzenkalkül hinaus und begrenzt dieses. Das Gemeinwohl fordert das Nutzenkalkül selbst heraus. Das Nutzenkalkül auf lange Sicht mündet notwendig ein in das Kalkül der Grenze der möglichen Belastbarkeit, sei es der Natur oder des Menschen. Aber da man diese Grenze der Belastbarkeit nur wissen kann, wenn man sie überschritten hat, bringt man durch das Kalkül auf lange Sicht nur jenes Problem hervor, das man beseitigen will. Deshalb entsteht die Ethik des Gemeinwohls in einer Beziehung des Konflikts mit dem System, das auf der Verallgemeinerung des Nutzenkalküls oder des Kalküls des Eigeninteresses aufbaut. Allerdings kann sie gleichzeitig nur eine Ethik des Gleichgewichts zwischen verschiedenen Polen sein und nicht ein Aufruf zur Vernichtung eines der Pole, die sich im Konflikt befinden. Ein fataler Irrtum wäre es, diese Ethik unter dem Gesichtspunkt der Abschaffung des Systems und darin der Abschaffung der Warenbeziehungen und des Staates zu verstehen. Es ist eine Ethik des Widerstandes, der Herausforderung und der Intervention gegenüber dem System. Ziel ist seine Transformation, die nie in ein nicht mehr zu veränderndes System einmünden kann. Es gibt eine «conditio humana», die das System bedingt und die bestimmt, dass dieses unvermeidlich für das menschliche Leben ist; es zerstört dieses Leben aber, wenn es sich totalisiert und als einziger Pol existieren will. Wenn die Warenbeziehungen zusammenbrechen, muss man sie wieder herstellen, denn man kann nicht die Warenbeziehungen herausfordern und verändern, wenn sie nicht zumindest in einem gewissen Ausmaß funktionieren. Dies gilt auch umgekehrt. Gibt es keinen Widerstand und keine Intervention gegenüber dem System, dann wird es nicht mehr herausgefordert und das sich tautologisierende System verschlingt alles und schließlich sich selbst. Seine eigene Logik zerstört es. Das heutige System ist dabei, diesen für die Existenz aller notwendigen Widerstand zu brechen. Eben deshalb verwandelt es sich in eine Gefahr für die Menschheit und für sich selbst. Das System verliert die Antennen, um sich in seiner Umwelt zu orientieren. Eben deshalb wird es zerstörerisch.

Die Ethik des Gemeinwohls ist deshalb eine Ethik des Gleichgewichts und der Vermittlung zwischen zwei Polen, die sich in einem konfliktiven Verhältnis befinden. Gleichzeitig muss sie die Existenz beider Pole aufrechterhalten. Das menschliche Leben ist nur dann gesichert, wenn beide Pole auf eben dieses Leben ausgerichtet sind. Dabei ist klar, dass der Pol der Institutionalität notwendig subsidiär zum andern Pol sein muss, welcher der Institutionalität gegenüber die Bedingungen der Möglichkeit menschlichen Lebens gegenwärtig macht. Aber der Pol der Institutionalität ist unvermeidlich, und daher ist er indirekt wiederum ein Teil der Bedingungen der Möglichkeit menschlichen Lebens, obwohl er ihnen mit seiner Logik gegenübersteht und sie sogar bedroht. Das Böse ist aus der Sicht dieser Ethik deshalb niemals auf der Seite eines der Pole, die sich im Konflikt befinden, sondern liegt im Mangel einer Vermittlung zwischen beiden begründet. Das schlimmste Scheitern der Vermittlung ist aus diesem Grund die Unterdrückung eines dieser Pole. Die Ethik des Gemeinwohls ist also so etwas wie das letzte Gericht über die Geschichte, das innerhalb der Realität selbst ständig stattfindet. Die Immanenz ist der Ort der Transzendenz. Die Ethik des Gemeinwohls entsteht aus dem Innern der Wirklichkeit selbst und ist nicht eine externe Ethik, die aus irgendeiner menschlichen Wesenheit oder von irgendeinem äußeren Sinai abgeleitet wird, um dann a posteriori auf die Wirklichkeit angewandt zu werden.

Dennoch führt diese Ethik Werte an. Es sind Werte, denen jedes Nutzenkalkül oder jedes Kalkül des Eigeninteresses unterworfen sein muss, wenn menschliches Leben möglich sein soll. Es handelt sich um Werte des Gemeinwohls, deren Gültigkeit jedem Nutzenkalkül vorausgeht. Es sind Werte der Achtung für das menschliche Leben in allen seinen Dimensionen, welche die Dimension des Menschen als eines Naturwesens einschließt, ebenso die Achtung für das Leben der Natur außerhalb des Menschen. Es sind die Werte der gegenseitigen Anerkennung unter den Menschen – einschließlich des Menschen als Naturwesen und der Anerkennung der Natur außerhalb des Menschen durch den Menschen. Die Achtung hat ihre Wurzel in einer derartigen Anerkennung. Die Werte sind in den Termini des Nutzen- oder Interessenkalküls nicht zu begründen. Aber sie sind die Basis des menschlichen Zusammenlebens, und ihre Zerstörung macht dieses Zusammenleben unmöglich. In diesem Sinne sind sie nützlich, aber ihr Nutzen ist nur dann gegeben, wenn sie über jedes Nutzenkalkül hinaus gelten.

Diese Werte fordern das System heraus; in ihrem Namen gilt es zu intervenieren und das System zu verändern. Ohne diese Herausforderung des Systems und ohne eine Antwort auf die Todesfalle der Institutionalität, die im System impliziert ist, sind diese Werte nichts weiter als irgendein anderer Moralismus auch. Das Gemeinwohl aber verwirklicht sich in einem Prozess, in dem diese Werte des Gemeinwohls dem System entgegengestellt werden, um dieses herauszufordern und zu verändern. Die Form jedoch, in der die Werte das Gemeinwohl anleiten können, ist jene des solidarischen Handelns.

In den ökonomisch-philosophischen Manuskripten gibt Marx eine Definition des Kommunismus, welche der hier vertretenen Auffassung sehr nahe kommt. Marx sagt dort, der Kommunismus sei «die Produktion der Verkehrsform selbst». Verkehrsform heißt hier das, was Marx später die Produktionsverhältnisse nennt. Sie sind bei Marx das Gerüst des Systems. «Kommunismus» ist an dieser Stelle nicht ein Produktionsverhältnis, sondern ein Kriterium für die Ausgestaltung der Produktionsverhältnisse. Unterstellt man gleichzeitig mit Marx als letzte Instanz des gesellschaftlichen Lebens die Sicherung der materiellen Existenzgrundlage dieses Lebens, so gibt diese Definition einen Orientierungspunkt für die immer wieder notwendige Umgestaltung der Produktionsverhältnisse, die eben in letzter Instanz die Bedingungen der Möglichkeit menschlichen Lebens garantieren müssen. Führt man – über Marx hinaus – die Institutionalität von Staat und Markt als unvermeidliche Vermittlungsinstanz allen menschlichen Lebens ein, die sich aus der «conditio humana» ableitet, so gibt diese Definition geradezu perfekt wieder, worum es der Ethik des Gemeinwohls geht. Zur Diskussion steht nicht mehr die Betrachtung der Welt «sub specie competenciae perfectae», sondern unter dem Blickwinkel der Bedingungen der Möglichkeit menschlichen Lebens.

5. Die Verantwortung und der Anthropozentrismus

Mord ist Selbstmord. Wer dies sagt, bestätigt den Anthropozentrismus. Er stellt den Menschen in das Zentrum unserer Welt. Er drückt die Verantwortlichkeit des Menschen für die Welt aus. Er drückt diese Verantwortlichkeit aus, er schafft sie nicht. Der Mensch ist verantwortlich für die Welt. Er ist es, auch wenn er diese Verantwortung ablehnt. Der Mensch ist die Krone der Schöpfung und kann nur wählen, ihre Dornenkrone oder ihre Blumenkrone zu sein. Aber er kann sich aus dieser seiner Position im Zentrum der Welt nicht zurückziehen. Er kann diese Verantwortung daher auch nicht irgendeiner Gaja übergeben.

Mord ist Selbstmord. Wie Levinas formuliert, ist es das Antlitz des Anderen, der bittet: Töte mich nicht. Indem man ihn nicht tötet, rettet sich nicht nur der Andere. Auch derjenige, der ihn nicht tötet, rettet sich. Und in diese Beziehung zum Anderen ist auch die Natur eingeschlossen. Indem wir sie, die bittet, nicht getötet zu werden, nicht töten, retten wir selbst uns ebenfalls vom Selbstmord. Ich verwirkliche mich selbst nur in dem Grad, indem ich den Anderen bestätige.

Dies ist die Verantwortung, aus der sich niemand zurückziehen kann. Der Rückzug aus dem Anthropozentrismus leistet sie gerade nicht. Es gibt keine andere Wahl als diejenige der Vermenschlichung der Natur. Man kann auch die Natur nicht retten durch das Selbstopfer der Menschheit. Der Kampf um dieses Selbstopfer müsste gerade in die Zerstörung der Natur einmünden. Der Mensch kann nicht von sich selbst abstrahieren, um die Natur zu retten. Indem er von sich selbst abstrahiert, abstrahiert er auch von sich als einem denkenden Wesen. Indem er dies aber tut, muss er auch von sich als einem sich opfernden Wesen abstrahieren. Der

Mensch kann nur als lebendiges menschliches Wesen denken. Wer die Natur ohne den Menschen denken will, muss auch von sich selbst als denkendem Wesen abstrahieren, denn er ist Teil der Menschheit, von der er abstrahiert. Der Selbstmörder kann seinen Selbstmord nicht bis zum Ende denken; indem er ihn denkt, muss er sich selbst mitdenken als ein denkendes menschliches Wesen, das lebt. Das aber kann er nur, wenn er lebt.

Der so genannte okzidentale Anthropozentrismus setzt keinesfalls den Menschen in das Zentrum der Welt, sondern das abstrakte Individuum. Daher ist er ein Markt- und Kapitalzentrismus. Er verzichtet geradezu darauf, den Menschen als lebendiges menschliches Wesen ins Zentrum zu setzen, um die Welt dieser Selbstzerstörung übergeben zu können, welche die Totalisierung des Nutzenkalküls und des Zweck-Mittel-Handelns mit sich bringt. Er wählt den Selbstmord, um weiterhin morden zu können.

Mord ist Selbstmord. Wenn dies stimmt, ist es nützlich, nicht zu morden. Aber es ist nicht etwa nützlich im Sinne irgendeines Nutzenkalküls. Denn das Nutzenkalkül setzt voraus, dass der Mord ein rationales Mittel ist, durch das der Mörder seinen Willen durchsetzt. Hiernach vermenschlicht sich derjenige, der fähig ist, alle anderen zu töten. Das Nutzenkalkül ist wie Caligula, der sagte: Ich möchte, das Volk hätte nur eine einzige Gurgel – um sie durchzuschneiden. Die Totalisierung des Nutzenkalküls drückt die absolute Unterwerfung unter das Machtkalkül aus, denn sie muss den Nutzen als Macht kalkulieren. Sie abstrahiert von der Tatsache, dass Mord Selbstmord ist. Daher widersetzt sie sich der Erkenntnis von der zunehmenden Globalisierung der realen Welt und totalisiert dieses Abstraktion. Das Nutzenkalkül kann nicht sehen, dass es nützlich ist, dem Nutzenkalkül seine Grenzen zu setzen.

Die Tatsache, dass Mord Selbstmord ist, ist sicher nicht einfach eine Erkenntnis unserer Gegenwart. Es gibt eine lange ethische Tradition, die diese Tatsache formuliert. Aber diese Tatsache erhält heute einen empirischen Charakter von großem Gewicht, der vorher in dieser Weise nicht sichtbar war. Bereits die jüdische Tradition drückte aus, dass die Sünden der Väter ihre Kinder verfolgen bis in die zukünftigen Generationen hinein. Mit der Globalisierung der realen Welt können wir diese Folgen der Sünden der Väter empirisch aufzeigen. Alles wird empirischer und verwirklicht sich in kürzeren Zeitabständen.

Aus diesem Grund ist jede traditionelle Ethik eine Ethik des Nützlichen, die dem Nutzenkalkül entgegentritt. Es ist nützlich, den Frieden zu bewahren. Es ist nützlich, den Anderen nicht auszubeuten. Es ist nützlich, der Natur das Recht zuzubilligen, dass sie existieren und leben kann. Dies alles zu leisten, macht das Gemeinwohl aus; es ist daher nützlich. Denn das Gemeinwohl ist das Wohl aller, und jeder ist Teil dieses «Ganzen». Aber diese Nützlichkeit des Gemeinwohls ist Inhalt der Ethik. Es ist das Nutzenkalkül, das den Krieg anrät, das die Ausbeutung des Anderen kalkuliert und das die Zerstörung der Natur als Nutzenvorteil vorgaukelt. Indem das Nutzenkalkül totalisiert und nicht mehr durch das Gemeinwohl relativiert wird, wird die Ethik des nützlichen Gemeinwohls zerstört. Der Versuch, das Gemeinwohl selbst dem Nutzenkalkül zu unterwerfen, führt lediglich zu Handlungen, welche die Vergewaltigung des Gemeinwohls angeblich innerhalb der Grenzen einer Zerreißprobe halten wollen. Da man aber diese Grenzen nicht «ex ante» kennen kann, führt dies wiederum zur Totalisierung des Nutzenkalküls in anderer Form, so dass man erst «ex post» wissen kann, dass man die Grenzen überschritten hat und an einen Punkt gekommen ist, von dem aus es keine Rückkehr mehr gibt.

Daher ist die Nützlichkeit des Gemeinwohls ein Problem der Ethik und nicht ihrerseits auf irgendwelche Kalküle zurückführbar. Die Anerkennung des Anderen ist ihre Basis, nicht das Kalkül von den Grenzen der Belastbarkeit. Diese Ethik behauptet eine Nützlichkeit über das Nutzenkalkül hinaus, häufig im Widerspruch zu den Ergebnissen des Nutzenkalküls.

Die Ethik des Gemeinwohls ist eine Verantwortungsethik, während die Ethik des Nutzenkalküls in ihrer Totalisierung eine Ethik der Verantwortungslosigkeit ist. Max Weber allerdings, der den Terminus «Verantwortungsethik» prägte, gibt ihm genau den gegenteiligen Sinn und hat dadurch eine Sprache des Unheils hervorgebracht. Bei Weber heißt gerade die Ethik der Verantwortungslosigkeit Verantwortungsethik. Die Marktethik, die doch das Problem ist, gilt bei Weber als Verantwortungsethik par excellence. Ihr stellt er die «Gesinnungsethik» gegenüber, der er nicht die geringste Rationalität zubilligt, obwohl er in Bezug auf sie von «Wertrationalität» spricht. Weber hat alles Nützliche dem Nutzenkalkül unterworfen, so dass er das Gemeinwohl und dessen

Nützlichkeit nicht mehr sehen kann. Werte sind bei ihm etwas, das «um seiner selbst willen» angezielt wird und das keiner wissenschaftlichen Analyse mehr zugänglich ist. Die Totalisierung des Nutzenkalküls, die Weber betreibt, zwingt ihn zur völligen Entleerung der Nützlichkeit des Gemeinwohls. Auch wenn er häufig in großen Tönen von diesen Werten spricht, ist all das nicht mehr als das Absingen eines «Requiem aeternam Deo». In Wirklichkeit ist Max Weber wohl der Erste, der das Gemeinwohl als Utopie und Terrorismus abtut – eine Position, der Popper mit einem noch größeren Extremismus nachfolgen wird. Damit aber meint für Weber die Verantwortungsethik die Forderung nach der Totalisierung des Zweck-Mittel-Handelns und den Aufruf zu diesem Marsch der Nibelungen, auf dem wir uns heute befinden. Hagen ruft im Namen der Verantwortungsethik dazu auf, den Marsch in den Tod bis zum bitteren Ende fortzuführen.

Mit seiner Sprachverwirrung verwandelt Weber Fragen, die evidenterweise ein Problem der Verantwortung sind – der Frieden und das Zusammenleben ohne Ausbeutung – in eine Forderung der Irrationalität und der Verantwortungslosigkeit. Da aber die Webersche Sprachgebung unser Wörterbuch des «newspeech» bestimmt, können wir das Wort «Verantwortungsethik» kaum noch benutzen. Es bringt ständig die Gefahr von Missverständnissen und Ambivalenzen mit sich.

Weber sah sehr wohl, dass eine Ethik, die nichts nützt, unnütz ist. Seine Totalisierung des Nutzenkalküls, die keine Nützlichkeit jenseits des Nutzenkalküls mehr duldet, erklärt daher jede Ethik des Gemeinwohls für unnütz. Alles dies kommt nur durch jene Wortverdrehung zustande, welche die Nützlichkeit mit dem Nutzenkalkül identifiziert. Werte können nur unnütz sein und «um ihrer selbst willen» Geltung beanspruchen. Damit aber ist ihre Anerkennung nichts weiter als eine Ausschmückung ihrer Abwesenheit.

Die Antwort auf diese Sprachverwirrung Webers aber ist nicht etwa ihre einfache Umkehrung, welche die Zweck-Mittel-Rationalität als «irrational» anklagen müsste. Es geht vielmehr darum, zu sehen, dass sich aus der Totalisierung der Zweck-Mittel-Rationalität eine Irrationalität des Rationalisierten ergibt, auf die eine rationale Antwort gegeben werden muss. Diese aber kann nur darin bestehen, der Zweck-Mittel-Rationalität einen Ort zuzuweisen, der sie innerhalb der Grenzen des Gemeinwohls und seiner Nützlichkeit festlegt. Diese Nützlichkeit ist dann die Nützlichkeit des Friedens, des menschlichen Zusammenlebens und der Anerkennung der Natur.

6. Die größte Torheit des 20. Jahrhunderts

Thomas Mann bemerkte einmal, der Antikommunismus sei die größte Torheit des 20. Jahrhunderts. Tatsächlich verwandelt der Antikommunismus alle jene Werte, die Weber als «Gesinnungsethik» denunziert hatte und die nach seiner Auffassung die Verantwortungsethik bedrohen, in Werte des Kommunismus. Sie werden im Namen des Antikommunismus aus unserer Gesellschaft verbannt, so dass es unmöglich wird, sie zu vertreten. Tatsächlich hat der Antikommunismus zum Verlust unserer Freiheit geführt, insofern diese das Gemeinwohl voraussetzt.

Eine zentrale Szene in Bertolt Brechts «Galileo Galilei» dreht sich um das Verhör, dem die Inquisitoren Galileo aussetzen. Sie treten ihm im Namen von Aristoteles entgegen, der ihre Quelle der Wahrheit ist. Da Galileo der Physik des Aristoteles widersprach, folgte daraus, dass er die Unwahrheit sagte. Galileo fordert die Inquisitoren auf, sie sollten doch durch das Fernrohr sehen, um zu wissen, was mit den Monden des Planeten Jupiter vor sich ging. Die Inquisitoren aber widersetzten sich und behaupteten, auch durch ein Fernrohr könne niemals etwas wahr werden, was nicht schon in der Physik des Aristoteles erkannt sei. Auf diese Weise wurde die Wirklichkeit im Namen einer vorhergewussten Wahrheit entmündigt.

Der Antikommunismus schafft eine vergleichbare Situation, obwohl er es in umgekehrten Termini tut. Aber ihm liegt der gleiche inquisitorische Dogmatismus zugrunde. Er besitzt keine Autorität, die in allen Dingen die Wahrheit vorschreibt. Stattdessen aber hat er eine Autorität, die in allen Dingen vorschreibt, was die Unwahrheit ist. Daher ist die oberste und dogmatische Autorität des Antikommunismus nicht ein Denker, so wie Aristoteles es für das europäische Mittelalter war. Die oberste dogmatische Autorität des Antikommunismus ist vielmehr Marx: Dass Marx irgendeine These vertreten hat, beweist ganz dogmatisch, dass sie falsch ist. Um zu beweisen, dass eine Meinung falsch ist, reicht es völlig zu zeigen, dass Marx sie vertreten hat. Mit diesem Dogmatismus lähmt der Antikommunismus jede Kritik. Aber da eine Wissenschaft immer nur Wissenschaft sein kann dadurch, dass sie kritisch ist, lähmt heute der Antikommunismus die Wissenschaft selbst. In der vorbürgerlichen Welt sagte die dogmatische Autorität, was das Wahre ist und wohin der Mensch zu gehen hat. In der bürgerlichen Welt sagt uns die dogmatische Autorität, was falsch ist und wohin der Mensch *nicht* gehen darf. Und dieses Wohin – wohin niemand gehen darf – ist jede nur mögliche oder denkbare Alternative zur kapitalistischen Gesellschaft. Man erklärt, dass Marx tot ist, mit dem Ergebnis, dass uns nun die Toten befehlen.

Dies ist der Grund, warum der Antikommunismus die größte Torheit des 20. Jahrhunderts ist. Alle Diskussionen verarmen; es entsteht das stählerne Gehäuse einer sozialen Kontrolle, die im Namen dieser umgekehrten Autorität durchgesetzt wird. Ein künstlicher Konsens wird aufgezwungen, den eine blinde höchste Autorität auferlegt. Sie legt die Überzeugungen so fest, dass schließlich jeder weiß, wohin er *nicht* gehen darf, obwohl er dahin gehen müsste.

Die antikommunistischen Inquisitoren, die Marx als höchste, umgekehrte Autorität aufzwingen, weigern sich, die Wirklichkeit auch nur anzusehen. Sie benutzen weder ihre natürlichen Augen noch irgendein Fernrohr. Sie verbieten ihren Gebrauch. In den deduktiv abgeleiteten Marktprinzipien haben sie ihre absolute Wahrheit, und ihr negativer, aber ebenso autoritärer Bezug zu Marx gibt ihnen die Sicherheit, niemals von ihren abstrakten Marktprinzipien abweichen zu müssen. Die Wirklichkeit ist aufgelöst, und es kann nicht überraschen, dass sie mit Riesenschritten zerstört wird.

Es geht um die Freiheit gegenüber dieser Torheit des Antikommunismus. Die Freiheit, über eine Zukunft diskutieren zu können, die über diesen Kapitalismus hinausgeht, der unsere Zukunft existenziell bedroht. Es ist auch die Freiheit, uns Marx nicht mehr als höchste Autorität aufzuzwingen zu lassen. Marx ist zu einem Gespenst gemacht worden, das uns alle beherrscht. Im historischen Sozialismus wurde er zur Autorität erhoben, die wie Aristoteles im Mittelalter positiv-dogmatisch bestimmen sollte, was die Wahrheit ist. Der Antikommunismus der bürgerlichen Welt aber machte aus Marx die Un-Person unserer heutigen Gesellschaft, die jetzt negativ-dogmatisch vorschreiben soll, was falsch und daher *nicht* zu tun ist. Der zum Gespenst gemachte Marx herrscht als dogmatische Autorität über die ganze Welt, den historischen Sozialismus und den verwilderten Kapitalismus der Gegenwart. Dass Marx in dieser Weise zum Gespenst der Welt geworden ist, zeigt allerdings gerade seine Bedeutung – aber auch die Angst, die man vor ihm hat. Von diesem Gespenst müssen wir uns frei machen. Wir können es nur dann, wenn wir Marx endlich als den wohl wichtigsten Denker unserer Zeit anerkennen. Er ist es, und diese Tatsache wird ja gerade dadurch bewiesen, dass der Versuch, ihn zu verdrängen, ihn in das uns alle beherrschende Gespenst verwandelt hat. Erkennen wir ihn nicht als diesen Denker an, verwandelt er sich in blinde Autorität. Es geht um die Achtung für diesen Denker, nicht darum, ihn in eine Autorität zu verwandeln, sei diese Autorität nun positiv oder negativ. Tun wir das nicht, werden wir immer wieder in den Netzen von Gespenstern gefangen sein und damit die Freiheit gegenüber unserer Wirklichkeit verlieren. Der Grad aber, in dem unser Denken über Marx hinausgehen muss, um über den Kapitalismus hinausgehen zu können, kann nur in einer freien Diskussion bestimmt werden und nicht durch Befehle von neuen Inquisitoren, die ihre Wahrheit jenseits aller Vernunft aufzwingen wollen.

Um diese Freiheit geht es.

Pablo Richard

NACHWORT

Der Schrei des Subjekts: ein fundamentaler Beitrag von Franz J. Hinkelammert zur Theologie der Befreiung

Dieser Beitrag besteht aus zwei Teilen.[1] Im ersten Teil nehme ich einige Grundgedanken auf, die Franz Hinkelammert in seinem Buch «Der Schrei des Subjekts» dargelegt hat. Ich werde das Buch nicht systematisch resümieren, sondern greife zwanglos solche Überlegungen auf, die mir gegenwärtig für eine positive, gründliche Erneuerung der Befreiungstheologie wichtig erscheinen. Im zweiten Teil reflektiere ich, wie die Befreiungstheologie durch das Buch «Schrei des Subjekts» elementar herausgefordert wird.

1. Der Schrei des Subjekts – die theologischen Grundlinien des Buches

1.1 Gründungstexte des Christentums werden in ihr Gegenteil verkehrt

Hinkelammert untersucht in seinem Buch «Der Schrei des Subjekts» das Johannesevangelium und die Paulusbriefe nicht nur in ihrer Eigenschaft als theologische Texte, sondern als Grundlagentexte für unsere heutige Kultur. Die «Theologie» des Johannes und des Paulus gehören zu unserer Realität. Ohne Paulus von Tarsus ist zum Beispiel Nietzsche nicht zu verstehen, weil Nietzsche sich selbst als Anti-Paulus begreift; sein «Antichrist» ist in Wahrheit ein Anti-Paulus. Nietzsche will die Kultur seiner Zeit ändern, indem er durch den Kampf gegen Paulus die Fundamente dieser Kultur angreift. Nietzsche legt so den Grund für die postmoderne Kultur, die

1 Der spanische Originalbeitrag erschien unter dem Titel: El grito del sujeto: un aporte radical de Franz J. Hinkelammert a la Teología de la Liberación. In: Itinerarios de la razón crítica. Homenaje a Franz J. Hinkelammert en sus setenta años, San José 2001, S. 315–327.

in Wahrheit postchristlich ist. Ebenso wie die Paulusbriefe gehört auch das Johannesevangelium zu den Gründungstexten unserer Kultur; wer unsere Realität verstehen will, kann darum das Johannesevangelium nicht übergehen.

Da jeder Text mehrdeutig ist, kann er auch für gegensätzliche Interpretationen verwertet werden. Seit dem 4. Jahrhundert interpretiert man die Gründungstexte des Urchristentums im Widerspruch zu ihrem Ursprungssinn. Paulus nennt es beispielsweise eine «Sünde», das Gesetz zu erfüllen. Später nennt man es Sünde, das Gesetz zu verletzen, und verkehrt dadurch das Denken des Paulus ins Gegenteil. Im Johannesevangelium entspricht der Begriff «Welt» dem Paulinischen Begriff «Gesetz». Die johanneischen Gemeinden leben in der Welt, ohne von der Art der Welt zu sein. Später definiert sich das Christentum als Teil einer «christlichen Welt». Die Kirche versteht sich nicht mehr im Gegenüber zur Welt, weil für sie die Welt «christlich» geworden ist. Damit wird ins Gegenteil verkehrt, was bei Johannes «Welt» bedeutet. In der Folge ändert sich auch völlig, wofür das Christentum insgesamt steht.

Die griechisch-römische Philosophie – vor allem Platon und die Stoa – spielt bei diesem Prozess eine besondere Rolle. Diese Philosophie denkt den Menschen von der Macht aus. Sie stellt dem an die Macht kommenden Christentum das Begriffsinstrumentarium bereit, mit dem es die Veränderung zu begründen sucht. Das Christentum, das seinen Ursprung unter den Armen hat, verwandelt sich in ein Christentum an der Seite der Macht. Die Armen verschwinden zwar nicht, aber das Heil der Armen wird zu einer Angelegenheit der Macht, den Armen selbst wird es genommen. Für das Christentum der Macht haben das paulinische «Gesetz» und die johanneische «Welt» Heilsbedeutung. Der Okzident geht aus diesem machtorientierten Christentum hervor. Mit ihm machen alle Imperien des Okzidents gemeinsame Sache. Deshalb gerät kein Imperium in einen ernsten Konflikt mit ihm. Das machtorientierte Christentum kann problemlos die Welt erobern.

Die Umkehrung, in der sich das Christentum seit dem vierten Jahrhundert befindet, hat ihre Wurzeln im Christentum selbst. Das imperiale Christentum versteht sich noch als Anti-Christentum innerhalb des Christentums. Heute haben wir es mit einem von außen kommenden Anti-Christentum zu tun, dessen Hauptgegner das Christentum insgesamt darstellt. Die erste Gegenbewegung gegen das Christentum hatte einen antijüdischen Charakter, die zweite wird antichristlich sein. Nietzsche war ein aggressiver Antijudaist, weil er das Judentum als Nährboden des Christentums betrachtete.

Das Johannesevangelium kann nur antijüdisch interpretieren, wer die christliche Botschaft aus der Machtperspektive deutet. Die antijüdische Auslegung will die christliche Botschaft zugunsten der Christianisierung des Imperiums umfunktionieren. Aus dieser Umformung entsteht der Antisemitismus. Man verdreht die Botschaft des Paulus und des Johannes (antijüdisch und antisemitisch), um das «christliche Imperium» legitimieren zu können.

1.2 Das Reich wird christianisiert und das Christentum zur Reichsideologie gemacht

Für das imperiale Christentum gehören Macht und Gesetz zur Rechtgläubigkeit; aus der Bibel macht es eine Häresie. Die Christenheit lebt davon, dass sie das Neue Testament als «häretisch» in Schach hält. Wer sich auf die Botschaft des Evangeliums beruft, gilt als Häretiker. Die Christenheit muss die biblische Botschaft neu interpretieren, um sich gegen sie abzusichern. Wo die Neuinterpretation nicht gelingt, setzt sie die biblische Botschaft außer Kraft oder verdrängt sie ins Vergessen. Die Christenheit stammt zwar aus dem Neuen Testament, aber mit ihrer Botschaft bestreitet sie ihre eigne Herkunft. Die Christenheit ist das Grab, das die «christlichen Jesus-Mörder» konstruieren.

Die christliche Botschaft ist für keinerlei Machtpolitik verwendbar. Mit ihr kann man deshalb auch kein christliches Imperium legitimieren. Die christliche Botschaft dient dem lebendigen Subjekt, das der Macht gegenübersteht, nicht aber der Konstituierung von Herrschaft. Das Gleiche können wir über die Exodus- und Propheten-Tradition sagen. Jerusalem kann niemals Athen oder Rom werden. Rom gilt den ersten Christengemeinden als Babylon. Das griechisch-römische Denken ist ein Machtdenken, seine Struktur die *Polis*. Mit der «Weisheit dieser Welt» wagt Paulus den Konflikt. Die griechische Kultur kennt den christlichen Gott nicht, erklärt der Paulus des Lukas in Athen.

Sokrates und Jesus sterben einen völlig unterschiedlichen, ja gegensätzlichen Tod. Sokrates stirbt als Opfer, um das Gesetz zu retten, das in sich selbst Leben bedeutet. Jesus wird von einem Gesetz umgebracht, dessen Erfüllung tötet. Der Tod des Sokrates belegt paradigmatisch, dass das Gesetz über allem steht. Deshalb wird Sokrates zum Heros für die Macht. Der Tod Jesu belegt paradigmatisch, dass das Leben absoluten Vorrang hat vor jedem Gesetz. Deshalb wird Jesus zum rebellischen Heros, der stirbt, damit alle, die durch das Gesetz ausgeschlossen werden, das Leben haben. Aber die imperiale Christenheit macht aus dem Tod Jesu und dem Tod des Sokrates ein und dasselbe. Schon Justinus deutet den Tod des Sokrates als *Muster* für den Tod Jesu.

Um dem Platonismus einen so tiefreichenden Einfluss auf das Christentum zu ermöglichen, muss Platon zuvor christianisiert werden. Augustinus – ein Aristokrat des Imperiums – bekehrt sich zum Christentum und betrachtet unter Platons Einfluss das Imperium aus der Perspektive des Gesetzes statt aus der Perspektive der Ausgebeuteten. Augustinus ersetzt das Reich Gottes, in dem die Armen die Subjekte sind, durch die Stadt Gottes, in der die Macht das Sagen hat. Das lebendige Subjekt wird in der Stadt Gottes zum Häretiker. Wer die Körperlichkeit des Menschen ignoriert, missachtet das menschliche Subjekt und die Armen. Das lebendige Subjekt ist ein körperlich bedürftiges Subjekt, das seinem Leben Vorrang zuerkennt vor jedem Gesetz. Die Stadt Gottes aber idealisiert die perfekte Polis des Platon, wo der Körper der Seele und die Seele Gott unterworfen ist.

1.3 Die ursprüngliche christliche Botschaft wird zu einer antisemitischen und antiutopischen Botschaft umgeformt

Imperium und Christentum verändern sich durch die Errichtung des christlichen Imperiums. Nur durch eine gegenseitige Umformung können Imperium und Christentum eine Verbindung miteinander eingehen. Damit die christliche Tradition mit dem christlichen Imperium in Einklang gebracht werden kann, ist es notwendig, den Tod Jesu als Opfertod zu interpretieren und dem Gesetz als einer absoluten Größe Vorrang vor dem menschlichen Leben einzuräumen. Bernhard von Clairvaux im 12. Jahrhundert bringt die Ideologie des christlichen Imperiums am deutlichsten zum Ausdruck. In einer seiner Kreuzzugspredigten sagt er:

> Der Tod, den man für Christus erleidet oder verursacht, trägt keine Schuld an sich und verdient größten Ruhm. Hier nämlich wird für Christus, dort Christus (selbst) erworben ... Der Christ rühmt sich, wenn er einen Ungläubigen tötet, weil Christus zu ehren kommt.[2]

Diese Umformung der christlichen Botschaft mit dem Ziel, sie in die Christenheit und ins christliche Imperium einzupassen, ist nur dann möglich, wenn man die ursprüngliche christliche Botschaft antijüdisch und später antisemitisch neuinterpretiert. Deshalb widmet Hinkelammert einen großen Teil seines Buches dem in der Christenheit und im christlichen Imperium bis heute anzutreffenden Antijudaismus und Antisemitismus.

Die Mitte der christlichen Botschaft ist der lebendige Mensch, der seinem körperlichen Leben absoluten Vorrang vor jedem Gesetz zuerkennt. Irenäus von Lyon hebt hervor, dass die Ehre Gottes der lebendige Mensch ist («Gloria Dei vivens homo»). Für Bernhard von Clairvaux dagegen ist die Ehre des Christentums der Tod des Ungläubigen. Im lebendigen Subjekt, das sich dem Gesetz verweigert, identifiziert die Christenheit den Juden. Sie untersagt jede kritische Haltung gegenüber dem Gesetz, während diese für die Juden Jesus und Paulus unabdingbar war. Eine christenheitliche Institutionalität übernimmt und ersetzt die Machtperspektive des institutionellen Geflechts von Gesetz und Tempel im Judentum. Das christliche Reich ersetzt das davidische Reich, die christliche Kathedrale den Tempel von Jerusalem. Das gesamte Christentum wird im Zeichen der Macht von Monarchie und Tempel neu interpretiert. Die prophetische Kritik an Gesetz und Tempel, wie Jesus, Johannes und Paulus sie in Übereinstimmung mit der prophetischen Tradition in Israel praktizierten, wird als jüdische Verirrung abgetan. Das machtorientierte Christentum erweist sich als antijüdisches Christentum. Diese antijüdische Ausrichtung ist die Konsequenz der Umdeutung des Christentums in der Machtperspektive. Man glaubt, die Identität des Christentums bestehe in seinem antijüdischen Charakter. Wer gegen diesen antijüdischen Charak-

2 Bernhard von Clairvaux. Liber ad milites templi. De laude novae militiae. Lobrede auf das neue Rittertum. Abschnitt 4. in: Bernardus (Claraevallensis): Sämtliche Werke: Lateinisch/deutsch. Hrsg. von Gerhard B. Winkler, Innsbruck, Band 1 (1990), 277.

ter Einspruch erhebt, wird als jemand angesehen, der das Wesen des Christentums leugnet.

Seine inneren Gegner bezeichnet das christliche Imperium als Häretiker, seine äußeren Gegner als Ungläubige, und beide gelten ihm als rebellische Subjekte, die ihr körperliches Sein gegen Gesetz, Institution und christliche Macht behaupten. Das christliche Imperium bezeichnet diese Rebellen als perverse Juden, als «Gottesmörder», und geht beflügelt vom Antisemitismus gewaltsam gegen sie vor. Der perverse Jude aber ist das Subjekt, das dem Leben in seiner Körperlichkeit absoluten Vorrang vor jedem Gesetz zuspricht.

Luther und Calvin verwerfen die Bauernkriege als Rebellion gegen Gott und gegen das Gesetz Christi. Dafür stützen sie sich auf die antijüdische Theologie. Für sie steht Gott auf der Seite der Autorität, während die Rebellen als Utopisten und Materialisten und damit als Feinde und Mörder Gottes gelten. Später erfindet man für die Rebellion den Ausdruck «jüdischer Wahn». Die Theologie der Macht bekämpft jeden Widerstand als «jüdischen Wahn». Die Befreiungstheologie hält an der absoluten Bedeutung des menschlichen Lebens fest; und sie sucht die befreiende Bedeutung der gesamten Bibel von der Genesis über Jesus, Paulus und Johannes bis zur Apokalypse zurückzugewinnen. Deshalb halten heute sogar viele die Theologie der Befreiung für einen «jüdischen Wahn».

Nach Meinung der Nazis gehen alle Utopien – christliche, liberale und sozialistische – aus dem Judentum hervor. Der Kommunismus gilt ihnen als «jüdischer Bolschewismus». Der Nazismus macht den Juden den Vorwurf, einen befreienden Gott, einen Verteidiger der Armen geschaffen zu haben. Aber der Nazismus beschuldigt die Juden nicht, Gottesmörder zu sein, weil die Nazis sich selbst für die Mörder des jüdischen Gottes halten. Die antisemitische Welle in den Vierzigerjahren des 20. Jahrhunderts gehört zu den brutalsten ideologischen Reaktionen der bürgerlichen Welt auf die Russische Revolution von 1917. Man will nicht nur mit den Juden ein Ende machen, sondern mit jener jüdischen Gottesauffassung, die den Hintergrund aller bisherigen und aller möglichen Revolutionen bildet.

Antijüdische und antiutopische Denkmuster sind auch heute anzutreffen, wie die folgenden Zitate beweisen:

[Der Jude] glaubt, die ganze Menschheit unterkriegen zu müssen, um ihr, wie er sich einredet, das Paradies auf Erden verschaffen zu können ... Während er sich vorspiegelt, die Menschheit hochzubringen, peinigt er sie in die Verzweiflung, in den Wahnsinn, in den Untergang hinein. Wenn ihm nicht Halt geboten wird, vernichtet er sie ... Einen mit aller Gewalt vernichten zu müssen, gleichzeitig aber zu ahnen, dass das rettungslos zum eigenen Untergang führt, darin liegts.[3]

Wie andere vor mir gelangte auch ich zu dem Resultat, daß die Idee einer utopischen sozialen Planung großen Stils ein Irrlicht ist, das uns in einen Sumpf lockt. Die Hybris, die uns versuchen lässt, das Himmelreich auf Erden zu verwirklichen, verführt uns dazu, unsere gute Erde in eine Hölle zu verwandeln – eine Hölle, wie sie nur Menschen für ihre Mitmenschen verwirklichen können.[4]

Wir alle haben das sichere Gefühl, daß jedermann in der schönen, der vollkommenen Gemeinschaft unserer Träume glücklich sein würde. Und zweifellos wäre eine Welt, in der wir uns alle lieben, der Himmel auf Erden. Aber ... der Versuch, den Himmel auf Erden einzurichten, produziert stets die Hölle. Dieser Versuch führt zu religiösen Kriegen und zur Rettung der Seelen durch die Inquisition.[5]

Der Antisemitismus wandelt sich zum Antiutopismus und zum Antikommunismus. Heute – in den Zeiten der Globalisierung – wird er zum puren Antihumanismus. Der Antiutopismus bekämpft das Judentum, den Sozialismus, den als populistisch etikettierten liberalen Kapitalismus und das mit der Befreiungstheologie identifizierte Christentum. Das Judentum gilt als Wurzel der drei anderen Bewegungen. Die Feindseligkeit gegen die gesamte Befreiungstheologie kann man als eine moderne Form des Antisemitismus bezeichnen, wenn man berücksichtigt, dass diese Theologie aus der semitisch-jüdischen Tradition des Exodus, der Propheten sowie der von Jesus, Paulus und Johannes hervorgeht.

Das Imperium kritisiert seine Gegner, ist aber zur Selbstkritik unfähig. Es kritisiert die Utopien seiner Gegner, überprüft aber die perversen Utopien nicht, die in seinem eigenen Inneren existieren. Paulus kritisierte heftig den Utopismus von Macht und Gesetz, der zwar das Leben verheißt, wenn die Gesetze erfüllt werden, aber

3 Adolf Hitler zitiert aus: Dietrich Eckart: «Tischgespräche» von 1922/23, zuerst herausgegeben unter dem Titel «Der Bolschewismus von Moses bis Lenin – Zwiegespräche zwischen Adolf Hitler und mir», Hohenreichen-Verlag München 1924. Siehe auch: Heer, Friedrich, Gottes erste Liebe, Die Juden im Spannungsfeld der Geschichte, Ullstein Sachbuch, Frankfurt/Berlin 1986, S. 377.

4 Popper Karl; Das Elend des Historismus, Tübingen 1974, Vorwort, S. VIII.

5 Popper, Karl: Die offene Gesellschaft und Ihre Feinde, Bd. II, Kap. 14, UTB Francke, Tübingen 1980, S. 292

eben dadurch den Tod herbeiführt. Das christliche Imperium verhieß das Heil im Himmel, wenn man sich auf der Erde dem Gesetz und der imperialen Macht unterwarf. Es machte die Erde wirklich zur Hölle. Das liberale Imperium verhieß das Heil, sobald man das Wertgesetz erfüllte, das schließlich den Gemeinnutz bewirke. Aber auch dieses Imperium verwandelte die Erde in eine Hölle. Das Sowjetimperium seinerseits verhieß den Übergang zum Kommunismus (zum Himmel auf Erden), wenn man das Gesetz der wirtschaftlichen Produktivität erfüllte. Auch dieses Reich provozierte die Hölle auf Erden. Heutzutage versichert das globalisierte Imperium, dass durch Entwicklung und Markteffizienz der Himmel auf Erden entstehe, aber es schafft für die Ausgeschlossenen die Hölle auf Erden. Die utopische Vernunft dieser verschiedenen Systeme (ihre immanente Utopie von Macht und Gesetz) müssen wir im Namen einer Gesellschaft kritisieren, in der alle Menschen leben können. Bereits Paulus von Tarsus hat damit den Anfang gemacht.

1.4 Nietzsches Rückkehr: Der Kapitalismus wird zum zynischen Nihilismus

Inzwischen haben wir den *utopischen Kapitalismus* verlassen und sind im *zynischen Kapitalismus* angekommen. Der utopische Kapitalismus wollte ein «menschliches Gesicht» zeigen und versprach alles. Er verkündete, dass das System eine selbstregulierbare Tendenz zum Gemeinnutz habe. Die unsichtbare Hand sollte das Gleichgewicht sichern. Der zynische Kapitalismus dagegen verspricht nichts mehr, sondern sagt, was er sein will. Was ist, wird dargestellt als das, was sein soll, und als das Beste, was sein kann, denn es gibt keine Alternativen. Der zynische Kapitalismus spottet über den Utopismus und den Humanismus der vorangegangenen kapitalistischen Epoche und verherrlicht jede Mitleidlosigkeit.

Drei Namen stehen für drei Epochen: Adam Smith für den utopischen Kapitalismus. Marx für die Kritik an diesem Kapitalismus. Nietzsche für den zynischen Kapitalismus.

Der zynische Kapitalismus dominiert gegenwärtig wie der Faschismus in den Dreißiger- und Vierzigerjahren des 20. Jahrhunderts, und Nietzsche ist der Philosoph, der ihn inspiriert. Der zynische Kapitalismus entzieht dem klassischen Kapitalismus jede humane und utopische Dimension. Welche Kritik lässt sich gegen die Behauptung vorbringen «Die Lage ist so, weil sie gar nicht anders sein kann ...»? Der Markt gilt als «societas perfecta», die um so perfekter funktioniert, je stärker sich der Markt durchsetzt. Wer den Markt kritisiert, verhindert seine Durchsetzung und Vollendung. Sobald der perfekte Wettbewerb den Markt bestimmt, werden Arbeitslosigkeit und Verarmung verschwinden. Wer Hindernisse für den Markt aufbaut, hat auch die Verantwortung für die Armut zu übernehmen.

1.5 Das lebendige Subjekt kehrt zurück

Subjekt und *Individuum* sind zu unterscheiden. Das Subjekt ist niemals allein, es definiert sich immer in der Beziehung mit anderen. Das Subjekt existiert nur gemeinsam, das Individuum dagegen einsam. Das Subjekt anerkennt die Anderen als *lebendige Subjekte*, nicht als *Eigentümer*. Der Kapitalismus dagegen anerkennt die anderen nur als Eigentümer, nicht als lebendige Subjekte. Der Eigentümer kann existieren, wenn das Gesetz absolut herrscht. Das lebendige Subjekt kann existieren, wenn es das Leben reklamiert, das Vorrang hat vor jedem Gesetz.

Im Faschismus gelten die Anderen nicht als Eigentümer, sondern als Feinde, mit denen man sich in einem Kampf auf Leben und Tod befindet. Das faschistische Subjekt behauptet sich selbst, indem es die anderen als Feinde vernichtet. Im Faschismus ist es nicht mehr nur der Eigentümer, sondern das aggressive und gewalttätige Subjekt, das an die Stelle des lebendigen Subjektes tritt. Das faschistische Subjekt behauptet sich durch Verfolgung und Vernichtung der Anderen.

1.6 Mord ist Selbstmord

König Pyrrhus sagte nach einem bedeutsamen Sieg: «Noch ein solcher Sieg und ich bin verloren.» Ebenso wie Pyrrhus hatte auch das heutige System seinen großen Sieg im Jahr 1989 beim Zusammenbruch des Kommunismus. Dennoch setzt es alles daran, einen zweiten Sieg zu erringen: nämlich jede Art von menschlichem Widerstand gegen das System zu brechen. Dieser zweite Sieg könnte das Ende des Systems bedeuten und sogar das Ende der Menschheit. Dennoch erlebt das System einen solchen Rausch, dass es auch diesen zweiten Pyrrhus-Sieg erringen will.

Wir können aber unser eigenes Leben nicht auf Kosten anderer sichern. Wir müssen das Leben der anderen zugleich mit sichern. Mord ist stets Selbstmord.

Die Globalisierung folgt dieser Rationalität: Was effizient ist, gilt als notwendig und daher gut. Was man machen kann, muss man auch machen. Um zu wissen, was man machen kann, muss man es einfach tun. Jede Schranke für das Handeln wird niedergewalzt. Die Mystik des Fortschritts verlangt Effektivität und beseitigt alle Hemmnisse. Das System prüft gerade, wie weit es gehen kann. Das weiß es erst dann, wenn alles zusammenbricht. Aber das ist zugleich der Moment, in dem es kein Zurück mehr gibt. Mit einem Selbstmörder, der bereits durchs Fenster gesprungen ist, kann man keinen Dialog mehr führen.

Daher muss dringlich mit dieser Rationalität gebrochen und eine Alternative entwickelt werden: Ethisches Verhalten ist nützlich. Gesellschaftliche Beziehungen lebendig zu erhalten, ist wirklich nützlich, selbst wenn sie weniger Rendite bringen. Die Natur zu bewahren, ist nützlich, selbst wenn die Wachstumsraten sinken sollten. Das Leben zu verteidigen, ist nützlich und ethisch gut, selbst wenn dieses Bemühen die Kriterien der Effektivität und der Gewinnmaximierung untergräbt.

Die Ethik des Marktes lautet: Verträge müssen erfüllt und Eigentumsverhältnisse garantiert werden. Diese Ethik durchzieht das gesamte Gesellschaftssystem, Wettbewerb und Effizienz sind ihre absoluten Werte. Es handelt sich um eine Ethik der Macht: Wer Erfolg hat, gilt als auserwählt; die Verlierer werden verdammt. Ethisch gut handelt, wer Erfolg hat.

Die Ethik des Lebens ist bestimmt von den Werten des Respekts vor dem Leben jedes Menschen und des Respekts vor der Natur. Aus diesen Werten bildet sich das Gemeinwohl. Aus der Perspektive des Gemeinwohls kann das System in Frage gestellt, kritisiert und verändert werden. Die Ethik des Lebens bildet einen Widerstand innerhalb des Systems. Sie bietet keine neuen Institutionalisierungen oder Moralgesetze an, sondern Kriterien, mit deren Hilfe das gesamte institutionelle Geflecht kritisiert und überprüft werden kann. Solchen Widerstand darf man nicht mit politischer Opposition verwechseln. Politische Opposition strebt nach der Macht. Ethischer Widerstand aber dient nicht der Regierungsarbeit, sondern der Kritik. Für viele (z. B. Weber und Popper) ist das Gemeinwohl eine Sache von Utopisten oder Terroristen.

Die zentrale Stellung des Menschen in der Schöpfung (Anthropozentrik) hat der Okzident auf die zentrale Stellung des Individuums (Individualismus) bzw. auf die zentrale Stellung des Marktes (Marktradikalismus) reduziert. Die authentische Anthropozentrik aber anerkennt die Verantwortung des Menschen für die Schöpfung. Der Mensch macht das Seufzen und Stöhnen der Natur historisch erfahrbar.

2. Durch das Buch «Schrei des Subjekts» wird die Theologie der Befreiung herausgefordert

Das Buch von Franz Hinkelammert «Der Schrei des Subjekts» eröffnet der Theologie der Befreiung neue, weite zeitliche und räumliche Perspektiven, und zwar von Aristoteles bis Nietzsche. Das Buch bringt die Befreiungstheologie in Dialog mit Ökonomie, Ökologie, Philosophie, Psychologie, Anthropologie und Politik. Das Buch weist die Theologie der Befreiung über ihren traditionellen Horizont hinaus und setzt sie einem universalen Dialog aus, der für sie gewiss äußerst fruchtbar werden kann.

Ich glaube, dass die Arbeit von Hinkelammert sich einerseits ganz in die bisherige Entwicklung der Befreiungstheologie eingliedert, andererseits aber auch einen entscheidend neuen Beitrag zur Befreiungstheologie leistet. Wenn die Befreiungstheologie nicht mehr in Dialog mit den Human- bzw. Naturwissenschaften tritt, leidet sie gelegentlich an Stillstand oder gar Rückschritt. Hinkelammert hat bereits vor Jahrzehnten den Dialog *Ökonomie – Theologie* in Gang gebracht. Mittelpunkt und Herzstück dieses Dialogs ist von Anfang an das *Leben des Menschen*: das lebendige Subjekt; der Mensch mit seinen Grundbedürfnissen Arbeit, Land, Bildung, Gesundheit, Partizipation und Fest; die Gesellschaft, in der alle Platz haben; der Mensch in seinen von Körperlichkeit und Subjektivität geprägten gesellschaftlichen Beziehungen und in seiner Verbundenheit mit der Natur. Das *Leben des Menschen* ist Materialobjekt der Ökonomie und der Theologie. Deshalb bringt Hinkelammert beide Wissenschaften mit ihrer je eigenen Perspektive in Dialog miteinander.

Das Buch beschreibt insbesondere, wie das Christentum durch die Konstruktion der konstantinischen Christenheit und des christlichen Imperiums pervertiert wurde. Die griechisch-römische Philosophie leistete dem Christentum Beistand bei dem Bemühen, seine gesamte Tradition neu zu denken: in der Perspektive einer Seele, die sich zum Körper verhält wie der Herr zum Sklaven oder wie der Mann zur Frau, sowie in der Perspektive von Macht und Gesetz statt in der Perspektive der Armen oder des menschlichen Lebens. Die Theologie der Macht wurde offizielle Lehre und die apostolische Tradition zur Häresie. Die ersten vier ökumenischen Konzilien im 4. und 5. Jahrhundert ersetzten in der Tat die vier Evangelien.

Hinkelammert insistiert vor allem darauf, dass das Denken von Paulus und Johannes ins Gegenteil verkehrt wurde. Für das Denken des authentischen Paulus von Tarsus gilt: Wer die Erfüllung des Gesetzes absolut setzt, lässt Sünde und Tod wieder aufleben. Die Umkehrung paulinischer Theologie aber identifiziert Sünde und Tod mit der Übertretung des Gesetzes. Hinkelammert analysiert, wie das heutige kulturelle und wirtschaftliche System sich durch diese Umkehrung der paulinischen Theologie legitimiert. Einen besonderen Schwerpunkt legt Hinkelammert in seinem Buch auf das johanneische Denken. Er weist kategorisch die Behauptung zurück, das Johannesevangelium sei antisemitisch. Vielmehr wolle sich der moderne Antisemitismus durch eine antisemitische Deutung des Johannesevangeliums legitimieren (und maskieren). Ebenso versuche der okzidentale Autoritarismus sich dadurch zu legitimieren, dass er die These des Paulus verdreht und behauptet, das Heil werde durch die Erfüllung des Gesetzes bewirkt. Zusammengefasst: die okzidentale Christenheit gründet sich auf einer umfassenden und gefährlichen Pervertierung des ursprünglichen – hauptsächlich von Johannes und Paulus vertretenen – christlichen Denkens.

Die Pervertierung des Denkens von Paulus und Johannes kann man als ein Anti-Christentum bezeichnen, das aus dem Schoß der christlichen Tradition selbst hervorgeht. Christenheit und christliches Imperium legitimieren sich von innen her, indem sie die ursprüngliche apostolische Theologie in ihr Gegenteil verkehren. Das Christentum von Macht und Gesetz ist ein Anti-Christentum innerhalb des Christentums selbst. Aber heutzutage, sagt Hinkelammert, entsteht eine antichristliche Strömung, die von außerhalb kommt. Das Christentum wird heutzutage nicht dadurch zerstört, dass es innerhalb des christlichen Imperiums in sein Gegenteil verkehrt wird. Das Christentum wird vielmehr demontiert, weil es christlich ist. Der Angriff ergeht von einer bereits postchristlichen Welt aus.

Bei diesem Angriff von außen spielt Nietzsche eine wichtige Rolle. Hinkelammert analysiert Nietzsche auf eine sehr neuartige und für die Befreiungstheologie interessante Weise. Betrachten wir ein Zitat dieses Autors:

> Das Gift der Lehre «gleiche Rechte für alle» – das Christentum hat es am grundsätzlichsten ausgesät; ... – es hat aus dem Ressentiment der Masse sich seine Hauptwaffe geschmiedet gegen uns, gegen alles Vornehme, Frohe, Hochherzige auf Erden, gegen unser Glück auf Erden ... Die «Unsterblichkeit» jedem Petrus und Paulus zugestanden, war bisher das grösste, das bösartigste Attentat auf die vornehme Menschlichkeit.[6]

Petrus und Paulus sind hier jedermann, die Armen, die Überflüssigen. Die Ursprungstexte des Christentums sind für Nietzsche «das grösste, bösartigste Attentat» auf die herrschende Welt. Nietzsche greift das Christentum eben deshalb an, weil es eine Religion der Armen, der Unterdrückten, der Verlierer darstellt:

> Das Christentum, aus jüdischer Wurzel und nur verständlich als Gewächs dieses Bodens, stellt die Gegenbewegung gegen jede Moral der Züchtung, der Rasse, des Privilegiums dar: es ist die antiarische Religion par excellence: das Christentum die Umwertung aller arischen Werte, der Sieg der Tschandala-Werthe, das Evangelium den Armen, den Niedrigen gepredigt, der Gesamt-Aufstand alles Niedergetretenen, Elenden, Missratenen, Schlechtweggekommenen gegen die «Rasse», – die unsterbliche Tschandala-Rache als Religion der Liebe ...[7]

Nietzsche ist ein fanatischer Anti-Judaist, weil er das Judentum als die Wurzel des Christentums erkennt. Und er hält das Christentum

6 Nietzsche Friedrich: Der Antichrist, Nr. 43, in: ders. Sämtliche Werke, hrsg. v. Colli/Montinari, München 1980, Bd. 6, S. 217/218.

7 Nietzsche Friedrich: Götzendämmerung, Die «Verbesserer» der Menschheit, Nr. 4, in: ders. Sämtliche Werke, hrsg. v. Colli/Montinari, München 1980, Bd. 6, S. 101/102.

für pervers, weil es «das Evangelium der Armen» darstellt. Bereits im 2. Jahrhundert hat Celsus das Christentum als eine Religion von «Frauen und Sklaven» verschmäht.

Ein grundlegender Beitrag Hinkelammerts in dem von uns analysierten Buch besteht in der Untersuchung des Antisemitismus. Als das christliche Imperium den absoluten Vorrang von Gesetz und Tempel vor dem menschlichen Leben behauptete, widerrief es die jüdischen Wurzeln des Christentums und trieb dessen antijüdische Deutung voran. Das Neue Testament – vom absoluten Vorrang des Gesetzes und der Macht aus verstanden – wird in einen Gegensatz gebracht zur jüdischen Tradition, die sich im so genannten «Alten Testament» findet. Man unterschlägt, dass Jesus, Johannes und Paulus zunächst Juden und nicht «Christen» sind. Jesus war früher als das Christentum – das zu begreifen ist wichtig.[8] Die Jesusbewegung entwickelt sich aus der befreienden Tradition des Exodus, der Propheten und der Weisen Israels. Jesus ratifiziert diese Tradition: «Barmherzigkeit will ich, nicht Opfer»; «der Sabbat ist für den Menschen da, nicht der Mensch für den Sabbat» usw. Die gesamte biblische Tradition stellt eine harte Kritik an der theokratischen Macht von Monarchie, Gesetz und Tempel dar und behauptet unzweifelhaft den absoluten Vorrang des Lebens.

Diese ganze Tradition wird als «Semitismus» bezeichnet, den der Antisemitismus des christlichen Imperiums heftig bekämpft. Sofern das Imperium den «Semitismus» nicht bestreiten kann, spiritualisiert es ihn, versteckt ihn oder verdreht ihn in sein Gegenteil. Die antisemitische Christenheit gründet auf der Tradition eines von allen Exodus-, Propheten-, Apokalypse-, Evangelien- und Apostel-«Häresien» gesäuberten «rechten Glaubens». Aus diesen «Häresien» aber stammt das Urchristentum. Alle irdische Schöpfungstheologie, alle Befreiungstheologie, alle Theologie vom Vorrang des einfachen Volkes und des Lebens vor dem Tempel, alle Theologie vom absoluten Vorrang des körperlichen Lebens und der menschlichen Freiheit vor dem Gesetz – alles das wird als Materialismus, Rebellion, Hochmut und Sünde betrachtet. Das alles wird zur jüdischen Tradition gezählt, an deren Stelle das Christentum tritt. Ohne jeden Zweifel identifiziert Jesus das Reich Gottes mit dem Leben der Armen und Kranken. Die Christenheit lässt dieses

8 Albert Nolan: Jesus vor dem Christentum. Mit einem Vorwort von Edward Schillebeeckx, Luzern 1992.

«materialistische» Verständnis des Reiches als jüdisch hinter sich und spiritualisiert es durch Identifikation mit Macht, Tempel und Gesetz. Alle christlichen Befreiungsbewegungen ebenso wie die Theologie der Befreiung werden als jüdische Häresien, als «jüdischer Wahn» angesehen.

Hinkelammerts Analyse des Antisemitismus im 20. Jahrhundert macht einsichtig, wie und warum die Kirche der Christenheit gegen die Theologie der Befreiung vorgegangen ist. Für die Nazis ist das Judentum die Wurzel aller christlichen, liberalen und sozialistischen Utopien. Der Kommunismus ist ein «jüdischer Bolschewismus». Der Antisemitismus wird zur Inspiration aller Todfeindschaft gegen die Befreiungstraditionen der letzten Jahrhunderte. Auf diese Weise verwandelt sich der Antisemitismus in einen Anti-Utopismus, einen Anti-Sozialismus, eine Anti-Befreiungstheologie.

Die Christenheit will durch den Antisemitismus und seine modernen Ableger all ihre inneren Gegner ausschalten. Sollte die katholische Kirche die Theologie der Befreiung definitiv delegitimieren und beseitigen wollen, läuft sie Gefahr, von der Anti-Haltung gegen die Befreiungstheologie rasch in eine antiutopische und schließlich in eine antisemitische Haltung abzugleiten und damit wiederum ihre eigenen Wurzeln aus jüdischer, evangeliumsgemäßer und apostolischer Herkunft zu leugnen. Die Beseitigung ihrer inneren Gegner wird die Kirche der Christenheit entscheidend gegenüber ihren äußeren Gegnern schwächen, die – wie Nietzsche – von der antijudaistischen direkt zu einer radikalisierten antichristlichen Ideologie übergehen. Dann wird schließlich aus dem angekündigten Tod der Utopie, des Sozialismus, der Befreiungstheologie endgültig der Tod Gottes. Von der antisemitischen Christenheit ist der Schritt nicht weit in die uneingeschränkt postchristliche Epoche. Die von der Befreiungstheologie «befreite» Kirche wird von einer postchristlichen Welt «geschluckt», da diese weder irgendeines Christentums noch einer Kirche bedarf. Die Kirche wird also jede Bedeutung verlieren, während sie sich darüber freut, dass sie die Befreiungstheologie «überwunden» hat.

Das heutige System der Globalisierung und der freien Marktwirtschaft hält sich selbst für eine perfekte Gesellschaft. Die Probleme des Marktes sollen durch noch mehr Markt gelöst werden. Hier muss man wieder an das legendäre Pyrrhus-Wort erinnern: «Noch ein solcher Sieg und ich bin verloren!» Der Kapitalismus will nach seinem Sieg über den Sozialismus einen zweiten Sieg erringen, nämlich die Ausschaltung jeder Widerstands- und Befreiungsbewegung gegen das herrschende System. Das System prüft gegenwärtig, wie weit es dabei gehen kann. Die Widerstandskraft eines Holzbrettes kennt man, wenn das Brett bricht. Auf dieselbe Weise wird das System erst wissen, wie weit es gehen kann, wenn es zerbricht und auseinander fliegt. Aber dann wird alles zu spät sein. Mit einem Selbstmörder, der bereits aus dem Fenster gesprungen ist, einen Dialog führen zu wollen, ist sinnlos.

Ähnlich verhält sich die Zentralmacht der katholischen Kirche: Sie ist dabei zu prüfen, wie weit sie in der Bestreitung der Befreiungstheologie und mit der Etablierung eines neuen Modells von Kirche gehen kann, in welchem man Gesetz, Dogma und Macht nicht mehr bestreiten kann. Dieses Kirchenmodell wird wissen, wie weit es gehen kann, sobald Gesetz-Dogma-Macht allein übrigbleiben, Agape-Logos-Pneuma (d. h. Solidarität, Wort Gottes und Heiliger Geist) aber, in denen Gott selbst sich in der Geschichte des Volkes Gottes geoffenbart hat, nicht mehr zu erfahren sind. Eine solche Kirche begnügt sich nicht damit, die Befreiungstheologie zu beseitigen, sie will vielmehr ein Kirchenmodell etablieren, in dem niemals mehr so etwas wie Befreiungstheologie entstehen kann. Eine solche Kirche nimmt nicht wahr, dass sie selbst zum Grab Gottes wird. Sie wird als Kirche mächtig sein und alles haben – außer Gott.

Bei der Lektüre weist das Buch «Schrei des Subjekts» von Franz Hinkelammert einen hoffnungsvollen Pfad: Die Zukunft der Menschheit liegt im Einsatz für eine Gesellschaft, die in Harmonie mit der Natur lebt und in der alle Platz haben. Wenn Mord Selbstmord ist, dann bleibt als einzige Alternative, nicht zu töten. Solange Exklusion und Naturzerstörung betrieben werden, kann niemand glücklich leben. Daher ist die einzig erdenkliche Rationalität jene, die das Leben aller möglich macht. Diese Rationalität entwickelt sich in tausend und abertausend kleinen Erfahrungen, in denen sie wahrnehmbar und glaubwürdig gemacht wird. Die kleinen Erfahrungen helfen, die Geschichte an der Utopie zu orientieren, dass alle das Leben in Fülle haben. Die Theologie muss daran arbeiten, die Gründungstraditionen des Christentums wiederzugewinnen, indem sie die biblische Tradition von der Genesis bis zur Apokalypse in der befreienden Perspektive von Jesus, Paulus und

Johannes liest. Kleine Gemeinschaften können diese biblische Tradition hier und jetzt bereits weitergeben, wenn sie die Utopie vom neuen Jerusalem und der neuen Schöpfung sichtbar und glaubwürdig machen und im Licht dieser Utopie der Geschichte ihren Sinn geben.

Übersetzung aus dem Spanischen: Norbert Arntz

«Scharfsinnig, zur Sache und packend»

Franz J. Hinkelammert
Kultur der Hoffnung
Für eine Gesellschaft ohne Ausgrenzung
und Naturzerstörung
206 Seiten
ISBN 3-905577-34-8